무사이 여신들
▲ 「헤시오도스와 무사」, 귀스타브 모로, 1891, 오르세미술관 소장.

무사이 여신들
▲ 칼리오페, 빌라 모레지네 트리클리니움의 프레스코화.

헤라
▲ 「익시온의 형벌」, 베티이 저택의 프레스코화.

아프로디테
▲ 「베누스의 탄생」, 산드로 보티첼리, 1485, 피렌체 우피치미술관 소장.
▶▲ 프락시텔레스의 「크니도스의 아프로디테」 복제품.
▶▼ 「렐리의 비너스」

아르테미스
▲ 니오비드 화가가 그림을 그린 크라테르. 니오베 자녀들의 죽음을 묘사했다.
▶▲ 프랑수아 항아리. 피렌체 국립고고학박물관 소장.
▶▼ 프랑수아 항아리의 칼리돈 멧돼지.

데메테르

▲ 그리스 베르기나 매장 유적지에서 발견된 프레스코화.
하데스가 페르세포네를 납치하는 장면을 묘사했다.

◀▲ 크니도스의 데메테르, 영국박물관 소장.

◀▼ 데메테르와 페르세포네로 추정되는 파르테논 신전 조각상. 영국박물관 소장

▶ 「프로세르피나의 강간」, 조반니 로렌초 베르니니, 1621-1622, 보르게세미술관 소장.

헤스티아

▲ 페르가몬 제단, 베를린 페르가몬박물관 소장.
◀ 파르테논 신전의 동쪽 페디먼트. 왼쪽에 있는 조각상이 헤스티아로 추정된다. 영국박물관 소장.
▶ 폼페이에서 발견된 베스타와 당나귀가 그려진 프레스코화.

아테나

▲▲ 파르테논 서쪽 페디먼트 복원도.

▲◀ 파르테논 신전의 아테나 조각상 복제품. 아테네 국립고고학박물관 소장.

▲▶ 미국의 조각가 앨런 르콰이어가 재현한 페이디아스의 금박 아테나 조각상. 실제 조각상의 크기를 그대로 살렸다. 미국 내슈빌에 위치.

▶▲ 기간토마키아 전투 장면을 묘사한 페르가몬 제단의 프리즈. 아테나와 니케가 거인들과 싸우고 있다.

▶▼ 아테나와 엔켈라도스의 전투 장면을 묘사한 적회식 킬릭스. 루브르박물관 소장.

복수의 여신들

◀◀ 적회식 종 모양 크라테르. 오레스테스가 아폴론에게 정화받는 모습을 복수의 여신들이 지켜보고 있다. 영국박물관 소장.

◀ 적회식 크라테르. 왼쪽 아래에 복수의 여신 두 명이 묘사되어 있다. 바덴 주립박물관 소장.

▶ 에우메니데스 화가의 적회식 크라테르에 그려진 복수의 여신들. 루브르박물관 소장.

복수의 여신들
▲ 수에술라 화가의 적회식 도기. 바위에 묶인 프로메테우스를 묘사했다. 베를린 국립박물관 소장.

아름답고
살벌하고
웃기는

우리 곁의
그리스 여신들

DIVINE MIGHT

Copyright ⓒ Natalie Haynes 2023
All rights reserved

Korean translation copyright ⓒ 2025 by DOLGORAE BOOKS
Korean translation rights arranged with Rogers, Coleridge and White Ltd. through EYA Co.,Ltd

이 책의 한국어판 저작권은 EYA Co., Ltd를 통한 Rogers, Coleridge & White Ltd.사와의 독점계약으로 돌고래가 소유합니다.
저작권법에 의하여 한국 내에서 보호를 받는 저작물이므로 무단전재 및 무단복제를 금합니다.

아름답고 살벌하고 웃기는

우리 곁의 그리스 여신들

나탈리 헤인스 지음
홍한별 옮김

데메테르와 호각지세를 이루는 나의 어머니,
그리고 내가 천둥을 부리도록 허락해 주는 나의 아버지께.

차례

서론 ◈ 9

무사이 여신들 ◈ 21

헤라 ◈ 63

아프로디테 ◈ 109

아르테미스 ◈ 151

데메테르 ◈ 197

헤스티아 ◈ 235

아테나 ◈ 271

복수의 여신들 ◈ 325

감사의 글 ◈ 363

옮긴이의 말 ◈ 366

주 ◈ 368

도판 출처 ◈ 382

일러두기

- 원서의 주는 번호를 달아 미주로 정리했다. 본문의 각주는 독자의 이해를 돕기 위해 모두 옮긴이가 덧붙인 것이다.
- 외래어 표기는 국립국어원의 원칙을 따랐다. 그리스 로마 신화와 고전에 등장하는 인명, 신명, 지명 등은 『그리스 로마 신화 사전』(피에르 그리말 지음, 최애리 외 옮김, 강대진 감수, 열린책들, 2023)을 따랐다.
- 원서에 따라 필요한 경우 라틴어와 그리스어를 살렸다. 실제 발음에 가깝게 한국어로 옮기고 원어를 병기하여 표시했다.
- 원서의 이탤릭으로 강조한 부분은 볼드체로 표시했다.
- 단행본과 고전은 『 』로, 시, 영화, 예술 작품, 노래 등은 「 」로, 잡지 등 연속간행물은 《 》로 표시했다.

서론

소, 사자, 말에게 사람처럼 손이 있어 그림을 그리고 예술 작품을 만들 수 있다면 말은 말처럼, 소는 소처럼, 기타 등등 자신의 모습과 비슷한 신을 그릴 것이다.

철학자 크세노파네스가 기원전 6세기 말에서 5세기 초 사이에 이렇게 썼다. 내가 학생 때 처음 읽은 이래로 종종 떠올려 보는 말이다. 처음에는 크세노파네스가 '신이 자신의 모습을 본떠 인간을 창조했다.'는 생각을 잘라 거부했다는 점이 특히 흥미로웠다. 그 대신 '인간이 신을, 우리가 바라보는 우리의 모습대로 창조한다.'라는 훨씬 타당하게 들리는 가설을 지지한 것이다. 호메로스의 서사시를 읽었다면 이런 견해에 별로 이의를 품지 않을 듯하다. 크세노파네스처럼 학식이 있는 그리스인이라면 분명 호메로스를 읽었을 테고. 호메로스의 신은 쪼잔하고 공격적이고 예사로 역겹게 군다. 신들은 불멸이고 엄청난 힘을 지녔지만 감정의 폭이나 균형 감각은 가장 좋아하는 장난감을 빼앗긴 아기와 비슷한 수준이다. 조금만 무시당하거나 마음대로 안 되는 일이 생겨도 분노를 불태우며 인간이건 다른 신이건 가리지 않고 폭력을 행사한다. 고대 그리스인들은 유한한 자신의 모습을 모델로 삼아 신을 상상한 걸로 모자라 최악의 인간을 본떠 그려낸 셈이다.

21세기 독자가 보기에는 고대 신들의 못된 행태가 (강간하고 살인하고 아동을 희생제물로 요구하는 등) 상당히 충격일 수 있다. 나도 어떻게 옛날 사람들은 그렇게 부도덕한 (심지어는 무도덕한) 신을 섬겼는지 설명해 달라는 질문을 자주 받는다. 만약 인간이 인간의 모습대로 신을 창조하는 것이라면, 왜 고대 그리스인들은 더 좋은 신을 만들지 않았을까? 이 질문에 대한 나의 답은 때에 따라 다르지만, 핵심은 그리스 신이 변덕스럽고 파괴적인 까닭은 변덕스럽고 파괴적인 자연 세계와 연관되어 있기 때문이라는 거다. 과학혁명 이전 시대에는 더욱 그랬다. 한 줄기 번개나 지진이 순식간에 집과 식구들을 앗아가고 가뭄이나 역병이 작물과 가축을 휩쓸어 버릴 수 있는 때라면 신이 자비롭다고 믿기가 쉽지 않다. 우리가 사는 세상을 이해하려고 하다 보면 때로는 신이 우리를 벌하려 한다고, 사람들이나 땅에 복수를 가하려 한다고 생각할 수밖에 없다. 농사를 망치면 그 까닭에 대한 설명이 있어야 하고, 누군가 달래야 할 대상이 필요했다. 설명할 수 없는 이유로 아기가 돌연 사망하면 여자아이는 아르테미스와, 남자아이는 아폴론과 연관 지어 설명했다. 고대에는 영아 사망률이 높았으므로 뭐라도 설명이 필요했을 것이다. 또 성인 남자들은 전쟁의 신에, 여자들은 출산의 여신에 의지했다. 아무리 젊은 나이에 죽어나가는 사람이 많다 한들 죽고 싶을 사람은 없었다.

어떤 신을 숭배한다고 해서 반드시 그 신을 지지한다는 뜻이 아니라는 것도 알아야 한다. 신에게 포도주와 짐승 등의 제물을 바치면서 사랑과 헌신을 느끼는 사람도 있었겠지만 그저 단순히 자신에게 힘을 행사하는 어떤 존재를 인정한다는 뜻으로 제물을 바치는 사람들도 있었다. 폭군에게 세금을 내거나 부패한 교회에 십일조를 바치는 것과 마찬가지로 지지와 사랑이 아니라 두려움이나 사회적 의무 때문일 수도 있었다.

지금 내가 나쁜 행동을 하는 신의 이야기에 어떻게 반응해야 하느냐는 현대적인 질문을 과거에 덧씌우려는 것은 아니다. 일찍이 플라톤의 대화편 중 하나인 『에우티프론』에서도 비슷한 의문이 제시된 바 있다. 이 책에서 플라톤의 스승이자 영감의 원천인 소크라테스는 에우티프론이라는 남자와 대화를 나누는데, 에우티프론은 신성함과 경건함에 대한 이해가 높다고 자부하는 사람이다. 소크라테스는 70세가 되었고 아세베이아^{asebeia}, 곧 불경죄로 재판을 받기 직전이다. 그래서 이런 문제의 전문가를 자처하는 사람에게서 조언을 얻고자 한다. 그런데 소크라테스는 이내 에우티프론이 아테네로 온 까닭이 자신의 아버지를 살인죄로 고발하기 위해서라는 사실을 알게 되고 경악한다. 당시 아테네에는 기소를 담당하는 공공기관이 없었으므로 범죄가 일어나면 개인이 소를 제기해야 했다. 당연한 일이지만 자신의 부모를 고발하는 일은 극히 드물었다.

소크라테스는 에우티프론이 아버지를 살인죄로 고발했을 뿐 아니라 살해당한 사람이 에우티프론과 혈연관계도 없는 생판 남이라는 사실을 알고 더욱 어리둥절하다. (플라톤은 그런 개념을 몰랐겠지만) 우리는 여기에서 도덕적 상대주의의 특출한 사례를 볼 수 있다. 소크라테스는 에우티프론의 효심이 부족한 것에 충격을 받지만, 우리는 그렇게 생각하지는 않는다. 우리는 에우티프론이 말하듯 희생자와 혈연관계가 있든 없든 그건 중요하지 않고 살인은 살인이라고 생각한다. 요즘 사람이라면 분명 어떤 사람의 목숨이 가족이라는 이유로 다른 사람의 목숨보다 더 가치 있다고 주장할 수는 없다는 데 동감할 것이다.

내막을 알면 에우티프론을 좀 더 이해할 수 있다. 농사꾼인 한 남자가 술에 취해 다른 사람과 다투다가 상대를 칼로 찔렀다. 에우티프론의 아버지는 술 취한 남자의 손발을 묶고 도랑에 던져 넣었다. 남자는 추위에 노출된 탓에 죽고 말았다. 에우티프론은 아버지를 고발하면서 가족의 미움을 받게 되었는데, 아버지가 죽인 사람이 술 취한 살인자에 지나지 않는 데다 고의로 죽인 것도 아니기 때문이다.(단지 갈증 혹은 추위로 죽도록 내버려두었을 뿐이다.) 에우티프론의 가족이 보기에, 그리고 소크라테스가 보기에 에우티프론은 아버지가 저질렀다고 하기도 어려운 범죄로 아버지를 고발한 불경한 사람이다. 그러나 오늘날 독자에게는 에우티프론의 행동이 윤리적으로 보일 듯하다.

소크라테스가 에우티프론의 경건 개념을 문제시하자, 에우티프론은 자신은 다른 누구도 아닌 제우스를 모범으로 삼는다고 말한다. 누구나 제우스를 아리스톤 카이 디카이오타톤 ariston kai dikaiotaton, '최고이며 가장 정의로운 신'이라고 지칭하는데, 제우스가 자기 아버지를 사슬로 묶었음에도(그럴 만한 이유가 있긴 했다.) 그렇게 여겨진다는 것이다. 다른 그리스인은 효심을 가장 윤리적인 행동으로 볼지라도, 에우티프론은 제우스 이야기에서 매우 다른 교훈을 얻었다.

두 사람이 논의를 계속해 나가면서 이 문제는 더욱 모호해진다.

소크라테스가 등장하면 자주 이런 일이 일어난다. 하지만 소크라테스가 제기한 질문은 오늘날 우리도 답하기 어려운 질문이다. 둘 이상의 신이 서로 의견 대립을 보인다면 우리는 누가 옳은지 어떻게 알 수 있나? 똑같이 강력한 두 신이 정반대되는 행동을 옹호하며 똑같이 강력한 주장을 펼칠 수도 있다. 그러니 가장 경건하고 신성한 행동은 어떤 것인지 혼란스러울 수밖에 없다. 크세노파네스가 이런 혼란스러운 신들을 창조한 것은 인간의 책임이라고 말하며 더욱 헷갈리게 만들기 전부터도 그랬다.

크세노파네스는 신은 문화의 산물이라는 주장을 정교하게 펼친다.(아쉽게도 오늘날에는 이 글의 일부만 남아 있다.) 크세노파네스는 동물계에서 인간 세계로 옮겨가며 주장을 다듬는다. 에티오피아인은 신이 검은 피부라고 하고, 트라키아인은 신이 붉은 머리카락이라고 말한다면서. 2500년 전에 살았던 사람치고는 매우 급진적인 생각이다. 그로부터 수십 년 뒤 철학자 프로타고라스는 신이 존재하는지 아닌지는 알 수 없다고 주장한 탓에 아고라(광장)에서 책이 불태워졌으니 말이다. 크세노파네스는 논란을 불러일으키는 불가지론으로 빠지지는 않았으나(크세노파네스는 신의 존재를 의심하지는 않는다.) 다만 우리가 신을 묘사하거나 인식하는 방식은 신 자체보다 우리 자신의 외양과 가치를 더 많이 반영한다고 말한다.

남아 있는 크세노파네스의 글을 읽다 보면 이에 못지않게 흥미를 끄는 두 번째 지점이 있다. 크세노파네스는 이 동물들에게 손이 있어 그림을 그릴 수 있다면, 사람처럼 예술 작품을 만들 수 있다면 어떻게 될지 상상해 보라고 말한다. 그런데 이때 크세노파네스가 사용한 단어는 신이나 동물과 대비되는 '인류'를 뜻하는 안트로포스 anthrōpos가 아니라 안드레스andres이다. 이 단어는 여자와 대비되는 남자를 가리키는 말이다. 그리스인들은 모든 것을 이분법으로 나누기를 좋아했다. 필멸자와 불멸자, 노예와 자유인 등. 그러니 크세노파네스는 일반적 '인간'이 신을 묘사하는 방식이 아니라 '남성'이 묘사하는 방식을 고찰하는 것이다.

앞에서 말했듯이 크세노파네스의 글은 일부밖에 남아 있지 않고 내가 크세노파네스가 급진적 페미니스트의 원형이라고 주장하는 것도 아니다. 그렇지만 나는 자꾸 이 지점을 곱씹게 된다. 남자가, 오직 남자만이 자신들이 숭배하는 신과 여신의 이미지를 만들었다는 것은 어떤 의미일까? 이게 어떤 차이를 만들까? 예술사를 대략만 훑어보아도 (남자가 보기에) 매력적인 벌거벗은 여성 육체가 잔뜩 등장하는 것을 보면 차이가 있을 수 있다는 생각이 든다. 창작의 주체가 누구냐에 따라 묘사된 인물의 본질이 달라지는 걸까, 아니면 외형만 달라지는 걸까? 그리고 내가 가장 흥미를 갖는 부분이기도 한데, 남성 인물과 여성 인물이 만들어지는 방식에도 차이가 생길까?

20세기 중반에 새로운 신들이 창조되었을 때 어떤 일이 일어났는지 한번 살펴보자. 1938년, 슈퍼맨이 《액션 코믹스》 1호 표지에 처음 등장했다. 파란색 일체형 보디슈트를 입고 가슴에는 커다란 S가 새겨진 노란 패널을 달았다. 그 위에 붉은색 부츠와 트렁크, 망토를 착용했다. 엄청난 근육질 체형인데, 혹여 그 점을 눈치채지 못했더라도 자동차를 머리 위로 치켜들고 있으니 힘이 얼마나 센지 잘 알 수 있다.[1] 이듬해 《디텍티브 코믹스》는 배트맨을 등장시켰다.[2] 막대한 자산이 초능력인 배트맨이 밧줄에 매달려 날고 있고 거대한 박쥐 날개가 뒤쪽으로 부채처럼 펼쳐졌다. 뾰족한 귀가 달린 마스크로 얼굴을 가렸고 보디슈트는 회색이고 검은 부츠와 트렁크를 착용했다. 악당의 목을 감아 들고 있어 가슴팍의 박쥐 휘장이 반만 보인다. 배트맨은 하늘로 날아오르고 악당의 모자는 발아래 쪽으로 떨어진다. 여기에서도 강력한 인물이 힘을 과시하는 모습을 볼 수 있다. 전경에 어딘가 구린 데가 있어 보이는 남자 둘이 (한 명은 오른손에 권총을 쥐고 있으나 속수무책으로) 이 광경을 충격 속에서 지켜본다.

이들 슈퍼히어로가 어찌나 인기가 많았던지 곧 다른 영웅들도 우후죽순 생겨났다. 1941년 가을,《올 스타 코믹스》는 원더우먼을 선사했다. 하지만 이 잡지를 사보지 않은 사람들은 원더우먼의 등장을 알 수 없었는데 원더우먼은 표지를 장식하지 않았기 때문이다.[3] 잡지를 펼쳐 보면 원더우먼이 유명한 빨간 뷔스티에와 흰 별무늬가 있는 파란색 플레어 미니스커트를 입은 모습이 보인다. 종아리 중간까지 오는 미드카프 부츠와 보석이 박힌 작은 왕관, 파괴 불가능한 팔찌를 착용한 모습이 강인하고 위풍당당하다. 당연한 일이다. 원더우먼은 아마존 전사이니까.

그러나 시간이 흐르고 등장인물이 늘어나면서 글 작가와 그림 작가 대부분이 남자인 코믹북의 살짝 기울어진 현실에서 몇몇 기이한 특징이 나타난다. 배트맨은 언제나 터프 가이이다. 범죄와 싸우고 범죄를 막으려고 변장을 하는 남자이니 당연히 그러할 것이다. 그리고 전반적으로 남성 슈퍼히어로들은 강하다. 슈퍼맨은 다른 행성에서 와서 사실상 무적이며, 울버린은 아다만티움으로 된 넣었다 뺐다 할 수 있는 발톱이 있는 데다 상처가 초고속으로 아물고, 헐크는 체격과 힘 둘 다 어마어마하다. 남성 슈퍼히어로는 신체적 힘이 막대하거나 배트모빌로 그와 비슷한 효과를 낼 수 있다. 용감한 젊은 영웅 스파이더맨도 (힘보다는 속도와 유연성이 좀 더 중요하기는 하지만) 방사능 거미에 물려 초인적 능력을 갖게 되었다.

영웅에게는 악당이 필요하다.(그리스 신들은 동시에 둘 다일 수 있어 어떤 인간을 지원하면서 다른 인간을 파괴할 때가 많지만.) 배트맨이 만난 악당들—조커, 펭귄맨, 특히 인상적인 캣우먼 등—은 배트맨 못지않은 중요한 아이콘이 되었다. 배트맨의 남성 적수는 베인처럼 신체적으로 위협적인 경우도 있으나 더 두드러지는 특징은 정신이상이다. 조커가 특히 악명이 높지만, 배트맨의 미치광이 적들 다수가 결국 잡혀 들어가는 아캄 정신병원에는 수십 명의 범죄자가 수용되어 있다. 왜 정신병이 악행과 연관될 때가 이렇게 많은지 의문이 들 것이다. 얼굴 기형 역시 코믹북 세계에서는 악의 지표이다. 조커는 정신병과 망가진 얼굴 둘 다를 갖고 있다.

그러나 배트맨의 여성 적수는, 이들도 정신 상태가 아슬아슬한 경계에 있긴 하지만, 일단 무엇보다도 섹시한 인물로 묘사된다. 대단한 전문 능력을 갖추고 있더라도 그건 뒷전으로 밀린다. 포이즌 아이비는 식물학자이자 생화학자인데 식물을 조종하는 기술을 이용해 어떤 남자든 자신과 사랑에 빠지게 만든다. 할리퀸은 정신의학자인데 타락한 치어리더처럼 사탕 색깔 머리카락을 깜찍하게 양 갈래로 묶고 짧은 반바지에 꽉 끼는 티셔츠를 입고 야구방망이를 들었다. 캣우먼에 대해 말하자면, 영화 역사에서 그 어떤 캐릭터도 캣우먼만큼 수

많은 초색시한 여자 배우—어사 키트와 미셸 파이퍼를 비롯해—가 연기한 사례가 없을 듯하다. 몸에 달라붙는 검은 라텍스 슈트와 작고 귀여운 고양이 귀까지 가지 않더라도 이미 게임 끝이다.

    슈퍼히어로의 초남성적 세계에서 남성 인물은 무엇보다도 힘을 드러낸다. 나머지는 그다음의 일이다. 울버린이나 아쿠아맨(인터넷을 보다가 무작위로 고른 두 인물이다.)에게서 성적 매력을 느끼는 사람도 있겠지만 남성 영웅과 악당들에게 매력은 부차적인 특징이다. 그러나 여성 인물은 언제나 섹시함의 관점에서 제시된다. 원더우먼은 슈퍼맨만큼 강하지만 (원더우먼을 창조한 사람의 말을 빌리면) 아름다운 여성의 매력도 가져야 했다.[4] 원더우먼의 창조자 윌리엄 몰턴 마스턴은 그리스 신화를 바탕으로 인물을 창조했고 슈퍼히어로 서사의 호메로스적 전통에 관해서 박식한 글을 쓴 바도 있다. 마스턴은 남자보다 더 강하지만 여성적 매력 또한 뛰어난 여성 영웅을 원했다. 남자아이들이 매혹적이면서 자기들보다 더 강한 여성 이야기를 읽으며 "**자랑스러이** 자발적으로 그녀의 노예가 될 것!"이라고 마스턴은 출판사에 보낸 제안서에 썼다. 성적 매력은 처음부터 원더우먼의 필수 요소였다.(적어도 이 인물을 창조한 사람이 생각하기에는 그랬다.)

    그러니 크세노파네스로 돌아가자면, 사자에게 사람처럼 손이 있고 그림을 그릴 수 있다면 사자처럼 생긴 신을 그릴 것이다. 그렇다면 여신-암사자는 어떻게 생겼을까? 남성들이 생각하는 여성성의 이상에 부합할까? 사람의 예술에서 여성 인물이 종종 그러듯이? 이 사자들이 20세기에도 계속해서 신을 그렸다면 사자들의 코믹북도 인간의 코믹북과 같은 패턴을 따랐을지 궁금하다. 사자들도 초사자적 능력을 지닌 초남성적 캐릭터와 헐벗은 섹시 암사자들을 창조했을까? 알 수 없는 일이다. 그렇지만 나는 1994년에 나온 영화 「라이온 킹」에서 주인공, 아버지, 사악한 삼촌, 유쾌한 친구 둘, 조언자가 모두 남성이었다는 것은 기억한다. 여자 캐릭터는 여자 친구, 어머니, 그리고 하이에나 한 마리가 전부였다.

그래도 어쨌든 나는 코믹북을 좋아한다. 비록 남성 판타지의 산물이라고 하더라도 나는 캣우먼과 원더우먼이 좋다. 배트맨도 남성 판타지의 산물이다. 배트맨의 근육이 아니라 첨단 장비와 부가 선망의 대상이기는 하지만. 제임스 본드도 마찬가지이다. 제임스 본드의 몸이 아니라 그의 라이프스타일이 선망의 대상이다.(물론 취향에 따라 몸을 원한다면 그 또한 그 사람의 자유이다.) 내가 하고자 하는 말은 남자가 만든 예술에 결함이 있다는 것이 아니라, 우리에게 주어진 것이 전부 남자가 만든 예술이라면 예술을 감상할 때 그 사실을 염두에 두어야 한다는 말이다. 제임스 본드는 이언 플레밍이 (그리고 이언 플레밍의 독자 일부가) 되고 싶어 했던 모습을 보여주지만, 푸시 갤러어●는 이언 플레밍이 섹스하고 싶었던 여자를 보여줄 뿐이다.

이 불완전한 그림에서 빠져 있는 부분을 채우는 방법은 간단하다. 여자도 예술을 만들 수 있고 누구의 허락도 필요하지 않다. 이 모든 신과 괴물에 관한 우리만의 이야기를 만들어낼 수 있고, 원한다면 우리 자신의 모습대로 만들 수 있다.

「루머스」 뮤직비디오에서 리조와 카디 비가 보여준 것보다 더 훌

● 이언 플레밍의 『골드핑거』의 등장인물.

륭한 예는 없을 듯하다. 성공의 정점에 있는 두 여성이 자기들에 관한 거짓말과 잔인한 모욕을 온라인에 퍼뜨리는 이들에게 반격을 가하는데, 특히 터무니없는 주장들을 인용하면서 무표정한 얼굴로 이 모든 헛소리가 사실이라고 시인한다. 자신들의 몸과 행동에 대한 끝없는 비판—너무 뚱뚱하다, 너무 헤프다, 너무 말을 거침없이 한다 등등을 아무렇지 않게 열거한다. 그런데 이 모든 것을 그리스 여신처럼 차려입고 한다. 리조는 금실로 짠 라메 드레스를 입고 세트를 활보하는데, 컴퓨터 그래픽으로 만들어진 공간에는 거대한 항아리가 가득하고 항아리에 그려진 그림이 장난스럽게 움직인다. 리조는 금색 벨트를 두르고 금색 부츠를 신고 금 장신구와 반짝이는 금색 매니큐어로 꾸몄다. 백댄서들도 금색 옷을 입고 이오니아 양식 기둥 꼭대기에 등장한다. 리조는 댄서들 사이에서 춤을 추며 장난기 가득한 윙크를 보낸다. 가사의 내용은 리조에게 가해진 공격적인 댓글을 자세히 읊지만 이 권력적인 이미지가 전하는 이면의 메시지는 명백하다. 이 영상을 보고 리조를 현대의 그리스 여신으로 인식하지 않았다면, 잘못 본 거다.

카메라가 이동해 왕좌에 앉아 두루마리를 읽고 있는 카디 비를 비춘다. 카디 비는 흰색 슬릿 스커트와 금색 비키니 톱을 입었고 임신한 배에 가느다란 금색 체인을 드리웠다. 금색 샌들 끈으로 종아리를 감았다. 뱀 모양 조각이 의자 등받이를 타고 올라간다. 여기 담긴 프로이트적 암시를 혹시라도 놓칠까 봐 카디 비는 거대한 금색 가지 모양 귀걸이도 달았다. (이모티콘 시대 이후에 데이트를 해보지 않은 사람을 위해 설명하자면 가지 그림은 남성 성기를 상징하는 이미지가 되었다. 이 지식을 현명하게 사용하시길.)

이제 두 여자가 함께 등장해 눈부신 위용을 뽐낸다. 리조는 흰색 보디슈트에 금색 항아리 손잡이 모양의 웅장한 머리 장식을 했다. 리조는 여신일 뿐 아니라 하나의 예술 작품이다. 카디 비도 그에 못지않게 장려한 머리 장식을 했다. 이오니아식 주두柱頭(기둥의 꼭대기 부분) 모양이고 번쩍이는 금으로 만들어진 것이다. 혐오자들이 카디 비에게 가슴이 가짜라고 말하고 싶다면 그러라고 하라. 카디 비는 건축물이고, 그자들의 인정이 필요하지 않다. 만약 누군가 고전학자들은 엘리트주의자이고 백인에 남성이고 케케묵은 사람들이 아니냐고 묻는다면 나는 이 뮤직비디오를 보라고 할 것이다.

그리고 그럴 때마다 나도 다시 한번 볼 생각이다. 그러면 수천 년 동안 남성 천재들이 만든 시와 그림과 조각을 볼 때 마음속으로 또 다른 시각을 떠올릴 수 있을 것이다. 이것이 크세노파네스가 던진 질문에 대한 나의 답이다. 여자가 남자들처럼 예술을 한다면, 그들이 창조한 여신은 정말 끝내주게 멋있을 거라고.

고전
플라톤의 대화편 「에우티프론」

시, 소설, 에세이, 논픽션
이언 플레밍, 「골드핑거」
1938년 《액션 코믹스》 표지
1939년 《디텍티브 코믹스》 표지
1941년 《올 스타 코믹스》 표지

영화, TV 시리즈, 공연, 뮤직비디오
1994년 디즈니 애니메이션 「라이온 킹」
카디 비와 리조의 「루머스」 뮤직비디오

무사이 여신들

" 무사이의 도움 없이 작품을 창작했다고 말할 수 있는 사람은 없다. 작품이 존재한다는 사실 자체가 무사이의 축복을 받았다는 증거이다. 만약 무사이가 우리의 청을 받아들이지 않는다면, 그걸 증언할 그 어떤 것도 존재하지 않는다. 그저 흰 종이, 텅 빈 무대, 침묵하는 리라뿐. 시대를 아울러 수많은 시인과 예술가가 무사이에게 도움을 청한 까닭은 무사이의 도움이 없다면 주어지는 것은 창작 불능뿐이기 때문이다.

책 전체에서 다루는 고전

「호메로스 찬가」
호메로스, 「일리아스」, 「오딧세이아」
베르길리우스, 「아이네이스」
헤시오도스, 「신들의 계보」
오비디우스, 「변신 이야기」, 「로마의 축제들」
파우사니아스, 「그리스 이야기」
위(僞)아폴로도로스, 「도서관」, 「요약집」
디오도로스 시켈로스, 「역사 도서관」

고전

플라톤, 「파이드로스」
에우스타티오스, 「호메로스에 관하여」
핀다로스, 「피티아 송가」
시돈의 안티파테르, 「팔라티나 선집」

유물, 회화, 조형 예술

빌라 모레지네의 프레스코화
피카소의 그림 「우는 여인」
도라 마르의 작품들

시, 소설, 에세이, 논픽션

그레이스 니컬스의 시집 「피카소, 내 얼굴을 돌려줘」
새뮤얼 테일러 콜리지의 시 「쿠블라 칸」

영화, TV 시리즈, 공연, 뮤직비디오

1997년 디즈니 애니메이션 「헤라클레스」
1980년 뮤지컬 영화 「재너듀」
1947년 영화 「다운 투 어스」

❦❦❦❦❦❦❦

　이곳은 전시품이 가득하지만 관람객은 하나도 없는 박물관이다. 폐관 시간이 지난 걸까, 아니면 개관 전인 걸까? 아테나를 비롯한 여러 신의 조각상 사이로 들어가 보면, 지붕에 있는 둥근 창에서 앞쪽 전시실로 햇빛이 쏟아지고 있다. 주위에 내려앉은 어둠을 밝은 빛기둥이 몰아낸다. 빛살이 커다란 흑회식 테라코타 항아리를 비춘다. 항아리에는 그리스 신화에서 가장 인기 있는 장면 가운데 하나가 그려져 있다. 헤라클레스가 네메아의 사자와 싸우는 장면이다. 사자는 뒷다리로 서서 입을 쩍 벌리고 헤라클레스를 할퀴려고 앞발을 뻗었다. 영웅 헤라클레스는 태연하다. 주먹을 날리려는 듯 오른팔을 뒤로 당겼다. 왼손은 사자와 똑같이 앞으로 뻗었다. 풍성한 갈기를 움켜잡으려 하는 것 같기도 하다.
　이 그림 위로 기하학적 무늬의 검은색 테두리가 있고 그 위 항아리 목 부분에는 또 다른 그림이 있다. 무사이 여신 다섯 명이 그려져 있는데, 비슷하지만 미묘하게 다른 흰색 드레스를 입었다. 어깨부터 늘어진 드레스의 허리 부분을 띠로 조였다. 각자 머리를 섬세하게 손질해 컬을 내어 얹거나 등 뒤로 구불구불 늘어뜨리거나 위로 올려 똘똘 묶었다. 무사이의 수가 다섯 명인 것은 이례적이다. 2세기 지리학자 파우사니아스에 따르면 가장 오래된 글(지금은 전해지지 않는)에는 무사이가 세 명으로 나오고 그다음에 나온 글에서는 넷이었다. 기원전 8세기 혹은 7세기 헤시오도스 시대에 기록된 현존하는 가장 오래된 자료에는 아홉 명으로 명시되었다.

다섯 무사이가 우리를 쳐다본다. 아직은 모르지만 곧 이들이 서사시의 무사● 칼리오페, 역사의 무사 클리오, 희극의 무사 탈리아, 춤의 무사 테르프시코라, 비극의 무사 멜포메네라는 걸 알게 된다. 클리오는 역사를 뜻하는 두루마리를, 멜포메네는 비극의 가면을 들고 있다. 이들이 항아리에서 가장 먼저 눈에 뜨인 것은 아니었지만 곧 오직 이들밖에는 보이지 않게 된다. 박물관museum이라는 단어가 무사이의 집을 뜻한다는 사실을 일깨워 주는 것일지도 모른다. 이들이 이 공간의 주인이고 우리는 관객이다.

이 장면은 디즈니의 1997년 애니메이션 영화 「헤라클레스」의 오프닝 시퀀스이다. 음악이 시작되고 무사이는 수천 년 동안 자연스레 하던 대로 노래하며 춤을 춘다. 무사이는 이 영화에서 희극의 코러스 역할을 하며 진행되는 이야기에 반응한다.(특히 영화 중반쯤에 나오는 「나 사랑에 빠졌다고 말하진 않을 거야」에서는 백 코러스로 멋지게 활약한다.) 또 이야기가 본격적으로 시작하기 전에 배경 이야기를 들려주는 역할도 한다. 바로 티타노마키아 이야기인데, 티타노마키아란 제우스가 이끄는 올림포스 신과 이들에게 맞서는 이전 세대 신 티탄 사이의 전쟁을 가리킨다. 제우스가 승리를 거두긴 했으나, 티탄들이 지하

● 무사이Moûsai는 복수형이고 단수로는 무사Moûsa이다. 영어식으로는 '뮤즈Muse'라고 한다.

감옥에서 탈출해 다시 전쟁을 벌이려 하는 상황이라고 한다. 명계의 신 하데스가 이들을 지휘해 공격을 펼치려고 준비 중이다. 그런데 보잘것없는 인간 하나가 걸림돌이다.

이렇게 헤라클레스 이야기를 재치 있고 세련되게 펼쳐놓을 무대가 마련되었다. 그뿐 아니라 무사이는 헤시오도스의 『신들의 계보』에서 시작된 전통도 이어간다. 아름다운 여신들이 최초의 신들에 관한 이야기를 노래로 들려준다는 개념이다. 디즈니 영화의 무사이도 그렇게 한다. 칼리오페는 이 이야기는 사실 헤라클레스가 태어나기 훨씬 전, 수많은 시대를 거슬러 올라간 시점에 시작한다며, 오프닝넘버를 시작할 준비를 한다. 칼리오페가 노래할 내용은 상당히 기상천외한 이야기이다. 그런데 우리가 그 말을 곧이곧대로 믿을 수 있나? 헤시오도스는 분명 믿으면서 시를 썼다. 그리고 우리도 믿어야 한다. 무사이가 부르는 노래가 가스펠 곡은 아니지만 이들의 노래를 진실로 믿어야 한다는 것을 알 수 있다. 노래의 제목이 「복음의 진실The Gospel Truth」인 것이다.

『신들의 계보』는 신들의 기원 이야기, 곧 그리스 신화의 시작을 들려준다. 헤시오도스는 카오스, 하늘, 땅 등 최초의 힘이 생겨나고 이어 더 친숙한 신, 님프, 거인, 티탄 들이 등장하는 과정을 설명한다. 가이아(땅)와 우라노스(하늘)가 자식을 많이 낳는데, 그중 크로노스는 헤스티아, 데메테르, 헤라, 하데스, 포세이돈과 제우스를 낳는다. 이들의 어머니인 레아 여신이 제우스를 도와 크로노스를 무너뜨린다. 바로 크로노스가 우라노스를 제압했던 것처럼.

그러나 헤시오도스는 신들 사이의 내분을 말하기 전에 태초에서

부터 이야기를 시작해야만 했다. 이것은 헤시오도스에게나 우리에게나 매우 까다로운 존재론적 질문이다. 최초의 신적인 힘인 카오스('혼돈'보다는 '거대한 틈'에 가까운 의미)부터 시작하나? 우리의 머리로 이해할 수 없는 거대한 공허를 설명한다는 것은 매우 어려운 일이다. 게다가 헤시오도스가 대체 누구라고 그 이야기를 한다는 것인가? 그 말을 믿을 수 있나? 태초의 신을 알기가 불가능하다는 것도 문제이지만, 과연 서술자를 믿을 수 있느냐는 문제도 있다. 헤시오도스는 청중이 이해할 수 있는 것에서 시를 시작해야 하고 자기에게 그 일을 해낼 자격이 있음을 입증해야 한다. 자신의 자격 조건을 확립하는 데 무사이에게 호소하는 것보다 더 좋은 방법이 있겠는가?

이 시의 첫 단어는 무사온^{mousaon}, '무사이의'이고, 처음부터 무사이가 이야기의 일부를 이룬다. 헤시오도스는 무사이와 매우 긴밀한 사이임을 강조하고 싶으므로 무사이가 누구이고 어디에 사는지부터 시작한다. 이들은 헬리콘산의 무사이라 불리는데,[1] 헬리콘산은 그리스 중부 보이오티아에 있다. 크고 성스러운 산이며 (인근에 사는) 헤시오도스에 따르면 꽃이 만발한 시냇가와 크로노스 제단 주위에서 무사이가 춤을 춘다고 한다. 무사이는 여러 시내 중 한 곳에서 목욕하고 헬리콘산 높은 곳에서 고운 춤을 춘다. 헤시오도스는 부드러운 살결이라는 말을 두 번 하는데, 목욕하는 것을 묘사할 때 한 번, 그리고 춤을 출 때 발이 부드럽다고도 말한다. 여성 육체의 부드러움은 여성이 이야기에 등장한 이래로 언제나 찬미의 대상이었던 듯하다. 맨발로 춤을 추는 무사이 여신 피부에 거친 데가 있으리라고는 생각도 하지 말 것. 심지어 발뒤꿈치까지도 보드라울 거다. 이쯤 되면 이들이 보습제 광고를 시작할 것 같은 생각마저 든다. 그렇지만 이렇듯 부드럽다고 해서 이들이 억세지 않다고 생각하면 안 된다. 헤시오도스는 이들의 춤추는 발이 힘차다고도 말한다.[2] 또 이들에게는 신비스럽게 감추어진 면이 있어서, 헬리콘산의 높은 비탈에 밤이 내렸을 때 안개에 둘러싸인 채 내려온다. 이렇게 다른 사람 눈에 뜨이지 않을 때만 이들은 비로소 노래를 시작한다.

그런데 헤시오도스가 지은 시 안에서 무사이는 무엇에 관한 노래를 부를까? 좋은 소식은 이들이 제우스, 헤라, 아테나, 아폴론, 아르테미스 등 불멸의 신들에 관한 노래를 한다는 것이다.[3] 그러니까 헤시오도스가 다루려는 인물과 이야기와 똑같은 내용을 다룬다는 말이다. 다른 시인이라면 주눅이 들 수도 있겠으나 헤시오도스는 아니다. 무사이가 직접 헤시오도스에게 칼렌 아오이덴 $^{kal\bar{e}n\,aoid\bar{e}n}$, '고운 노래'를 가르쳐주었기 때문이다. 무사이를 만나기 전까지 헤시오도스는 시인도 가수도 아니었다. 성스러운 헬리콘산 기슭에서 양 떼를 돌보는 양치기에 불과했다.

이 깜찍한 시적 장치는 두 가지 방식으로 정당성을 부여한다. 첫째로 헤시오도스가 무사이가 춤을 추거나 안개를 몸에 두르고 어두운 밤을 가로지르는 모습을 묘사할 때 독자는 헤시오도스가 정말로 알고 이야기한다고 받아들이게 된다. 헤시오도스는 목격자이다. 이 광경을 실제로 보고 들었다. 마찬가지로 헤시오도스가 앞으로 나올 이야기, 이를테면 당연히 직접 보지 못했을 최초의 신의 탄생 이야기를 할 자격이 있느냐는 의구심이 들었더라도 이제 걱정할 필요가 없다. 왜냐하면 헤시오도스는 최고로 권위 있는 정보원을 직접 접했기 때문이다―무사이 여신들 말이다. 만에 하나 여신들에게 들은 이야기를 들려준다고 하는 게 지나친 자만으로 느껴질까 봐 그러는지 헤시오도스는 바로 문학 사상 최초의 '겸손한 자랑'을 선보인다. 헤시오도스가 말하길, 무사이는 헤시오도스에게 위대한 시인이 될 잠재력이 있다고 칭찬해 주지 않았다. 양을 잘 키웠다고 칭찬하지도 않는다. 오히려 양치기는 끔찍하다고, 자기 배만 채우면 다인 줄 안다고 비난한다. 무사이는 털양말을 신을 일이 없어서 참 다행이다.

그러더니 무사이는 이어서 정말로 찜찜한 말을 한다. 헤시오도스가 들려주는 세상의 기원 이야기가 확실하기를 기대했던 사람들은 혼란스러울 것이다. 우리는 거짓말을 진실처럼 하는 법을 알지, 라고 무사이는 말한다. 또 우리는 원할 때 진실을 노래하는 법을 알아, 라고도 한다.[4] 그렇지만 헤시오도스가 그 둘을 어떻게 구분하나? 그리고 우리는? 신화학자 위(僞)아폴로도로스가 들려주는 신화에서는[5] 무사이가 스핑크스에게 그 유명한 수수께끼를 알려준다.(오이디푸스는 이 수수께끼를 풀고 이오카스테를 만나 결혼한다.) 그러니 무사이는 알쏭달쏭 수수께끼를 좋아하는지도 모르겠다.

『신들의 계보』 시작 부분은 읽으면 읽을수록 더 좋아진다. 가짜 겸손함부터 이건 진짜라고 안심시키는 것까지 하나같이 다 마음에 든다. 어쩌면 이 대목이 내가 이 책에서 가장 좋아하는 부분인 것도 같다. 헤시오도스의 무사이가 하는 말을 들어보면, 우리는 그들이 진실을 말하는지 아닌지 알 수가 없다. 진실이든 거짓이든 우리가 듣기에는 똑같이 들릴 터인데 무사이는 지금 막 자기들은 때로 거짓말을 한다고 털어놓았다. 이 이야기에 확실성을 부여하다가 동시에 치워버리고, 또 그 사실을 글의 서두에서 바로 털어놓은 셈이다. 신의 기원에 관한 고대 문헌에 전부 다 이런 식으로 면책조항이 들어가 있었다면 우리가 전쟁을 벌일 명분을 찾기가 좀 더 어렵지 않았을까 하는 생각을 하게 된다.

무사이는 헤시오도스에게 월계수 지팡이를 주고 신과 같은 목소리를 불어넣는다.(이제 겸손함은 흔적도 없이 사라졌다.) 무사이는 헤시오도스에게 선물과 재능을 주며 총애의 대상으로 삼았다고 한다. 프랑스 화가 귀스타브 모로가 1891년에 이 장면을 그린 적이 있다.「헤시오도스와 무사」라는 그림인데 오르세미술관에 소장되어 있다. 이 그림 속 헤시오도스는 '배만 채우면' 그만인 평범한 양치기처럼 보이지는 않는다. 젊고 중성적이고 아름다운 모습이다. 섬세하게 근육이 잡힌 나신에 보석 색깔의 폭이 좁은 고급 천 한 장만 골반에 살짝 걸쳤다. 오른발에 체중을 실었고 왼 다리는 구부려지고 왼발은 꺾여 있다. 발치에 밟힌 꽃이 있는데 수선화인 듯도 하다. 팔에는 월계수 지팡이가 아니라 붉은색, 흰색, 녹색 등으로 화려하게 채색하고 정교하게 장식한 리라가 있다. 리라의 현은 금색이다. 가느다란 손가락으로 리라를 벌거벗은 상체에 댄 채 들고 있다. 울적한 표정으로 입은 살짝 다문 채 악기를 내려다본다. 시선이 리라에 온통 집중되어 있어 이 젊은이가 새로 발견한 예술에 완전히 헌신하고 있음이 느껴진다.

젊은이의 등 뒤에 무사 여신이 몸을 기대고 있다. 여신은 금빛 머리카락을 뒤로 묶어 복잡한 형태로 쪽을 겼고 리라를 보고 있다. 어쩌면 여신이 리라를 잘 보려고 이 벌거벗은 젊은이한테 몸을 바싹 대고 있는지도 모르겠다.(참고로 말해두자면 나에게는 이 젊은이가 그 시를 쓴 헤시오도스와 전혀 다른 인물처럼 느껴진다. 이 아름다운 나신의 젊은이와 그 시를 도무지 연결 지을 수가 없다. 만약 내가 젊을 때 이 그림을 보았다면 그리스 시 시험에서 더 좋은 성적을 내지 않았을까 싶다.) 무사는 흰 튜닉 위에 붉은 드레스를 걸쳤고 자신의 금색 리라는 등 뒤쪽으로 메고 있어 헤시오도스에게 리라를 연주하는 법을 밀착해서 잘 가르쳐줄 수 있다.

그리고 아주 정성을 들여 가르친다. 여신은 오른팔을 뻗어 헤시오도스의 손목에 얹고 손놀림을 거드는데 헤시오도스의 팔만큼이나 아름다운 팔이다. 여신은 왼손에 금빛 월계잎을 쥐었고 헤시오도스는 머리에 녹색 월계관을 썼다. 그런데 시인의 관은 두 사람 뒤쪽으로 펼쳐진 여신의 아름다운 청록색 날개 빛깔과 비슷해서 눈에 잘 뜨이지 않는다. 저 멀리, 날개가 그리는 호 위쪽에서 반짝이는 별이 아찔하게 가파른 바위산 꼭대기에 있는 신전을 비춘다. 음악은 신이 인간에게 주는 선물일 뿐 아니라 신을 찬양하는 수단이며 그 자체로 일종의 신전이다. 이 장면은 매우 내밀하고 관능적이다. 예술, 그리고 특히 예술의 창작 행위가 성적 흥분을 일으키는 경험일 수 있음을 일깨운다.

『신들의 계보』에서 무사이는 헤시오도스에게 앞으로 일어날 일과 이미 일어난 일을 노래하라고 말한다. 절대 의심하지 말고 축복받은 불멸의 존재들을 노래해야 한다고. 그러나 무엇보다도 무사이 여신들에 대한 노래부터 불러야 한다. 헤시오도스는 무사이가 그들의 아버지 제우스를 위해 노래하며, 신들의 기원, 제우스, 그리고 인간들과 거인들이 무사이가 찬미하는 주제라고 말한다.

그런데 헤시오도스는 무사이가 노래하는 주제보다 이 여신들 이야기부터 먼저 노래하겠다고 했으므로 그렇게 한다. 무사이는 그리스 북부 피에리아에서 므네모시네(기억)의 딸들로 태어났다.[6] 이 지점에서 고대 그리스의 시가는 글로 쓰인 것이 아니라 노래로 만들어졌음을 기억해야 한다.(헤시오도스도 시를 노래로 만들었다. 헤시오도스의 시가 문자로 기록된 것은 후대의 일이다.) 그러니 헤시오도스나 호메로스처럼 작품을 출간한 게 아니라 공연했던 시인들에게 기억력은 필수 기술이었다.

위대한 플라톤도 기억력의 중요성을 인식해서 기원전 4세기에 대화편 『파이드로스』에서 언급했다.[7] 이 책에서 소크라테스는 이집트 신 테우트(이 신의 이름을 그리스어로 쓰면 양쪽에 통통한 받침돌이 있는 선반처럼 턱없이 귀여워 보인다: Θευθ)가 글쓰기를 발명했다고 말한다. 테우트는 글쓰기가 기억력과 지혜를 길러줄 것이라고 주장하며 옹호했으나 아무도 그 주장을 받아들이지 않았다. 타무스왕은 테우트의 여러 발명품의 유용성을 평가하곤 했는데, 글쓰기가 유용하다는 주장에는 전혀 설득되지 않았다. 타무스는 오히려 그 반대가 참이라고 했다. 사람들이 외적 활동인 글쓰기에 의존하게 되면 내적 활동인 기억을 사용하지 않게 될 터라, 글쓰기는 사실상 우리의 기억력을 떨어뜨리리라는 거다. 꾀 많은 스승 소크라테스를 등장시켜 글쓰기의 가치를 폄하하는 글을 쓰다니 참 플라톤답다. 플라톤의 주장이 우리에게는 반동적으로 느껴지지만 나름대로 일리가 있다. 글쓰기가 보편화하면서 대단한 기억술은 분명 사라졌다. 오늘날 누군가가 『일리아스』나 『오딧세이아』의 상당 부분을 외워 읊는다면 엄청나게 대단한 일이라고 여길 것이다. 그런데 서사시를 공연하던 음유시인들은 그걸로 먹고살았다. 독서가 우리의 정신을 일깨울 수는 있으나 기억력에는 별 도움이 되지 않는다.

    이렇게 헤시오도스는 기억과 창의성 사이의 밀접성, 친밀한 모녀 관계를 드러낸다. 무사이는 강력한 두 신의 후손이다. 올림포스 신들의 왕인 제우스와, 제우스 이전 세대의 신인 티탄족 므네모시네 사이에서 태어났다. 므네모시네가 아홉 딸을 올림포스산에서 낳았으므로 무사이는 드높고 성스러운 장소 두 곳을 본향으로 주장할 수 있다. 태어난 곳인 올림포스와 헤시오도스에게 모습을 드러낸 헬리콘산. 아홉 무사이는 태어난 날부터 죽 호모프로나스^{homophronas}, 한마음이었다.[8]

    그리고 나서 헤시오도스는 무사이의 춤과 노래와 아름다움을 좀 더 이야기한 다음 이들의 이름을 알려주는데, 이것이 현존하는 문헌 가운데 가장 오래된 기록이다. 일찍이 호메로스가 무사이 여신이 아홉 명이라고 밝히고 한 명 혹은 단체로 여러 차례 거론하기는 하였으나 각자의 이름을 명시하지는 않았다. 호메로스 작품에서 가장 유명한 무사이 등장 장면은 『오딧세이아』의 첫 행이다. 이 서사시는 이렇게 시작한다. "말씀해 주소서, 무사 여신이여, 사방으로 방황케 된 사람에 대하여." 호메로스는 조난당한 오딧세우스 이야기를 자기 힘으로 하는 게 아니고 무사의 도움을 받아서 이야기한다. 무사가 앞서 이 이야기를 들려주지 않았다면 호메로스는 청중에게 들려줄 수가 없다. 그래서 이 행이 약간 강압적으로 들릴 수도 있겠지만 사실 그 아래에는 시인의 절박감이 깔려 있다. 시인은 무사이 없이는 아무것도 지어낼 수 없기 때문이다. 호메로스가 『일리아스』에서 말하듯이[9] 무사이 여신들은 어디에나 있고 모든 것을 안다. 어떤 시인도 광대한 시간과 공간, 인간의 세계와 신의 세계를 아우르는 이 사건들을 전부 목격할 수는 없는 일이다. 그러니 무사이가 내막을 알려주지 않으면 시인은 아무 이야기도 할 수가 없는 것이다.

『오딧세이아』의 마지막 권에서 호메로스는 아킬레우스의 장례식에서 아홉 무사이 모두가 노래를 했다고 전한다.[10] 아가멤논이 명계에서 아킬레우스를 만나 아킬레우스가 죽은 후에 있었던 일을 들려주는 부분이다. 이 두 사람 사이 관계의 특징이기도 한데, (둘 다 이미 죽은 다음인데도) 아가멤논은 아킬레우스가 행운을 전부 독차지했다고 느낀다. 아가멤논은 아킬레우스에게 아르고스●에서 멀리 떨어진 트로이아 전장에서 죽은 게 복이라고 말한다. 그러니 아가멤논 본인은 어디에서 죽었는지 짐작이 갈 것이다. 아가멤논은 악감정을 감추는 법이 없다. 누구나 알 수 있도록 훤히 겉으로 드러낸다. 아가멤논은 왜 그렇게 분개할까? 아가멤논 본인의 말에 따르면, 자기는 아내의 애인 아이기스토스의 손에 죽었다고 한다. 아가멤논의 장례식이 언급되지 않는 것으로 보아 기껏 해서 형식적인 수준이었으리라고 짐작할 수 있다. 반면 아킬레우스가 죽었을 때는, 아가멤논이 길게 상술하듯이, 바다 님프와 무사이를 비롯한 여러 신이 참석한 성대한 장례식이 치러졌다. 무사이 여신 아홉 명 모두 함께 아킬레우스를 위한 비가를 불렀다. 그러나 여신의 아들로 태어나 영웅으로 죽는다는

● 아가멤논 왕국의 중심지. 미케나이와 종종 뒤섞여 쓰인다.

무사이 여신들   33

것은 이런 것이다. 무사이가 장례식에서 직접 노래를 불러준다는 것.

 그렇지만 우리는 헤시오도스가 장대한 목록으로 들려주기 전에는 무사이의 이름을 몰랐다.[11] 클리오, 에우테르페, 탈리아, 멜포메네, 테르프시코라, 에라토, 폴림니아, 우라니아, 그리고 가장 중요한 칼리오페가 있다. 헤시오도스가 말하길 칼리오페는 왕을 수행하는 역할을 한다. 이 목록에서는 각자에게 전문 분야가 할당되지 않았으나(그런 구분은 후대의 기록에 가야 볼 수 있다.) 결국 이들은 역사부터 성가, 춤부터 서사시에 이르기까지 모든 분야를 담당하게 된다. 그래서 아직은 테르프시코라가 춤의 무사가 아니고 폴림니아(폴리힘니아라고도 불린다)는 성가 담당이 아니다. 아홉 여신은 시인이 설득력 있고 차분하고 능란하게 말할 수 있게 해주는 역할을 공유한다. 헤시오도스는 이들이 말 그대로 혀에 달콤한 이슬을 붓는다고 말한다.[12] 이것은 무사이가 인간에게 주는 신성한 선물인데, 달콤한 노래가 비통한 심장을 어루만져 주기 때문이다. 실연으로 상심한 마음을 슬픈 노래(이런 때 경쾌한 노래를 듣는 사람도 있겠지만 나는 그런 사람이 잘 상상이 안 된다.)를 들으며 달래본 사람이라면, 적어도 이 점에서는 헤시오도스가 정곡을 찔렀음을 알 것이다.

 여기에서 비로소 우리는 무사이의 힘이 어떠한지 실감할 수 있다. 헤시오도스는 이미 무사이가 매력적이고 아름답고 피부가 보드랍고 늘 춤을 춘다고 묘사했다. 그런데 호메로스가 『오딧세이아』를 시작할 때 무사에게 호소한 것이 그저 춤추는 어여쁜 여신들이라서였을까? 호메로스에게 필요한 것은 (헤시오도스에게도 그렇듯이) 재능, 매력, 설득력, 그리고 말과 노래의 힘만으로 듣는 사람의 마음을 움직일 능력이다. 이 여신들에게는 그런 힘이 있고, 원한다면 그 힘을 나누어줄 것이다. 시대를 불문하고 시인들이 언제나 무사이에게 간곡히 매달려 온 것도 그럴 만한 일이다.

  헤시오도스는 무사이에게 신성한 재능을 나누어 달라고 간청하며 이 짧은 대목을 마무리한다. 신들에 관한 위대한 시를 짓고 싶어 하는 헤시오도스는 무사이의 도움이 필요하다. 처음부터 이야기를 들려주소서, 라고 헤시오도스는 간청한다. 어떤 신들이 가장 먼저 등장하였는지 말해주소서. 이렇듯 헤시오도스가 헬리콘산의 토착 신인 무사이에게 친밀감을 호소하며 시를 시작한 다음에, 경외하는 마음으로 (동네 청년이었다가 출세한 자로서) 여신의 춤과 거처를 묘사하고, 이들의 이름을 열거하고, 재능과 관대함을 칭송하고, 마지막으로 도와달라고 간절히 호소하니 어떻게 거절하겠는가?

  무사이의 관대함에는 특이한 점이 있는데, 무사이가 시인의 소원을 들어주어야만 우리가 무사이에 관한 이야기를 들을 수 있다는 점이다. 아무리 영감을 내려달라고 간곡히 빌더라도 거절당할 수 있다. 누구에게나 다 영감을 허락할 수는 없는 일이니까. 하지만 허락을 받지 못하면 서사시(혹은 역사서나 비극 등)를 지을 언어나 아이디어가 떠오르지 않을 테니 작품이 창작될 수가 없다. 다시 말해 무사이의 도움 없이 작품을 창작했다고 말할 수 있는 사람은 없다. 작품이 존재한다는 사실 자체가 무사이의 축복을 받았다는 증거이다. 만약 무사이가 우리의 청을 받아들이지 않는다면, 그걸 증언할 그 어떤 것도 존재하지 않는다. 그저 흰 종이, 텅 빈 무대, 침묵하는 리라뿐. 시대를 아울러 수많은 시인과 예술가가 무사이에게 도움을 청한 까닭은 무사이의 도움이 없다면 주어지는 것은 창작 불능뿐이기 때문이다.

『일리아스』 2권에 바로 그런 이야기가 나온다.[13] 호메로스는 펠로폰네소스에 있는 도리온이라는 장소를 묘사하면서, 이곳은 무사이가 트라키아인 타미리스의 파우산 아오이데스$^{pausan\ aoid\bar{e}s}$, '노래를 멈춘' 곳이라고 말한다. 타미리스는(타미라스라고도 하는) 놀라울 만큼 멍청한 자만을 부렸다. 노래 실력을 자신한 나머지 음악 경연에서 무사이를 이길 수 있다고 주장한다. 인간이 무엇에 관해서건 신을 능가할 수 있다고 자랑했다가 좋은 결과가 있었던 적은 단 한 번도 없다. 그러나 딱한 타미리스는 이 기본적인 사실을 몰라서 곧바로 대가를 치른다. 무사이가 분노하여 타미리스를 마비시키고 감미로운 노래를 빼앗았으며 키타라(리라와 비슷한 현악기) 연주법을 잊게 만들었다고 호메로스는 전한다.

위^僞아폴로도로스도 『도서관』에서 같은 이야기를 들려주는데, 여기에서는 판돈이 더 크고 실패의 대가도 그에 따라 훨씬 끔찍하다. 이 버전에서도 아름다운 타미리스가 무사이에게 음악 경연을 제안한다. 이 일을 묘사하는 그리스어 문구는 이게 얼마나 처참한 생각인지 문장 구성으로 보여준다. 무시케스 에리세 무사이스$^{mousik\bar{e}s\ \bar{e}rise\ mousais}$, '음악(mousikē/music)으로 뮤즈(mousais/Muses)와 겨루었다'는 말이다.[14] 단어만 보아도 음악은 무사이의 것임을 알 수 있는데, 음악과 무사이 사이를 오직 단어 하나—도전 혹은 언쟁 혹은 불화를 뜻하는 동사가 갈라놓고 있다. 좋게 끝날 수가 없는 일이다.

그리스 신화에서 (그리고 그리스 역사에서도 어느 정도는) 대결의 목적은 물질적 이득보다는 명예를 얻기 위한 것이었다. 물론 예외는 있어서, 소포클레스의 『아이아스』는 죽은 아킬레우스의 갑옷을 놓고 벌인 경쟁에서 아이아스가 패배한 후에 느낀 수치를 중심으로 전개된다. 아이아스는 신체 능력과 지략 대결에서 오딧세우스에게 패배한 후 전우를, 그리고 나중에는 자기 자신을 해하려 한다. 그러나 디오니시아 축제에서 올림픽에 이르기까지 연극이나 스포츠 경연에서 우승했을 때 금이나 귀한 물건을 상으로 주는 일은 드물었다. 가장 인기 있는 극작가는 월계관을 받을 수 있었다. 혹은 승리한 운동선수의 뛰어난 기량을 핀다로스가 송가를 지어 칭송해 줄 수도 있었다.

몇 가지 흥미로운 예외가 있는데, 어떤 경연에서는 매력적인 여인과의 결혼을 상으로 내건다. 페넬로페는 『오딧세이아』 21권에서 바로 그런 경연을 연다. 페넬로페는 어떻게든 재혼을 피하려는 묘책으로 오딧세우스의 활을 당겨 화살을 쏘아 열두 개의 도끼 구멍을 관통시키는 남자하고만 결혼하겠다고 한다.[15] 이타케의 왕비인 자신과의 결혼(결혼을 통해 이타케의 왕 지위를 얻을 수 있다고 추정된다.)을 경연의 아이틀론aethlon, 곧 상품으로 명시적으로 내건다. 구혼자들은 하나같이 힘이나 기술이 부족해 활시위조차 당기지 못하는데, 변장한 오딧세우스가 성공한다. 이어 오딧세우스는 자기 아내를 성가시게 하던 남자들을 죽인다.

타미리스는 『오딧세이아』에 나오는 이상적인 여성과의 결혼보다 더 고귀하면서 동시에 더 저열한 것을 목표로 삼았다. 타미리스가 무사이와의 대결의 보상으로 선택한 것은 아홉 명 전부와 성관계를 할 기회였다. 나는 야망이 있는 남자를 좋아하는 편이지만 그래도 한계가 있는데 타미리스는 선을 한참 넘었다. 타미리스는 자기가 어떤 위험을 무릅쓴 건지 전혀 모른 채 무사이가 내건 조건을 받아들인다. 좋다, 타미리스가 더 뛰어난 음악가임이 입증되면 자기들 전부와 성관계를 가질 수 있다.(이 일이 개별적으로 일어나는지 집단적으로 일어나는지는 명시되어 있지 않다.) 하지만 만약에 타미리스가 무사이보다 못하다는 게 드러나면 여신들이 타미리스에게서 무엇이든 빼앗을 수 있다. 이 이야기에는 서스펜스라는 게 전혀 없다. 어디에 있을 수 있겠는가? 타미리스는 자기가 신보다 뛰어나다고 생각하는 휴브리스(오만)의 전형을 보여주었는데. 당연히 무사이가 음악적으로 더 뛰어났고 결국 타미리스의 눈과 리라 연주 능력을 빼앗았다고 위(僞)아폴로도로스는 전한다. 무사이한테 까불면 안 되는 법이다.

소포클레스는 이 이야기를 바탕으로 희곡을 썼는데 오늘날 극히 일부만 남아 있다. 소포클레스의 『타미리스』는 여러 고대 문헌에 『무사이』라고 지칭된 극과 같은 작품이라고 추정된다. 아쉽게도 이 극에서 무사이가 독립적 인물로 나왔는지 아니면 코러스를 구성했는지는 알 수 없다.(보통 코러스는 열두 명이나 열다섯 명인데 무사이는 최대 아홉 명이긴 하다.) 하지만 소포클레스 본인이 첫 공연에 출연해 키타라를 연주했다는 것은 알려져 있다. 오래된 소포클레스 전기에 따르면,[16] 스토아 포이킬레Stoa Poikilē(기원전 5세기에 광장, 시장을 뜻하는 아고라 북쪽에 지어진 열주 회랑 혹은 주랑이다.)에 소포클레스 초상화가 리라를 든 모습으로 그려진 까닭이 그 일 때문이라고 한다. 오늘날 아테네에 스토아 포이킬레의 흔적이 아직 남아 있으나 소포클레스의 초상화는 이미 오래전에 사라졌다.

고대 비극의 많은 부분과 헤시오도스와 호메로스가 지은 시 전부는 그냥 공연된 것이 아니라 노래로 불렸다는 사실을 잊기 쉽다. 그러니 무사이는 여러 면에서 창작자들에게 영향을 미친다. 아름다운 시를 짓는 게 전부가 아니라 음악적으로 구현하는 데도 무사이의 도움이 필요하다. 그래서 소포클레스가 쓴 타미리스 이야기가, 남아 있는 부분은 아주 조금뿐이긴 하나, 이 사실을 완벽히 보여주는 사례가 된다. 작품에서 무사이를 묘사하는 시인들은 그 시를 짓고 공연하기 위해 바로 이 무사이들에게 의존한다. 둘 중 하나라도 제대로 하지 못한다면 재앙이 될 것이다. 타미리스에게는 눈을 잃는 것이 리라 연주 능력을 잃는 것보다 더 나쁜 일이었을까? 연주 능력을 잃는다는 것은 어떤 것일까? 연주법을 잊어버린 데다 연주를 할 수 있었다는 사실조차 잊는 걸까? 아니면 뛰어난 재능은 잃었으나 그 기억은 남아 있는 걸까? 과거에 모차르트였던 것을 기억하는 살리에리가 되는 걸까? 어느 쪽이든 가혹한 운명이다.

무사이가 등장하는 이야기는 비교적 조금밖에 남아 있지 않은데, 오만한 도전과 경연에 이어 무사이가 즉각적이고 끔찍한 보복을 가하는 비슷한 이야기가 많다. 세이렌(파괴적 힘을 가진 노래의 대표 주자로, '세이렌/사이렌의 노래'는 신화에서 유래해 일상어로 자리 잡은 드문 관용구 가운데 하나이다.)은 무사이에게 대결을 제안했다가 패배하자 날개 깃털을 잃는다.[17] 무사이는 세이렌의 깃털을 가져갔을 뿐 아니라 깃털로 자기들 몸을 장식했다. 무심하게 승리를 과시하는 행위이다.

하지만 무사이들이 이렇게 방어적으로 나오는 데는 그럴 만한 이유가 있다. 오비디우스의 『변신 이야기』는 그리스 신화에 나온 변신 이야기를 모은 방대한 책인데, 5권에 미네르바(아테나의 로마식 이름)가 헬리콘산으로 무사이를 만나러 오는 이야기가 있다. 미네르바는 페가수스(메두사와 포세이돈 사이에서 태어난 날개 달린 말)가 발굽으로 땅을 박찬 자리에 생긴 샘을 보고 싶어 한다. 무사이는 새로 생긴 수경 시설을 자랑할 수 있게 되어 기뻐하며, 미네르바에게 이렇게 치사를 한다. 미네르바도 예술을 중시하니 원한다면 무사이 중 한 명으로 들어오라고. 그리고 이 이름 없는 무사가 말하기를, 완벽히 안전할 수만 있다면 무사이의 삶은 더없이 즐거울 것이다.[18] 그러나 순결한 마음을 위협하는 것이 너무 많다고 덧붙인다. 피레네우스의 끔찍한 얼굴이 눈앞에 어른거리고 아직 충격에서 회복되지 않았다고. 시적 효과를 위해 무사이가 경험을 과장하고 있다고 할 수도 있겠으나 사실 그럴 이유가 없다. 무사가 묘사하는 것은 외상 후 스트레스 증상과 일치한다. 끊임없는 불안, 자신을 위협한 남자의 얼굴이 계속 떠오르는 현상 등.

 이야기는 이렇게 이어진다. 무사이가 파르나소스산에 있는 자신들의 신전에 가는 길이었는데, 그러려면 피레네우스가 다스리는 땅을 지나야 했다. 피레네우스가 이들에게 팔라키 불투 fallaci vultu, '거짓된 얼굴'로 다가온다. 그들을 기억의 딸들이라고 부른다. 우리가 누군지 알고 있었어요, 무사가 말한다. 비가 오니 자기 집에서 머물다 가라고 그가 간청한다. 자기 집보다 더 누추한 집에도 신이 방문한 적이 있다면서. 무사이는 피레네우스의 말과 날씨에 마음이 움직여 집

안으로 들어간다. 바람이 바뀌고 비가 그치자 무사이는 떠나려 하지만 피레네우스는 문을 닫아걸고 빔퀘 파라트$^{vimque\ parat}$, '힘을 사용'하려 한다.[19] 강간하려는 것이다. 무사이는 날개를 써서 탈출한다. 피레네우스는 무사이를 따라가려고 높은 탑 꼭대기로 올라간다. 어느 쪽으로 가든 나도 따라갈 거야, 라고 말한다.

이 시점에서 피레네우스는 멜로드라마틱 스릴러의 악당처럼 제정신이 아닌 듯한 말과 행동을 한다. 무사는 피레네우스를 베코르스^{vecors}, 곧 미쳤다고 묘사한다. 날개가 달린 아홉 여신을, 따로든 함께든 인간이 쫓아가기는 불가능하다. 피레네우스는 높은 곳에서 얼굴부터 떨어져 뼈가 으스러진다. 땅에 부딪혀 죽어가면서 사악한 피로 땅을 물들인다.

이 일이 무사이에게 뚜렷한 상처를 남겼다. 여신이 공격자를 능가할 수 있다는 데는 의심할 여지가 없다. 여신은 불멸이고 날 수 있고 수적으로도 우세하다. 그럼에도 불구하고 피레네우스의 강간 시도가 상처를 남겼다. 사건 이후 시간이 어느 정도 지났지만 무사이는 그 기억 때문에 완벽히 행복하게 살아갈 수가 없다. 안전이 위협받을지 모른다는 두려움에 끝없이 시달리며 사는 것이다. 폭력에 노출될 뻔한 경험은 여러 방식으로 영향을 미친다. 여신이라고 해도 마찬가지이다.

그때 무사는 날개를 파닥이는 소리, 재재거리는 소리에 말을 멈춘다. 머리 위쪽 나무에 까치 아홉 마리가 앉아 있다. 미네르바는 새 소리가 너무 사람 같아서 잠시 어리둥절하다. 그때 무사가 이 까치들이 막 생겨났다고 말한다.[20] 원래는 인간이었고, 부유한 지주 피에로스와 아내 에우이페 사이에서 태어난 딸들이다. 그런데 다른 많은 이들처럼 무사이와 겨루었다가 패했기 때문에 이렇게 새가 되어 살아가는 처지가 되었다. 이 어리석은 자매들(알다시피 무사이는 객관적 서술을 하겠다고 한 적이 없다.)이 파르나소스로 와서 여신들에게 전쟁을 선포했다고 한다. 무사는 콤미티트 프로일리아committit proelia, '전투에 돌입하다'라는 표현을 쓴다. 피에로스의 딸 가운데 한 명이 입을 열고 하는 말을 들어보면 왜 이런 표현을 썼는지 짐작이 간다. 공허한 감미로움으로 무지한 대중을 속이지 마시오. 당신들 재능에 자신이 있다면 우리와 겨루시오. 목소리에 있어서나 기량에 있어서나 우리는 지지 않을 거요. 우리도 당신들처럼 아홉이오. 당신들이 지면, 성스러운 샘 두 개를 우리에게 주시오. 우리가 지면, 우리 집과 땅을 포기하겠소. 판결은 님프들에게 맡기면 되오.

내가 자란 동네에서는(버밍엄과 파르나소스산은 다른 면에서 공통점이 거의 없긴 하지만) 이건 그냥 싸우자는 거다. 대체 왜 남자건 여자건 무사이한테는 덤벼볼 만하고 무사이는 정복할 수 있다고 생각하는 걸까? 무사이는 (시인이 시를 시작하는 첫 구절에서) 찬양받으면서 동시에 (음악가, 세이렌, 자매들 등등에게) 과소평가된다. 이렇게 오만한 처사를 당한 여신이 물론 무사이만은 아니다. 니오베는 레토에 자신을 견주었고 아라크네는 아테나와 맞먹으려 했다. 신을 능가하려 하는 현명하지 못한 인간에 관한 이야기는 앞으로도 더 나올 것이다. 하지만 무사이에게는 유독 이런 일이 자주 일어나는 것 같다. 무사이의 특징이 안전하다는 착각을 일으키기 때문일지 모르겠다. 무사이는 예쁘고, 춤을 추고, 노래를 하니까. 이런 특징을 더욱 위협적인 수준으로 지닌 다른 여신이나 심지어는 인간도 있다. 아프로디테 여신이나 아프로디테가 총애하는 반^半인간 스파르타의 헬레네(나중에는 트로이아의 헬레네로 불린다)는 파괴적인 아름다움을 지니고 있다고 여겨진다. 아니면 적어도 이들을 욕망하는 남자들에게 파괴성(혹은 자기 파괴성)을 불러일으킨다. 마이나데스 혹은 바카이(디오니소스 신에 대한 종교적 광기에 사로잡힌 여인들)는 파멸적 특성이 있는 춤을 춘다. 이들은 야생의 숲이며 산을 휩쓸고 다니는데 분별 있는 남자라면 거리를 유지하는 게 좋다. 이 신들린 강력한 여자들에게 걸렸다간 사지가 갈가리 찢겨 죽을 가능성이 매우 크기 때문이다. 한편 세이렌은 뱃사람들에게 치명적이어서 이들의 노래를 듣고 살아남아 그 이야기를 전한 사람은 단 한 명, 오딧세우스뿐이다. 살아남을 수 있었던 까닭은 오딧세우스가 마녀-여신 키르케의 조언을 따라 부하들에게 자기를 돛대에 꽁꽁 묶어놓으라고 명령했기 때문이다. 그래서 오딧세우스는 세이렌의 노래를 듣고 바다에 몸을 던지고 싶은 압도적 충동을 느꼈지만 물리적으로 그럴 수가 없었다.

무사이는 위험스러울 정도로 아름답게 느껴지지는 않고, 헤시오도스가 묘사하듯이 어여쁘고 멋진 전원 풍경의 일부로 느껴진다. 무사이의 노래는 남자들을 홀려서 물에 빠지게 만드는 게 아니라 시를 짓고 연주하고 노래하고 작곡하게끔 영감을 불어넣는다. 무사이는 춤을 춰도 발바닥조차 거칠어지지 않고 당연히 사지를 찢으려 하지도 않는다. 핀다로스(기원전 5세기 초 테바이 출신 시인)는 무사이의 머리카락이 이오플로카몬^{ioplokamōn}, 곧 제비꽃 색깔이라고 했는데,[21] 그래서 살짝 고스족 바이브를 풍기긴 한다.

그러니 무사이를 다른 신화 속 존재와 비교해서 묘사한다면 파괴적이지 않고 건설적으로 아름답다고 할 수 있을 듯하다. 무사이의 존재 덕에 우리가 더 나은 사람이 된다. 무사이가 노래와 춤과 음악의 재능을 지니고 있으니 우리도 창작 활동을 시작하기 전에 아주 공손하게 요청하면 그런 것을 지닐 수 있다. 그런데 일부 사람들은 이렇듯 관대한 여신을 타미리스처럼 소유하려 하거나, 피레네우스처럼 더럽히려 하거나, 피에로스의 딸들처럼 무너뜨리려 한다. 그리고 이렇게 신체나 명성이 위협받았을 때 무사이는 발끈해서 복수한다.

무사이는 피에로스의 딸들과 겨루고 싶지 않다. 그건 투르페^{turpe}, 수치스러운 일이라고 생각한다.[22] 그러나 항복은 더욱 수치스럽다. 님프들이 심사위원을 맡아 자신들의 강을 두고(님프에게는 성서에 손을 얹고 맹세하는 것과 마찬가지이다.) 공정하게 심사하겠다고 약속한다. 첫째 딸이 앞으로 나와 노래를 하는데, 기간토마키아, 곧 신과 거인의 전쟁 이야기를 들려준다. 이 노래에서는 무사이가 아는 기존 이야기와 달리 거인이 신들을 누르고 승리를 거둔다. 피에로스의 딸들이 승산 없는 싸움에서 초반에 화력을 집중 투하하는 것으로밖에 보이지 않는다. 이들은 무사이의 안방까지 쳐들어왔을 뿐 아니라 불멸의 신이 패배하는 노래를 부른 것이다.

칼리오페가 이 공연에 응수하며 앞으로 나와 신적인 반격을 펼친다. 일단 청중에게 거인 중 한 명(칼리오페는 티폰이라고 하는데 다른 자료에는 엔켈라도스로 되어 있다.)이 시칠리아 에트나 화산 아래에 갇혀 있음을 상기시킨다. 거인이 땅 밑에서 몸부림치며 씩씩거리고 있어 에트나산이 간헐적으로 불을 뿜는 것이다. 이어 프로세르피나(그리스 이름으로는 페르세포네)가 플루톤 혹은 디스에게 납치당한 일을 묘사한다. 이 잘 알려진 이야기는 남신은 성적 약탈자로 여신(프로세르피나의 어머니 케레스, 그리스 이름은 데메테르)은 불굴의 영웅으로 등장하는 이야기인데, 이후에 데메테르 장에서 더 자세히 살펴보자.

훌륭한 공연자의 자질 가운데 청중을 잘 알아야 한다는 것이 있다. 칼리오페는 프로세르피나를 납치하려는 플루톤을 님프 키아네가 막아섰던 과정 전체를 이야기에 포함시킨다. 키아네는 플루톤에게 맞서서 프로세르피나의 동의와 어머니 케레스의 허락부터 구해야 한다고 쏘아붙인다. 그러고는 플루톤이 지나가지 못하게 길을 막는다. 하지만 플루톤은 신의 권능을 이용해 하데스로 가는 새로운 길을 뚫는다. 키아네는 이 일이 너무 고통스러운 나머지 물로 녹아 들어가 버린다.

노래 대회 심사 위원이 님프라면, 아무 잘못 없는 여신을 삼촌의 성적 약탈로부터 구해내려 했던 용감한 님프의 비극적인 이야기를 끼워 넣어 손해 볼 일은 없을 것이다. 키아네가 자매애를 발휘해 프로세르피나의 편을 들었으니 이 경연을 심사하는 님프들도 칼리오페에게 같은 호의를 베풀 수도 있을 것이다. 무사는 여성 연대라는 주제를 계속 이어 나간다.

케레스는 빼앗긴 딸을 찾아다니는데, 참으로 공교롭게도 다른 님프, 아레투사가 도와준다. 아레투사는 겁에 질린 프로세르피나가 명계로 끌려가 여왕이 되는 것을 보았다. 이 정보를 가지고 케레스는 신들의 왕 유피테르에게 가서 딸을 돌려받게 해달라고 요구한다. 유피테르는 도움이 안 된다. 플루톤이 프로세르피나에게 가하는 성적 폭력을 사랑이라고 정의하고 싶어 한다.[23] 모든 희망이 사라진 듯 보이지만 케레스는 포기하지 않는다. 유피테르가 결국 타협책을 제시하는데, 한 해 중 일정 기간에 프로세르피나가 돌아오게 한다는 것이다. 겨울에 춥고 어두운 나날이 계속되는 까닭은 프로세르피나가 지상에 없기 때문이다. 포기를 모르는 여신의 비위를 맞추려고 남성 신들이 마지못해 내놓은 방책이다.

그런데 칼리오페의 이야기는 이걸로 끝이 아니다. 님프 이야기로 돌아와서, 아레투사를 화자로 자신이 강의 신 알페이오스에게 성폭력을 당할 뻔한 이야기를 한다. 아레투사는 자신보다 훨씬 강한 신의 손에서 벗어나기 위해 키아네처럼 물로 변신한다. 칼리오페는 마지막으로 표리부동한 링코스왕 이야기로(링코스는 케레스가 보호하는 젊은이 트리프톨레모스를 죽이려 했다.) 노래를 마무리한다.

명창의 공연이 끝나자—우연찮게도 영웅적이고 비극적인 님프들이 나오는—경연 대회의 결과는 알아볼 필요도 없이 빤하다. 이 시점에서 피에로스 딸들의 존재는 거의 잊혔다. 이야기 속의 이야기에 푹 빠져버린 탓이다. 미네르바에게 경연 이야기를 들려주던 무사는 님프들이 만장일치로 무사이의 승리를 선언했다고 말한다. 그런데 피에로스의 딸들은 납작 엎드려 패배를 받아들이는 대신[24] 무사이를 조롱하기 시작한다.(님프들도 함께 조롱 대상이 되었을 것이다.) 이야기를 들려주던 무사가 그때 직접 나서서 너희는 이미 저지른 죄에 모욕까지 더했다고 피에로스의 딸들을 꾸짖었다. 우리의 인내가 바닥이 났으니, 우리의 분노가 요구하는 대로 너희를 벌하겠다고 말했다. 여자들은 무사를 비웃으며 위협하는 말에 코웃음을 쳤다. 그런데 웃는 동안에 피부에 깃털이 돋고, 얼굴에는 부리가 생기고, 팔은 날개가 되었다. 무사이에게 시비를 거는 걸 말릴 수야 없겠지만, 그러다 보면 까치로 변할 수도 있다는 걸 알아두길.

 무사이에게 제대로 경의를 표하고 싶다면 어떤 종류든 음악 대결을 신청하면 안 된다는 것은 명백하다. 더 적절한 방법은 호메로스부터 바이런에 이르는 수 세대의 시인이 그랬듯이 무사이에게 시를 바치는 것이다. 그런데 만약 내가 무사이를 존경하는데 딱히 시를 짓고 싶은 건 아니라면 어떡하나? 그러면 빌라 모레지네의 주인처럼 할 수 있다. 1959년, 나폴리와 살레르노를 잇는 고속도로가 건설되는 과정에서, 폼페이 스타비아 문에서 남쪽으로 600미터 떨어진 위치에서 저택 한 채가 발굴되었다. 넓은 안뜰과 최소 다섯 개의 트리클리니움(식당)을 갖춘 저택으로 격식 있는 연회실 벽에는 엄청난 프레스코화가 그려져 있었다. 도로 건설 현장 가까이에 있어 손상될 위험이 있었기 때문에 프레스코화는 폼페이에 있는 넓은 팔라에스트라(운동장)로 옮겨졌고 오늘날에도 그곳에서 전시 중이다. 트리클리니움A라는 이름으로 불리는 공간에 무사이와 아폴론이 함께 그려진 그림이 있었다.
 그림의 배경은 '폼페이 레드'라고 불리는 짙고 진한 붉은색으로 칠해져 있어, 무척 강렬한 분위기의 식사 공간이었음을 암시한다. 무사이는 하늘거리는 옅은 색 드레스에 월계관을 썼다. 화려한 장식이 있는 녹색과 금색 기둥 위에 서 있는 무사도 있고, 공중에 둥둥 떠 있는 무사도 있다. 이 프레스코화가 그려진 시기는 아마 1세기 중반쯤, 화산이 폭발한 79년보다는 확실히 이전일 텐데, 이 무렵은 무사이 각각의 전문 분야가 확립되었을 때이다. 식당에서 밥 먹는 사람들도 쉽게 알 수 있도록 각자 소품을 들고 있다. 클리오는 역사를 뜻하는 두루마리를, 테르프시코라는 리라를 들었고, 에라토는 키타라를 퉁긴다. 탈리아는 기괴한 희극 가면을 들었고, 칼리오페는 왼손에 필기용 판을 들고 철필 끝을 입에 물고 있다. 위대한 서사시의 무사조차도 때로는 적당한 말을 찾느라 고심할 때가 있는 모양이다. 에우테르페는 양손에 플루트를 하나씩 들었다. 멜포메네는 왼손에 비극 가면을 들고 위쪽을 응시한다. 우라니아는 천구를 상징하는 아름답게 빛나는 구체를 들고 있다. 아쉽게도 폴리힘니아의 이미지는 오늘날 전해지지 않는다.

그런데 이 멋진 프레스코화가 흥미로운 질문을 제기한다. 그림을 담당하는 무사는 왜 없지? 우리는 무사이가 직접 영감을 주는 작품들—시, 연극, 노래 등에서 종종 무사이에 관한 언급을 본다. 무사이가 노래하고, 따라서 헤시오도스도 노래한다. 하지만 이 프레스코화가 무사이의 외양과 아름다움에 영감을 받아 그려진 것이긴 해도, 이 작품을 만들 때 특정 무사에게 간청할 필요는 없었다. 무사이가 타미리스에게 가한 강력한 보복을 다룬 소포클레스 희곡과 다르게, 이 프레스코화의 존재는 무사이의 신적인 도움이 있었다는 증거가 되지 않는다. 아마도 화가가 님프나 카리테스(아름다움의 여신들)를 모델로 비슷한 초상화를 그렸더라도 영감을 주는 신의 기분을 거스를 위험은 없었을 것이다.

두 번째로 생각해 볼만한 점은 무사이가 (주로 예술을 관장하긴 하나) 과학 활동에도 관여한다는 점이다. 천문학자로서 무언가를 이루고 싶다면 우라니아에게 호소해야 한다. 무사이는 예술가뿐 아니라 과학자들에게도 영감을 주려고 마음을 먹었으니까. 우리는 학문의 두 영역을 실용성 대 아름다움으로 나누고 그 둘을 서로 대립시키는 담론에 익숙하지만 무사이는 이런 구분을 인정하지 않는다. 과학적 추구가 아름다우면 안 될 이유가 있나? 또 춤이나 노래에 법의학적 정확성을 적용하고 싶을 수도 있지 않나? 오직 과학만이 유용하고 오직 예술만이 정신을 고양한다는 구분은 터무니없는 것이다. 과학자들이 컴퓨터를 설계하지 않았다면 나는 글을 많이 쓰지 못했을 것이다. 또 과학자들 가운데 힘든 하루를 보내고 쉴 때는 그리스 신화를 읽고 싶은 사람도 있을 것이다. 무사이는 과학자든 예술가든 서로를 분리하려는 어리석은 시도를 무시해야 한다는 사실을 일깨워준다. 사실 너나 나나 덕후라는 점에서는 다 똑같으니까.

이 프레스코화는 또 예술이나 과학적 성취가 이루어질 때 진짜 재능은 어디에서 나오는지를 멋지게 상기시켜 준다. 무사이가 바로 창조력의 원천이며 예술가는 이들의 도움을 강구해야 한다. 헤시오도스도, 호메로스도 이런 태도를 취했다. 앞에서 보았듯이 헤시오도스는 시의 시작 부분 전체를 어떻게 자기가 신의 이야기를 할 수 있는지 설명하는 데 할애한다. 무사이가 영감을 주었고, 재능을 부여해 준 덕이라는 것이다. 그전에는 그냥 양이나 치고 있었는데. 호메로스는 심지어 자기한테 통제권이 있는 척도 하지 않는다. "노래하소서, 여신이여." 또 이렇게 간청한다. "말씀해 주소서." 인간 음유시인으로서 호메로스가 할 수 있는 최선은 신성한 마법 일부를 조금이나마 포착하려고 애쓰는 것이다. 호메로스 서사시의 서두와 호메로스를 모방해 글을 쓰려 한 베르길리우스의 『아이네이스』 서두 부분을 비교해 보자. 『아이네이스』는 아르마 비룸퀘 카노 Arma virumque cano, "나는 무기와 그 남자를 노래한다."로 시작한다. 베르길리우스가 서사시를 지을 무렵인 기원전 1세기 후반에는(베르길리우스는 서기 19년에 시를 완성하지 못한 채로 사망했다.) 시인 본인이 언어에 대한 책임을 지고 무사이는 한 걸음 뒤로 물러서 있다. 베르길리우스에게도 신의 격려가 필요하긴 했으나 그래도 창작자는 본인이다.

시간이 흐르면서 무사이에게 창조적 활동에 미소를 보내달라고 청하는 것이 실제 기도라기보다는 형식에 가까워진다. 무사이를 부르는 것은 시인이 청중에게 어떤 특정한 종류의 시를 짓고 있다고 알리거나 혹은 지금 자신이 아주 진지하다고 말하는 방식이 되었다. 독자나 청중에게 이제 집중하라고 말하는 장치인 셈이다. 어쩌면 원래도 그랬을 수는 있으나, 그래도 무사이의 권위가 과거와 비교하면 좀 떨어졌다.

20세기에 이르러서는 무사이가 창조성을 완전히 박탈당하고 만다. 시인, 화가, 음악가 들은 여전히 저마다의 무사(뮤즈)를 구하지만 뮤즈의 역할은 주로 외양이 예쁘고 남자의 창작을 돕는 역할로 격하되었다. 남자 뮤즈가 남자나 여자 예술가에게 영감을 주는 경우도 드물지만 있다.(리 보워리와 루시언 프로이드, 에런 테일러존슨과 샘 테일러존슨 등) 그렇지만 피카소 같은 남성 천재가 고통받는 뮤즈에게 영감을 받는 게 전형이다. 그 가운데 한 사람이 도라 마르이다. 도라 마르는 피카소의 「우는 여인」의 영감이 되었다고 하는데, 피카소가 그린 마르의 초상은 이처럼 대체로 고통스러워하는 모습이다. 피카소는 여자를 "고통의 기계"라고 묘사하기도 했으니, 피카소가 여자들의 불행에 기여하기를 꺼리지 않는 게 놀라운 일은 아닐지 모른다.[25] 피카소와 마르의 관계는 평탄하지 않았고 마르는 늘 뒷전으로 밀렸고, 사진가이자 화가로서 마르의 재능은 대체로 간과되어 오다가 최근 마르의 전시회가 열리며 비로소 뮤즈 이상의 존재로 재발견될 수 있었다. 그레이스 니컬스의 탁월한 시집 『피카소, 내 얼굴을 돌려줘』는 마르에게 상상적 목소리를 부여하여 "얻어맞은 뮤즈/공개된 나의 사적 비애"[26]라고 말하며 마르 스스로 "자신의 뿌리를 뽑는 데 공범"이 되었다고 묘사한다.

현대적 뮤즈의 전형을 장려하게 반박하는 시이다. 마르는 남성 시선의 대상일 뿐 마르 본인의 관점은 전적으로 혹은 거의 무시된다. 그러나 마르는 자기 얼굴을 되찾고 싶다—"깨어지지 않은 사진"을. 우리가 피카소의 작품을 아무리 높이 평가한들, 그게 왜 마르의 작품을 무시해야 한다는 뜻이 되나? 니컬스는 마르가 선택한 예술 양식(마르는 피카소를 처음 만났을 때 영화 세트에서 사진을 찍고 있었다.)을 상기시키며 동시에 뮤즈로서 해야 했던 역할을 격렬히 비난한다. 여러 예술 형식에 서로 창작을 돕는 파트너십이 존재하지만(가장 유명한 예로 실비아 플라스와 테드 휴스를 들 수 있겠다.) 이런 사례를 뮤즈와 예술가의 관계로 보지 않는다. 플라스는 분명 휴스에게 영감을 주었을 테고 그 반대도 마찬가지겠지만, 두 사람이 같은 분야에서 활동했고 둘

다 유명한 예술가라는 사실 때문에 어느 한쪽을 뮤즈로 생각하지 않게 되는 듯하다. 현대적 맥락에서 뮤즈는 사회적으로 종속적인 위치이며 뮤즈의 역할은 주로 남성인 예술가들이 이들을 어떻게 보고 들었는가에 따라 보이고 들린다. 이들은 육체이고 이름이며 아름다움과 사랑으로 칭송받는다. 그렇지만 호메로스나 헤시오도스가 무사이와 맺는 관계는 이런 것이 아니었다. 창조성에 영감을 받아 생겨나는 창조성에 더 가깝다고 하겠다.

그러니 아무 힘도 없고 남자 보는 눈은 처참한 현대의 뮤즈들 말고, 옛 신화의 여신들에게로 돌아가 보자. 헬리콘산을 떠난 무사이는 어디로 갔을까? 1980년에, 로스앤젤레스로 갔다고 한다. 바닷가 근처 평범한 건물 벽에 이들의 모습이 그려져 있다. 왜 거기에 갇히게 되었는지는 알 수 없으나, 이들은 단순한 이미지가 아니라 벽화 안에 갇힌 진짜 3차원 여신들이다. 갑자기 되살아나더니(당시 매체의 특성상 형상의 윤곽이 만화 같은 밝은 빛을 내는 효과로 표현되는데, 내 나이 대의 사람은 자동적으로 아침 든든하게 먹었다고 칭찬해 주고 싶어지는 장면이다.)● 벽화 앞 골목길에서 춤을 추기 시작한다. 순간 빛이 춤을 압도하고 한 명씩 혜성처럼 하늘로 날아간다. 그러다가 한 명만은, 비행 궤적을 바꾸어서 소니 멀론이라는 젊은 화가 앞에 나타난다. 여신은 화가에게 키스하고 순식간에 사라진다. 그 순간 화가는 반하고 만다. 올리비아 뉴턴존에게 키스를 받은 사람은 누구라도 그럴 수밖에 없을 테니까.

뮤지컬 영화 「재너듀」는 이렇게 매혹적인 오프닝 시퀀스에도 불구하고 흥행에는 성공 못 했다. 지금보다 1980년에는 이 실패가 더욱 놀라운 일이었을 것이다. 2년 전 「그리스」가 개봉한 후로 올리비아 뉴턴존이 엄청난 인기를 누릴 때였기 때문이다. 「재너듀」 사운드트랙 앨범에 실린 뉴턴존의 노래는 여러 나라에서 차트 정상을 차지했으니, 대중이 뉴턴존과 음악은 좋아했다는 말이다. 다시 말해 이 영화는 성공의 요소를 모두 갖추고 있었으나 몇 가지 아쉬운 요인에 발목을 잡혔다.

첫째로 「재너듀」는 플롯이 매우 빈약하다. 그런데 사실 그것만으로 뮤지컬이 망하지는 않는다. 「캣츠」는 뚜렷한 줄거리가 없지만 수십 년째 전 세계 무대에서 공연되며 수십억 달러를 벌어들였다. 관객이 노래와 춤에 열광했고 서사의 동력이 부족한 것은 개의치 않았기 때문이다. 그런데 「재너듀」는 어떤 이야기를 하려 하긴 하는데, 잘 못한다. 제우스가 버려진 공연장에 롤러 디스코장을 열도록 도우라고 키라(뉴턴존)를 보냈는데 그러다가 키라가 소니와 사랑에 빠지고 소니와 함께 지구에 남을 수 있도록 허락을 받는다는 이야기이다. 롤러스케이트 인기가 뜨겁던 1980년대 초이긴 해도 이것만으로 96분짜리 뮤지컬을 이끌어 가기에는 동기가 좀 미약하다. 게다가 전제 자체가 좀 허술하다. 롤러 디스코가 그렇게 끝내준다면 그걸 여는 데 왜 무사 여신의 도움이 필요한가? 그냥 마룻바닥을 깔고 스케이트 한

- 레디 브렉 시리얼 1982년 TV 광고에 비슷한 효과가 사용되었다.

벌이 그려진 간판 하나만 내걸면 돈을 쓸어 담을 수 있을 텐데. 게다가 제우스와 키라는 왜 하필 당시 영화며 텔레비전에서 이미 롤러스케이트의 천국으로 그려지고 있던 로스앤젤레스에 도움을 주어야 한다고 생각했던 걸까? 만약 누군가가, 이를테면 알래스카에 롤러장을 열고 싶은데 스케이트 타는 사람들이 북극곰과 충돌하는 것을 막을 방법을 찾지 못해 고민이라면, 신의 개입이 좀 더 설득력이 있었을 것이다.

또 줄거리상 인물들이 극복해야 할 실질적 난관이 없어서 극적 긴장감이 없다는 문제가 있다. 공연장 소유주인 악덕 갑부가 공연장을 내놓지 않겠다고 한다거나, 거만한 시장이 롤러 디스코 반대를 재선 선거운동 공약으로 내걸었다거나, 고전학자가 등장해서 왜 그리스 무사가 클럽 이름을 새뮤얼 테일러 콜리지의 시 「쿠블라 칸」에 나오는 유명한 장소를 따서 지었냐고 의문을 제기하지도 않는다.(콜리지의 시의 배경은 고대 그리스가 아니라 13세기 무렵 중국이다.) 이들의 계획을 위협하는 어떤 위기도 없다. 이들은 키라가 소니에게 보여준 첫 번째 장소에 재너듀를 짓고, 건축업자들은 유쾌하고, 과정은 순조롭고, 클럽이 문을 연다. 끝. 키라가 아버지 제우스에게 지구에 머물러도 되냐고 물을 때 살짝 불안감이 감돌지만, 다행히도 제우스는 아주 살짝 잠깐 반대했다가 관객의 심장박동이 채 빨라지기 전에 얼른 청을 들어준다.

이에 더해, 영화의 스타 두 명이 둘 다 주연이 아니라 어딘가 균형이 맞지 않는다. 뉴턴존의 이름이 영화 크레디트에서 가장 먼저 등장하기는 하나 뉴턴존은 노래를 부르는 것 말고 크게 하는 일이 없다.

영화 시작 부분에 아홉 무사이를 등장시켰으니 음악과 재치를 발휘할 여지가 넉넉하리라고 기대하게 된다. 디즈니의 「헤라클레스」에는 무사이가 다섯 명밖에 없었는데도 노래하고 춤추고 줄거리 요약까지 하는 멋들어진 코러스를 보여주었으니 말이다. 그러나 1980년 영화계는 여성에게 암울한 시기였고, 그리하여 키라는 자매들과 아무 대화도 나누지 않고 춤만 두어 곡 함께 출 뿐이다. 이 영화는 여자가 이름이 있는 역을 연기하는 것에 아무 관심이 없어서 크레디트에 이름이 언급된 무사는 키라가 유일하다. 다른 무사이는 무사#1, 무사#2와 같은 식으로 번호만 붙어 있다. 나야 누구에게라도 신의 복수가 내리길 바라지는 않지만, 무사이에게 음악적으로 도전하기만 해도 까치로 바뀔 위험이 있는데 이런 모욕을 가했으니 한때 로스앤젤레스의 나뭇가지마다 까치 떼가 들끓지 않았을까 짐작된다.

그러나 영화 관객들도 진 켈리를 주연으로 내세웠다면 뉴턴존의 비중이 작았던 것을 이해했을지 모른다. 진 켈리는 진 켈리니까. 진 켈리는 자신의 마지막 영화인 이 영화에서(일흔에 가까운 나이지만 쉰 살처럼 보인다.) 왕년의 빅밴드 클라리넷 주자이자 억만장자 부동산 개발업자로 새로운 클럽을 열고 싶어 하는 대니 역을 맡았다. 켈리는 자연스러운 카리스마를 지녀서 소니(마이클 벡)를 압도할 수밖에 없다. 진 켈리는 「사랑은 비를 타고」가 5분 전의 일이기라도 한 듯 롤러스케이트도 타고 탭댄스도 한다.

대니와 키라 사이에는 영화 초반에 나오는 듀엣곡에서 암시된 서브플롯이 있다. 키라가 1940년대에 대니에게 나타나 클라리넷 연주에 영감을 주었다는 것이다. 아마 그래서 대니가 그토록 큰 성공을 거두어 저택에 살고 거대한 나이트클럽을 구매할 수 있게 된 건지도 모른다. 가난한 클라리넷 주자들은 참고하시길. 그렇지만 세대를 가로지르는 삼각관계의 가능성은 금세 흩어지는데, 이 영화에서 가장 흥미롭지 않은 인물인 소니에게만 끝없이 초점이 맞추어지기 때문이다. 소니는 그저 그림을 그리고 싶은, 약간 고뇌하는 천재인데, 관객이 소니의 예술적 성공을 응원하게 되기는 쉽지 않다. 영화의 기이한 특징 가운데 하나가 영화 속 예술 작품의 상대적 가치를 오직 등장인물들의 반응을 통해서만 알 수 있다는 것이다. 「재너듀」도 다르지 않아서 소니의 동료들이 그를 천재라고 추켜올리지만 소니의 그림이 동료들의 그림과 딱히 질적으로 차이가 있어 보이지는 않는다. 다들 앨범 커버를 거대한 크기로 캔버스에 그리는 작업을 하는데 그 이유는 분명하지 않다.(앨범 커버 그림을 빨리 그리라고 독촉하는 성질 나쁜 상사가 있긴 하다. 그래서 소니는 올리비아 뉴턴존을 찾으러 LA 거리를 배회할 시간이 없다.)

「재너듀」 각본과 제작의 문제는 서로 얽히며 강화된다. 소니는 우연히 앨범 커버에서 키라의 이미지를 발견하고, 거리에서 우연히 키라와 마주친다. 두 사람 사이에는 실질적으로 아무 장애가 없다. 질투하는 전 애인이라든가 분노하는 신도 없다. 소니에게는 선택을 할 일 자체가 거의 없어서 개성이 드러나지도 않는다. 심지어는 키라가 어느 무사인지 우리가 알 기회마저 소니가 막아버린다. 키라가 자기 본명을 말하려고 "T—"라고 말을 시작하지만 소니는 춤의 무사 '테르프시코라'의 이름이 나오기 전에 키스를 해버린다.

왜 키라가 화가인 소니에게 관심을 갖는지도 알 수 없다. 키라는 이 이야기에서는 롤러 디스코의 무사이지 1980년대 앨범 커버 아트의 무사도 아닌데 말이다. 소니가 영화 시작 부분에 나오는 아홉 무사이 벽화를 그린 사람일까? 소니는 나중에 키라를 찾으러 그 벽화로 간다. 이 그림을 그렸기 때문에 무사이는 소니가 나이트클럽 주인으로 성공하고 부유해질 수 있게 상을 주는 걸까? 영화 제작자들이 좀 만 더 세심하게 신경을 썼더라면 좋았을 텐데.

    이 영화가 개봉되었을 때 나는 너무 어려서 볼 수가 없었다. 적어도 우리 부모님은 그랬다고 주장하신다. 부모님도 리타 헤이워스가 나오는 영화 「다운 투 어스」가 개봉했을 때 너무 어려서 보지 못했다는데, 이 영화의 줄거리는 「재너듀」의 빈약한 플롯과 일부 겹친다. 「다운 투 어스」는 1947년에 개봉했고 리타 헤이워스가 파르나소스산에 사는 고결한 정신의 여신 테르프시코라로 등장한다. 테르프시코라는 브로드웨이에서 아홉 무사이를 남자에 미친 여자로 그리는 저속한 쇼가 리허설 중이라는 사실을 알고 경악한다. 특히 테르프시코라가 춤추는 사람들 바지에 개미를 집어넣어 날뛰게 만드는 신으로 묘사된 것이 불쾌하다. 테르프시코라 본인이 생각하는 자기 역할과는 큰 차이가 있는 것이다. 테르프시코라는 천상 세계의 최고 행정 책임자와 합의를 하고(이 세계에서는 여신들조차 양복을 입은 남자들의 변덕에 휘둘린다.) 공연을 개선하려고 지상으로 내려간다. 테르프시코라는 댄스 리허설 현장에 들이닥쳐 다른 공연자들을 가볍게 누르고 주연을 꿰찬다. 이 장면은 코믹하면서도 좀 심하다. 우리는 테르프시코라의 끔찍한 행동에 경악하면서도 헤이워스의 피할 수 없는 매력에 사로잡힌다.

이 갈등이 화면에 그대로 드러난다. 다른 여성 출연자들은 느닷없이 나타난 뻔뻔한 여자에게 화를 내고 황당해한다. 관객석에서 지켜보는 남자들은 우리처럼 푹 빠져버렸다. 특히 쇼의 작가이자 남자 주인공인 대니(래리 파크스)는, 아직 자기 이름을 뭐라고 할지 정하지도 못한 헤이워스에게 대뜸 주연을 맡겨버린다. 헤이워스는 이제 쇼에서 테르프시코라 역을 맡게 되었고 새 이름이 필요하므로 키티라는 가명을 선택한다. 두 사람은 사랑에 빠지고, 키티는 자신의 영향력을 이용해 다른 캐스트의 반대를 무릅쓰고 쇼를 덜 선정적이고 발레에 가깝게 만든다. 그런데 첫 시사회에서 키티가 대니를 밀어붙여 만든 쇼가 엄청난 실패작임이 드러난다. 관객이 공연 도중에 잠들어 버린 것이다. 자기가 무슨 일을 했는지 알게 된 키티는 후회에 빠진다. 키티는 저세상의 지식을 통해 쇼가 실패하면 대니는 죽을 목숨이란 사실을 알기 때문이다. 대니는 갱스터 겸 공연 투자자에게 빚을 지고 있는데 투자자는 쇼가 성공하지 못하면 돈을 회수하려 들 것이다.(그건 그렇고 이 영화는 러닝타임을 채우고도 남을 만큼 줄거리가 넘친다.)

다행히도 대니는 춤의 무사에게 브로드웨이 쇼가 흥행하려면 어때야 하는지 설명할 수 있었고 결국 쇼를 구해낸다. 끔찍한 '인간스플레이닝(mortalsplaining)'의 사례처럼 들리긴 하나, 유쾌한 영화라고 할 수밖에 없다. 무엇보다도 이 영화는 영화의 스타가 누구인지 안다. 카메라는 헤이워스에게서 눈을 떼지 않고 우리는 대니처럼 헤이워스에게 홀딱 빠져버린다. 비록 키티는 지구에 머물러도 된다는 허락을 받지는 못하지만 나중에 대니와 재회하는 앞날을 살짝 엿볼 수 있다.

30년의 시차를 두고 만들어진 무사이에 관한 영화 두 편을 보면, 그 사이 할리우드에서 여성 인물에게 어떤 일이 일어났는지를 뚜렷이 볼 수 있다. 「다운 투 어스」의 테르프시코라는 오만하고 자매애가 부족해 보이긴 하지만(주목을 받으려고 브로드웨이 쇼에서 자기 역을 연기하던 배우를 무대에서 거의 짓밟는다.), 어쨌든 이야기의 중심이긴 하다. 올리비아 뉴턴존이 이 역을 맡았을 때는 여성 인물이 뮤지컬의 중심이 된다는 생각이 플롯 자체보다도 더 환상적인 것이 되어버렸다. 그렇지만 앞에서 보았듯이 무사이를 잘못 건드리면 위험하다. 어쩌면 「재너듀」의 흥행 실패는 무사이가 내린 벌이었을지도 모르겠다.

아직 언급하지 않은 무사가 한 명 더 있는데, 그 까닭은 역사와 신화 사이 경계에 있는 인물이기 때문이다. 서정시인 사포가 바로 열 번째 무사라는 개념은 고대로부터 이어져 내려온다. 플라톤이 그렇게 말했다고 알려져 있으나 출처는 명확하지 않다. 기원전 2세기 작가인 시돈의 안티파테르의 작품에도 그런 언급이 있다.[27] 안티파테르는 사포가 알카이오스, 스테시코로스, 핀다로스 등등과 함께 아홉 명의 대표 서정시인 목록에 속하지 않는다고 확언하면서, 사포는 아홉 번째 남자가 아니라 열 번째 무사라고 주장한다.

여성에 대한 칭찬이 종종 그러하듯이 여기에는 조금 미심쩍은 가정이 내포되어 있다. 사포가 무사와 같다면, 그것은 왜일까? 탁월한 가수이자 작곡가이자 공연자이었기 때문에? 아니면 여자이면서 이 모든 일을 다 했다는 점에서 무사이와 마찬가지이기 때문에? 여기에서 핵심은 정전 목록에 들어간 다른 시인 여덟 명은 모두 남자라는 점이다. 그러니 사포는 무사이의 일원이므로 여기 속하지 않는다는 말은 칭찬인 걸까, 아니면 누가 진정으로 위대한 예술가인가 하는 논의에서 사포를 빼버리는 방법인 걸까? 위대한 시인은 남성이어야만 한다, 왜냐하면 모두 남성이니까. 그 자체가 증거이다. 위대한 여성 시인은 무시해도 된다. 왜냐하면 인간이 아니고 여신이니까. 고려할 필요가 없다. 그러나 핀다로스가 대표 시인 목록에서 열외가 되어 아폴론의 반열에 오르는 일은 없을 것이다.

사포는 지금도 그렇지만 과거에도 신비로운 인물이었다. 사포에 관한 전기적 사실은 오늘날 남아 있는 극히 일부분의 작품(사포는 서정시집 아홉 권을 지었다고 하는데 남아 있는 시행은 700행이 채 되지 않고 한 단어 혹은 두 단어 길이밖에 안 되는 파편도 많다.)을 근거로 거의 전부 지어낸 것이다. 직업, 성적 지향, 나이, 결혼 여부 등등에 관해 무수한 추측이 제기되었다. 이런 신비한 여성을 신화화하고 싶은 마음이 드는 것은 당연한 일이고, 지금보다 남아 있는 시가 더 많았을 고대에도 마찬가지였을 것이다. 호메로스를 둘러싼 미스터리도 만만치 않지만(호메로스가 한 명인지 여러 명인지, 시각장애인인지 아닌지 등등) 호메로스를 신으로 여겨야 한다고 하는 사람은 없다. 사포가 칭송을 받으면서 동시에 격하되고 있다는 느낌을 지울 수 없다. 여신이기에, 따라서 시인이라고는 할 수 없다는 거다.

사포는 이렇듯 경계적 지위에 붙들려 있다. 오비디우스의 『헤로이데스』는 신화 속 버림받은 여성들이 떠나버린 남자에게 쓴 서정적 편지를 상상한 책이다. 이 책 마지막에는 사포가 잘생긴 뱃사람 파온에게 보내는 편지가 있다. 여기에서도 똑같이 칭찬 겸 격하가 작동하는 것을 볼 수 있다. 사포는 역사의 영역에서 신화의 영역으로 옮겨져 헬레네, 페넬로페, 메데이아 등 신화의 인물과 나란히 놓인다. 뛰어난 재능 때문에 특별한 지위에 놓이긴 했으나, 잘생긴 젊은이를 대책 없이 그리워하는 딱한 늙은 여자로 전락해 있다. 오비디우스는 사포가 여자한테는 한 번도 이런 감정을 느껴본 적이 없다고 말하게 함으로써 찌른 상처를 후비기까지 한다. 여자들끼리 연애하는 일탈을 치유해 주고 진정한 욕망이 어떤 것인지 가르쳐줄 남자가 없으면 여자들은 어떻게 되겠냐는 이야기이다.

나는 사포를 존경하지만, 인간계에 남겨두고 신성한 무사이는 아홉으로 유지하고 싶다. 무사이는 약탈적인 납치자, 허세 가득한 젊은 여성, 자신의 성적 능력에 자신감이 넘치는 남성 음악가 등으로부터 심신과 명성을 지키느라 지나치게 많은 시간을 허비했다. 이제 자기들 정예 집단의 멤버를 얻거나 잃는 것에 대해 걱정할 일은 없어야 한다. 사포는 여성이자 시인이었고, 사포에게 영감을 불어넣어 준 무사이만큼이나 불멸하는 아름다운 시를 창조한 사람이었다. 동시대 남성들과 마찬가지로 이것만으로 예술가이기에 충분하다. 신은 아닐지라도.

헤라

> 아름답고, 질투심 많고, 파괴적이고, 우스꽝스러운 공작은 헤라에게 완벽하게 어울린다. 모두가 기꺼이 미워하는 여신. 이야기를 더 진행하기 전에 나는 헤라를 미워하지 않는다는 걸 말해두어야겠다. 나는 진심으로 헤라를 좋아하는데, 헤라가 나를 암소로 변신시키거나 뱀을 보내 괴롭히거나 쇠파리 등쌀에 미쳐서 사랑하는 식구를 죽이도록 만들까 봐 이 말을 하는 건 아니다. 물론 헤라는 장려하고도 창의적으로 불쾌한 복수와 가장 자주 연관되는 여신이다.

고전
아엘리아누스, 「동물의 본성에 관하여」
아리스토텔레스, 「동물지」
위僞히기누스, 「우화집」
테오크리토스, 「목가집」
칼리마코스, 「아이티아」
핀다로스, 「피티아 송가」
에우리피데스, 「메데이아」
아리스토파네스, 「새」
10세기 편찬된 고대 지중해 세계 백과사전 「수다」

유물, 회화, 조형 예술
폼페이 베티이 저택 프레스코화 「익시온의 형벌」

시, 소설, 에세이, 논픽션
릭 라이어든, 「퍼시 잭슨과 올림포스의 신: 미궁의 비밀」

영화, TV 시리즈, 공연, 뮤직비디오
1963년 영화 「아르고 황금 대탐험」
1970년대 영국 시트콤 「폴티 타워즈」

기타
유노와 유피테르 레고 피겨
2011년 발사된 목성 탐사선 주노

※※※※※※※

고대 그리스인들은 공작을 엄청나게 이국적인 새로 느꼈다. 알렉산드로스대왕이 기원전 4세기에 인도에서 공작을 처음 보고 아름다움에 매료되었다고 전해진다. 어느 정도냐면 3세기 로마 작가 아엘리아누스에 따르면 알렉산드로스대왕이 공작을 죽이는 자에게는 가장 엄중한 벌을 내리겠다고 경고했다고 한다.[1] 알렉산드로스의 스승인 아리스토텔레스는 공작의 수명(약 25년)과 번식 습성(1년에 최대 열두 개의 알을 낳음)에 관해 기록을 남겼다.[2] 만약 공작을 기를 계획이 있다면 아리스토텔레스의 다음과 같은 조언을 참고할 수 있다. 알을 부화하는 가장 좋은 방법은 알 몇 개를 빼내어 암탉이 대신 품게 하는 것이다. 암컷 공작이 믿음직하지 않아서 그런 건가 하는 생각이 든다면 그런 문제는 아니다. 사실 암컷 공작은 알을 따뜻하고 안전하게 지키려고 최선을 다한다. 문제는 수컷이다. 수컷 공작은 알을 품는 암컷을 공격하고 알을 깨부수려 한다. 이런 위협이 있어서 야생 상태에서는 암컷이 종종 멀리 사라져서 몰래 알을 낳는다.

우리가 수컷 공작의 아름다움에 현혹되어 못된 행동을 보지 못하는 모양이다. 수컷 공작의 외모 과시는 우스꽝스러울 정도로 과한 면이 있다. 아리스토파네스가 기원전 414년에 쓴 희곡 『새』는 어떤 새를 무대에 등장시킨다.(말 안 해도 짐작했겠지만 실제로는 화려한 새 의상을 입은 남자이다.) 저게 뭐야? 극 중에서 아테네 사람인 에우엘피데스가 묻는다. 새는 새인 것 같은데, 무슨 종류지? 공작은 아니겠지?³

아름답고, 질투심 많고, 파괴적이고, 우스꽝스러운 공작은 헤라에게 완벽하게 어울린다. 모두가 기꺼이 미워하는 여신. 이야기를 더 진행하기 전에 나는 헤라를 미워하지 않는다는 걸 말해두어야겠다. 나는 진심으로 헤라를 좋아하는데, 헤라가 나를 암소로 변신시키거나 뱀을 보내 괴롭히거나 쇠파리 등쌀에 미쳐서 사랑하는 식구를 죽이도록 만들까 봐 이 말을 하는 건 아니다. 물론 헤라는 장려하고도 창의적으로 불쾌한 복수와 가장 자주 연관되는 여신이다.(어떤 여자는 헤라의 적에게 협력했다는 이유로 족제비가 되었는데, 그 이야기는 나중에 다시 하겠다. 헤라의 적개심은 아주 전방위적으로 미치고 헤라가 직접 둔갑을 수행할 필요조차 없다. 헤라의 심복들이 곳곳에 있기 때문이다.) 내가 여신들에 관한 책을 쓸 계획이라고 하자 고전학자인 한 친구가 헤라를 어떻게 되살릴지 궁금하고 얼른 보고 싶다고 말했다. 이제 더 기다리지 않아도 되는데, 나는 헤라가 잘못 재현되어 왔다고 말하려는 참이다. 그게 아니라고 하더라도 최소한 헤라에게는 성질을 부릴 만한 이유가 있었다고 말하려 한다.

먼저 공작이 어떻게 헤라와 연관되었는가 하는 이야기부터 하자. 신들의 여왕 헤라에 관한 많은 이야기가 그러하듯 이 이야기도 남편인 제우스가 다른 여자를 강간하는 것에서 시작한다. 이번 사례에서는 대상이 강의 신 이나코스의 딸 이오이다. 오비디우스의 『변신 이야기』 1권에 이 이야기가 나온다. 이나코스는 딸이 사라져서 동굴에

틀어박혀 울고 있다. 딸이 죽었는지 살았는지조차 모른다.⁴ 우리는 안다. 오비디우스가 말하길 이오는 숲을 가로질러 아버지에게로 돌아가던 중에 연쇄 성폭행범 유피테르의 눈에 뜨인다.(로마에서는 제우스를 유피테르 혹은 요베라고 일컫고 헤라는 유노라고 부른다.) 유피테르는 이오를 위르고 요베 디그나 virgo Iove digna, '요베에게 걸맞은 처녀'라고 부른다.⁵ 신들의 왕에게 폭행을 당하고 싶지 않은 여자라면 누구나 이 말에 공포를 느낄 것이다. 이오도 그랬다. 유피테르는 야생동물로부터 안전하게 지켜주겠다느니, 벼락을 여기저기에 내리치겠다느니 하며 이오에게 좋은 인상을 주려 한다. 유혹하려고 늘어놓는 말들이 대부분 그렇듯이 이 말도 "도망가지 마라"는 말로 끝난다. 오비디우스가 덤덤하게 언급하듯이 이오가 도망치고 있었기 때문이다. 그러자 유피테르는 드넓은 땅을 먹구름으로 뒤덮고 이오를 남몰래 강간한다.⁶ 오비디우스조차, 동의 문제에 있어 그 시대의 사람일 수밖에 없는 오비디우스조차도 이 장면의 충격을 무마하려 하지 않는다. 옥쿨루이트 테뉘트퀘 푸감 라푸이트퀘 푸도렘 occuluit tenuitque fugam rapuitque pudorem. 모든 단어에 u 모음이 들어 있어 이 행 전체가 암울하고 억압적으로 느껴진다. 이 구절에는 능동태 동사 세 개가 있는데 유피테르가 숨기고, 붙잡고, 강간한다는 동사들이다. 이 문장에서 모든 힘은 유피테르에게 있다. 이오는 문자 그대로 도망치던 도중에 잡혔다. 도망 혹은 도피를 뜻하는 '푸감'이라는 단어가 유피테르의 동사 두 개 사이에 갇혀 있다. 이 행의 마지막 단어인 '푸도렘'은 수치 혹은 정조를 의미한다. 유피테르는 이오를 붙잡고, 강간하고, 처녀성을 빼앗았다. 그런데도 수치를 느끼는 것은 이오이다.

다만 수치를 느낄 겨를조차 없다. 긴장감을 고조시키는 법을 아는 오비디우스는, 그때 유노가 문득 대낮에 들판에 어둠이 퍼지는 것을 알아차렸다고 말한다. 유노는 자연적인 원인을 떠올렸다가 기각한다. 구름이 생긴 게 강 때문도 아니고, 땅이 축축해서도 아니다. 세 번째로 떠오른 생각이 옳은 추측이었다. 유노는 남편이 어디 있는지 보려고 주위를 둘러본다. 유노가 남편이 바람피우는 것을 전에도 자주 잡았다고 오비디우스는 말한다.[7] 유노는 천상을 빠르게 둘러보지만 남편이 어디에도 보이지 않는다. 내가 착각했거나, 아니면 그가 나에게 상처를 입히고 있는 게지, 유노는 말한다. 야생마를 잡으려 한 게 이번이 처음이 아니다. 어느 쪽이 가능성이 큰지 안다. 유노는 안개에게 꺼지라고 명령한다.

그러나 유피테르에게도 처음 해보는 곡예가 아니다. 유노가 자기와 자기가 덮친 여자를 찾으려 하리란 걸 짐작하고 이오를 눈처럼 흰 암소로 변신시킨다. 이어 오비디우스의 열다섯 권으로 된 시 전체에서 내가 가장 좋아하는 구절이 나온다. 보스 쿠오퀘 포르모사 에스트 Bos quoque formosa est, "소가 되었어도 귀여웠다."는 문장이다.[8] 물론 유노는 속지 않는다. 유노와 남편은 이와 똑같은 춤을 전에 이미 여러 차례 추었다. 멋진 소네, 유노가 말한다. 어디에서 났어? 유피테르가 그럴듯한 답을 하지 못하자 유노는 소를 자기에게 선물로 달라고 한다. 유피테르는 자기가 갖고 싶지만 아내의 의심을 키우기는 싫어 갈등한다. 유피테르는 소가 된 이오를 마지못해 아내에게 넘기지만 유노는 그런다고 의심을 거두지 않는다. 괴물 아르고스에게 이오를 감시하게 시킨다. 아르고스는 머리에 눈이 백 개 있는데[9] 두 눈씩 번갈아 쉰다고 오비디우스는 말한다. 아흔여덟 개의 판옵티콘이 암소 한 마리가 무슨 짓을 벌이지 않는지 감시한다니 과하게 느껴질 수도 있겠지만 유피테르의 끝없는 부정에 대한 유노의 반응은 앞으로 더 격해질 예정이다.

아르고스는 정말로 마흔아홉 마리 매처럼 이오를 감시한다. 이오는 발톱에 할퀴어지는 악몽 같은 것을 경험한다. 밤에는 우리에 갇혀 있는 데다 아르고스에게 팔을 뻗어 풀어달라고 간청할 수도 없다. 이제 팔이 없으니. 말을 하려고 하지만 알아들을 수 없는 소리만 나고 이오는 제가 내는 낮은 소 울음소리에 기겁한다. 『변신 이야기』에는 목소리를 잃는 것이 곧 힘을 잃는 것이라는 주제가 반복적으로 나온다. 이오는 예전에 자주 놀던 이나코스 강둑으로 간다.[10] 그러나 물에 비친 뿔난 짐승의 모습을 보고 또 공포에 질린다. 이오의 자매인 나이아데스(물의 님프)와 강(강의 신이 이오의 아버지이다.)이 이오를 알아보지 못하면서 비애감은 점점 고조된다. 다른 도리가 없어 이오는 아버지와 자매들을 따라다닌다. 아버지는 딸을 알아보지는 못하지만 싱싱한 풀을 뜯어 준다. 이오는 풀을 먹으며 아버지의 손을 핥고 주체할 수 없는 눈물을 흘린다. 이오는 말은 하지 못하지만 이름이 쓰기 편하게 무척 짧아서, 발굽으로 땅바닥을 긁어 I와 O 두 글자를 새긴다. 'Io'라는 단어는 그리스어에서 슬픔을 표현하는 감탄사이기도 하다. 그러니 이오는 자신의 운명을 한탄하면서 동시에 이름을 밝히고 있다.

그걸 보고 이나코스는 이 붙임성 있는 소가 죽은 줄 알았던 딸임을 알게 된다. 딸이 살아 있다는 건 알았지만 위안이 되지는 않는다.

딸과 의미 있는 의사소통을 할 수 없자 이나코스는 크나큰 슬픔에서 벗어나기 위해 차라리 죽기를 갈망한다. 이오의 감시자 아르고스가 둘을 떼어놓고 이오를 다른 목장으로 옮긴다. 그러고는 한시도 눈을 떼지 않고 지켜본다.

마침내 유피테르가 신의 권능을 발휘해 이오를 불행에서 구해주기로 한다. 유피테르는 메르쿠리우스(그리스에서는 헤르메스)에게 가서 아르고스를 죽이고 이오를 감금에서 풀어주라고 한다. 꾀가 넘치는 메르쿠리우스는 아르고스를 잠재우려고 피리를 분다. 절반은 성공해서 백 개의 눈 가운데 일부는 감기지만, 그래도 나머지는 여전히 부릅뜬 상태이다. 아르고스가 이 멋진 새 악기가 뭐냐고 묻자 메르쿠리우스는 팬파이프 pan pipe가 만들어진 유래를 설명한다.(이름을 보면 알 수 있듯이 판이라는 신이 발명했는데, 판이 자기를 피해 죽어라 달아나는 숲의 님프 시링크스를 쫓아간 이야기가 배경이다. 한적한 시골이 젊은 여성에게는 남성과 남신에게처럼 지극히 행복한 목가적 이상향이 아니라는 사실을 그리스 신화만큼 잘 일깨워 줄 수는 없을 것이다. 그리스 신화에서는 시골이 성적 위협과 끝없는 불안을 유발하는 공간일 때가 많다. 이에 반대되는 사례인 악타이온과 아르테미스 이야기도 나중에 다루겠지만.)

메르쿠리우스가 시링크스와 판에 얽힌 긴 이야기를 하는 동안 백 개의 눈을 가진 괴물은 깊은 잠에 빠진다. 메르쿠리우스는 재빨리 기회를 잡는다. 아르고스의 목을 찌르고는 절벽 너머로 내던진다. 백 개의 눈에서 반짝이던 빛은 꺼지고, 밤이 동시에 모든 눈을 채웠다고 오비디우스는 말한다.[11] 사투르누스의 딸(유노를 시적으로 부르는 말)은 이 눈을 뽑아 자기 새의 꼬리 깃털에 빛나는 보석처럼 박는다.

감시자인 아르고스와 분노의 대상인 이오를 동시에 잃은 유노는 두 배로 분개하며 무시무시한 복수의 여신을 이오의 추격조로 보낸다. 암소 이오는 공포에 질려 온 세상을 헤매다가, 결국 나일강 강둑에 다다른다. 그제야 유피테르가 나서서 이오의 호소를 들어준다. 유노에게 이오가 당신을 더 성가시게 할 일은 없으니 이제 이오를 더 괴롭히지 말라고 간청한다. 유노는 레니타^{lenita}, '달래지고 진정된' 상태가 되고 유피테르는 이오를 다시 아름다운 님프로 돌려놓는다. 그러나 이오는 여전히 말하기를 겁낸다. 암소였을 때처럼 낮은 울음소리가 나올까 두렵기 때문이다. 여기에서도 목소리가 없다는 것은 무력함을 뜻한다. 인간의 형체를 회복하는 것만으로는 힘을 되찾지 못한다. 이오가 다시 말을 할 수 있게 되기까지는 시간이 걸린다. 그동안 이오가 겪었던 일을 생각하면 그럴 만하다.

이것이 공작이 어떻게 해서 유노 혹은 헤라의 신성한 새가 되었는가 하는 이야기이다. 이 연결 관계는 신화와 현실 양쪽에서 작동한다. 희극 작가 안티파네스에 따르면(안티파네스는 기원전 4세기에 엄청난 분량의 극을 썼는데 뜻밖에도 과일 배에 맞아 죽었다.)[12] 사모스에 있는 헤라의 신전에는 금색 공작이 있어 보는 이들마다 경탄했다고 한다.[13] 이토록 아름다운 새이긴 하나 화려한 꽁지깃은 남편과 남편이 탐하고 쫓아다닌 무수한 젊은 여성을 한 걸음 떨어져서 감시하려 했던 헤라의 시도가 실패했음을 상기시킨다. 이 이야기는 헤라의 전형적 이야기이기도 하다. 병적으로 질투심 많은 아내가(그럴 만한 이유가 있다.) 자신의 성미를 돋운 행동에 사실상 아무 책임이 없는 여신, 님프, 인간 여성에게 지독하고 끈질긴 복수를 가하는 이야기이다. 이제는 몇 걸음 물러서서 어떻게 헤라와 제우스가 이런 유해한 관계를 맺게 되었는지를 살펴보아야 할 때가 된 것 같다. 또 왜 제우스가 아니라 과도하게 분노하고 잔인한 복수를 가하는 헤라가 문제라고 여겨지는지도 생각해 봐야겠다.

제우스와 헤라의 결합은 '이웃집 소녀와 결혼'하는 고전적 사례 가운데 하나이다. 이웃집보다 좀 더 가깝긴 하다. 제우스와 헤라는 둘 다 레이아와 크로노스 사이의 자식인데, 크로노스는 자기 아들 손에 실권하리라는 예언 때문에 불안해하며 자식이 태어날 때마다 통째로 집어삼킨다. 레이아는 자식을 낳는 족족 잃는 것에 지쳐, 다시 출산하게 되었을 때 이번에는 크로노스를 속여 갓 태어난 제우스 대신 돌을 삼키게 만든다. 제우스는 메티스 여신의 도움을 받아 크로노스가 돌과 형제자매들을 토해내게 한다. 이게 현재의 누나이자 미래의 아내를 만나는 이상적인 방식이라고 생각되지는 않을 수 있겠지만, 고대 신들은 우리처럼 반드시 상궤를 따르지는 않았다는 점을 고려해야 한다.

헤라는 형제자매와 함께 자라지는 않은 듯하다. 호메로스, 오비디우스, 위(僞)히기누스 등 몇몇 고대 작가가[14] 헤라를 오케아노스와 테튀스*의 양녀라고 지칭한다. 오케아노스와 테튀스는 티탄이며 여러 강의 신을 낳았다. 헤라는 이들에게 딸의 본분을 다하는 듯 보이며, 도움이 필요하면 찾아가 도움을 청하기도 한다. 친부모 중 한 명에게 태어나자마자 통째로 먹혔으니 친부모에게는 큰 애착이 없으리라고 충분히 짐작할 수 있다. 헤라는 양어머니 테튀스와 애정과 존경이 어린 관계를 맺는다. 『일리아스』에서 헤라는 테튀스가 자신을 레이아에게서 데려가 잘 길러주었다고 말한다. 이야기 속에서 헤라가 이렇게 다정한 언어로 테튀스에 관해 이야기하는 걸 보면 좀 놀랍다. 우리는 헤라를 성질 나쁜 아내이자 인정사정없는 적으로 바라보는 데 익숙하기 때문이다. 그런데 여기에서 취약할 때 자신을 돌봐주었던 테튀스를 떠올리는 헤라는 어리고 약한 존재로 비친다. 폭력적인 아버지, 수동적인 어머니, 다정한 양어머니, 상대적으로 존재감 없는 양아버지. 이런 여성이 결국 결혼으로 자신을 학대 관계에 빠뜨리게 되는 것은 크게 놀랄 일은 아니다. 한편 파우사니아스는 호라이(계절의 여신들)가 헤라의 공동 양육자였다고 한다.[15] 하지만 헤라가 다른 여신들에게 자매애를 거의 보이지 않는 걸 보면 이 가설은 지지하기 어려울 듯싶다.

제우스가 헤라에게 구애하는 과정에는 또 다른 새가 나오는데, 이 새는 헤라의 조각상에 함께 묘사되곤 했다. 다시 그리스 전역을 쉼없이 돌아다니며 구석구석에 얽힌 이야기를 들려주는 파우사니아스의 이야기를 들어보자. 파우사니아스는 미케나이에 관해 글을 썼는데 미케나이는 웅장한 이중적 정체성을 지닌 곳이다. 역사적 장소이면서(파우사니아스가 여행한 경로를 따라 돌아볼 수 있다.) 동시에 신화적 장소이다.(클리타임네스트라가 배신자 남편 아가멤논이 트로이아에

● 아킬레우스의 어머니 테티스와 구분하기 위해 이렇게 표기했다.

서 돌아오기를 기다리며 서 있던 자리에 서볼 수도 있다.) 파우사니아스는 미케나이에서 외곽으로 몇 마일 떨어진 곳에 있는 아르고스의 헤라이온, 곧 헤라의 신전으로 우리를 안내한다. 아스테리온강을 따라 신전을 향해 걸어가면서 파우사니아스는 헤라를 양육했을 가능성이 있는 다른 이들을 언급한다. 아스테리온강의 딸인 에우보이아, 프로심나, 아크라이아가 신들의 여왕을 양육했다는 것이다. 이처럼 여신, 신, 영웅의 출신지나 가족 관계에 관해서는 상충하는 이야기가 많은데, 파우사니아스는 아주 무심하게 당연한 듯 언급한다. 이 지역 사람들이 다른 지역 사람들과 마찬가지로 헤라를 자기네 땅과 연관시키고 싶어 했음을 보여주는 이야기이다. 신전을 짓는 것만으로는 부족하고 지형에 헤라를 연관시키고 지역 신들과 나란히 엮어놓고 싶어 한 것이다.

이 신전의 유적이 일부 오늘날에도 남아 있긴 하나, 기원후 2세기에 글을 쓴 파우사니아스는 훨씬 더 많은 것을 볼 수 있었다. 파우사니아스는 신전 건축가의 이름(에우폴레모스)을 알았고 신전 장식의 테마(제우스의 탄생, 기간토마키아, 트로이아 전쟁)도 설명할 수 있었다. 특히 흥미로운 것은 이 전당의 중심을 이루는 헤라 조각상을 볼 수 있었다는 점이다.[16] 왕좌에 앉은 모습으로 황금과 상아로 만들어진 거대한 조각상이었다. 조각가 폴리클레이토스가 만들었으며 카리테스(아름다움의 여신들)와 호라이(계절의 여신들)로 헤라의 왕관을 장식했다. 그리스 신화에서 흔히 그러듯 추상적 개념이 아름다운 젊은 여성으로 의인화된 신들이다. 헤라는 한 손에는 석류를, 다른 손에는 홀을 들었다. 파우사니아스는 석류에 관해서는 자세히 말할 수가 없는데, 이는 금지된 일이기 때문이다.(엘레우시스 신비 제의와 관련이 있어서라고 짐작된다. 엘리우시스 제의는 극비로 이루어지는 종교의식으로 데메테르와 페르세포네가 중심이다. 널리 알려진 이야기로 페르세포네가 삼촌인 하데스에게 납치당해 강제로 석류를 먹게 되어 결혼하게 되었다는 이야기가 있다. 그래서 석류는 페르세포네와 망자와 연관이 되곤 한다. 이 숭배의식의 신성한 의례를 외부에서 언급하는 것은 금지되어 있어서 파우사니아스는 신중하게 침묵을 지킨다. 석류에 관한 일반적인 내용이나 이곳에 있는 헤라의 조각상이 석류를 들고 있는 의미에 관해 더 알고 싶은데 알 수 없어 무척 아쉽다.)

그렇지만 헤라가 다른 쪽 손에 쥐고 있는 홀도 주목할 만하다. 파우사니아스는 홀 위에 코쿡스kokkux, 곧 뻐꾸기가 앉아 있다고 한다. 전하는 말에 따르면 처녀 시절의 헤라를 사랑하게 된 제우스가 뻐꾸기로 변신해서 나타났고 헤라는 장난감이나 애완동물로 삼으려고 뻐꾸기를 쫓아갔다고 한다. 그리고 나서 파우사니아스는 "전하는 말에 따르면"이라며 상당히 서사적 거리를 두면서 이런 말을 덧붙인다. 자기가 신에 관해 이런 이야기를 쓰는 것은 진심으로 믿어서가 아니라 그냥 기록하는 것이라고. 엘레우시스 신비 제의를 모독하지 않으려는 생각은 상당히 굳건했던 파우사니아스지만, 새를 키우고 싶어 했던 여신을 유혹하려고 남신이 뻐꾸기로 변신했다는 이야기에는 그다지 큰 믿음이 없는 듯하다.

이 점에서 파우사니아스에게 어느 정도 공감한다. 나도 여자들의 호감을 사거나 혹은 속이려고 새로 변하는 제우스의 습성은 좀 당혹스럽다고 생각한다. 나는 매혹적인 백조라는 관념에도 여러 차례 이의를 표했지만(제우스는 백조로 변신해서 레다를 임신시켜 스파르타의 헬레네를 낳게 했다고 한다.) 호색한 뻐꾸기도 바람둥이 백조나 마찬가지로 유혹적일 리 없다고 의혹을 제기하는 바이다. 어쩌면 내가 꼬임에 잘 넘어가는 파르테노스parthenos, '순진한 처녀'가 아니라서 그런지도 모르겠다. 제우스가 깃털 동물로 변신했을 당시 헤라와는 달리 말이다. 내 생각에는 십대 때의 나라도 제우스가 뻐꾸기로 변해서 헤라를 유혹한다는 생각에 코웃음을 쳤을 것 같긴 한데, 물론 지금에 와서 단언할 수는 없지만.

헤라 조각상은 고대에 널리 칭송받았고 이 조각상을 만든 조각가 폴리클레이토스도 마찬가지였다. 아르고스 동전 가운데 이 조각상의 축소 형태가 새겨진 것이 있을 정도다. 이 조각상의 특히 흥미로운 점은 헤라의 다양한 면모를 보여준다는 것이다. 손에 든 홀은 헤라가 강력한 존재임을 보여준다. 올림포스 신들의 여왕이니 당연한 일이다. 그런데 석류는 헤라를 다른 여신과 연관시킨다. 데메테르와 페르세포네는 물론이고 어쩌면 그 이전에 존재했던 더 오래된 여신들과도 이어진다. 또 홀 위에 앉아 있는 뻐꾸기가 있다. 헤라가 가장 강력하고 위엄 있는 모습을 하고 있을 때조차도 뻐꾸기를 쫓아다니던 소녀 시절의 헤라를 떠올리게 된다. 헤라는 작은 새가 막강한 제우스라는 것을 깨닫지 못했고, 제우스가 이후에도 다른 젊은 여자들을 줄줄이 유혹하기 위해 바로 이런 동물 변신 술법을 쓰리란 것도 몰랐다.

어쨌든 그때 제우스는 헤라를 쫓는 데 온갖 열정을 쏟아붓고 있었다. 헤시오도스의 『신들의 계보』에 따르면 헤라가 제우스의 첫 번째 선택은 아니었다. 신들의 왕은 첫째로 (나중에 아테나의 어머니가 되는)

메티스에게 눈독을 들인다.[17] 다음에는 테미스와 결혼하는데(두 여신의 이름이 어찌나 비슷한지 제우스가 중요한 순간에 이름을 잘못 말하는 실수를 저지르더라도 무마하기 쉬울 아내를 고르는 건가 싶다.), 테미스는 운명의 여신들을 포함해 여러 자녀를 낳는다. 제우스는 에우리노메에게서 카리테스를 얻고, 데메테르와 동침해서 페르세포네를 얻는다. 다음에는 앞 장에서 보았듯이 므네모시네와의 사이에서 금관을 쓴 무사이가 태어난다. 아직 올림포스 신들을 다 채우지 못했으므로 이번에는 레토를 임신시켜 아폴론과 아르테미스를 얻는다. 그러고 나서 최종적으로, 헤라를 아내로 삼는다고 헤시오도스가 말한다.[18] 헤라는 헤베(젊음의 여신)와 아레스(전쟁의 신), 에일레이티이아(출산의 여신)를 낳는다. 헤라가 그토록 자주 질투와 불안감을 드러내는 것도 당연하다. 헤라는 제우스가 강간하거나 유혹하는 여러 님프와 여자들을 독하게 벌주었다는 이유로 자주 비난을 받는다. 그런데 헤라가 제우스의 침소에 한참 나중에야 들어섰다는 사실로 이 강한 적대감을 설명할 수 있을 것이다. 헤라는 자기가 제우스의 마음속에서 첫 번째가 아니고 신성한 자손을 만들기 위한 일련의 정복 대상 가운데 하나임을 인식했을 것이다. 그렇긴 하지만 올림포스 여왕의 지위를 차지한 여신은 헤라이다. 제우스의 이전 배우자들은 더 낮은 지위에 있거나 아예 잊혔다. 아르고스의 거대한 헤라 신전이 특수한 사례가 아니고 사모스의 헤라 신전은 아테네 파르테논 신전의 거의 세 배 규모였다. 헤라는 그리스 전역에서 숭배받았고 숭배 행위도 웅장한 규모로 이루어졌다. 그리고 그때에도 헤라 숭배는 오래된 종교였다. 파우사니아스는 아르고스시에 있는 아주 오래된 헤라 조각상을 묘사한다.[19] 배나무로 만들어져 크지 않고 앉아 있는 모습이라고 한다. 처음에는 신의 형상이 주로 나무로 만들어졌고 매우 단순한 형태였다. 오래되고 소박한 나무 조각상도 이후의 장식적인 조각상 못지않은 위엄을 풍긴다.

그렇지만 헤라가 만족하고 안정감을 느낄 이유가 있다고 한들 과연 진심으로 믿고 안심할 수 있느냐는 별개의 문제이다. 헤라의 복수심 가득한 행동은 깊은 불안감에서 비롯된 것처럼 보인다. 헤라보다 먼저 제우스의 애정을 받았던 여신은 모두 신성한 자손을 낳았다. 그리고 그 이후에 제우스가 좇은 인간 여자들도 대부분 반신이나 혹은 완전한 신(세멜레는 인간이지만 디오니소스를 낳았다.)을 낳았다. 어쩌면 헤라의 공격성은 어느 순간에라도 신들의 여왕 자리에서 밀려날 수 있다는 생생한 두려움에 뿌리가 있는지도 모른다. 헤라에게 자기 이전과 이후의 무수한 여자들은 갖지 못한 무언가가 있다면 그것은 무엇일까?

일단 결혼식이 있었다. 여자를 아버지의 통제 아래에서 남편의 통제로 넘기는 가부장적 전통은 개탄할 만한 것이긴 하나, 고대사회에 결혼은 여자가 안정적 지위를 획득하는 몇 안 되는 방법 가운데 하나였던 것도 사실이다. 헤라는 아버지에게서 남편에게로 넘겨지진 않았는데, 남편이 남동생이기도 한 데다 아버지의 권력을 빼앗고 여러 문헌에 따르면 감옥에 가두기까지 했다고 하니 말이다. 제우스는 헤라와 다른 형제자매를 크로노스의 미친 폭식으로부터 구해내고, 얼마 동안인지는 알 수 없으나 헤라가 양부모 밑에서 자라는 동안 떨어져 있다가, 헤라와 결혼하려고 한다. 핵심 사항을 거의 전부 생략해야 겨우 낭만적인 구원 서사로 봐줄 수 있을까 말까이다. 사실 이들의 가족 관계를 보고 앞날에 행복한 결혼 생활이 펼쳐지리라 상상하기는 어려운 일이다.

어쨌든 간에 두 사람은 결혼하고, 헤라도 그 결혼을 원했다고 하는 고대 문헌이 최소한 한 개는 있다. 제우스가 뻐꾸기 흉내를 내어 헤라를 속인 뒤에 본래의 신다운 모습으로 돌아가 헤라에게 결혼을 약속했다고, 기원전 3세기 시인 테오크리토스의 『목가집』[20]의 주석학자(고대에 고대 문헌을 해석해 주석을 단 사람이다.)는 전한다. 헤라는 어머니 때문에, 그러니까 어머니가 같다는 이유로 제우스와의 성관계를 거부하고 있었다. 하지만 결혼을 한다면 이 상황이 (우리에게는 아닐지라도 헤라에게는) 별로 문제가 아니게 될 것이다. 호메로스는 금지된(그리고 장난스러운) 이전의 관계를 암시하기도 한다. 제우스와 헤라가 '다정한' 부모 모르게 침대를 흔들었다고 호메로스는 주장한다.[21] 호메로스는 여기에 필루스^{philous}, 사랑하는 혹은 다정한이라는 단어를 썼는데, 이들의 아버지가 어땠는지 생각해 보면 이 단어가 꽤나 넓은 의미를 감당하고 있는 셈이다. 어쨌든 두 이야기 모두 제우스와 헤라가 서로 육체적 끌림을 느꼈으나 어머니 때문에 억제하거나 비밀로 했다는 암시를 담고 있다. 그러니 이 둘 사이에서 중대한 문제는 근친 관계라는 점이 아니라 관계를 공식화하느냐 마느냐였다. 결혼을 약속받고 나자 헤라에게는 그 어떤 거리낌도 남지 않는다.

결혼식은 격에 걸맞게 성대했고, 대지의 여신 가이아의 결혼 선물은 그리스 신화에서 가장 악명 높은 물건인 황금사과였다. 이 신화 속 과일(사과일까, 석류일까 혹은 더 이국적인 과일일까?)은 신화 속 여러 이야기의 전개에서 서사적 반전을 제공한다. 아탈란테는 히포메네스(멜라니온이라고도 함)와 경주를 하다가 따라잡혔는데, 황금사과가 눈에 들어와서 그걸 줍느라 걸음을 멈추지 않을 수 없었기 때문이다. 헤라, 아테나, 아프로디테는 (훗날 아킬레우스의 부모가 되는) 테티스와 펠레우스의 결혼식에 던져진 황금사과를 두고 경쟁한다. 이 사과에는 특히 테 칼리스테tēi kallistēi, '가장 아름다운 이에게'라는 문구가 새겨져 있어서 그토록 엄청난 소동을 일으키게 된다. 헤라클레스는 헤라가 헤스페리데스의 정원에서 안전하게 지키고 있는 황금사과를 따 오라는 임무를 받는다. 그러니 비밀과 모험과 불화의 씨앗이 이 결혼의 시작에 선물로 주어진 셈이다.

또 욕망도 부여된다. 시인 칼리마코스에 따르면 제우스는 300년 동안 끝나지 않는 헤라에 대한 굶주림 혹은 욕망을 경험한다.[22] 『일리아스』에서 헤라는 제우스가 전장에서 관심을 돌리게 하려고 아프로디테에게 도움을 요청한다. 아프로디테는 가슴 사이에 착용하는 마법 속옷을 빌려주겠다고 한다. 그러나 헤라는 그것만으로 자기 계획을 방해 없이 실행할 수 있을지 확신하지 못한다. 그래서 잠의 신에게 카리테스 가운데 한 명을 아내로 주겠다고 하며 유혹 이후에 제우스를 잠에 빠뜨려 달라고 한다. 그렇게 해주면 자기 아들 헤파이스토스가 아름다운 왕좌를 만들어줄 것이라는 약속도 덧붙인다. 헤라는 온갖 신을 동원해 자기가 원하는 바를 이루는데, 그것은 제우스를 잠시 잠에 빠지게 한 다음 그리스의 전세를 유리하게 이끌어 트로이군에 맞서 싸우게 하는 것이다. 아프로디테의 신비한 속옷은 안 그래도 유혹에 잘 넘어가는 제우스에게 예상한 효과를 발휘한다. 헤라는 제우스를 유혹하고, 그다음 잠이 제우스를 쓰러뜨린다. 다시 말해 헤라는 다른 사람을 성적으로 착취하는 신의 성적 욕망을 이용해 뜻을 이룬다.

그러나 헤라가 이렇게 유혹적으로 나오는 순간에조차 부부 관계의 중심에는 한 조각의 얼음이 있다. 호메로스는 원하는 것을 얻기 위해 속임수를 사용하는 헤라의 모습을 보여준다. 그리스어로 돌로프로네우사dolophroneousa23라는 단어는 속임수로 가득한 마음을 가졌다는 의미이다. 이 단어는 헤라가 아프로디테에게 도움을 청할 때나 남편에게 같이 잠자리를 하자고 할 때나 똑같이 쓰인다. 호메로스는 헤라가 제우스를 만나기 전에 준비하는 과정을 길게 묘사한다. 목욕하고, 치장하고, 화려한 옷을 차려입는다. 그리고 이 모든 일을 숨은 속셈이 있어 하는 것임을 우리는 안다. 이 이야기를 남자는 성관계를 원하고 여자는 그 욕망을 이용해 원하는 것을 얻어내는 낡고 진부한 클리셰의 초기 사례로 볼 수도 있다. 하지만 장르가 시트콤이 아니니 헤라의 욕망은 서사시적 규모이다. 헤라는 집에 새 온실을 꾸미고 싶어 몸을 내주는 게 아니라 당대 최대의 전쟁이자 문학사상 가장 장대한 전쟁에서 그리스의 대의를 앞세우기 위해서 성적인 힘을 사용한다. 이 부부의 가장 흥미로운 점은 불화가 필요 없을 때도 불화를 일으킨다는 점이다. 제우스는 트로이아 전쟁에서 그리스가 승리하리란 것을 알고 있다. 운명의 여신이 이미 그렇게 예언했다. 그럼에도 제우스는 테티스를 위해서 트로이아 편을 들어 승리를 지연시킨다.(테티스는 자기 아들 아킬레우스를 무시한 그리스군이 고통받기를 원한다.) 제우스의 아들 사르페돈(당연하지만 헤라의 아들은 아니다.)은 트로이아 편에서 싸우다가 죽는다. 헤라에게 자신의 신전만큼 거대한 자아가 없다고 하더라도 제우스가 (최소한 어느 정도는) 단지 헤라를 괴롭히기 위해 트로이아 편을 드는 게 아닌가 의심할 만도 하다. 그러니 헤라도 자기 뜻을 관철하기 위해 그토록 많은 속임수와 동맹이 필요한 것이다. 헤라는 일종의 신적인 외교를 수행하며 그리스군이 원래도 이길 운명인 전쟁에서 이기게 하도록 동맹을 맺는다.

우리는 트로이아에 대한 헤라의 마르지 않는 적개심에 주목하느라 이 사실을 종종 간과한다. 호메로스는 헤라가 적개심을 품은 까닭은 파리스가 "가장 아름다운 이에게" 주어지는 황금사과를 헤라가 아니라 아프로디테에게 주었기 때문이라고 암시한다.[24] 이후에 매우 잔혹한 장면이 펼쳐지는데, 헥토르가 죽고 아킬레우스가 헥토르의 시신을 욕보인 후에도 헤라는 신들이 개입하면 안 된다고, 헥토르의 시신을 트로이아인에게 돌려주어 위대한 영웅을 매장할 수 있게 하는 것조차도 허락하면 안 된다고 주장한다.[25] 여기에서 헤라는 속임수를 감춘 마음에서가 아니라 터놓고 그렇게 말한다. 그래서 호메로스는 헤라에게 기만을 강조하는 칭호를 붙이는 대신 레우콜레노스 leukōlenos, '하얀 팔의' 헤라라고 부른다.

헤라의 주장은 헥토르는 신이 아니고, 아킬레우스처럼 반신조차 아니라는 것이다. 헤라는 아킬레우스의 어머니 테티스가 강력한 여신이며 제우스와 자신이 테티스를 직접 기르기도 했다는 사실을 제우스에게 일부러 상기시킨다. 자신이 아킬레우스에게 거의 할머니 비슷한 관계라는 것이다. 헤라가 워낙 남편의 욕망의 대상이 된 여자와 아이들을 박해하는 존재로 각인이 되어 있다 보니, 질투심이 자극되지 않는 한에서는 헤라도 자기 자식이 아닌 아이들에게 모성을 발휘할 수 있다는 사실을 종종 간과하게 된다. 헤라 자신도 양부모의 사랑을 받고 자랐기 때문에 테티스에게 그런 역할을 해주었다.

헤라는 주장을 이어간다. 헥토르는 인간에 불과하다. 그런데 왜 신들이 헥토르의 운명에 그렇게 깊이 간여하려 하나? 제우스는 화내지 말라는 말로 대답을 시작한다. 제우스는 내내 의도했던 대로 헥토르의 시신이 트로이아로 돌아갈 수 있게 하려고 테티스를 부른다. 테티스를 아킬레우스와 떼어놓아야 아킬레우스가 헥토르의 시신을 그의 아버지 프리아모스왕에게 넘기는 데 동의하리란 걸 알기 때문이다. 헤라는 자기가 바라는 바와는 반대 상황이 되었지만 테티스를 편안하게 해주려고 한다. 황금 잔에 마실 것을 따라주고, 다정하게 말을 건다.[26] 헤라가 자신이 원하는 것을 얻지 못했을 때조차도 때로 친절하고 유화적일 수 있음을 보여준다.

그러니 헤라의 잔인성은 정말로 불안감에 뿌리가 있는 것일지 모른다. 헤라가 트로이아인을 박해한 것은 불합리하지만 비이성적인 것은 아니다. 트로이아 왕자 파리스가 헤라를 모욕하고 자존심을 상하게 했다. 그러니 파리스의 도시 전체를 벌한다. 솔직히 과하긴 한데, 신들은 워낙 도발에 적절한 정도로 반응하는 법이 없다. 인간의 사소한 모욕쯤은 그냥 넘길 수 없나 하는 생각이 들 수도 있지만, 제우스가 자기 입으로 헤라 말고 다른 누군가를 더 좋아했던 때를 신나

헤라

게 헤라에게 상기시키는 걸 보면 헤라의 분노가 이해가 간다. 『일리아스』 14권의 유혹 장면으로 돌아가 보자.

헤라가 트로이아 근처 이데산에 온통 화려하게 꾸미고 만반의 준비를 하고 도착한다. 헤라의 노력이 곧 효과를 발휘한다. 누군가를 이렇게 원한 적이 없어, 제우스가 말한다. 어떤 여신도, 어떤 인간도.27 지금까지는 잘하고 있다. 그런데 이어 이렇게 덧붙인다. 내 아들 페에리토오스를 낳은 익시온의 아내도, 페르세우스를 낳은 다나에도 이만큼은 아니야. 아들 둘을 더 낳아준 포이닉스의 딸도 아니고. 세멜레(디오니소스의 어머니)나 알크메네(헤라클레스의 어머니)도 이 정도는 아니었어. 데메테르(페르세포네의 어머니)도 레토(아르테미스와 아폴론의 어머니)도 그렇고. 이들 중 누구도 당신만큼 원한 적은 없어.

나는 누구에게든 연애 관련 조언은 웬만하면 안 하려고 하지만, 혹시나 해서 말해두는데, 누군가를 칭찬할 때 이런 방법은 절대적으로 치명적이니까 머릿속으로 생각하기에는 괜찮게 들릴지라도 절대 입 밖에 내지 말라고 하고 싶다. 좋지 않다. 파리스가 아프로디테가 더 예쁘다며 황금사과를 주었을 때 헤라가 격분하는 것도 그럴 만하다. 한 여자가 남자들의 평가에서 뒤로 밀리는 기분을 얼마나 자주 느껴야 한다는 말인가?

헤라의 외모가 제우스가 헤라를 배신하고 택하는 여인들의 외모를 닮았다는(혹은 예시한다는) 사실이 상황을 더 처참하게 만든다. 호메로스는 헤라를 묘사할 때 보오피스^{boōpis}, '소 같은 눈'이라는 수식어를 종종 쓴다. 우리는 갈색 눈을 가진 사람을 보통 소보다는 암사슴에 비유하지만, 이오 이야기와 연관해 보면 소의 비유가 한층 적절하다. 헤라에게는 소처럼 커다랗고 아름다운 갈색 눈이 있는데, 제우스는 이오를 아예 소로 만든다. 결과적으로 헤라의 어떤 매력적인 특징이든 경쟁자와 비교했을 때 늘 조금 모자란 듯 보인다.

헤라가 누구에게도 모자라지 않는 단 하나의 영역이 있다면 개인, 가족 혹은 인구 전체에 쏟아부을 수 있는 악의의 양이다. 다른 신이나 여신도 이 분야에서 헤라에 필적하려 하지만(아테나, 포세이돈, 아프로디테 등을 특별히 언급할 만하다.), 여러 다른 이야기에서 헤라만큼 꾸준하게 잔인함을 발휘한 인물은 떠올리기 힘들다. 헤라는 다양한 이야기에서 악당 역을 하고 가장 유명한 것은 헤라클레스 이야기일 텐데 이 이야기는 잠시 뒤에 하기로 하자. 헤라의 악의는 성적 질투심 때문에 유발될 때가 많지만 아닐 때도 있다. 예언자 테이레시아스 이야기 중 한 판본에서는, 테이레시아스가 상대적 성적 쾌락에 대한 질문에 답했다가 헤라에게 저주를 받는다.[28] 이때 테이레시아스는 남자로도 살아보고 여자로도 살아본 상태였다. 테이레시아스는 킬레네산 근처에서 뱀이 짝짓기하는 모습을 본 후 남자에서 여자로 바뀌었다. 이후에 또 다른 뱀이 짝짓기하는 것을 보자 다시 남자로 돌아왔다. 뜬금없이 맞닥뜨린 뱀의 교미에 아직 과학이 밝혀내지 못한 호르몬 효과가 있는 모양이다. 그래서 예언자는 남자와 여자 중 성관계에서 누가 더 큰 기쁨을 얻는지에 관한 제우스와 헤라 사이의 논쟁을 해결할 수 있는 특출한 자격을 갖게 되었다. 테이레시아스는 여자가 쾌락의 10분의 9를 차지하고, 남자는 고작 10분의 1만큼 즐긴다고 (그걸 즐긴다고 말할 수 있는지는 모르겠지만) 말한다. 헤라는 이러한 진실이 드러난 것에(내 말은, 의견이 제시된 것에) 너무 화가 난 나머지 즉시 테이레시아스의 시력을 빼앗아 버린다.

하지만 헤라는 개인적 모욕에 분노할 때가 더 많고, 특히 자기 없이 애를 만드는 제우스의 습관에 격분한다. 헤라는 제우스가 갑자기 (겉보기에는 어머니 없이) 아테나를 생산하자 그에 대한 보복으로 헤파이스토스를 낳는다. 헤라의 보복 출산 이야기는 기원전 8세기 헤시오도스 시대 문헌에서도 찾아볼 수 있다.[29] 헤라는 제우스가 어딘가 수상쩍다고 의심하는데 늘 그렇듯이 합당한 의심이었다. 아테나가 제우스의 머리에서 다 자란 모습으로 태어나긴 했으나 어머니가 없는 존재는 아니다. 제우스는 메티스를 임신시킨 후 자신을 실권시킬 아들을 낳지 못하게 하려고 메티스를 통째로 삼켜버렸다. 아마 이런 성향은 유전인 모양이다. 적어도 이 특정 가계에서는 그런 듯하다. 또다시 배신을 당한 헤라에게 처음에는 동정심이 간다. 게다가 제우스가 이번에는 자신의 전 아내였던 메티스를 강간 혹은 유혹하는 만행을 저지른 것이다. 그러나 헤라는 예상대로 아테나를 괴롭히는 대신 다른 전술을 시도한다. 남편이 한 짓과 똑같은 짓으로 되갚아 주기. 그러나 홀로 낳은 아들 헤파이스토스가 절름발이라는 사실을 깨닫자 헤라는 격노한다. 파우사니아스에 따르면[30] 헤라는 갓 태어난 헤파이스토스를 올림포스산에서 던져버리고 만다. 아무 힘없는 갓난아기 신 앞에서도 성질이 누그러지지 않는 모양이다. 심지어 그 아기가 자기 자식인데도. 그러나 사실 헤파이스토스는 아무 힘이 없지는 않았다. 그는 복수심에(그리스어로 므네시카콘^{mnēsikakōn}인데 단어의 생김조차 사악해 보인다.) 어머니에게 황금 왕좌를 선물로 보낸다. 그런데 헤파이스토스는 초인적 기술을 지닌 장인이라, 왕좌에 특수 장치를 해놓았다. 눈에 보이지 않는 결박 장치가 있어 헤라가 의자에 앉는 순간 꽁꽁 묶이고 만다. 결국 디오니소스(이보다 적임자가 있을까?)가 복수심에 불타는 대장장이에게 술을 먹여 취하게 만들고는 헤라를 풀어주라고 겨우 설득한다. 이 일화가 제기하는 흥미로운 질문은(파우사니아스가 이런 질문을 던지지는 않았지만), '만약 모든 이야기에서 보여주듯 헤라가 그토록 끔찍한 존재라면 왜 헤라를 풀어주고 싶어 하는 신이 있는 걸까?'라는 것이다.

헤라가 산에서 던져버린 헤파이스토스는 적어도 신이긴 했다. 헤라클레스는 아니었다. 헤라는 남편이 또 인간 여자 사이에서 자식을 보았음을 알게 되었다. 헤라는 이 아기 헤라클레스를 올림포스 준봉에서 던지지는 않지만, 2세기 신화학자 위(僞)아폴로도로스에 따르면 헤라클레스가 8개월일 때 거대한 뱀 두 마리를 요람으로 보내어 죽이려 했다고 한다. 헤라클레스가 뱀을 목 졸라 죽이는 바람에 계획은 수포가 된다. 아들이 아버지를 많이 닮은 모양이다. 이 일화는 헤라의 한없는 악의를 보여주는 대표적 사례로 제시되곤 한다. 그러니 위(僞)아폴로도로스가 다른 버전의 이야기도 제공한다는 점에 주목할 필요가 있다. 다른 버전에서는 헤라가 뱀을 보낸 게 아니라고 한다. 헤라클레스의 의붓아버지인 암피트리온의 소행이라는 것이다. 이 대목에서 왜 다른 신들이 헤파이스토스에게 성질 고약한 여신을 풀어주라고 사정했는지 힌트를 얻을 수 있지 않을까 싶다. 만약 헤라가 풀려나서 돌아다니고 있으면, 자기가 한 온갖 못된 짓을 헤라 탓으로 슬쩍 돌릴 수 있을 테니까.

헤라의 가장 끔찍한 점 가운데 하나는 일단 미운털이 박히면 복수가 끝도 없이 이어진다는 점이다. 이오는 누가 보기에도 적당하다고 여길 수준을 넘어선 고통을 받았다. 제우스의 강압에 이오가 자발적으로 응했다 하더라도 지나친데, 심지어는 그런 것도 아니었다. 광범위한 박해의 목록을 열거하자면 꽤 길다. 칼리스토의 경우는 헤라가 곰으로 변신시킨 다음 아르테미스에게 쏘라고 했다.[31] 임신한 레토는 출산하지 못하도록 지구 끝까지 쫓아다녔다.[32] 세멜레한테는 제우스에게 본모습을 보여달라고 하라고 부추긴다. 세멜레는 눈앞에 나타난 번개를 보고 공포에 질려 죽고 만다.[33] 헤라는 여자건 아기건 신이건 남자건 사안의 경중을 따지지 않고 공격한다. 디오니소스와 다른 이들에게는 광기를 불어넣어 괴롭히고,[34] 누구에게나 거대한 뱀을 보내 못살게 군다.

그러나 알크메네의 아들이며 아기 때부터 뱀의 천적이었던 헤라클레스만큼 헤라의 끈질긴 분노에 시달린 사람은 없을 것이다. 심지어 헤라클레스가 태어나기도 전부터 박해가 시작됐다고 오비디우스는 전한다.[35] 임신한 알크메네를 벌주기 위해 헤라는 알크메네가 제때 아이를 낳지 못하도록 막는다.(출산의 여신 에일레이티이아(로마 이름은 루키나)에게 개입하라고 명한다.) 며칠 동안은 계획대로 되어, 알크메네는 극심한 산통에 시달리면서도 아기를 낳지 못한다. 그런데 갈린티아스라는 노예 여인이 신이 출산을 가로막고 있음을 깨닫고 속임수를 쓴다. 갈린티아스는 알크메네의 방에서 뛰쳐나가며 루키나를 보고 아기가 태어났으니 축하하자고 소리친다. 루키나는 그 말에 놀라 벌떡 일어나며 깍지 낀 손을 푼다. 루키나가 몸에서 힘을 빼자 알크메네의 몸도 풀려 무사히 해산한다. 이 일에 앙갚음하기 위해 루키나는 갈린티아스를 족제비로 바꾸어버린다.

그리하여 헤라클레스는 헤라의 초기 살해 시도를 무사히 넘긴다. 그건 그렇고 헤라클레스의 이름 앞부분에 헤라의 이름이 들어가 있는 것은 우연이 아니다. 이 이름은 '헤라의 영광'이라는 뜻인데 아마도 격노한 여신의 환심을 사려고 이렇게 지었을 것이다. 말할 필요도 없지만 아무 소용이 없었다. 위僞아폴로도로스가 전하는 가장 악명 높은 버전에서는[36] 헤라가 헤라클레스를 미치게 만들어 아내 메가라와 자식들을 살해하게 한다.(디즈니 영화를 통해서만 헤라클레스를 아는 사람에게는 무어라 사과해야 할지 모르겠다. 이 이야기에 가슴이 찢어질 테니.● 위로가 될지는 모르겠지만 내 가슴도 찢어진다.) 제정신이 아닌 상태에서 저지른 살인에 속죄하기 위해 헤라클레스는 에우리스테우스라는 왕을 12년 동안 섬기며 명령받은 열두 과업을 수행한다.

아폴론의 여사제는 헤라클레스가 이 과업을 전부 완수하면 불멸이 되리라고 말해준다. 여기에서 흥미로운 역설이 제기된다. 이 사회와 신화 세계에서 영웅이 얻을 수 있는 최고의 보상은 불멸과 영원한 명성이다. 헤라는 헤라클레스를 미치게 만들어 메가라와 자식들을 죽이게 하고 엄청난 죄책감과 비탄에 시달리게 한 다음 장기간 복무에 임하게 함으로써 제우스의 사생아를 응징한다는 목표를 확실하게 달성했다. 그렇지만 뜻하지 않게 헤라클레스를 신화적 지위에 올려놓는 데 일조한 셈이다. 헤라클레스는 과거에도 지금도 그리스 신화에서 가장 이름난 영웅이다. 숱하게 많은 항아리와 술잔에 헤라클

● 디즈니 버전 「헤라클레스」는 헤라클레스와 메가라가 행복한 연인이 되며 끝이 난다.

레스의 형상이 그려졌다.(헤라클레스는 곤봉을 들고 사자 가죽을 입고 다니기 때문에 쉽게 알아볼 수 있다.) 헤라클레스의 과업은 어떤 그리스 영웅 이야기보다 오래 살아남아 전해진다. 헤라가 헤라클레스를 그토록 철저히 증오하지 않았다면 일어나지 않았을 일이다. 그러니 헤라는 비록 목적은 달성했으나 헤라클레스라는 반신을 창조하는 데 자신이 도움을 주었다는 사실을 새기며 살아야 하는 것이다. '헤라의 영광'이 처음에 생각했던 것보다 훨씬 더 적절한 이름이었던 셈이다. 그러나 헤라클레스의 과업이 완료된 후에도 헤라의 분노는 가라앉지 않는다. 헤라클레스가 배를 타고 트로이아를 떠날 때(이 도시를 멸망시킨 유명한 전쟁이 있기 한 세대 전에 헤라클레스가 먼저 한 차례 털었다.) 헤라는 사나운 폭풍을 보내 헤라클레스를 위험에 빠뜨린다.

아마 이 이야기에서 제우스는 뭐 하고 있나 궁금증이 생길 것이다. 왜 자기 아들을 아내의 분노로부터 지키려 끼어들지 않을까? 어쩌면 제우스도 헤라클레스가 불멸이 되기를 바랐고, 헤라의 분노가 만들어낸 음모와 곤경에서 살아남으면 그렇게 되리라는 것을 알았을지 모른다. 어쨌든 잠자코 있던 제우스도 이 폭풍 때문에 폭발한다. 결국 격분한 제우스는 헤라를 올림포스산에 사슬로 묶어놓는 벌을 준다.

이 벌에는 상처와 굴욕을 주려는 의도가 분명히 있다. 신들도 고통을 느낄 수 있다. 아프로디테는 트로이아 전쟁 도중에 그리스 전사 디오메데스에게 부상을 당했다. 쇠사슬에 묶어놓는다고 헤라가 영구적 손상을 입지는 않겠지만 매우 불쾌한 경험일 것임은 분명하다. 쇠사슬 결박이라는 것 자체가 매우 굴욕적이다. 노예나 범죄자에게나 가해질 법한 종류의 처벌이다. 신들의 여왕인 헤라가, 인간 남자에 대한 태도 때문에 이런 취급을 받은 것이다. 프로메테우스가 받은 벌을 연상시키기도 하는데, 프로메테우스는 바위에 쇠사슬로 묶인 채 날마다 제우스가 아끼는 새인 독수리에게 간을 쪼아 먹힌다. 그래도 프로메테우스는 죽지 않는다. 밤마다 간이 재생되어 다음 날이면 새로이 고통받을 수 있다. 프로메테우스는 제우스 몰래 인간에게 불을 가져다준 탓에 고문을 당한다. 한편 헤라는 인간에게 잔인하게 대했다고 벌을 받았는데, 아마도 헤라의 진짜 잘못은 제우스를 속인 것일 듯하다. 호메로스도 헤라를 속임수와 술책이 가득하다고 묘사할 정도이니까.

그런데 이런 헤라를 구하러 오는(그러려고 시도하는) 이가 누구냐면 바로 헤파이스토스이다. 위(僞)아폴로도로스 버전의 이야기에서는[37] 헤파이스토스를 지상으로 집어 던진 신이 제우스이다. 『일리아스』에도 이 전승이 언급되는데,[38] 헤파이스토스가 어머니에게 말하길 제우스의 뜻을 거스르고 무사하길 바랄 수는 없다고, 자기가 천상에서 에게해 북쪽 렘노스섬으로 던져졌을 때를 생각해 보라고 한다. 그러니까 헤라가 아니라 다른 신이 헤파이스토스를 올림포스에서 집어 던진 이야기가 있는 것이다. 앞에서는 헤라가 성질을 못 이겨 헤파이스토스를 던졌다고 했는데, 다른 버전에서는 제우스가 아내의 아들을 자기 어머니 편을 들었다는 이유로 잔인하게 벌한다. 여기에서 또 무언가 불쾌한 일이 일어났을 때 헤라가 편리하게도 비난을 뒤집어쓰는 사례를 보게 된다.

헤라의 나쁜 행동에 관한 이야기들을 깊이 들여다보면 왜 헤라가 이토록 터무니없는 행동을 하는지, 잘못을 저지른 사람은 다른 쪽인데도 왜 늘 헤라를 쉽게 탓하게 되는지 그 까닭을 찾을 수 있다. 이 이야기는 태곳적에 시작되어 여전히 인기를 누리고 있는 여성 혐오적 서사이다. 나쁜 가족 관계에서 문제의 근원은 성질 나쁘고 여자를 밝히는 가부장이 아니라 인내심이 바닥난 아내라는 것이다. 그러니 헤라가 아기 헤라클레스를 죽이려고 뱀을 보낸 게 당연하게 여겨진다. 바로 딱 헤라가 할 만한 행동이기 때문이다. 물론 드물게는 암피트리온이 아기를 죽이려 했다고 하기도 하지만, 사악한 의붓아버지는 사악한 의붓어머니만큼 강력한 원형적 인물이 아니라서 헤라가 악당인 버전이 우세하게 된다.

우리는 영웅, 악당, 희생자를 뚜렷하게 나누고 싶어 한다. 그러면 이야기를 단순하게 만들 수 있어 편리하지만 그게 언제나 진실을 반영하는 것은 아니다. 『일리아스』의 1권으로 돌아가 보면, 헤라는 제우스가 아킬레우스의 어머니인 테티스와 무슨 꿍꿍이를 벌이고 있는지 알아내려 한다.(그들은 트로이아 편에서 그리스군을 많이 죽여서 그리스군이 아킬레우스를 무시한 데 벌을 주려는 중이다.) 헤라는 일단 제우스에게 누구와 공모했는지 단도직입적으로 묻는다. 호메로스가 헤라의 어조를 묘사하는 데 쓴 단어는 케르토미오이시kertomioisi이다.[39] 보통 '놀리는', '조롱하는' 등으로 번역되는데 문자 그대로는 '자르는'이라는 뜻이다. 헤라의 말은 날카롭게 찌른다.(이게 더 나은 번역일 수도 있다.) 헤라의 말은 듣는 사람의 심장을 바로 찌를 수 있다. 하지만 남편이 테티스와 공모한다는 사실이 헤라의 심장을 찔렀으리라는 암시도 있지 않을까? 테티스는 헤라를 무시하고 바로 제우스를 찾아갔다. 두 여신 다 원칙적으로는 그리스를 지지하는데도. 우리는 여기가 책의 첫 권이고 플롯이 진행되기를 바라기 때문에 테티스를 속으로 응원하게 된다. 그러나 테티스가 제우스를 설득하는 데 성공하면, 테티스 아들의 자존심을 다치게 했다는 이유로 더 많은 그리스인이 죽어야 한다. 헤라는 그 일을 막으려고 한다. 헤라는 늘 원한과 질투에 사무치는 사람으로 묘사되지만 이때 헤라의 주장은 틀리지 않다. 제우스가 단순히 한 남자의 자존심을 채워주기 위해 헤라가 아끼는 그리스인들을 죽일 음모를 꾸미고 있는 것이다.

제우스는 헤라에게 참견 말고 본인 일이나 신경 쓰라고 하고, 그러자 헤라는 지금까지는 그래 왔다고, 그런데 제우스가 그리스인들을 위험에 빠뜨리고 있는 게 아닌가 의심스럽다고 응수한다. 그러자 "구름을 모으는 자 제우스"가 대답했다고 호메로스는 전한다.[40] 이 문구가 나에게는 늘 이중적 의미로 들린다. 천둥과 번개를 불러일으키는 신을 수식하는 장엄한 칭호이지만 제우스가 지금 동원하려 하는 공격적인 허세를 묘사하기에도 적절하다. 제우스의 말은 아내가 완벽하게 합리적인 의심을 따라 계속 추궁하지 못하도록 위협하기 위한 것이다. 당신은 항상 의심이 많지. 어떤 것도 그냥 지나가는 법이 없어. 하지만 당신이 이 일에 간섭하면 내 마음에서 더 멀어질 거고 당신한테도 좋지 않을 거야. 입 닥치고 앉아서 복종해. 내가 무적의 손을 당신한테 뻗으면 올림포스의 어떤 신도 당신을 도울 수 없을 테니.

명백한 폭력의 위협이고, 단순한 엄포가 아님을 우리는 안다. 몇 줄 뒤에서 헤파이스토스는 제우스가 헤라에게 손을 댔던 일을 상기시킨다. 헤라의 정당한 의심은 무시되고 침묵을 강요당하고 위협받는다. 오늘날 이런 일이 일어난다면 우리는 학대라고 부를 것이다. 제우스가 이렇게 말하자 헤라가 겁을 먹는다고 호메로스는 말한다. 헤라는 가슴 아파하며 말없이 앉아 있다. 제우스의 궁 여기저기에 있던 신들이 분노한다.[41] 호메로스는 이 대화에서 상처 입은 쪽은 헤라라고 생각하게 할 뿐 아니라, 다른 올림포스 신들도 이 광경을 보고 분개한다는 점을 보여준다. 제우스가 아내를 윽박지르는 모습은 지금 이 글을 읽는 나에게는 물론이고 그 모습을 지켜본 신들에게도 합당하게 보이지 않는다.

제우스와 헤라의 결혼이 동등한 결합도 아니고 마음이 통하는 관계도 아니라는 것은 부인할 수 없는 진실이다. 무엇보다 제우스가 더 강력한 신이며 헤라는 어떤 수를 써도 그 사실을 바꾸어놓을 수 없다. 헤라는 대놓고 제우스에게 맞설 만큼 강하지 못하기 때문에 자기 뜻을 이루려면 속임수와 유혹을 이용할 수밖에 없고 둘 다 이 사실을 안다. 아니면 언제나 제우스의 뜻을 따르거나 아니더라도 늘 질 수밖에 없다는 사실을 받아들여야 한다. 누가 이런 결혼을 하고 싶겠나? 올림포스의 여왕 자리에 오를 수 있는 결혼이라 한들?

폼페이에 있는 베티이 저택에 프레스코화가 있다. 해방 노예(노예였으나 돈을 주고 자유를 샀거나 혹은 주인의 유언으로 해방된 사람) 두 사람이 이 큰 집의 소유주였던 것으로 보이는데, 이들은 예술과 신화 애호가였던 듯하다. 벽마다 장려한 그림이 그려져 있고 그중에서도 「익시온의 형벌」이 돋보인다. 익시온의 운명을 보여주는 장면인데, 핀다로스가 델포이 전차 경주의 승자를 축하하려고 쓴 두 번째 『피티아 송가』에 자세한 이야기가 나와 있다. 익시온의 끔찍한 행동은 한둘이 아니고, 이미 장인을 살해한 죄로 정화받아야 하는 처지이다. 그런데 제우스가 드물게도 관대함을 베풀어 죄인을 도덕적으로 정화해 주었을 뿐 아니라 올림포스산의 식사에 초대하기까지 한다. 익시온은 집에 초대한 손님을 살해함으로써 크세니아^{xenia}, 곧 '환대의 법도'를 위반했다. 그런데 신들의 왕으로부터 가장 고귀한 형태의 크세니아를 받은 것이다.

그런데 익시온이 그 법도를 다시 깨뜨린다. 올림포스 왕의 손님인 주제에 여왕에게 흑심을 품는다. 위(僞)아폴로도로스에 따르면 익시온이 헤라에게 욕망을 느껴 강제로 취하려고 했다고 한다.[42] 핀다로스는 이 행위를 휴브리스, 즉 오만으로 간주한다.[43] 헤라는 익시온에게 성폭력을 당했다고 남편에게 말하는데, 제우스는 헤라의 말이 사실인지 검증해 보겠다고 한다. 헤라가 제우스에게 속임수를 자주 쓴다는 사실을 고려하면 이런 취급을 받을 만도 하다고 할지 모르겠다. 그런데 이 이야기는 두 사람 관계의 초기에 있었던 일인 데다, 남편이 성폭력을 당한 아내에게 살인범이 강간범이기도 한 건지 아니면 아내가 거짓말을 한 건지 확인해 보아야겠다고 하는 것만큼 최악이 있을까 싶다. 제우스는 구름으로 여인(네펠레)을 만들어 헤라와 똑같아 보이게 하는 술책을 쓴다. 익시온에게는 아름다운 재앙이라고 핀다로스는 표현한다.[44] 익시온은 과연 구름 여인을 덮치고, 이 일을 입증할 자식이 태어난다. 제우스가 그제야 아내의 말을 믿고 헤파이스토스를 시켜 익시온을 영원히 구르는 바퀴에 묶어놓는 벌을 준다. 여담으로 이 형벌은 오르페우스가 아내 에우리디케를 이승으로 데려오려고 저승에서 음악을 연주할 때 일시적으로 중단된 저승의 고통

가운데 하나이기도 하다.

바로 이것이 베티이 저택에 있는 프레스코화에 그려진 장면이다. 프레스코화에서 왼쪽 부분에 바퀴에 묶인 익시온이 있다. 헤파이스토스가 바퀴의 무게를 받치고 있는데, 헤파이스토스는 이 바퀴가 일단 움직이기 시작하면 영원히 멈추지 않는다는 것을 알기 때문에 놓고 싶지 않은 듯 어쩐지 멍한 표정이다. 헤르메스가 그림 중앙에 벌거벗은 채 서서 반대쪽을 바라보고 있다. 헤르메스는 아마 죄인을 처벌 장소로 호송하는 역할을 할 테지만 그 꼴을 보고 싶지는 않은 듯하다. 헤르메스의 발치에 멜로드라마적인 포즈의 여성 인물이 있다.(헤라의 구름 쌍둥이인 네펠레일 듯하다.) 왼손을 쫙 펼쳐 든 상태로 괴로운 듯 헤르메스를 올려다본다. 자기도 끝나지 않는 형벌에 처해질까 걱정하는 걸까? 어쩌면 덫을 놓는 데 가담한 것에 죄책감을 느끼는지도 모른다.

그림 오른쪽 부분에는 헤라가 황금 왕좌에 앉아 있는데 왼손에는 홀을 들었고 양쪽 위팔에 팔찌를 찼다. 작은 왕관을 썼고 베일이 머리카락 위로 드리웠다. 오른팔을 꺾어 구부린 손가락으로 베일인지 망토 윗부분인지 매무새를 가다듬고 있다. 어떤 가혹한 형벌도 헤라의 마음을 어지럽히지 않는 듯하다. 커다란 갈색 눈은 멍하게 익시온을 응시하고 작은 입술은 살짝 벌어졌다. 헤라의 자세와 표정 모든 부분이 이 역겹고 건방진 남자에 대한 경멸을 표현하는 듯하다. 익시온이 받아 마땅한 벌을 받는다. 그런데도 헤라는 만족한 듯 보이지 않는다.

이 프레스코화를 처음 보았을 때 나는 아마 열아홉 살쯤이었을 것이다. 익시온과 강간 미수 이야기는 몰랐다. 어쩌면 바퀴에 묶인 남자가 있다는 사실조차 알아차리지 못했을 수도 있다. 내 관심은 헤르메스와 헤라 두 사람 사이의 긴장에 쏠렸다. 헤르메스는 헤라와 눈을 맞추려 하는 듯한데 헤라의 시선은 너무 높은 곳을 보고 있다. 그때 그리고 지금도 내 눈에 가장 먼저 들어오는 것은 헤라의 염증이다. 이 모든 일에 대한 권태. 헤라는 이리스(무지개의 여신으로 헤라 뒤쪽에 서서 바퀴를 가리키고 있다.), 헤르메스, 네펠레 그 누구와도 상호작용하지 않으려 한다. 이들이 이 자리에 있다는 것도 거의 인지하지 않는 듯 멍하다. 물론 익시온이 결국 벌을 받게 되긴 했으나, 헤라는 성폭력을 당한 경험에다가 남편이 자기 말을 믿어주지 않았다는 상처까지 감당해야 한다. 제우스도 같이 바퀴에 묶였더라면 헤라의 기분이 상당히 나아졌으리란 생각이 강하게 든다. 그러면 적어도 그 호색한이 다른 여자에게 손을 대지는 못할 테니까.

앞에서 살펴보았듯이 헤라 신전은 거대하고 드넓었다. 신전의 규모가 헤라에 대한 깊은 존경과 애정, 그리고 경외감을 드러낸다. 어떤 신이든 경외감을 불러일으키긴 하나 파르테논 세 배 규모의 거대한 신전은 아무에게나 주어지지 않는다. 헤라의 악독함과 잔인함을 들려주는 고대 신화를 떠올려 보면 이렇듯 장대한 신전이 헤라에게 헌정되었다는 사실과 모순되는 것처럼 느껴진다. 오늘날에 남아 있는 물질적 증거를 보면, 헤라가 오비디우스나 위(僞)아폴로도로스 등

이 전하는 이야기에서 그려지는 것에 비해 훨씬 사랑받는 여신이었음을 짐작하게 된다. 헤라 신전의 위용은 호메로스 서사시에서 볼 수 있는 훨씬 웅장하고 장대한 헤라의 모습에 걸맞다. 『일리아스』의 헤라는 다른 신에게 옹졸하게 굴며 다툴 때조차도 웅대한 목표를 추구하고 있다. 트로이아 전쟁에서 그리스군의 승리라는 헤라의 목표에 그리스 청중은 분명 공감했으리라.

그리고 이러한 헤라, 전투 전략을 세우고 약간의 우위라도 얻어내려고 한 발 한 발에 집중하는 헤라의 모습은 현대에도 때때로 등장한다. 돈 채피가 감독하고 레이 해리하우젠이 최고의 스톱모션 애니메이션으로 생명을 불어넣은 1963년 영화 「아르고 황금 대탐험」에 나오는 헤라는 오직 영웅의 신성한 조력자일 뿐 질투심 많은 아내 따위의 범상한 모습은 찾아볼 수 없다. 각본은 고대 서사시 『아르고나우티카』에 꽤 충실해서, 기원전 3세기 시인 로도스의 아폴로니오스가 IMDb(인터넷 영화 데이터베이스) 크레디트에 이름을 올린 희귀한 사례가 되었다. 영화에 그려지는 신의 모습도 고대 서사시 전통을 충실히 따른다. 아폴로니오스는 호메로스를 비롯한 자기 이전 시대 시인에게 영감을 얻었다. 제우스, 헤라 등 올림포스 신들은 반쯤 분리된 공간에서 인간들의 세계를 내려다보며 규칙 없는 체스 게임을 보듯 관전한다. 신들이 인간의 일에 개입하기는 하나 어떤 경계 안에서 움직인다. 이 버전의 신화에서는 제우스가 대체로 누가 누구를 돕거나 벌할지를 지시하지만, 호메로스의 서사시에서는 제우스조차 운명의 여신이 허락하는 범위 안에서만 움직일 수 있었다.

헤라는 헤라클레스 이야기에서 그렇듯 이아손의 삶에 처음부터 개입한다. 다만 이번에는 우호적이다. 사악한 펠리아스의 공격에 테살리아가 함락되고, 브리세이스라는 젊은 여성(왕위를 빼앗긴 아리스토왕의 딸)은 공포에 질린 채 불타는 거리를 달린다. 브리세이스는 울부짖는 아기를 안고 달래며 달려가다가 마침내 서늘하고 컴컴한 신전에 도달해 몸을 숨긴다. 이곳은 브리세이스의 피난처일 뿐 아니라 헤라 여신의 성소이기도 하다. 신전 안에는 신들의 여왕의 거대한 좌상이 있다. 우리가 파우사니아스의 기록에서 읽은 아르고스의 헤라 신전 묘사를 따라 재현한 듯한 형상이다. 브리세이스는 헤라 조각상 앞에서 기도하며 기도를 들어달라고 간청한다. 언니가 죽고 말았으니, (자기를 지켜달라는 게 아니라) 언니의 아기 이아손을 지켜달라고 여신에게 절박하게 기도한다.

조각상 아래 어둑한 곳에서 로브를 입은 인물이 나타난다. 처음에는 여사제라고 생각하지만 목소리를 들으면 누구인지 바로 알게 된다. 헤라가 자신의 신전에 현현한 것이다. 펠리아스가 정당한 왕의 후손을 전부 죽이려고 문을 박차고 들어오자, 그늘 속의 인물이 조용히 하라고 말한다. 그러나 펠리아스는 여신을 알아보지 못하고 브리세이스의 기도를 여신이 들었냐고 묻는다. 헤라는 그렇다고 말하지만, 그런데도 펠리아스는 브리세이스를 죽인다. 제우스의 뜻이라고 선언하면서. 그것은 제우스의 뜻이 아니다, 헤라가 매섭게 대꾸한다. 그러고는 신들이 너를 버렸다고 말한다. 펠리아스는 자신보다 훨씬 강력한 힘의 보호를 받고 있음이 명백해 보이는 아기를 감히 죽이지 못한다.

헤라는 올림포스산으로 돌아가서 자신의 신전이 모독당했다며 격분한다. 신성한 공간에서 탄원자를 죽이거나 다치게 하는 일은 그리스 신화에서 특히 무도한 일로 여겨진다. 트로이아의 왕 프리아모스는 도시가 파괴될 때 비슷한 상황에서 죽임을 당했다. 프리아모스의 딸 카산드라는 아테나 신전에서 여신 조각상에 매달린 상태에서 강간을 당하고 그 와중에 신상도 손상된다.

그런데 흥미롭게도 가장 악랄하고 복수심 넘치는 여신으로 여겨지곤 하는 헤라가 자신의 신성한 공간을 더럽힌 펠리아스에게는 복수하지 않는다. 이 영화에서도 그렇고 『아르고나우티카』에서도 마찬가지이다. 헤라에게는 불의한 왕을 지구 끝까지라도 쫓아가 벌할 힘이 있지만, 그 대신 이아손을 도움으로써 우회적으로 뜻을 이루려 한다. 펠리아스는 샌들을 한 짝만 신은 남자의 손에 죽을 운명인데(펠리아스는 아직 모르는 사실이지만), 그 남자는 바로 이아손이다.

제우스는 헤라에게 이아손을 다섯 번 거들 수 있도록 허락한다. 그게 제우스의 최종 결정이다. 그러고 나서 20년 뒤로 넘어간다. 신들에게 그 정도의 시간은 아무것도 아니기 때문이다. 이제 성인이 된 이아손이 물에 빠진 낯선 사람을 구하러 물에 뛰어든다. 낯선 사람은 당연히 펠리아스이다. 헤라가 자빠뜨린 후 물속에서 꽉 붙잡고 있어 익사할 뻔한 상태에서 이아손이 구해준 것이다. 펠리아스를 구하는 과정에서 이아손은 샌들 한 짝을 잃어버리고 그렇게 예언이 실현된다. 펠리아스는 위험을 감지하고 젊은이에게 황금 양털을 구해 오라는 불가능한 임무를 부여한다.

신 헤르메스가 이아손을 올림포스산으로 데려간다. 신들 사이에서 이아손은 장난감처럼 조그마하다. 헤라가 이아손에게 자신의 정체를 밝히며 머나먼 콜키스로 가는 길에 수호자가 되어주겠다고 말한다. 이아손은 인간 세계로 돌아가 아르고나우타이, 즉 아르고호 선원들을 모집하기 시작한다. 이아손의 배 아르고호의 뱃머리 장식 figuredhead은 아름다운 헤라의 조각상인데, 특이하게도 바다를 향하고 있는 것이 아니라 배 안쪽을 바라보고 있다. 이아손이 조언이 필요할 때마다 헤라와 상의할 수 있게 하는 편리한 장치이다. 배에 물이 떨어지자 헤라가 어떤 섬에 정박하라고 인도해 주고, 아르고나우타이를 죽이려 하는 청동 거인 탈로스와 싸우는 법을 알려준다. 그런데 이 섬에서 아무것도 가지고 가지 말라는 헤라의 지시를 헤라클레스가 따르지 않는 바람에 탈로스의 분노를 유발한다. 이 장면은(『아르고나우티카』에는 이 장면이 없고 메데이아가 탈로스와 싸우는 것으로 나온다.) 『오딧세이아』에서 오딧세우스 일행이 섬으로 피신했을 때 그 섬의 어떤 것도 해치지 말라는 오딧세우스의 지시를 부하들이 어겼던 장면을 연상시킨다. 그들은 태양신의 신성한 양을 잡아먹은 탓에 끔찍한 벌을 받는다.

    헤라의 다섯 가지 도움은 이아손이 콜키스에 도착하기도 전에 소진된다. 콜키스에서는 헤라 대신 헤카테 여신의 사제인 메데이아가 이아손을 도와준다. 헤라는 두 사람이 입을 맞추는 모습을 보고 뚜렷이 못마땅한 표정을 짓는다. 메데이아가 훗날 이아손에게 극심한 비탄을 안겨주리란 걸 알기 때문에 걱정이 되어 그러는 걸까? 아니면 자기가 젊은 영웅과 입을 맞추고 싶은데 질투가 나서 그러는 걸까? 어느 쪽이든 헤라는 방해하지 않고, 마침내 메데이아와 황금 양털 둘 다를 얻은 이아손이 행복한 순간을 즐기게 내버려둔다.

그러니까 이 영화 속 헤라는 우리가 흔히 보던 분노와 질투로 끓는 여신의 모습과 다르다. 때로 짜증을 내거나 쪼잔하게 굴긴 하지만 그건 다른 신들도 마찬가지이다. 그래도 헤라는 이아손에게 친절하고 펠리아스에 대한 복수도 인내심 있게 진행한다. 여자들에게 마구잡이로 벌을 내리는 헤라가 아니고 심지어 자기가 좋아하는 남자에게 입을 맞춘 여자도 봐준다. 사실 이 영화에서는 제우스가 헤라보다 더 복수심에 찬 듯 보인다. 제우스는 피네우스라는 남자를 박해하려고 하르피이아이를 보내 날마다 먹을 것을 훔치게 한다. 아르고나우타이가 끼어들어 괴물 새-여인 하르피이아이를 가두어 피네우스를 영원한 굶주림에서 구한다. 한편 헤라는 헤라클레스를 죽이고 탈로스의 소행으로 돌릴 완벽한 기회가 있었음에도 성숙하게 유혹을 떨쳐낸다.

릭 라이어든의 소설, 특히『퍼시 잭슨과 올림포스의 신: 미궁의 비밀』도 헤라에 대해 비슷한 해석을 제시한다. 용감한 어린 영웅 퍼시는 어떻게 해서인지 전 세계로 뻗어 있는 기묘하고 무시무시한 지하 미로(다이달로스가 지은 것)에서 헤라 여신을 만난다. 퍼시가 자기 친구이며 제우스의 사생아 가운데 한 명인 탈리아 이야기를 꺼내자 헤라는 짜증을 낸다.[45] 하지만 퍼시를 산산조각 내버리거나 탈리아를 소나 곰으로 둔갑시키지는 않는다.(탈리아가 나무로 바뀌기는 하지만, 늘 좋은 일만 있을 수는 없는 거니까. 나중에 황금 양털 덕에 좀 더 활동성 있는 형태로 회복되긴 한다.) 퍼시의 모험 동료인 애너베스가 헤라에게 원하는 게 뭐냐고 묻자 헤라는 (이 이야기에서도 여전히 티격태격하는) 올림포스 신들을 하나로 뭉치게 하는 게 목표라고 말한다. 헤라가 인간의 일에 개입할 기회는 많지 않고, 제우스가 25년에 한 번 정도만 헤라가 특히 소중히 아끼는 영웅을 도울 수 있도록 허락한다고 한다. 그러니 이 이야기에서도 헤라가 젊은 영웅을 도울 수 있을지 없을지는 제우스가 결정한다. 누가 도움을 받을 수 있을지는 돕고 싶은 헤라의 열망이 얼마나 강한지에 달려 있다.

영화는 원재료가 된 시보다 수천 년 후에 만들어졌고 소설은 또 그로부터 50년이 지난 후에 나왔다는 사실을 생각해 보면 희한한 일이지만, 이러한 헤라의 모습들이 남자건 여자건 숭배하고 두려워할 법한 여신의 모습을 상당히 설득력 있게 보여주는 듯하다. 분명 거대한 신전을 지어 숭배할 만한 여신의 면모이다. 조력자이자 구원자이며 끝까지 충실한 존재. 어쩌면 내가 어릴 때 해리하우젠 영화를 보고 또 보았기 때문에 헤라가 신비하면서도 모성적인 존재로 여겨졌는지도 모른다. 헤라는 대모 요정과 비슷한데 잘생긴 왕자와 잃어버린 구두가 나오는 이야기보다 (나에게는) 훨씬 더 신나는 세계인 반짝이는 황금 양털과 해골 전사들의 세계에 등장했다. 지금 이 영화를 다시 보니 그때 느꼈던 감정이 다시 메아리처럼 울린다. 헤라는 브리세이스를 구해주지 못하거나 혹은 구하지 않지만, 브리세이스의 기도를 들어주기로 한다. 그리고 헤라는 어떤 목적이나 사람에게 헌신하기로 하면 분노에 휩싸였을 때와 마찬가지로 흔들림 없이 열중한다. 누구라도 헤라가 나의 편이 되어주길, 나의 적이 헤라에게도 적이기를 바랄 것이다.

만약 오비디우스의 『변신 이야기』에 나오는 것처럼 이오와 칼리스토 등등을 박해하는 헤라만 안다면 헤라가 여성을 혐오한다고 생각할 수도 있을 것이다. 그러나 헤라는 올림포스 신들 가운데 그 어떤 신보다도 확실히 자신이 속한 집단, 곧 결혼한 여성들을 대변한다. 헤라가 속 좁게 굴 때도 있지만 그게 여자의 특성은 아니고 결혼하면 그렇게 되는 것도 아니다. 헤라는 고도로 가부장적인 사회에 속해 있으며, 그 사실이 확연하게 드러나 보인다. 헤라는 제우스의 수상쩍은 행각을 전혀 통제하지 못한다. 헤라는 어떤 면에서는 강력한 지위를 지니고 있으나 남편의 폭력과 부정 앞에서는 무력하다. 여기에 헤라에게 제물을 바치는 여성들의 상황이 그대로 반영되어 있다. 남편의 마음이 바뀌면 여자는 이혼당할 수 있지만 반대로 아내 쪽에서는 이혼을 청구할 수 없다면(기원전 5세기 아테네에서는 그랬고 그 이후로도 여러 사회에서 유지되어 온 관습이다.), 남편은 원하는 누구하고나 잘 수 있지만 아내는 집에서 기다리는 수밖에 없다면, 아내의 행동이 사회적 기대와 남편의 신체적 힘과 폭력적 기질에 제약을 받는다면, 남편이 욕정을 품는 여자를 원망하게 되지 않겠나. 만약 다른 여자가 내 자리를 차지한다면, 다른 여자가 낳은 자식이 내 자식을 밀어내면 어떡하나? 이것이 고대 그리스 로마 시대의 여자들에게는 실질적인 두려움이었다. 헤라와 로마 신화 버전의 헤라인 유노가 그토록 위세를 떨친 것은 당연한 일이다. 이 여신은 여자에게 별다른 대안을 제공하지 않는 사회에서 기혼 여성을 대표하는 존재였다. 결혼은 엄청난 행복으로 가는 길일 수도 있다. 에우리피데스의 극에서 메데이아는 이렇게 선언했다. 남편이 결혼 생활에서 행복을 느낀다면 그 여성의 삶은 부러워할 만한 것이다. 아니라면, 차라리 죽는 게 낫다.[46]

그런데 만약 죽을 수 없다면? 메데이아가 감정을 멜로드라마틱하게 표현하고 있긴 하나 메데이아에게는 다른 선택지(죽음)가 있는 것이다.(또 다른 선택지는 그것보다도 더 폭력적인 방법인데 메데이아는 결국 그쪽을 선택한다.) 메데이아는 이 극에서 여러 차례 자살을 고려한다. 자살을, 견딜 수 없는 자기 처지에 대한 끔찍한 해결책으로 생각한다. 그러나 헤라는 제우스와 평생 함께해야 한다. 제우스가 헤라를 쫓아내고 다른 젊은 여자로 교체하지 않는 한은. 만약 그렇게 되면 헤라는 어디로 가나? 자신의 전임자처럼 신화의 각주로 남나? 헤라의 지위는 남편에게 달려 있는데, 남편은 거의 신화적 규모로 한눈을 판다. 헤라가 참을성이 없는 것도 그럴 만하다. 나도 헤라에 관한 글을 쓰는 것만으로도 불안해지는 기분이다. 나는 심지어 남편도 없는데.

이 장을 쓰기 시작했을 때는 현대 문화에 헤라가 등장하는 사례가 아프로디테, 가이아, 페르세포네 등에 비해 상대적으로 왜 이렇게 적은지가 궁금했다. 다 쓰고 나니 이제 사실은 그 반대임을 깨달았다. 세상에는 바람피우는 남편에게서 벗어나지 못하고 묶여 있어 좌절한 여자들의 사례가 허다하다. 그러나 이런 인물들은 전부 코미디에 등장한다. 잔소리 많고 의심 많은 아내가 성질 나쁘고 억지를 부리는 남편을 조종하려 한다는 설정은 오비디우스에서 시작해 「폴티 타워스」에 이르기까지 코미디의 단골 소재이다.(딴 얘기인데 나는 이 시트콤에서 잔소리 많은 아내 시빌 폴티 Sybil Fawlty가 수수께끼로 예언을 전하던 여사제(시빌라 Sybil)를 뜻하는 이름을 가졌으면서도 그토록 현실적인 인물이라는 게 늘 재미있다고 생각했다.) 그래서 헤라는 서사시적 웅장함을 잃고 우스갯거리가 되고 만다. 또 우리는 이런 여성의 관점을 으레 놓치고 마는데, 이 인물이 온전한 존재라면 그만큼 웃기지 않을 것이기 때문이다. 그리하여 영웅을 돕고, 전쟁에서 어떤 희생을 치르고라도 그리스군을 지키고, 기혼 여성을 보호하려 한 헤라의 열의를 잊고 만다. 헤라의 딸 에일레이티이아가 출산의 여신이며 이 두 여신이 함께 고대 지중해 세계 여성의 삶에 가장 강력한 영향력을 행사했으리란 것도 잊는다. 그때는 누구나 괜찮은 남편을 원하고, 누구나 출산에서 살아남기를 원했다. 헤라의 권능 가운데 이런 부분은 결코 농담거리가 아니다.

현대에 되살려진 헤라 혹은 유노 가운데 가장 애절한 버전은 스크린이나 무대나 모험 이야기의 책장이 아니라 다른 곳에서 찾아볼 수 있다. 2011년 8월 5일 플로리다 케이프 커내버럴에서 이륙한 '주노 Juno' 탐사선이 있다. 우주선 주노는 5년 동안 비행하여, 당연하게도 신비한 행성 목성Jupiter으로 가서 이 행성에 대해 더 많은 것을 알아내려 했다. 미항공우주국NASA의 보도 자료는 신화적 연관 관계를 명확히 밝혔다. "신 유피테르는 못된 짓을 감추기 위해 구름으로 자신을 감쌌고, 아내인 여신 유노는 구름 속을 꿰뚫어 유피테르의 진정한 본성을 드러낼 수 있었다."⁴⁷ 참으로 적절하게도 주노 탐사선은 우주를 가로지르다가 이오와 에우로페를 포착했다. 유피테르가 덮쳤던 젊은 여성 가운데 두 명의 이름을 딴 목성의 위성이다.

그러니 가장 머나먼 곳에서 미래적인 형태로 재현된 유노도 여전히 유피테르를 쫓아가며 유피테르의 부정을 찾으려 하고 결국 발견한다는 이야기이다. 이 무인 우주선의 승무원 가운데 유피테르와 유노를 형상화한 레고 미니 피겨가 있다.(레고 갈릴레오도 있다.)[48] 2016년, 탐사 여행이 마무리되었을 때, 주노는 목성 궤도에서 이탈하여 목성 주피터로 추락했다.

영원히 함께, 또다시.

아프로디테

> 아프로디테는 눈 깜짝할 사이에 평소처럼 웃음 짓는 태평한 아름다움을 회복한다. 이번에는 모여든 남자 신들에게 불륜 상대와 함께 침대에 갇힌 모습을 들키고 비웃음을 당했고, 남편에게 비난과 조롱을 받았고, 형제들에게 외설스러운 농담거리가 되었지만, 아프로디테는 여전히 웃음을 사랑하는 여신의 모습으로 그 자리를 떠난다. 어떤 일이 일어나더라도 아프로디테의 아름다움과 완벽함은 손상되지 않는다.

고전
대大플리니우스,「자연사」
사포의 시 1번「아프로디테에게 바치는 기도」
소포클레스,「라오코온」

유물, 회화, 조형 예술
보티첼리의「베누스의 탄생」, 우피치 미술관 소장
프락시텔레스의 조각상「크니도스의 아프로디테」복제품
「렐리의 비너스」, 영국박물관 소장
함비스 창가리스의 판화 연작
사이 트웜블리의 그래피즘「비너스」

시, 소설, 에세이, 논픽션
코믹스「제시카 존스」
조지 버나드 쇼의 소설「피그말리온」

영화, TV 시리즈, 공연, 뮤직비디오
레이디 가가의「비너스」뮤직비디오, 머펫 쇼 무대
2015년 TV 시리즈「제시카 존스」
1995년 영화「마이티 아프로디테」, 우디 앨런 감독
1988년 영화「바론의 대모험」, 테리 길리엄 감독
1960년 영화「스파르타쿠스」, 스탠리 큐브릭 감독
1950년 영화「귀여운 빌리」, 주디 홀리데이 주연
1964년 뮤지컬 코미디 영화「마이 페어 레이디」, 오드리 헵번 주연
1990년 컬트 공포 영화「가디언」

꧁꧂꧁꧂꧁꧂꧁꧂꧁꧂

　빙빙 도는 디스코 볼에서 빛이 반짝이고 음악이 둥둥 울리기 시작한다. 카메라가 아래쪽으로 내려오며 한 여성을 비추는데, 머리카락을 거대하게 부풀렸고 팔은 승리를 선언하는 듯도 하고 탄원하는 듯도 한 모습으로 위로 쭉 뻗었다. 방금 완벽한 체조 연기를 마쳤거나 아니면 여신에게 호소하려는 것일 수도 있다. 둘 다일 수도 있고. 시간을 초월한 듯한 이 세계에서는 어느 쪽이든 가능하다. 표정은 읽을 수가 없다. 알이 크고 둥근 선글라스가 눈을 가렸다.

　처음에는 이 포즈가 무척 뜻밖으로 느껴진다. 이 퍼포먼스에 영향을 준 원본 이미지는 전혀 다른 포즈를 하고 있기 때문이다. 보티첼리의 「베누스의 탄생」은 세상에서 가장 유명한 회화 가운데 하나이다. 폭이 약 3미터, 높이는 약 2미터 정도 되고 피렌체 우피치미술관에 걸려 있다.[1] 캔버스의 중앙에 베누스가 서 있는데, 베누스의 완벽한 흰 피부와 물결치는 금발을 바라보는 관람객들과 엇비슷한 키이다. 머리카락은 목뒤에서 아주 느슨하게 묶인 채 한쪽으로 흩날리는데 베누스의 오른쪽에 떠 있는 서풍의 신 제피로스 탓이다. 제피로스는 볼을 한껏 부풀려 갓 태어난 여신 쪽으로 입바람을 보낸다. 제피로스는 왼팔로 다른 여신인지 님프인지를 감싸안고 있는데 둘 다

펄럭이는 망토 말고는 벌거벗은 상태이다. 여자는 두 팔과 한 다리로 질투하듯 제피로스의 몸을 꽉 둘러 감았고 두 손은 단단히 깍지 껴 붙들었다. 제피로스가 자기를 버리고 눈앞에 서 있는 아름답고 낯선 존재와 함께 사라지지 못하게 하려는 듯하다. 그러면서도 거대한 흰 조개껍데기 위에 서 있는 베누스에게서 눈을 뗄 수가 없다. 분홍색 꽃이 그들 주위로, 연녹색 바다 위로 비 오듯 떨어진다. 베누스 왼쪽에는 훨씬 점잖게 옷을 갖춰 입은 여신이 있는데, 아마 카리테스 가운데 한 명일 듯하다. 머리카락은 단정히 땋았고, 이 여신도 제피로스의 바람을 맞고 있을 텐데 귀 위로 흘러내리는 곱슬머리조차 단정한 물결무늬를 이룬다. 섬세한 푸른 꽃가지 무늬가 있는 흰색 긴소매 드레스를 입었다. 여신의 등장에 놀라지 않은 듯 차분한 자태이다. 어쩌면 여신을 기다리고 있었던 건지, 나뭇잎과 꽃무늬가 있는 짙은 분홍색 로브를 들고 베누스의 벌거벗은 몸을 덮어주려 하고 있다.

 이 그림에서는 베누스의 자세가 특히 흥미롭다. 왼발에 무게를 실어서 골반이 살짝 둥글게 구부러진 자세이다. 오른손으로 가슴을 가리긴 했는데 대실패라고 할 수밖에 없다. 오른쪽 가슴은 부분적으로 가려졌지만 왼쪽 가슴은 고스란히 드러나 있다. 왼손은 긴 금발 머리카락 끝을 잡아 허벅지 위에 얹었다. 제피로스가 뺨을 잔뜩 부풀리고 세차게 바람을 보내는 까닭이 짐작이 간다. 거웃이 머리카락으로 가려 보이지 않는데 저 아래에 무엇이 감추어져 있을지 생각하지 않을 수가 없다. 베누스의 표정은 완벽히 평온하고 15세기 이탈리아에 그려진 그림이지만 수치심 같은 것은 전혀 느껴지지 않는다. 여신은 몸을 가림으로써 더욱 강력하게 우리의 시선을 사로잡는다. 게다가 실물에 가까운 크기에, 벌거벗었고, 캔버스 정중앙에 있다. 시선이 집중될 수밖에 없다.

베누스, 그리고 그 이전 아프로디테의 이런 포즈는 고대까지 거슬러 올라간다. 「크니도스의 아프로디테」는 기원전 4세기에 위대한 조각가 프락시텔레스가 만들었다. 오늘날에는 남아 있지 않지만 한때 소아시아(현재 튀르키예)에 있는 크니도스의 아프로디테 신전에 있었다. 대★플리니우스에 따르면 사실 프락시텔레스는 아프로디테 조각상을 두 점 만들었는데 하나는 옷을 입었고 하나는 벌거벗은 모습이었다고 한다.[2] 조각상을 주문한 코스 사람들은 옷을 입은 버전을 더 마음에 들어 했다. 그래서 크니도스 사람들이 벌거벗은 버전을 갖게 되었는데 이 조각상이 여성의 나체를 묘사한 가장 오래된 이미지 가운데 하나이다. 덕분에 크니도스에 엄청난 관광 명소가 생겼다. 사람들이 여신상을 보러 크니도스로 몰려들었다. 이 조각상은 어느 각도에서 보아도 아름다운 것으로 이름이 났으며 사방이 뚫려 있는 사당에 전시되었다. 어떤 남자는 신상에 푹 빠진 나머지 밤에 신전에 숨어들어 자위행위를 해서 신상의 대리석 허벅지에 얼룩을 남겼다고 한다. 예술 애호가 중에는 참 다양한 형태와 부류가 있는 모양이다.

좀 더 건전한 이야기로 넘어가자면, 명구들을 모아놓은 『그리스 선집』이라는 책에 플라톤이 이 조각상에 관해 한 말이 인용되어 있다.[3] 이 글에 따르면 아프로디테가 유명한 자기 조각상을 보고 싶어서 바다를 건너 크니도스로 왔다고 한다. 조각상을 보고 아프로디테는 이렇게 말했다. "대체 프락시텔레스가 언제 내 벗은 모습을 본 거지?" 예술가에게 이보다 큰 찬사는 없을 것이다.

이 조각상은 사라졌지만 복제품이 남아 있다. 로마 국립박물관 루도비시 컬렉션 가운데에도 한 점이 있다. 한 발에 무게를 싣고 골반 한쪽이 곡선을 그리는 똑같은 자세이다. 머리카락은 보티첼리 그림에서처럼 물결치지 않고 가지런하게 구불거린다. 그리고 가슴을 가리려 하지 않는다. 왼손으로 로브를 들어 올려 몸에 걸치려는 참이다. 아프로디테는 촉촉이 젖은 모습으로 묘사될 때가 많다. 바다에서 막 나왔거나 아니면 목욕을 마친 참이다. 그러니 보통 나신이라는 말이다. 오른손을 삼각형 음모 부위 앞쪽에 얹은 특유의 자세이다. 이런 포즈를 베누스 푸디카Venus Pudica라고 부르는데, 주로 '조신한 베누스'라고 번역되곤 한다. 그런데 푸디카pudica라는 단어는 조신하다보다는 더 부정적인 뜻을 지닌 단어로 수치나 치욕의 의미가 내포되어 있다. 여성의 생식기를 묘사하는 데 쓰는 중립적인 단어들조차 점점 여성 혐오적인 뉘앙스를 띠게 된다는 사실은 참으로 짜증 나는 일이다. 'pudendum'●은 무언가 수치스러운 것이라는 뜻이고 'vagina(질)'는 칼집에서 유래한 단어이다. 차라리 경쾌하고 솔직한 단음절 단어들을 썼으면 좋겠다.

　이 포즈의 또 다른 변형은 영국박물관에서 로열 컬렉션으로부터 대여하여 전시 중인 「렐리의 비너스」에서 볼 수 있다. 2세기 로마에서 그리스 조각상을 본떠 만든 것으로 베누스가 몸을 웅크려 앉은 상태로 왼손은 왼쪽 허벅지 위에 얹고 오른손은 들어 가슴을 가렸다. 보티첼리 그림에서처럼 한쪽 가슴만 부분적으로 가려졌고 다른 쪽

● 외음부를 가리키는 라틴어로 pudica와 마찬가지로 수치를 뜻하는 pudor가 어원이다.

가슴은 가리는 동작 때문에 더욱 눈에 뜨인다. 이 베누스상도 모든 방향에서 감상하도록 만들어졌다. 박물관 큐레이터에게 들었는데 관람객이 하도 엉덩이를 만져 엉덩이만 변색되는 바람에 닦아야 했다고 한다.

그러나 서 있는 형태의 아프로디테나 베누스가 가장 많이 복제되었는데 아마 보티첼리 그림이 워낙 유명하기 때문일 것이다. 내가 1988년 개봉한 테리 길리엄 감독의 「바론의 대모험」을 보기 이전에 보티첼리 그림을 보았는지는 잘 기억이 나지 않는다. 영화에는 이 그림을 오마주한 장면이 있는데, 십대인 우마 서먼이 벌거벗은 베누스 역을 맡아 뮌하우젠 남작과 동료들이 지켜보는 가운데 조개에서 태어난다. 이 장면은 오늘날 관점에서 보면 불편할 만한 요소가 많은데, 무엇보다도 17세 배우가 나체로 거대한 조개에서 등장한다는 점이 그렇다. 우마 서먼은 보티첼리 그림에서처럼 긴 머리카락을 왼손으로 들어 몸에 대고 있고 오른팔은 가슴 앞으로 들어 올렸다. 이 신성한 등장을 올리버 리드(베누스의 남편 불카누스 역), 존 네빌(뮌하우젠 남작 역), 에릭 아이들(남작의 동료 베르톨트 역) 등이 지켜보는데 전부 서먼의 아버지뻘이 되고도 남을 나이이다. 존 네빌은 할아버지뻘이고. 어쨌든 테리 길리엄은 자신이 오마주하는 예술을 잘 이해하고 있어 우마 서먼의 초연한 얼굴의 숭고한 아름다움이 그 그림을 완벽히 반영하도록 연출했다.(서먼은 의도적으로 감정 없는 목소리를 낸다.)

이제 다시 빙빙 도는 디스코 볼로 돌아가 보자. 디스코 볼 아래에서 아프로디테 혹은 베누스가(여기에서는 두 이름이 다 쓰인다.) 당당한 자세를 취하고 있다. 이 여신은 거대한 조개껍데기에 들어가 있지도 벌거벗지도 않았다. 그 대신 조개 모양의 스팽글 장식 비키니에 거즈 치맛자락을 연결한 의상을 입었다. 표정과 목소리는 우마 서먼처럼 아무 감정이 없다. 베누스에 관한 노래를 부르고 있지만 (최소 이 순간에는) 욕망이나 여타 감정에 물들지 않았다. 코러스가 가수 주위를 돌며 '비너스'라는 핵심 단어를 반복해 부른다. 코러스는 머펫들이 맡았는데 레이디 가가를 지원하며 보기 드문 절도 있는 공연을 한다.[4] 드럼을 치는 애니멀도 평소보다 더 정확하게 연주에 임한다. 이 영상은 2013년 방영된 추수감사절 특별 프로그램이다.

레이디 가가의 「비너스」 뮤직비디오로 더 드라마틱한 버전도 있다.(레이디 가가의 공연을 비판하는 스태틀러와 월도프●가 없어서 개인적으로는 아쉽긴 하다.) 레이디 가가의 또다른 뮤직비디오 「G.U.Y. (An ARTPOP Film)」는 캘리포니아 샌시메온에 있는 허스트 캐슬에서 촬영되었는데, 이곳은 스탠리 큐브릭의 로마 시대 서사 영화 「스파르타쿠스」의 배경으로 쓰이는 등 원래 고전 영화와 관련이 있는 장소이다. 야자수, 햇빛이 쏟아지는 열주 회랑, 곳곳에 조각상이 놓인 계단 등이 20세기 초반 취향이 가미된 반쯤 신성한 궁전의 위용을 드러낸다. 그림자가 길게 늘어지고 하나같이 괴상한 의상(비키니, 페티시 의상)을 입은 댄서들이 안마당 곳곳에서 춤을 춘다. 이들의 거의 로봇 같은 정확한 동작을 머펫 쇼 버전에서 머펫들이 훌륭하게 패러디한 것이다. 이 비디오에서 레이디 가가는 상처 입은 에로스 혹은 천사인데, 추종자들이 가가를 들고 수영장으로 옮겨가 치유의식을 수

● 머펫 쇼에 등장하는 콤비 캐릭터로 모든 쇼에 대해 신랄한 비평을 한다.

행한다. 이어 카메라가 이동해 리얼리티 TV 쇼 「베벌리힐스의 진짜 주부들」 등장인물들을 비추는데 이들은 핑크색 의상을 입고 첼로, 탬버린, 하프 따위를 연주하는 시늉을 한다.

다중적이고 복잡한 암시가 담겨 있는 것이 가가답다. 날개 달린 가가는 다른 에로스가 쏜 화살에 상처를 입은 에로스인가, 아니면 아프로디테인가? 이 노래는 금성^{Venus}에 대한 언급으로 시작하지만(다른 행성의 이름도 나온다.), 반복적으로 비너스를 사랑의 여신으로 칭한다. 치유의식은 세례식을 연상시키고 장소나 의상은 초현실주의 그림에서 튀어나온 것 같고 음악가가 아닌 사람들이 악기를 연주하는 장면 등의 인위성이 더해져 이곳은 지상, 우주, 과거(여러 과거), 미래 어디든 될 수 있고 어디도 아닌 꿈 같은 느낌을 준다.

혼란스러움, 그저 몸을 맡기고 되는대로 휩쓸려 가고 싶은 느낌은 이 여신의 영역에서 우리가 익숙하게 경험하는 감정이다. 욕망에 압도되는 느낌을 인간만 느끼는 것도 아니다. 새들도 한다. 벌도 한다. 또 『호메로스 찬가』의 「아프로디테 찬가」에 따르면 늑대도, 사자도, 표범도, 곰도 한다.[5] 전설적인 도시 트로이아 인근 이데산 꼭대기에서 아프로디테가 지나갈 때면 짐승들이 폴짝거리며 애교를 부린다. 우리라도 분명 그럴 것이다. 짐승들이 좋아하는 걸 보고 기분이 좋아진 여신은 이들에게 욕망의 전율을 선사한다. 짐승들은 순두오^{sunduo}, '둘씩 짝을 지어' 어둑한 곳으로 숨어드는데, 이미 노아의 방주에서보다 훨씬 즐거운 상황이 상상된다. 「아프로디테 찬가」에 벼룩은 언급되지 않고 배운 벼룩은 더더군다나 등장하지 않지만[●] 벼룩도 이 자리에 있었다면 했으리라고 가정해도 틀리지 않을 것이다.

이 목가적인 장면은 아프로디테에 관해 우리가 이미 알고 있는 사실이지만 보티첼리의 그림에는 직접적으로 드러나지 않는 한 가지 특징을 드러낸다. 여신의 엄청난 힘. 우리는 사랑과 욕망이 우리 삶을 뒤흔들 수 있음을 알지만, 우리는 인간이고 복잡한 존재라, 짝사랑에 빠졌을 때 자살 시도에서 시 짓기까지 다양한 반응을 보인다. 그런데 이 장면에 등장하는 포식자 짐승들은 여신 앞에서 즉시 새끼 고양이처럼 순해진다. 이 짐승들이 이런 강력한 성적 충동을 경험하고 싶었을까? 이전에는 그런 충동이 부족함을 느꼈을까? 이 문제에 있어 짐승들은 선택권이 없다. 첫눈에 사랑에 빠지는 아찔한 경험을 해본 사람은 이 짐승들이 어떤 느낌인지 알 것이다.

욕망 앞에서 무력해지는 인간의 성향은 널리 오래전부터 꾸준히 인증되어 왔다. 사랑시는 가장 오래된 문학 형식 가운데 하나이다. 다만 욕망의 원인을 바라보는 시각이 달라졌다. 요새 우리는 모르는 사람, 배우나 팝스타 등을 향해 격한 욕정이나 갈망을 느낀다면 '치였다' 등의 표현을 쓸 것이다. 만약 알긴 알지만 잘은 모르는 상대—새로 온 동료나 빵집에서 일하는 멋진 빨간 머리 남자 등—에게 그런 감정을 느낀다면 첫눈에 반했다고 미화하기도 한다. 우리는 사랑이 마음이나 정신에서 비롯되었다고 생각하거나, 아니면 애정의 대상에서 뿜어져 나온다고 여기기도 한다. 그렇지만 제삼자가 그 감정을 우리에게 부여했다고 생각할 가능성은 매우 희박하다.

그리스인(그리고 로마인)에게 아프로디테는, 활과 뾰족한 화살을

● 저자는 콜 포터의 「렛츠 두 잇, 렛츠 폴 인 러브」를 인용하고 있는데 이 노래에 "새들도 하고, 벌도 하고, 심지어 교육받은 벼룩들도 한다"는 가사가 나온다.

든 에로스처럼 우리에게 바깥에서 욕망을 부여하는 존재이다. 아프로디테가 욕망을 던지는(「아프로디테 찬가」에 쓰인 동사 발bal은 '던지다'라는 뜻이다.) 바로 그 순간에 늑대들이 마침 나무 뒤쪽에 숨어 있었다면 향후 몇 주 동안 태어날 늑대 새끼의 수가 현저히 줄어들 것이다. 우리도 만약 그 결정적인 순간에 몸을 피했다면 실연의 아픔을 피할 수 있었을지 모른다. 그렇지만 급작스럽고 압도적인 욕망의 짜릿함도 경험하지 못했을 것이다.

「아프로디테 찬가」에서 아프로디테는 키프로스에서 트로이아로 가는 길에 숲을 가로질러 간다.[6] 아프로디테는 본래 동양에서 유래한 역사가 긴 여신이다. 오늘날 중동이라고 불리는 지역(바빌론과 니네베는 숭배 행위가 활발히 이루어지는 곳이었다.)에서 등장한 이슈타르, 이난나, 아스타르테 등 위대한 여신의 후예이다. 이 여신들 모두 고대부터 금성이라는 행성과 연관되어 왔다. 이 여신들의 기원이 중동이라면 아프로디테는 정확히 어디에서 왔을지 궁금해진다. 보티첼리의 유명한 그림을 보면 아프로디테는 조개에서 나왔으니 분명 바다에서 태어났을 텐데, 어느 바다일까? 헤시오도스의 『신들의 계보』에 따르면 아프로디테는 특히 두 장소와 밀접한 연관이 있다. 호메로스는 아프로디테가 디오네와 제우스의 딸이라고 하지만[7](디오네는 올림포스 신들이 등장하기 이전 세대 신인 티탄이다. 잠시 뒤에 디오네가 아프로디테의 어머니로 간간이 등장하는 이야기를 살펴볼 것이다.), 그보다 폭력적으로 세상에 등장했다는 전승이 더 많다.

헤시오도스는 아프로디테는 어머니가 없고 아버지도 자기 뜻과 무관하게 아버지가 되었다고 한다. 기억하겠지만 크로노스는 땅의 여신 가이아와 천공의 신 우라노스 사이에서 태어났다. 우라노스는 자식들에게 권력을 빼앗길까 두려워 땅속 깊은 곳에 자식을 숨겨 두고 세상 밖으로 나가지 못하게 한다. 가이아는 자식들을 하염없이 품고 있다 보니 그 무게 때문에 지쳤고 고통스럽다. 그래서 가이아는 날카로운 낫을 만들어 크로노스에게 주고, 크로노스는 자기 아버지를 거세하는 책임을 달가이 맡는다. 이 만남이 정확히 어떤 구도로 이루어졌는지 헤시오도스는 분명히 말하지 않지만, 크로노스가 가이아의 자궁 안에 있다가 낫으로 우라노스의 성기를 벤 듯하다. 아버지를 거세한 후 크로노스는 절단된 신체 부위를 바다에 던진다. 우라노스의 생식기는 한동안 일렁이는 파도에 밀려 이리저리 떠다녔다고 헤시오도스는 전한다.[8]

정액 주위에 거품이 뭉치더니(나는 요새 편집자도 빨간 펜을 들고 원고를 검열을 하는지 확인해 보고 싶은 생각에 이 문장을 넣곤 한다.) 폭력의 잔재인 흰 포말 속에서 아프로디테가 형성된다. 그래서 아프로디테라는 이름을 갖게 되었다고 헤시오도스는 덧붙인다. 아프로게네아aphrogenea, 곧 '거품에서 태어났기' 때문이다.[9] 바다 거품에서 생겨난 아프로디테는 가장 먼저 키테라에 당도한다. 키테라는 펠로폰네소스반도 남쪽 연안에 있는 섬인데 손가락 모양으로 뻗어 있는 반도의 끝이 이 섬을 가리키는 듯한 지형이다. 아프로디테는 그곳에서 지중해를 가로질러 한참 동쪽에 있는 키프로스를 향해 간다. 이 두 섬 다 아프로디테의 별명이 되어, 아프로디테는 종종 키테레이아 혹은 키프리스라고 불린다. 헤시오도스는 여기에 어원과 관련된 동음이의어 말장난을 대뜸 덧붙인다. 아프로디테에게는 필로메데아^{philommēdea}(웃음을 사랑하는)라는 별칭도 자주 붙는데, 메데온 ^{mēdeōn}(생식기)에서 만들어졌기 때문이라는 것이다. 나는 가끔 아프로디테 이야기 이상으로 평균 남성 독자를 불편하게 할 신화가 있을까 하는 생각을 하는데, 웃음과 생식기를 나란히 놓은 헤시오도스의 농담이 논란에 종지부를 찍었다고 본다.

헤시오도스는 다음 신의 기원을 논하기 전에 아프로디테가 필멸자와 불멸의 신 가운데에서 담당하는 모이라^{moira}, 곧 '전문 영역'에 관해 마지막으로 한 가지 논평을 한다. 그 누구도 아프로디테의 힘 앞에서 예외는 없다는 것이다. 신들도 인간과 마찬가지로 사랑에 빠질 위험에 처해 있다. 이어 헤시오도스는 아프로디테의 모이라를 자세히 묘사한다. 그것은 소녀들의 대화, 미소, 기만, 기쁨, 달콤한 사랑, 부드러움이다. 여기에 남성 시선이 얼마나 개입했는지는 정확히 해독하기 어렵다. 소녀들의 대화란 이 소녀들을 사로잡은 소년들에 관한 대화일까? 아니면 이 소녀들이 서로 연인이라 사랑을 속삭이는 걸까? 혹은 소녀들이 속닥거리는 모습이 헤시오도스 같은 남자에게 매력적으로 보이는 걸까? 소녀들은 단순히 애정의 대상인 걸까? 아프로디테의 전능한 힘을 생각하면 아마 이 모두가 참일 것이다.

키프로스에 있는 파포스 해안에 가면 아프로디테 바위를 볼 수 있다. 이곳이 여신이 지중해에서 걸어 나온 정확한 지점이라고 한다. 아주 인기 있는 여행지라 내가 11월 중순에 갔을 때도 여신에게 제물을 바치고 연애운이 트이게 해보려는 관광객이 가득했다. 나는 이 신령한 장소에 가는 길에(키프로스의 여러 장소가 그렇듯 이곳도 신과 인간 사이의 공간에 있는 듯 보인다.) 근처에 있는 함비스 판화박물관에 들러 그곳에서 오후를 보냈다. 키프로스 출신의 이름난 예술가이자 판화가인 함비스 창가리스는 아프로디테 탄생지를 묘사하는 선명한 색채의 판화 연작을 제작했는데 특히 하트 모티프를 반복 사용해서 여신의 힘과 파포스의 밀접한 연관성을 형상화했다. 그중에 아프로디테 바위를 거대한 노란색과 주황색 하트로 표현해 마치 바윗덩어리가 갈라지며 녹아내리는 듯 보이는 멋진 이미지가 있다. 작은 녹색 하트가 기울어진 모양으로 붙어 있어 바위에 자란 풀 같은 착시를 일으킨다. 전경에는 벌거벗은 분홍 몸의 커플이 서로 끌어안고 있다. 여자는 머리카락이 조그만 녹색 하트이고 남자는 머리카락과 턱수염이 파란 하트이다. 두 사람 주위 풀밭에는 알록달록한 색의 하트가 마치 꽃처럼 돋아났다. 1년쯤 전부터 이 판화가 우리 집 벽에 걸려 있는데 날마다 보면 행복해지는 그림이기도 하지만 그 장소의 기록으로도 내가 찍은 어떤 사진보다 더 정확하게 느껴진다.

하트가 가득한 곳으로 묘사된 파포스, 그리고 아프로디테의 관심을 받은 자들을 사로잡는 강력한 영향이, 잘린 생식기가 성난 바다에 떨어져 아프로디테가 생겨났다는 폭력적인 탄생 설화보다는 우리에게 훨씬 익숙한 이야기이다. 그러나 여러 고대 문헌에서 아프로디테는 우리를 쾌락으로 충만하게 하는 여신일 뿐 아니라 고통으로 몰아넣는 여신으로도 제시된다. 사랑시를 쓰는 시인은 애정의 대상에게 그러듯이 자신들의 수호 여신과도 애증 관계를 맺는다.

누구보다도 사포가 대표적이다. 오늘날 남아 있는 사포의 시 가운데 가장 긴 시는 포이킬로프론 아타나트$^{poikilophrōn\,athanat}$', '교활한 불멸자' 아프로디테에게 바치는 것이다.[10] 포이킬로프론은 보통 교활한, 약삭빠른 등으로 번역되는 단어인데 단어의 원뜻은 '다채롭거나 점박이 무늬가 있는 마음'이라는 뜻이다. 내 생각에는 아프로디테의 변덕스러운 호의를 아름답게 표현하는 말인 것 같다. 사포는 여신에게 도와달라고 빈다. 아프로디테는 시인에게 자신이 전에 기도를 듣고 도와주었던 적이 있음을 상기시킨다. 두 사람의 관계는 오래전부터 이어져 왔고, 아프로디테는 사포의 말을 듣고 반응한다. 시인의 기도가 우리 기도보다 응답률이 더 높은 듯한데, 아마 아름다운 노래로 기도할 수 있기 때문이리라. 사포의 시에서 아프로디테는 인간의 영역에 개입하려면 아버지의 금빛 집에서 나와야 한다. 아버지란 제우스일 터이니 사포는 헤시오도스보다는 호메로스의 전통에 속하는 듯하다.

아프로디테는 참새(상당히 많은 수여야 할 듯)가 끄는 전차를 타고 이동한다. 사포에게 와서 아프로디테는 미소를 지으며 왜 또 기도했냐고 묻는다. 사포의 미친 심장, 마이놀라이^{mainolai}가 왜 또 요동치냐고. 마이놀라이라는 단어는 영어의 광기^{mania}와 어원이 같다. 그러고 아프로디테는 바로 핵심을 파고든다. 누굴 되찾고 싶은 건데? 바로 그게 사포의 문제이다. 새로운 사랑을 찾을 수 있게 도와달라는 게 아니라, 지킬 수 있게 도와달라는 거다. 이에 대한 아프로디테의 운문으로 된 대답은 독자도 익히 아는 것이며 희망과 공포를 동시에 안겨준다. 그 이래로 쓰인 모든 간절한 사랑 노래의 정서적 골자이기도 하다.

만약 그 여인이 지금 네게서 달아나더라도, 곧 너를 쫓을 것이다, 라고 아프로디테는 약속한다. 지금은 네 선물을 거부하지만, 곧 네게 선물을 안길 것이다. 여인이 널 사랑하지 않더라도, 순식간에 사랑하게 될 것이다. 그리고 여기 중요한 말이 나온다―코우크 에텔로이사 kōuketheloisa, '본인이 원하지 않더라도' 그러게 된다는 말이다. 사포는 여신의 말을 기쁘게 받아들이고, 이 시의 마지막 행으로 자기가 바라는 바를 간결하게 요약한다. 숨마코스 에소 summakhos esso. "내 편이 되어 주세요."

숨마코스는 나란히 함께 싸우는 전우를 뜻한다. 아프로디테는 비유적 의미의 동지가 아니라 진짜 전투에서의 동지가 되어준다. 사랑에 빠지는 것은 전쟁을 벌이는 것과 다를 바 없으니 다행스러운 일이다. 이 비유가 고대 시가 전반에서 확장되어 쓰인다. 카툴루스나 오비디우스 같은 고대 로마의 위대한 사랑시인도 자신을 사랑을 위해 싸우는 전사로 종종 묘사한다. 사포는 사랑은 치명적일 수 있고 사랑하는 사람이 나의 최대의 적일 수 있다는 이 주제의 초기 형태를 제시하고 있다.

이 시를 읽을 때 내가 느끼는 반응은 시간이 흐르며 크게 바뀌었다. 사포를 처음 읽은 것은 청소년일 때였는데 그때는 사포의 접근법에서 아무 문제를 느끼지 못했다.(이런 말을 하게 되어 유감이지만 언젠가는 밝혀질 일이니까.) 아프로디테가 참새가 끄는 전차를 타고 1990년대 버밍엄으로 올 수 있다고 믿었다면 나도 사포와 똑같은 기도를 했을 것이다. 누군가를 너무나 원한 나머지 상대가 자기 의지에 반해서라도 나를 사랑하게끔 해달라는 기도가 왜 타당하다고 생각했는지 묻지 마라. 답을 해줄 수가 없으니까. 지금 보기에는 이 개념이 『제시카 존스』에 나온 것하고 다를 바 없게 보인다. 이 코믹스에서 슈퍼히어로 제시카 존스의 숙적 킬그레이브는 누구든 마음먹은 대로 조종할 수 있다. 2015년 텔레비전 시리즈로 각색되었는데, 킬그레이브(데이비드 테넌트가 연기)가 무시무시할 정도로 냉담하게 누구에게서나 애정을 얻어낼 수 있으나 가장 원하는 인물인 제시카(크리스틴 리터)만은 그렇게 할 수 없다는 점이 시리즈의 중점이 된다. 킬그레이브가 태연하게 사람들을 조종하며 행복한 얼굴로 자기를 집으로 들이라는 등을 강요할 때, 조종당하는 사람의 얼굴만큼 고통스러운 것은 없다. 자기 욕구와 필요에 반해 행동하길 강요받는 것도 괴로운데 기뻐하는 척까지 해야 한다면 정말 죽을 맛이다. 사포의 기도와 아프로디테의 응답이 지금 나에게는 이것과 비슷한 영역에 속하는 것처럼 보인다. 이쯤에서 내가 좋아했던 모든 소년들에게 아울러 사과를 해야 할 것 같다. 어쨌든 나의 집착이 우리 모두에게 나름 유익한 정신적 성장의 기회였기를 바라며.

「아프로디테 찬가」로 돌아가 보자. 아프로디테가 이데산을 지나가며 늑대들과 사자들을 매혹하고 있다. 아프로디테는 번성 중인 트로이아를 향해 간다. 트로이아의 멸망을 가져올 전쟁이 일어나기 수십 년 전이다. 앞에서 보았듯이 아프로디테는 보통 내키는 대로 욕망을 뿌리고 다니는 여신이다. 지금은 아프로디테가 억누를 수 없는 갈망에 시달리고 있는데, 그렇게 만든 것은 바로 제우스였다. 아프로디테가 인간에 대한 욕망에 초연한 듯 보이는 것에 짜증이 난 제우스는 인간 남자를 향한 달콤한 욕망을 아프로디테에게 심었다.[11] 그래서 아프로디테는 앙키세스를 쫓아다니는데, 앙키세스는 트로이아의 왕자이면서 동시에 소치기이다.(다소 어리둥절한 일이지만 아마 트로이아에서는 이런 일이 자주 일어나는 모양이다.)● 인간에 불과한 남자를 보고 매료되어 버린 여신은 파포스로 달려가 완곡하게 말하면 '데이트'라고 부를 만한 것을 위해 단장한다. 카리테스가 아프로디테를 목욕시키고 향수를 뿌리고 가장 아름다운 옷과 보석으로 꾸민다. 이제 아프로디테는 웃음을 사랑하는 여신이자 금으로 치장한 여신이다.[12]

키프로스에서 이데산으로 돌아온 여신은 앙키세스를 보았던 곳으로 직행한다. 이 시에 따르면 앙키세스는 신성한 아름다움을 지닌 영웅이라고 한다.[13] 그런데 아프로디테는 그렇게 공들여 준비해 놓고는 도로 마법을 써서 변장한다. 앙키세스를 겁주지 않으려고 파르테노스parthenos, 처녀의 모습으로 나타난다.[14] 하지만 누가 속을까? 아프로디테는 변장 전문가가 아니다. 앙키세스는 그 모습을 보자마자 어떤 여신일까 생각한다. 아르테미스일까? 레토? 아프로디테? 테미스, 아테나, 카리테스, 님프? 앙키세스가 잘못된 추측을 해서 여신의 심기를 거스르느니 모든 가능성을 열어두는 편이 낫다고 생각한 것은 칭찬할 만하다.

아프로디테의 첫 반응은 속이 빤히 보이는 부인이다. 나는 신이 아니야, 라고 말하는데[15] 진짜로 신이 아닌 사람이 이런 말을 할 일이 있을까. 나는 인간이고, 우리 부모님도 인간이야.(우리 아버지는 유명한

● 파리스도 트로이아의 왕자이자 목동이었다.

왕이라, 그래서 나를 신으로 착각했는지도 모르겠다.) 그런데 어떻게 내가 우리 부모님의 언어가 아닌 트로이아어를 잘하냐고? 내가 신이라서 그런 건 당연히 아니고, 이곳 출신 유모가 있어서 그래. 유모한테 배웠어. 좋아, 그 점을 해명했으니 됐다. 헤르메스 신이, 물론 내가 올림포스산에 살아서 헤르메스랑 아는 사이인 건 아닌데, 내가 너하고 같이 자야 한다고 말했어. 그러니까, 안녕? 우리 결혼하자. 우리 부모님도 널 마음에 들어 하고 황금을 잔뜩 보내줄 거야.

이게 문학 역사상 내가 가장 좋아하는 수작이라 해도 과장이 아니다. 앙키세스는 참 현명하게도 이 여인과 하룻밤을 보낼 수만 있다면 저승에라도 가겠다고 말한다.[16] 그리고 앙키세스는 자신의 욕망을 이룬다. 인간으로서 불멸의 여신과 함께, 비록 지금 뭘 하는 건지 누구와 함께 있는 건지는 모르지만.[17] 두 사람은 관계를 갖고 아프로디테는 앙키세스를 재운다. 고대 시에서는 신이 잠을 내리는 것이 마치 선물처럼 그려지지만, 현대 독자에게는 정보에 입각한 동의는 부족하고 요청하지 않은 수면제가 과하게 사용된 장면이라고 느껴질 수도 있겠다.

사실 우리 중에도 이튿날 아침 눈을 떴을 때 전날 밤을 누구와 함께 보냈는지 깨닫고 충격받은 경험이 있는 사람이 꽤 있을 것이다. 앙키세스에게는 이 경험이 한층 강렬하게 다가오는데, 앙키세스가 자는 사이에 아프로디테가 변신해서 본디 여신의 모습으로 돌아갔기 때문이다. 앙키세스는 여신을 보는 순간 바로 망토에 얼굴을 감추며 제발 자신의 생식 능력을 가져가지 말라고 빈다.[18] 여신과 잠자리를 함께한 필멸자는 그런 문제를 겪기 마련이라면서. 아프로디테는

아프로디테

신들이 너를 사랑하니 아무 나쁜 일도 일어나지 않을 것이라고 달랜다. 하지만 미혼부가 되긴 할 건데, 자기가 아이네이아스를 낳을 예정이기 때문이라고 한다. 아이네이아스라는 이름은 여신이 필멸자와 성관계를 가짐으로써 끔찍한 고통을 겪었기 때문에 붙여진 이름이다.(아이네이아스는 '고통스러운'이라는 뜻의 그리스어 아이노스^{ainos}와 관련이 있다.) 앙키세스에게는 '그다음 날 아침'치고도 상당히 정신이 번쩍 드는 경험이었을 것으로 보인다.

아프로디테는 이어 앙키세스에게 새벽의 여신 에오스에 얽힌 유익한 이야기를 들려준다. 에오스는 티토노스라는 인간을 사랑하게 되어, 신들에게 티토노스에게 영원한 삶을 달라고 요청했다. 그런데 안타깝게도 영원한 젊음은 깜박하고 요청하지 않아서 가엾은 티토노스는 점점 늙고 쭈그러들고 바싹바싹 말라가다가 마침내 매미가 되었다. 앙키세스가 자기 삶이 고달프다고 생각했다면, 아프로디테는 어떨까 생각해 보라. 아프로디테는 자기가 앙키세스와 같이 잤기 때문에 영원한 삶 내내 끝없이 굴욕감에 시달려야 한다고 말한다.[19] 아프로디테는 마지막으로 한 가지 조건을 내건다. 몇 해 뒤에 아들 아이네이아스를 데리고 돌아오겠다. 그동안에는 님프들이 아기를 키울 것이다. 만약 누군가가 앙키세스에게 아이 어머니가 누구냐고 묻는다면, 그냥 님프라고 해라. 아프로디테의 이름을 언급했다가는 제우스의 벼락을 맞게 될 것이다. 아까 말했듯이 정신이 번쩍 드는 하루가 시작되었다.

이 시는 아프로디테가 지닌 무자비함을 찬란하게 찬미한다. 아프로디테는 자기 욕정을 제어하지 못하는 드문 순간에조차 무자비하다. 앙키세스는—비록 아프로디테의 파렴치한 거짓말에 당하긴 했으나—고대 신화 기준으로 보면 상당히 괜찮은 취급을 받은 셈이다. 아프로디테에게 유혹을 당하는 편이 제우스에게 납치당하는 것(아프로디테는 이 이야기도 앙키세스에게 하는데, 앙키세스의 조상인 가니메데스가 제우스에게 올림포스산으로 납치당한 뒤 소식이 완전히 끊겨 아버지를 비탄에 빠뜨렸다는 사실을 상기시킨다.)보다는 훨씬 즐거운 경험이다. 앙키세스는 아들을 얻게 될 것이고, 아이네이아스는 효심이 지극하여 베르길리우스는 아이네이아스를 피우스^{pius}, 효성스러운 아이네이아스라고 부를 것이다. 그러나 아프로디테가 앙키세스를 대하는 태도는, 욕정은 도덕과는 무관하며 감상이 개입할 여지도 없다는 아주 좋은 예시가 된다. 여신에게 원하는 걸 주면, 여신은 사랑스럽고 건강한 아이와 네가 무사할 거라는 약속을 남기고 떠나버릴 것이다. 나더러 이것과 가장 비슷한 것을 떠올려 보라면, 마피아의 행동 방식이 떠오른다.

이 이야기는 한 가지 흥미로운 의문을 제기한다. 이런 것이다. 만약 당신이 아름다움·사랑·성적 욕망의 여신에게 유혹을 당한 후, 아무에게도 그 사실을 발설하지 말라는 지시를 받았다면, 비밀을 지키겠는가? 그냥 평범한 일상을 살며 자식을 키우며 누가 물으면 섹시한 님프와 같이 잤다고 얼버무리면서? 그게 그렇게 어려운 일일까? 그러지 않으면 신들의 왕이 보낸 벼락을 맞게 되는데도? 이 질문에 대한 답이 무엇일지 이미 짐작했으리라고 생각한다. 그렇다. 어려운 일이다.

앙키세스가 어떤 상황에서 자신의 성적 편력을 털어놓았나 하는 이야기는 시간의 안개에 묻혀 사라졌으나, 그 결과는 베르길리우스의 『아이네이스』 2권에서 확인할 수 있다. 아이네이아스는 트로이아가 함락된 날 밤, 도시를 떠난다. 아이네이아스는 수많은 동포들처럼 그곳에서 죽을 운명이 아니라 생존자들과 배를 타고 떠나 결국에는 이탈리아에 새로운 트로이아를 건설할 운명이었다. 아이네이아스는 아들과 아버지를 데리고 불타는 도시를 빠져나가면서 아내 크레우사는 챙기지 않은 것으로 유명하다. 뒤에 남겨진 크레우사는 나중에 유령의 모습으로 나타나 아이네이아스가 앞날에 좋은 짝을 만나길 빌어주는 게 전부이다. 아이네이아스는 앙키세스를 업고 가야 하는데, 아버지가 너무 나이 들고 허약해서 걸을 수가 없기 때문이다.(아버지는 3권에서 노환으로 사망한다.) 지금은 사라진 소포클레스의 희곡에 앙키세스의 건강 상태에 관한 기록이 있다. 할리카르나소스의 디오니시오스가 역사서에 소포클레스를 인용하며 전하길 앙키세스가 벼락을 맞아 등에 상처를 입었다는 것이다.[20] 그러니 어쩌면 이 이야기의 교훈은 만약 여신이 기상학적 복수의 고통을 경고하며 입을 다물라고 하면 그 말을 따르는 게 좋다는 것일 듯하다.

아프로디테는 아이네이아스를 님프들에게 돌보라고 맡기고 나중에는 아이 아버지한테 키우게 하는 등 거리를 두었으나 그래도 아이네이아스의 안녕에 깊은 관심을 가진다. 호메로스는 『일리아스』 5권에서 아이네이아스가 디오메데스와 전장에서 맞붙은 모습을 보여준다. 그리스 장수 디오메데스가 몹시 거센 기세로 승리를 쟁취하려는 순간이다. 아이네이아스도 뛰어난 장수이다. 호메로스는 아이네이아스를 사자에 비유했다.[21] 그런데 디오메데스가 던진 커다란 돌덩이를 허리께에 맞고 아이네이아스가 쓰러진다. 아이네이아스는 그 자리에서 죽었을 것이라고 호메로스는 말한다. 어머니 아프로디테, 제우스의 딸이 지켜보고 있지 않았더라면. 아프로디테는 아이네이아스가 창을 맞지 않도록 두 팔로 감싸안고 전장에서 데리고 나온다. 그러나 디오메데스는 다 잡은 사냥감을 놓칠 생각이 없고 여신을 두려워하지도 않는다. 여신이 전사가 아님을 알아보고 청동 창을 들고 쫓아간다.[22] 여신을 따라잡은 후 창으로 여신의 손에 상처를 내고 카리테스가 지어준 로브를 벤다. 신의 몸에 피 대신 흐르는 물질인 이코르가 아프로디테의 손에서 흘러나온다. 아프로디테는 비명을 지르며 아이네이아스를 옆으로 밀친다. 다행히 아폴론이 옆에 있다가 아프로디테의 아들을 지켜준다.

디오메데스는 위대한 올림포스 신에게 상처를 입혀놓고도 전혀 후회하는 기색이 없다. 오히려 아프로디테를 조롱하며, 전쟁에 끼어들면 안 된다고, 아프로디테는 여자들이나 꼬드기는 존재라고 말한다.(아프로디테가 남자는 꼬드기지 않는다는 게 디오메데스의 주장인 듯하다. 설령 남자를 꼬드긴다 해도 남자와 싸우지는 않는다거나.) 아프로디테는 전장이 제집 같은 오라비 아레스한테 말을 빌려 어머니 디오네에게로 달아난다. 디오네는 아프로디테의 다친 손을 치료하고 아픔을 없애준다. 호메로스가 아프로디테에게 어머니가 있다고 설정한 게 납득이 간다. 누구나 다쳤을 때 상처에 '호' 해줄 사람이 필요하니까.

신한테 이렇게 무지막지한 공격을 가한 디오메데스가 어떻게 되었을지 궁금하다면, 전쟁에서 살아남았고 그 후에도 잘 살았다. 하지만 사랑과 성 분야에서는 그렇게 순조롭지는 않았다. 위[馬]아폴로도로스를 비롯한 여러 출처에 디오메데스의 아내 아이기알리아가 코메테스라는 남자와 바람을 피웠다는 이야기가 나온다.[23] 어쩌면 여자를 꼬드기는 여신을 그렇게 섣불리 다치게 하고 모욕하면 안 되는 것이었을지 모르겠다.

한편 아테나가 제우스에게 아프로디테가 전쟁에 끼어드는 것에 대해 불평하자, 신들의 왕은 아프로디테에게 앞으로 전쟁터를 멀리하라고 지시한다. 그래도 아들 아이네이아스는 결국 전쟁이 끝날 때까지 살아남아 새로운 도시, 제2의 트로이아를 건설하리라는 운명을 이루게 된다. 그러니 아프로디테가 자신의 모이라, 전문 분야를 고수하기를 거부함으로써 디오메데스와 디오메데스를 후원하는 아테나의 성미를 돋구었을지라도 어쨌든 그로 인해 전쟁 후의 양상에 영향을 미친 셈이다. 이런 이유로 베르길리우스는 로마인을 아프로디테의 직통 후손으로 연결한다. 아프로디테는 전쟁을 회피하는 여신일지라도 후손들은 전혀 주저하지 않고 호전적 성향을 발달시킨다.

호메로스 서사시에 아프로디테 이야기가 하나 더 있는데, 이 이야기는 『오딧세이아』에 나온다. 오딧세우스가 이타케로 돌아가는 길고도 긴 여정에서 마지막으로 딴 길로 빠져 들른 곳이 스케리아(파이아키아라고도 불림)인데, 이곳 만찬 자리에서 오딧세우스는 음유시인의 노래를 듣는다. 데모도코스라는 음유시인이 아프로디테(대장장이 신인 헤파이스토스의 아내)와 전쟁의 신 아레스 사이의 불륜을 노래로 부른다.[24] 두 사람은 바람을 피웠을 뿐 아니라 그것도 헤파이스토스의 침대에서 몰래 그 짓을 했다. 하지만 태양신 헬리오스에게는 어떤 것도 감출 수 없다. 태양신은 모든 것을 다 본다. 게다가 비밀을 지켜주지도 않는다. 바로 헤파이스토스에게 가서 나쁜 소식을 전한다. 대장장이 신은 이내 대장간으로 가서 망치를 두드려 눈에 보이지 않을 정도로 가늘면서 도저히 끊을 수 없을 만큼 질긴 사슬을 만든다. 헤파이스토스는 아레스를 향한 분노의 말을 쏟아 내며 덫을 설치한다. 천장에 실처럼 가는 사슬을 걸고 침대 둘레를 사슬로 감싼다. 어찌나 가는지 불멸의 신들조차 사슬을 볼 수 없었다고 데모도코스는 전한다.

덫을 설치한 후 헤파이스토스는 멀찍이 물러서서 기다린다. 아프로디테를 다시 유혹할 기회를 엿보고 있던 아레스는 바로 두 사람의 집으로 가서 헤파이스토스가 없으니 또 관계를 갖자고 하고 아프로디테는 기꺼이 동의한다. 두 신은 침대에 들자마자 바로 덫에 걸린다. 움직일 수도 침대에서 빠져나올 수도 없다. 헤파이스토스는 다시 또 헬리오스에게 중대 제보를 듣고 얼른 돌아온다.[25] 헤파이스토스는 소리를 쳐서 제우스와 다른 신들을 부르며 이 꼴을 보라고 한다. 그들에게는 재미있을 것이라고, 자기에게는 격분할 일이지만. 아프로디테를 봐라, 늘 나를 욕보인다. 아프로디테는 파괴적인 아레스를 사랑한다, 잘생기고 발이 튼튼하니까. 이렇게 말한다. 왜 여기 발이 나오나 싶지만 헤파이스토스에게는 그 차이가 특히 뼈아프다. 헤파이스토스는 다리가 불편한데 아레스는 멋지고 발도 완벽하니, 아프로디테가 아레스를 더 좋아할 수밖에 없다고 생각한다. 이 말에는 또 다른 층위의 상처와 분노도 깔려 있다. 아레스는 파괴하기만 한다. 전쟁은 그런 것이다. 헤파이스토스가 차이를 굳이 더 설명할 필요도 없다. 헤파이스토스는 창조하는 자이며 특히 아름답고 경이로운 물건을 만든다는 사실은 누구나 안다. 헤파이스토스가 이 말을 할 때 이미 아내와 애인이 그 놀라운 발명품에 갇혀 있으니까.

　헤파이스토스는 침대에 갇힌 커플을 보러 오라고 다른 신들을 부른다. 자신을 너무나 비참하게 만드는 광경임에도. 아프로디테는 아름답지만 절제를 모른다고 헤파이스토스는 말한다. 아프로디테를 쿠노피도스kunōpidos, '개 같은 얼굴을 지닌'이라는 단어로 칭하는데 『일리아스』에서 스파르타의 헬레네가 자기 자신에게 던진 욕이기도 하다.

　이 욕이 구체적으로 어떤 뜻인지 궁금해진다. 가장 아름다운 여인과 가장 아름다운 여신에게 쓰인 욕이라니. 우리가 이렇게 말한다면 보통 추하다는 뜻으로 쓸 테지만 호메로스의 시에서는 그런 뜻일 리가 없다. 적어도 신체적 추함을 뜻하는 말은 아닐 것이다. 또 현대 문화에서 개가 갖는 이미지는 충직하다, 헌신적이다 등등 대체로 긍정적이다. 이 의미 역시 호메로스의 언어에서 의도된 바는 아닐 것이다. 『오딧세이아』에는 문학사를 통틀어 가장 충직한 개 아르고스가 등장하기는 하지만. 아르고스는 주인이 돌아오기를 20년 동안 기다리다가 마침내 오딧세우스가 이타케로 돌아오자 오딧세우스를 알아보고는 노령에 충격이 더해져 죽고만다. 그러나 헤파이스토스는 아내가 뻔뻔하다, 개 같다고 말한다. 아프로디테가 성적으로 문란하며 상대를 가리지 않는다는 암시인 듯하다. 헤파이스토스 본인 입으로 아레스가 잘생겼다고 말해놓고도 그런다.

　포세이돈, 헤르메스, 아폴론 등이 부름을 받고 헤파이스토스의 집으로 온다. 여신들은 조신하게 자기 집에 머물러 있다고 음유시인

데모도코스가 말한다. 신들은 이 광경을 보고 헤파이스토스의 예상대로 웃음을 터뜨리며 빤한 교훈을 주고받는다. 나쁜 행위에서는 좋은 결과가 나오지 않는다며. 신들은 헤파이스토스가 아프로디테와 결혼하는 대가로 제우스에게 치른 신붓값을 돌려받아야 하고(고대 사회에서는 여성의 가치를 금전적으로 따지는 일이 흔했고 주로 정숙함에 따라 가치를 평가받았다.), 아레스는 벌금을 내야 한다는 의견을 낸다. 그러고 나서 여자를 깎아내리는 남자들이 흔히 그렇게 하듯이 아프로디테가 자기들하고도 같이 자줄지 궁금해한다. 아폴론은 헤르메스에게 황금의 아프로디테와 같이 잘 기회가 있다면 그러다가 이렇게 사슬에 묶이는 한이 있더라도 하겠냐고 묻는다. 헤르메스는 대답한다, 그럼. 자기는 황금의 아프로디테와 같이 잘 수만 있다면 이보다 세 배 더 단단히 묶이는 위험이라도 감수하겠다고 한다. 이 대목을 읽을 때 나는 황금 사슬에 묶일 가능성이 헤르메스에게는 한층 매력을 더하는 건 아닐까 하는 생각이 든다. 헤르메스가 너무 빨리 대답하는 데다가 더 단단히 구속되어도 좋다고까지 하니 말이다. 하지만 이런 생각이 이 글에 대한 학술적인 고찰이라고 하기 어렵다는 건 인정한다.

    신들이 성적 농담을 주고받으며 웃음을 터뜨리는 가운데 한 신만은 예외이다. 포세이돈은 굳은 얼굴로, 헤파이스토스에게 아레스를 풀어주라고 사정한다. 헤파이스토스가 요구한 벌금을 아레스가 치를 것이라고 약속한다. 그러나 헤파이스토스는 쉽게 설득되지 않는다. 만약 아레스가 도망가 버리면 그 약속을 어떻게 지키겠냐고 묻는다. 포세이돈은 만약 아레스가 치르지 않으면 자기가 대신 빚을 갚겠다고 맹세한다. 헤파이스토스는 포세이돈에게 신세 진 것이 있기 때문에 그러기로 한다. 헤파이스토스가 올가미에 묶인 두 신을 풀어주자 둘은 각자 올림포스를 떠난다. 아레스는 그리스 북부 트라키아로 가고, 웃음을 사랑하는 아프로디테는 키프로스 파포스에 있는 자신의 성소로 돌아간다. 아프로디테는 그곳에서 카리테스의 도움을 받아 목욕하고 향유를 바르고 아름다운 옷을 입는다. 데모도코스는 아프로디테가 타우마 이데스타이$^{thauma\ idesthai}$, '경이로운 모습'이라고 전한다.[26]

이 순간이 아프로디테의 권능의 핵심을 드러내는 순간이라고 생각한다. 상황이 어떻든, 아무리 주위 남자들에게 굴욕과 수치를 당했든 간에, 아프로디테는 눈 깜짝할 사이에 평소처럼 웃음 짓는 태평한 아름다움을 회복한다. 디오메데스에게 신체적 상처를 입었을 때조차도 곧 어머니의 손에 치유된다. 이번에는 모여든 남자 신들에게 불륜 상대와 함께 침대에 갇힌 모습을 들키고 비웃음을 당했고, 남편에게 비난과 조롱을 받았고, 형제들에게(호메로스식 계보에 따르면 아프로디테는 아폴론과 헤르메스와 동기간이다.) 외설스러운 농담거리가 되었지만, 아프로디테는 여전히 웃음을 사랑하는 여신의 모습으로 그 자리를 떠난다. 어떤 일이 일어나더라도 아프로디테의 아름다움과 완벽함은 손상되지 않는다.

어쩌면 이런 점이 모든 신의 정수일 수도 있다. 신은 불멸이기 때문에 변하지 않는다. 하지만 아프로디테는 어딘가 전쟁터에서 립스틱을 바르는 여인을 연상시키는 면이 있다. 이 여인에게서 전투용 얼굴을 빼앗을 수는 없다. 아주 잠깐이라면 몰라도. 인간과 사랑에 빠지게 만들면, 변장하고 유혹하고 위협한 다음 떠날 것이다. 웃음거리로 만들면, 더더욱 자신을 갈망하게 만들 것이다.

아프로디테가 웃음거리로 취급된 최근의 예로 우디 앨런의 1995년 오스카 수상작 「마이티 아프로디테」가 있다. 우디 앨런은 이 영화에서도 늘 하는 역인 부유한 뉴욕 남자 연기를 한다. 이번에는 레니와 인립이라는 스포츠 기자이다. 레니와 아내 어맨다(헬레나 본햄 카터)가 아기를 입양하는데, 긍정적인 관심과 교육용 장난감을 쏟아붓자 (적어도 부모가 보기에는) 영재로 자라난다. 레니는 맥스의 유전적 배경을 알고 싶어져 생모인 린다를 찾아내려고 한다.

린다 역은 미라 소르비노가 맡았는데(소르비노는 「귀여운 빌리」의 주디 홀리데이를 오마주한 고음의 경적 같은 목소리를 낸다.), 린다는 포르노 배우이자 성매매 여성이다. 당연한 말이지만 이 이야기의 핵심 웃음 요소는 린다가 그다지 똑똑하지 않다는 것이다. 레니는 린다의 삶을 좀 더 점잖은 것으로 바꾸어준다는 목표를 스스로 부과한다. 결국 린다는 미용사가 된다. 레니는 린다를 권투 선수와 엮어주려고 하는데 이 남자는 아주 명청한 인간이었고 린다의 과거를 알게 되자 난폭해져서 린다를 때린다. 그때 레니의 아내가 일시적으로 레니를 떠나고, 레니와 린다는 서로의 품에서 위안을 찾는다. 아홉 달 뒤, 린다는 레니의 딸을 낳지만 레니는 그 사실을 전혀 모른다. 왜냐하면 이 무렵 린다는 우연히 만난 헬리콥터 조종사 돈과 결혼한 상태이기 때문이다. 노골적인 데우스 엑스 마키나 deus ex machina—'하늘에서 내려온 기계 장치'가 문제를 해결한다. 1년쯤 지난 후에 린다와 레니가 장난감 가게에서 마주친다. 레니는 린다의 아들과 함께 있으나 린다는 그 사실을 모르고, 린다는 레니의 딸을 데리고 있는데 레니는 전혀 모른다.

이 영화는 의도적으로 그리스 연극처럼 연출했다. 코러스가 노래하고 춤추며 극의 진행 상황에 관해 논평하는 등 아리스토파네스 희극에서 볼 법한 형식이다. 코러스를 구성하는 인물들은 주로 테바이인으로 오이디푸스의 친부모인 라이오스와 이오카스테도 있다. 이 영화의 주요 주제가 입양이니 그럴 만하다. 우디 앨런은 그리스 비극의 줄거리부터 비유법까지 온갖 것을 끌고 와서 신나게 장난을 친다. 린다가 폭력적인 포주로부터 지켜달라고 레니에게 부탁하자 레니는 이렇게 징징거린다. 아킬레우스는 약점이 발뒤꿈치 하나뿐이었지만 난 온몸이 다 아킬레스건이에요. 레니는 포주를 농구 시합 입장권으로 매수하는데 레니가 스포츠 기자라는 설정을 활용한 두 가지 플롯 포인트 가운데 하나이다.(나머지 하나는 경마장이 배경인 꽤 다정한 장면으로 「마이 페어 레이디」를 연상시킨다. 「마이 페어 레이디」는 조지 버나드 쇼의 『피그말리온』에서 영향을 받았는데, 이 영화도 마찬가지이다. 린다는 경마장에서 「마이 페어 레이디」의 일라이자 둘리틀만큼 시끄럽고 점잖지 못하게 군다. 다만 린다가 하는 말은 비속어에 그치는 게 아니라 포르노그래피 이력을 자꾸 언급한다는 차이가 있다.)

미라 소르비노는 이 역으로 아카데미 여우조연상을 받았고 전적으로 그럴 만한 자격이 있다. 이 영화에는 몇 가지 거슬리는 요소가 있는데, 우디 앨런이 헬레나 본햄 카터나 소르비노보다 서른 살 이상 나이가 많아, 앨런의 결혼 생활이 린다와의 하룻밤보다도 어쩌면 더 비현실적으로 보이기도 한다. 그렇지만 이 영화가 개봉되었을 때도 이런 점이 이상하게 느껴졌으리라고 말할 수는 없겠다. 1990년대 영화에서는 남녀 사이에 나이 차이가 엄청나게 나는 일이 흔했다.(앨런은 상습범이고, 「울프」와 「이보다 더 좋을 순 없다」의 잭 니컬슨, 「프랭키와 쟈니」의 알 파치노, 「식스 데이 세븐 나잇」의 해리슨 포드도 그랬다. 다만 나는 해리슨 포드는 무조건 용서해 주고 싶은데 인디애나 존스 박사 앞에서는 판단력이 흐려지기 때문이다. 내 삶에서 지속적인 실망의 원천 가운데 하나는, 살면서 고고학자를 점점 많이 접하게 되었지만 그 가운데 젊은 해리슨 포드처럼 생긴 사람은 거의 없다는 점이다.)

한층 더 불편한 점으로, 세미프로 권투선수이자 거구인 케빈이 린다를 눈에 멍이 들 정도로 세게 때린 후에도 레니는 케빈이 좋은 짝일 수 있다고 린다를 설득하려 한다. 영화 끝부분에는 모든 인물이 행복하게 짝을 이룬 모습이 나온다. 레니와 어맨다, 린다와 돈, 그리고 어딘가 농장에 사는 케빈과 이름 없는 아내까지. 이 남자가 언제든 아내를 때릴지 모른다는 느낌이 '모든 게 다 잘 마무리되었다.'는 영화의 깜찍한 결말을 완전히 망쳐놓는다. 적어도 내가 느끼기에는 그렇다.

이 영화를 린다는 멍청한데 자식은 천재이고, 레니가 아이의 재능에는 유전보다 양육이 더 큰 영향을 미친다는 점을 깨닫는 이야기라고 보면 말이 된다. 하지만 린다는 부적절하고 우스꽝스럽기는 하나 그 누구보다 덜 똑똑하다고 할 수 없다. 사실 가장 바보는 레니이다.

린다에게 관심을 쏟느라 아내를 소홀히 하는 바람에 어맨다가 떠나 버리고, 그제야 레니는 자기에게 정말 소중한 것이 무엇인지 깨닫는다. 또 린다의 삶을 개선하려는 레니의 아이디어는 린다에게 아무 도움이 되지 않았다. 린다가 레니의 권유로 성매매를 그만두기로 하자 포주가 폭력을 행사하겠다고 위협하는데도, 레니는 린다가 직장에 찾아와 레니를 곤란하게 만든 다음에야 돕겠다고 나선다. 게다가 레니가 골라준 남자 친구는 엄청나게 멍청한 데다 여자를 때리는 사람이다.

사실 자기 삶을 개선할 선택을 하는 사람은 린다 본인이다. 린다는 운전하고 가다가 헬리콥터가 고장 나서 불시착한 남자를 보고 차를 세운다. 린다는 친절한 사람이라 곤경에 처한 사람을 외면하지 않기 때문이다. 또 린다는 결혼할 남자를 만났으니 레니와의 관계를 끊어야 한다는 사실도 안다. 각자의 결혼이 성공하려면 두 사람은 우정을 끝내야 한다. 나중에 장난감 가게에서 만났을 때, 린다가 레니를 마주치고 기뻐하기는 하나 두 사람 사이는 이미 멀어졌다는 게 명백히 보인다. 린다는 레니가 더듬거리며 찾으려 하는 진실을 본능적으로 안다.

이런 부분도 「귀여운 빌리」에서 가져온 것이다. 이 영화에서 주디 홀리데이가 연기한 빌리 돈은 일라이자 둘리틀의 또 다른 변형이다. 빌리는 갱스터의 애인인데 워싱턴 DC에서 정치와 시민 참여를 배운다. 빌리의 애인과 부정직한 친구들은 빌리가 목소리 톤이 높고 집중력이 매우 부족하다는 점 때문에 과소평가한다. 윌리엄 홀든이 정치 기자 폴 역인데, 빌리가 새로운 사교 환경에서 갱스터 애인을 망신시키지 않게끔 교육하라고 고용된 인물이다. 그러나 당연하지만 두 사람은 사랑에 빠지는데, 폴이 빌리 주변의 다른 모든 남자가(빌리의 아버지만은 예외인데 빌리가 자기 삶이 부끄러워 오랫동안 연락하지 못하고 지냈다.) 놓친 것을 바로 알아차리기 때문이다. 빌리는 사실 똑똑한 여자인데 단지 바보처럼 들리는 목소리를 지녔을 뿐이라는 것.

미라 소르비노의 연기는 진정성과 감정적 명료함을 풍부하게 보여주는데, 이 두 가지 특질이 레니의 삶에는 부족한 요소이다. 린다는 어리석게도 성매매를 하고 이따금 포르노를 찍으면서도 브로드웨이 스타가 될 수 있다고 믿었나? 그랬다. 하지만 아주 똑똑한 사람들도 그런 생각을 한다. 어쨌든 린다는 다른 만족스럽고 즐거운 일을 할 수 있다는 사실, 어머니이자 미용사로 살 수 있다는 것을 알게 되자 바로 그 기회를 움켜잡고 삶을 변화시킨다. 그런 한편 레니는 아들 맥스를 사랑하지만 입양은 아내가 밀어붙였기 때문에 이루어진 일이었다. 레니는 린다처럼 자기가 원하는 게 무엇인지 명확히 인식하고 추구할 줄을 모른다. 만약 린다가 부적절하게 행동하는 듯 보인다면 그건 레니가 린다를 린다가 모르는 세계로 데려갔기 때문이다. 린다는 멍청하지 않다. 다만 일라이자와 빌리처럼 그 세계에 익숙하지 않을 뿐이다. 이 영화는 아름다운 여인이라는 은유적 의미를 갖는 아프로디테가 섹시하면서 동시에 재미있는 사람으로 그려진 드문 예이다. 린다는 호메로스의 표현대로 웃음을 사랑하는 사람이다. 자신의 유머 감각에 자부심을 갖는다. 그리고 『오딧세이아』의 헤르메스가 그러듯 남자들은 그녀를 조롱하면서도 욕망한다.

그러나 아프로디테에게는 또 다른 면이 있는데, 이번에는 웃음기라고는 전혀 없다. 무시당했을 때 아프로디테는 포괄적이고 끔찍한 복수를 가한다. 나는 다른 책에서 아프로디테가 히폴리토스(여신을 경멸함)와 계모 파이드라(여신에게 할 수 있는 모든 경의를 표했으나 그래도 충족할 수 없는 부정한 욕망의 고통과 치욕, 죽음으로 벌을 받음)를 어떻게 취급했는지 썼다. 이번에는 아프로디테 본인이 크나큰 비애의 이야기에 삽입된 사례를 살펴보자. 아프로디테와 아름다운 아도니스의 사랑 이야기에 들어가 있다.

늘 그러듯 또 오비디우스가 『변신 이야기』 10권에서 이 슬픈 이야기를 자세히 들려준다. 오비디우스는 로마인이므로 여신의 로마 이름을 사용한다. 그래서 이 이야기는 베누스와 아도니스 이야기이다.[27] 이 아름다운 젊은이는 사실 태어나지 말아야 했다. 어머니 미르라가 자기 아버지 키니라스(아도니스의 할아버지이자 아버지)에게 부적절한 정염을 품은 것이다. 키니라스는 근친상간 성향은 없지만 어둠 속에서 딸과 같은 또래라고 말하는 젊은 여인과 관계를 갖는 것은 좋아했다. 그래서 미르라가 아기를 갖게 된다. 미르라는 이제 자기가 산 자의 세계나 죽은 자의 세계나 어느 곳에도 속할 수 없게 되었음을 깨닫고 차라리 변신시켜 달라고 기도한다. 임신한 채로 울면서 미르라는 나무로 변한다. 미르라Myrrha의 눈물이 귀한 나뭇진인 몰약myrrh이 된다.

나무는 휘어진 채 신음하는데, 마침내 출산의 여신 루키나가 아기와 나무를 가엾게 여기고 개입한다. 나무껍질이 갈라지고 아기가 태어난다. 오늘날 남아 있는 고대 로마 문학 가운데 윌리엄 프리드킨의 1990년 컬트 공포 영화 「가디언」을 예견한 유일한 장면이 아닐까 싶다. 괴이한 줄거리의 이 영화에서 제니 시그로브가 연기한 커밀라는 어떤 집안에 보모로 들어와 가족의 신임을 얻은 다음에 그 집 아기를 가까운 숲에 있는 거대한 나무에게 먹이는 일을 반복한다. 커밀라의 다른 면(일종의 숲의 정령)이 결국 드러나고 한 부부가 커밀라의 뒤를 밟아 숲으로 들어가서 사악한 나무의 껍질 안에 아기들이 갇혀 있는 듯한 광경을 발견한다. 부부는 커밀라를 죽이려 하지만, 커밀라는 인간의 목숨을 바쳐 살려온 나무에서 다시 에너지를 얻는다. 나무를 공격해야만 커밀라가 생명력을 잃기 시작한다. 지금 이 영화를 다시 봐서 추억을 망치고 싶지는 않지만 내가 기억하기로 남편이 전기톱으로 나무에서 큰 가지를 잘라내자 커밀라가 팔인가 다리 한쪽을 잃었던 것 같다. 양심상 좋은 영화라고 말할 수는 없지만 거의 30년 가까이 되는 세월 동안 내 기억 속에 소중하고 푸르른 자리를 차지하고 있었다는 사실을 인정한다. 조언하자면, 맨정신으로는 보지 마라.

미르라의 아기는 목질 산통을 견디고 태어났고, 보는 사람들 누구나 아름답다고 찬탄한다. 질투의 신조차도 동의할 것이라고, 『변신 이야기』에서 이 대목을 서술하는 오르페우스가 말한다.[28] 세월이 흘러 아도니스는 점점 더 잘생긴 남자가 된다. 베누스조차 마음에 들어 할 만큼 잘생겼다고 오르페우스는 덧붙인다. 아도니스의 어머니를 파멸시킨 불 같은 정염에 대해 복수를 할 수 있을 정도였다. 그러니 베누스와 아도니스의 연애가 시작되기도 전에 오르페우스는 사랑은 기쁜 것이 아니라 끔찍한 것이며 즐길 것이 아니라 복수해야 할 것임을 일깨워 주는 것이다.

베누스의 열정은 단순한 사고로 시작된다. 큐피드가 열정을 유발하는 화살이 가득 꽂힌 화살통을 맨 채 어머니에게 입을 맞추다가 어머니의 가슴에 상처를 낸다. 여신은 얼른 큐피드를 밀어낸다. 처음에는 미처 몰랐지만 겉보기보다 훨씬 심한 상처였다. 캅타 비리 포르마 Capta viri formā라는 말로 오르페우스의 노래 다음 행이 시작된다. '남자의 아름다움에 사로잡혀'라는 말이다.[29] 베누스는 이제 키테라의 해안, 바다로 둘러싸인 파포스섬, 물고기가 많은 크니도스, 광석이 풍부한 아마투스 등 평소 좋아하던 장소들을 돌보지 않는다. 신들의 영역도 외면한다. 오르페우스는 이 강박적인 사랑을 단 세 단어로 완벽하게 요약하며 노래한다. 카일로 프라이페르투르 아도니스 caelo praefertur Adonis, "그녀는 아도니스를 하늘보다 사랑한다."[30]

베누스의 행동도 달라진다. 원래 베누스는 그늘진 곳에서 시간을 보내며 자기 모습을 감상하고 미모를 더욱 가꾸곤 했다. 그런데 지금은 아도니스 곁에 있고 싶어 숲으로, 바위 위로 뛰어다닌다. 디아나 (그리스식으로 아르테미스) 여신처럼 무릎 길이 튜닉을 입는다. 사실상 디아나 코스프레를 하면서 아예 사냥개를 데리고 사냥도 한다. 다만 사자나 곰 등 위험한 짐승은 피하고 토끼나 사슴만 쫓아다닌다. 베누스는 아도니스에게도 그렇게 하라고 조언한다. 짐승들이 달아날 때만 용감해지라고 말한다. 나를 위해서 널 돌보고 자연이 무장시킨 것은 어떤 것도 공격하지 마. 너의 젊음과 아름다움이 내 속을 뒤흔들지만 사자나 멧돼지에게는 아무 영향도 없을 거야. 특히 크고 사나운 짐승인 사자를 피해. 나는 사자라는 종 자체가 너무 싫어. 아도니스가 왜 그렇게 사자를 싫어하냐고 묻자 베누스는 해묵은 원한의 원인을 설명해 주겠다고 한다. 두 사람이 그늘진 곳에 자리 잡고(습관은 쉽게 사라지지 않는 법이다.) 나란히 눕자 베누스가 이야기를 들려준다. 가끔 아도니스에게 입 맞출 때만 이야기가 잠깐 끊어졌다가 다시 이어진다.

달리기에서 그 어떤 남자보다 빨랐던 여자 이야기 들어봤을 거야. 그건 그냥 이야기나 소문이 아니라 실제로 있었던 일이야. 달리기 속도가 더 경이로운지, 미모가 더 경이로운지 말하기 힘들 정도의 여자였지. 여자가 신에게 미래의 남편에 관해 묻자 신은 이렇게 대답했어. 아탈란테, 너한테는 남편이 필요 없다. 남편 생각은 하지도 마라![31] 이 부분의 라틴어는 푸게 코니우기스 우숨 fuge coniugis usum, '남편의 사용을 피하라'라는 뜻인데 나도 이 문구를 문신으로 새길까 고민 중이다. 물론 그다음 행까지 새기지는 말아야 할 텐데, 나쁜 내용의 신탁이 들어 있기 때문이다. 그러나 너는 피할 수 없을 것이며 네 목숨은 건지되 너 자신을 잃을 것이다. 아탈란테는 자기와 결혼하려고 모여드는 구혼자들을 피하러 숲으로 들어간다. 달리기 시합에서 자기를 이기지 못하는 사람은 고려의 대상조차 아니라고 한다. 그리고 만약 자기와 경주해서 지는 사람은, 죽는다. 그게 규칙이다. 아탈란테가 어찌나 아름다웠던지 구혼자 모두 이 조건에 동의한다.

이 고위험 달리기 구경꾼 가운데 히포메네스라는 젊은이가 있었다. 히포메네스는 대체 누가 고작 아내를 얻겠다고 이렇게 큰 위험을 무릅쓰는 건지 어이없다고 생각한다. 그러나 아탈란테를 직접 보자 히포메네스도 생각이 달라져서(아탈란테는 나만큼이나 잘생겼다고 베누스가 겸손하지 않게 말한다. 아니면 아도니스만큼, 만약 아도니스가 여자였다면.), 경주에 참여하기로 한다.[32]

아탈란테가 구혼자들을 모두 이기는 것을 본 후, 히포메네스는 아탈란테에게 자기와 실력을 겨루자고 한다. 아탈란테는 이 사람한테 이기고 싶은지 지고 싶은지 확신이 서지 않는다. 대체 어떤 신이 이 남자의 아름다움을 시기하여 죽이려는 걸까, 아탈란테는 생각한다. 아탈란테는 남자의 외모에 흔들린 게 아니라 젊음이 아쉬워서 결심이 약해진다고 주장한다. 그렇지만 그가 다른 사람이 경주에 지고 죽는 걸 제 눈으로 보고도 스스로 위험을 감수한 거니 어쩔 수 없는 일이라고 정리한다. 자기가 만약 결혼할 마음이 있었다면 기꺼이 저 사람과 잠자리를 함께했을 거라고 인정하기는 하지만.

히포메네스는 키테레아(베누스를 시적으로 부르는 이름)에게 기도한다. 제 용감한 도전을 도와주소서, 히포메네스는 간청한다. 저에게 주신 열정을 북돋아 주소서. 베누스는 이 기도를 들었을 때 마침 손에 황금사과를 가득 들고 있었다. 그래서 그걸 히포메네스에게 주며 어떻게 쓸지 가르쳐준다. 그때 경주가 시작된다. 아탈란테가 훨씬 빠르다. 히포메네스는 숨이 차고 입이 마른다. 아탈란테는 히포메네스를 쉽게 앞지를 수 있지만 거리를 벌리지 않고 속도를 늦춘다. 여자가 남자의 자존심을 상하지 않으려고 자기 능력을 억제하던 시대가 오래전에 끝나서 참 다행이다.

결승선이 가까워지자 히포메네스가 황금사과 하나를 떨어뜨리고, 아탈란테는 그것을 향한 욕망에 휩싸인다. 결국 사과를 주우러 트랙에서 벗어난다. 히포메네스가 앞으로 치고 나가지만 아탈란테가 곧 따라잡아 다시 앞지른다. 히포메네스가 두 번째 사과를 떨어뜨리고, 아탈란테가 멈춰서 사과를 집은 다음 다시 히포메네스를 따라

잡는다. 히포메네스는 다시 베누스에게 기도한다. 경주의 마지막 구간에서 히포메네스는 세 번째 사과를 트랙에서 최대한 멀리 집어 던져 아탈란테를 가능한 한 오래 지연시키려 한다. 아탈란테는 그 사과는 내버려둘 생각이었지만 베누스 장난감의 강력한 유혹에 도저히 저항할 수 없어 기어이 사과를 주우러 간다. 그렇게 해서 히포메네스가 간발의 차로 승리한다.

그런데 히포메네스가 승리에 대해 베누스에게 감사했을까? 향을 피워 베누스를 기렸을까? 아니었다. 히포메네스는 여신 덕에 자기 목숨을 건지고 신부를 얻었다는 사실을 잊는다. 그 순간 베누스가 말하길, 나는 분노에 사로잡혔어.[33] 베누스는 이 한 쌍을 본보기로 삼기로 한다. 아탈란테는 베누스에게 도와달라고 빈 적도 없고 베누스를 무시한 적도 없지만 그래도 같이 벌을 받게 되리란 것을 알 수 있다. 두 사람이 위대한 어머니 신 키벨레의 신전을 지날 때, 베누스가 히포메네스에게 아탈란테에 대한 강렬한 성적 욕망을 불어넣는다. 예상대로 키벨레는 자신의 성소가 모독당한 것에 격분해 두 사람을 사자로 만든다. 어머니 신은 사자들의 입에 재갈을 물려 길들인다.

그러니까 무슨 수를 쓰더라도 사자를 피해, 베누스가 아도니스에게 말한다. 아니 사나운 짐승은 뭐든지 피해. 네 용기 때문에 우리 둘 다 파멸하게 하지 말라고. 이것이 이 이야기에서 끌어낼 수 있는 매우 합리적인 결론임에는 분명하지만, 나는 그것보다 이면에 암시된 교훈을 좀 더 중요시하는 편이다. 변변치 않은 남자의 비위를 맞추려고 너 자신을 깎아내리지 마라, 그러다가 꼬리가 생기면 둘 다 후회하게 될 테니까, 라는 교훈.

이것이 우리가 다른 곳에서도 보았고 결코 간과할 수 없는 베누스의 또 다른 면이다. 베누스의 호의는 조건부이고 일시적이다. 베누스가 호의를 거두면 파괴적인 대가를 치러야 할 수도 있다. 히포메네스가 감사할 줄 모르는 것은 사실이지만, 여신이 불타오르는 향의 수를 일일이 다 세고 있는 건가? 그리스 신화 세계에 아프로디테 여신을 숭배하는 연인이 이렇게 많은데 하나쯤 봐줄 수는 없나? 당연히 그럴 수는 없는 일이다. 그리고 아무리 아프로디테를 신실하게 섬긴다 해도, 파이드라가 신전까지 세우고도 2년 동안 끝없는 불행과 고통에 시달린 끝에 파멸했듯이 끝끝내 호의를 사지 못할 수도 있다.

아도니스조차도, 확실한 호의를 받았고 그것에 보답하기도 했지만, 오래 누리지는 못한다. 베누스는 이야기를 마치고 자기 전차를 타고 떠나는데 이 전차는 이제 백조가 끈다.(사포의 시에 나오는 참새들은 이제 지친 모양이다.) 아도니스는 그 즉시 멧돼지를 공격한다. 연인이 피하라고 했던 바로 그런 종류의 짐승이다. 멧돼지가 아도니스에게 덤벼들어 엄니를 사타구니에 깊숙이 박는다. 베누스는 키프로스 근처 하늘을 날고 있었음에도 아도니스의 신음을 들었고 바로 백조를 아도니스가 있는 쪽으로 몬다. 아도니스는 피 웅덩이에 쓰러져 죽어 있다. 베누스는 비탄에 잠겨 옷을 찢고 머리카락을 쥐어뜯으며 가슴을 친다. 어떤 곤경에 처했을 때도, 심지어 벌거벗고 연인과 침대에 누워 있다 남편에게 들켰을 때도 유지하던 평온함은 온데간데없다. 베누스는 우리 인간들처럼 슬퍼하며 운명의 여신들에게 분노한다. 페르세포네는 소녀를 식물로 바꿀 수 있도록 허용되지 않았냐고 말한다.* 아프로디테는 비탄에 잠긴 상태에서도 다른 여신과 자기를 비교하기를 멈출 수 없는 듯하다. 그래서 베누스도 피 웅덩이에 넥타르를 뿌리며 식물 기념비를 만든다. 한 시간 후, 아도니스의 피와 같은 색의 꽃이 웅덩이에서 피어난다. 석류씨와 같은 색이라고 오르페우스는 말한다. 석류는 다시금 페르세포네를 떠올리게 하고, 불쌍하고 아름다운 아도니스가 망자의 영역으로 간다는 사실을 상기하게 된다. 이 꽃●●은 아주 짧은 삶밖에 갖지 못하고 바람에 흩날려 사라진다. 그러니 아프로디테의 위대한 사랑도 결국 필멸하는 존재들의 사랑과 다를 바 없이 덧없고 가혹하다.

미국 화가 사이 트웜블리는 1975년 로마에서 「비너스」라는 제목의 그래피즘(글씨를 끼적여 만든 작품인데 트웜블리는 '그라피티'라고 부르기를 거부한다.) 작품을 만들었다. 여기에는 아프로디테, 베누스, 아스테리아, 수련Nymphaea, 모르포(모포를 잘못 씀) 등 여신의 여러 이름 혹은 별칭이 적혀 있다. 이름은 전부 회색 연필(흑연)로 썼는데 베누스라는 이름 하나만은 선혈처럼 붉은 유화물감으로 끼적였고, 그 아래에는 휘갈기는 필치로 붉은 꽃을 그렸다. 오르페우스의 이야기에서는 아도니스의 꽃이 아주 짧은 생명밖에 갖지 못했으나 적어도 이 그림에는 그들의 사랑과 여신-연인이 기리는 그의 삶이 기념비로 남은 셈이다. 베누스는 보티첼리의 그림에 그려진 아름다운 여신이기도 하지만 오비디우스의 글에서 읽을 수 있는 상심한 연인이기도 하다. 트웜블리는 여신의 바로 그런 면을 작품으로 남기고자 했다. 흰 거품에서 태어난 아프로디테의 사랑이 붉은 꽃으로 새겨졌다.

● 페르세포네는 자신에게 건방지게 군 님프 민테를 민트(박하)로 바꾸었다.
●● 아네모네.

아르테미스

> 아르테미스는 야생동물의 여왕이지만, 야생동물을
> 사냥하고 죽인다. 아르테미스는 어린 소녀의 수호자이지만,
> 때로 소녀들을 희생제물로 요구한다.
> 아르테미스는 아폴론의 누이(쌍둥이라고도 함)이지만,
> 서로 다른 섬에서 태어났다고 이야기되기도 한다.
> 아르테미스는 인간을 치유할 수 있지만,
> 급작스럽고 이유 없는 죽음을 야기하기도 한다.

고전
칼리마코스, 「아르테미스 찬가」
유베날리스, 「풍자시」
에우리피데스, 「아울리스의 이피게네이아」, 「타우리스의 이피게네이아」, 「박코스의 여신도들」
아이스킬로스, 「아가멤논」
아리스토파네스, 「리시스트라타」, 「말벌」, 「개구리」

유물, 회화, 조형 예술
프랑수아 항아리, 피렌체 국립고고학박물관 소장
종 모양 크라테르, 보스턴 미술관 소장

시, 소설, 에세이, 논픽션
수전 콜린스의 소설 「헝거 게임」

영화, TV 시리즈, 공연, 뮤직비디오
1979년 「에이리언」, 리들리 스콧 감독
1984년 「터미네이터」, 제임스 카메론 감독
2021년 TV 시리즈 「호크아이」
2012년 영화 「헝거 게임」
영국의 코미디 영화 시리즈 「캐리 온」

✤✤✤✤✤✤✤

"그 구조적 완벽함에 견줄 만한 것은 그것의 적대감뿐이야." 이언 홈이 인상적으로 연기한 애시의 대사이다. "나는 그 순수함을 존경해. 생존자…… 양심, 후회, 도덕성이라는 망상 따위로 생각이 흐려지지 않는 존재이지." 애시가 1979년작 「에이리언」에서 노스트로모호의 승무원을 하나씩 제거하는 무자비한 포식자를 묘사하며 한 말이다. 활을 든 아르테미스 조각상을 보고 이 말이 떠오른다면 조금 뜬금없다 싶을지도 모르겠다. 아르테미스 조각상의 얼굴은 무표정하고, 화살을 날리려고 활을 들어 올리며 이제는 사라진 활줄로 손을 뻗으면서도 팔이 느긋하게 이완되어 있다. 내가 헤라클리온 고고학 박물관에 한 쌍으로 전시되어 있는 조각상을 보았을 때 가장 먼저 머리에 떠오른 것이 애시의 대사였다. 아르테미스는 여자아이 일곱 명을 쏘려는 참이다. 오라비 아폴론은 그들의 일곱 형제를 학살한다. 한 가족을 상상조차 할 수 없는 참혹한 파멸로 몰고 갈 참인 이 여신의 얼굴에서는 단 한 점의 감정도 느껴지지 않는다. 진실로 양심이나 후회 따위로 생각이 흐려지지 않는다. 모든 위대한 사냥꾼이 공통으로 갖춘 자질이다. 1984년 「터미네이터」에서 카일 리스(마이클 빈)는 같은 현상을 이렇게 표현한다. "그것하고는 협상할 수가 없어요. 설득할 수도 없어요. 동정심도, 후회도, 공포도 느끼지 않아요. 그리고 절대 멈추지 않을 거예요……. 절대로, 당신이 죽기 전에는." 이 책을 시작할 때는 아널드 슈워제네거를 아르테미스 여신에 비교할 일이 생기리라곤 생각지 못했는데 그렇게 됐다.

오만에 대해 처절한 처벌을 받은 니오베 이야기는 아르테미스의 어떤 면을 아주 잘 보여준다. 인간을 대할 때의 냉담함. 헤라클리온 고고학박물관 조각상이 특이한 것이 아니다. 루브르박물관에는 니오비드, 곧 니오베 자녀들의 죽음을 묘사한 크라테르(양쪽으로 손잡이가 있는 커다란 항아리로 포도주와 물을 섞는 데 쓴다.)가 있다. '니오비드 화가'●가 그림을 그린 이 크라테르의 높이는 50센티미터 정도로 아래쪽에 커다란 검은색 손잡이가 양쪽으로 있다. 이 항아리는 끔찍한 학살 장면을 묘사한다. 바닥에 화살을 맞고 쓰러진 시신이 있고, 아폴론은 또 다른 불운한 희생자에게 화살을 겨눈다. 그 뒤쪽에서 아르테미스는 활을 쥔 왼손을 앞으로 쭉 뻗었고 오른손은 어깨 뒤로 넘겨 날렵한 손가락으로 화살통에서 화살을 뽑는다. 두 신의 얼굴은 무표정하다. 니오베의 자식들은 죽어야 하니, 이 빼어난 궁사들은 일말의 망설임 없이 죽일 것이다.

도대체 니오베가 어떤 잘못을 저질렀길래 이토록 끔찍한 벌을 받았는지 궁금할 것이다. 호메로스의 『일리아스』 마지막 권에서 아킬레우스는 프리아모스에게 이 일을 상기시킨다. 이 이야기에 따르면 니오베에게는 열두 자녀가 있었다.(이후 문헌에서는 열넷으로 굳어진

● 기원전 470-450에 아테네에서 활동한 화가로 크라테르에 적회식 그림을 주로 그렸다. 니오베 자녀의 죽음을 묘사한 크라테르가 유명해 이렇게 불린다.

다.) 니오베는 자식이 많은 것을 뿌듯하게 여기며 자기가 아폴론과 아르테미스의 어머니인 고운 뺨의 레토 여신에 못지않다고 떠벌린다.[1] 이 오만하고 어리석은 자랑 때문에 니오베의 아들딸은 분노한 레토의 자식들에게 모조리 살해된다. 이들이 아흐레 동안 매장되지 못하고 버려져 있었다고 아킬레우스는 덧붙여 말한다. 그런데 12일 전에 아킬레우스의 손에 죽은 프리아모스의 아들 헥토르도 죽은 뒤에 같은 처지에 놓였다. 다만 헥토르의 시신은 짐승들에게 훼손되지 않도록 아폴론이 지켜주었다. 하지만 니오베에게는 그런 위안조차 주어지지 않는다. 니오베의 자식들은 처참하게도 아흐레 동안이나 묻히지 못한 채, 따라서 지하세계로 건너가지도 못한 채 남아 있어야 했다. 그 누구도 이들을 묻어줄 수가 없었는데, 제우스가 그 나라 사람들을 전부 돌로 만들어버렸기 때문이다.[2] 열흘째가 되어서야 신들이 누그러져서 시신을 직접 묻어준다.

니오베는 비탄의 전형이다. 니오베의 상실은 인간이 일반적으로 겪을 만한 고통을 극도로 확대한 사례이다. 이 주제를 다룬 비극 가운데 오늘날 전해지는 작품은 없지만 아이스킬로스, 소포클레스, 에우리피데스 모두 니오베 이야기를 극으로 만들었다. 이 연극의 인기와 명성이 어느 정도였는지는 아리스토파네스가 적어도 한 편 이상의 니오베 극을 언급하고 있다는 사실에서 짐작할 수 있다. 기원전 422년 작인 아리스토파네스의 희극『말벌』에서 한 인물은『니오베』(누구 작품인지는 분명하지 않음)의 독백 하나를 암송하는 조건으로 사면받는다. 기원전 405년 작『개구리』의 시작 부분은 아이스킬로스의『니오베』를 패러디한다. 어떤 극이 다른 공연에서 언급될 정도의 반향이 있다는 것은 대단한 일이다. 아리스토파네스는 이 두 농담을 17년의 간격을 두고 했고, 『개구리』는 아이스킬로스가 사망한 지 50년이나 지난 뒤에 나왔다. 그러니 이 연극이 아테네에서 수십 년 동안 꾸준히 공연되었으리라고 짐작할 수 있다. 아니었다고 하더라도 올림포스 신 둘이 자행한 대학살에 니오베가 자식 전부를 잃는 이야기는 희극 작가와 청중 모두를 지속적으로 사로잡았던 것만은 사실이다.

아르테미스만큼 한 가지로 콕 집어 말하기 힘든 여신은 없을 것이다. 아르테미스의 이름이 그리스 세계 전역의 다른 여신과 한 개 이상의 특징을 공유하며 연결되기 때문이기도 하다. 그러다 보니 두 신격이 합해지는 일이 일어나는데, 이런 과정을 혼합주의syncretism라고 부른다. 여러 신의 속성이 한 인물로 합성되는 일을 의미한다. 사실상 모든 그리스 신이 이런 현상을 보인다. 앞에서 살펴본 아프로디테가 사랑, 욕망, 여성성을 상징하는 더 오래된 여신들과 서서히 겹쳐졌던 것과 마찬가지이다. 그런데 아르테미스의 경우에는 그리스 전역에서 지역에 따라 너무나 다른 성격으로 나타나서 모순적으로 보일 지경이다. 아르테미스는 야생동물의 여왕이지만, 야생동물을 사냥하고 죽인다. 아르테미스는 어린 소녀의 수호자이지만, 때로 소녀들을 희생제물로 요구한다. 아르테미스는 아폴론의 누이(쌍둥이라고도 함)이지만, 서로 다른 섬에서 태어났다고 이야기되기도 한다. 아르테미스는 인간을 치유할 수 있지만, 급작스럽고 이유 없는 죽음을 야기하기도 한다.

아르테미스는 여러 지역에 연고가 있고 아르테미스의 이름이 지역 토착 신과 결합하여 불리곤 했다. 이 이름들은 서로 다른 특징을 강조한다. 그리스 남부(펠로폰네소스)에서는 아르테미스 림나티스 Artemis Limnatis[3] 또는 아르테미스 오르티아 Artemis Orthia로 불리고, 아티카에서는 아르테미스 벤디스 Artemis Bendis라고 불리기도 한다.[4] 아르카디아에서 아르테미스는 님프의 여신이다. 타우리스의 아르테미스는 인신공희를 좋아한다. 그리스인은 낯선 지역 신앙을 맞닥뜨리면 아르테미스와 통합하여 아르테미스의 이름에 토착 신의 이름을 덧붙이곤 했다. 로마에서는 이 여신을 디아나라고 부른다. 그리스에서도 아르테미스를 달의 여신 셀레네와 뒤섞기도 하고(아폴론도 마찬가지로 해와 연관이 있다.), 출산의 여신 에일레이티이아와 결합하기도 한다. 처녀 신이면서 출산 분야에서 전문성을 획득했다니 대단하다.

이 장에서 아르테미스의 여러 모순적인 특징을 살펴볼 테지만 그런다고 해서 이 장을 마무리할 때 아르테미스를 더 잘 정의하게 되리라 기대하지는 않는다. 한동안은 내가 더 많이 읽고 더 열심히 생각하면 아르테미스의 비밀을 들여다볼 열쇠를 찾을 수 있을 거란 생각을 했다. 그러나 당연하게도 아르테미스는 풀어야 할 수수께끼가 아니다. 그리고 포착하기 어렵다는 점은 아르테미스에게 극히 잘 어울리는 특징이기도 하다. 진정한 사냥꾼답게 아르테미스는 위장의 달인이다. 일단 아르테미스의 이런 면—활과 화살을 들고 언제라도 쏠 준비가 되어 있는 젊은 여성이라는 특질 이전에 다른 면모를 먼저 살펴보기로 하자.

아르테미스는 (아테나와 헤스티아와 함께) 올림포스의 처녀 신이고, 그래서 소녀와 젊은 여성과 자주 연결되고 이들에게 숭배를 받는다.

아르테미스에게 어릴 적 갖고 놀던 장난감을 바치는 관습에 관한 고고학적 증거가 풍부하게 남아 있다.(다른 남녀 신들도 같은 제물을 받았지만 아르테미스가 특히 많이 받은 듯하다.) 『그리스 선집』에 이런 선물 이야기가 나오는데, 소녀들이 인형을 림나티스(아르테미스의 지방 호칭 가운데 하나)에게 바친다고 한다.[5] 꽤 정교한 장난감이었을 가능성이 있다. 고대 이집트에서 이미 관절 인형이 만들어졌고 그리스 장인들도 그것을 흉내 냈다. 『그리스 선집』의 이 한 행에 코레^{korē}, 처녀 혹은 소녀라는 단어가 세 번이나 나온다. 한 번은 헌물을 들고 온 소녀들을 가리킬 때, 또 이들이 들고 있는 인형을 가리킬 때, 마지막으로 처녀 신인 아르테미스 본인을 가리킬 때 쓰인다. 연결 관계가 명확하게 드러난다. 소녀들은 아르테미스를 숭배하며 아르테미스는 소녀들을 소중히 여긴다. 소녀들은 결혼할 나이가 되면(우리가 상상하고 싶은 것보다 훨씬 이른 나이로 십대 초중반 정도이다.) 자기 인형을 아르테미스에게 바친다. 인형을 바치는 행위는 어린 시절을 뒤로하고 성인의 삶을 시작한다는 상징적 의미가 있다. 아르테미스는 흥미로운 위치를 차지한다. 어린아이는 아니지만, 그리스 여성의 관습적인 삶을 거부하는 존재이다.

파우사니아스는 그리스 전역을 돌며 온갖 종류의 아르테미스 제의를 접했다. 펠로폰네소스 북부 해안의 파트라이에서는 또 다른 변형태인 아르테미스 라프리아^{Artemis Laphria}를 발견한다. 파우사니아스는 이것을 크세니콘 오노마^{xenikon onoma}, '이방^{異邦}의 이름'이라고 부른다.[6] 라프리아라는 이름은 아르테미스 조각상을 만든 라프리오스라는 남자의 이름에서 따온 것으로 보인다. 이 조각상은 아르카이온

arkhaion, 즉 '아주 오래된' 것이었으나 파우사니아스가 방문하였을 당시 수 세기를 이어 여전히 숭배되고 있었다. 전형적인 사냥 자세의 아르테미스상이고 상아와 금으로 만들어졌다.

　이 오래된 아르테미스 조각상의 숭배의식은 동물 던지기를 포함하는 혼란스러운 불의 축제였던 모양이다. 처음에는 적절하게 격식을 갖추어 시작한다. 행렬이 죽 이어지다가 사슴이 끄는 전차를 탄 여사제가 등장하며 정점에 이른다. 아르테미스도 이런 탈것을 탄 모습으로 종종 묘사되므로 이 행렬이 아르테미스의 신성한 행차를 지상에서 재현한 것이리라고 쉽게 상상할 수 있다. 사슴이 도중에 열매나 다른 사슴 등에 정신이 팔리지 않는 게 관건일 테지만 말이다. 다음 날은 희생제물이 바쳐지는 날인데, 상황이 걷잡을 수 없이 나빠진다. 파우사니아스에 따르면 처음에는 사람들이 제단에 살아 있는 새를 던지고, 다음에는 사슴, 멧돼지를 던진다. 겁에 질려 날뛰는 짐승이 가득한 나무 제단이라니. 그런데 이게 끝이 아니고 늑대와 새끼 곰까지 안에 던져 넣는다. 만약 당신이 이 난장판에 과일까지 던지면 더 완벽하겠네, 라고 생각한다면 고대 파트라이 사람들하고 뭔가 통하는 데가 있는 거다. 이 시점에서 제사장이 거대한 나무 제단에 불을 붙인다.

　파우사니아스는 이 지역에 갔을 때 숭배의식에 참여했다가 곰 한 마리와 기타 짐승이 필사적으로 달아나는 것을 보았다. 마치 방주에 갇힌 동물들이 방화광 노아로부터 달아나려는 것처럼. 그러나 이 짐승들은 살아남지 못한다. 짐승들을 제단에 던져 넣은 사람들이('던져 넣다'라는 뜻이 있는 그리스어 단어 엠발론테스^{embalontes}) 달아난 짐승을 다시 잡아 불 속에 집어 던지기 때문이다. 채식주의자가 아니라도 누구에게나 광기와 충격으로 다가올 장면이다. 파우사니아스는 이 과정에서 짐승에 의해 다친 사람에 관해서는 아무 기록이 없다고 덤덤하게 말한다.[7] 굳이 말해두자면 나는 누구도 곰을 불에 던지려 해서는 안 된다고 생각하지만, 그런 한편 누군가가 그런 시도를 하고도 전혀 다치지 않을 수는 없을 거라는 생각이 든다.

이 학살 장면을 숲의 여신이며 야생동물을 거느리고 숲속을 누비는 아르테미스의 익숙한 이미지와 조화시키기는 힘들다. 아이스킬로스의 『아가멤논』에서 코러스는 아르테미스가 새끼 사자 등 모든 야생 짐승의 새끼를 사랑한다고 말한다.[8] 아르테미스가 작은 동물들이 활활 타는 모닥불에 던져지는 걸 보기 좋아했단 말은 전혀 없다. 우리는 고대 그리스에서 동물 번제가 이루어졌다는 사실을 쉽게 잊곤 한다. 그러나 아마 제를 올릴 때면 짐승 타는 냄새가 지독하고 제단을 만들려고 갓 벤 나무에서 나오는 연기가 숨 막힐 정도로 자욱했을 것이다.

아르테미스는 야생동물과 자연환경과 밀접히 연관된 여신이지만, 아르테미스가 인간과 동물의 파괴를 즐기는 이야기 또한 무수히 많다. 앞에서 보았듯이 아르테미스와 아폴론은 모욕에 예민한 어머니를 위해 순식간에 니오베의 자녀들을 몰살시켜 버렸다. 그런데 때로는 단 한마디 말없이 아르테미스의 분노를 살 수도 있다. 파우사니아스는 파트라이 지역 아르테미스의 또 다른 버전인 트리클라리아 아르테미스 신전에서 있었던 일을 들려준다.

이 아르테미스는 결혼 적령기 이전의 어린 소녀들에게 섬김을 받는다. 소녀들이 나이가 차면 다른 소녀로 교체된다. 그중에 코마이토라는 아름다운 여사제가 있었는데, 멜라니포스라는 아주 잘생긴 젊은이의 눈에 띄었다. 두 사람은 서로 사랑하는 사이가 되지만 부모에게 결혼 허락을 받지 못한다. 젊은이들은 젊은 혈기를 따라 행동하는데 그것도 한 번이 아니었다. 게다가 아르테미스의 성소에서 일을 벌인다. 아르테미스는 성스러운 장소가 성행위로 더럽혀진 것에 분노하여 사람들에게 온갖 처벌을 내린다. 흉년이 들고, 알 수 없는 치명적인 병이 닥친다.⁹ 델포이 신탁(정보의 출처가 아르테미스의 오라비 아폴론이니 당연히 믿을 만할 것이다.)에 따르면 아르테미스를 달래려면 가장 아름다운 소년과 소녀를 앞으로 해마다 바치는 수밖에 없다고 한다. 아름다운 소년 소녀의 인신공희는 해마다 계속 이어지다가, 트로이아 전쟁 이후에야 마침내 두 번째 신탁과 미치광이와 신비한 상자가 등장하는 아주 복잡한 해결책이 발견된다.● 트로이아 전쟁은 파우사니아스가 글을 쓰던 시점에서 1400년 정도 이전의 일이니, 파우사니아스가 이곳에서 발견한 이야기가 얼마나 오래된 이야기인지 알 수 있다.

그런데 아르테미스는 원래 아동 희생제의와 종종 연관되며, 에우리피데스의 극 두 편에서도 사례를 볼 수 있다. 『아울리스의 이피게네이아』는 아마 에우리피데스의 마지막 극일 텐데, 에우리피데스 사후인 기원전 405년 무렵에 공연되었다. 그리스군이 트로이아로 출항

● 파우사니아스에 따르면 트로이아 전쟁 후에 에우리필로스가 전리품으로 받은 신성한 상자를 열고 미치광이가 되는데, 델포이 신탁에 따라 파트라이에 오자 제정신을 되찾았고 상자 안에 있던 신상을 봉헌함으로써 아르테미스를 위한 인신공희를 중단시킬 수 있었다.

하려고 아울리스에 집결했을 때의 일을 다룬다. 아킬레우스가 이미 그들 사이에서 최고의 전사로 알려져 있으나, 그리스 연합군의 총사령관은 아가멤논이다. 어차피 이 전쟁은 아가멤논의 제수인 헬레네를 되찾아 오기 위한 원정이니 말이다. 본격적인 사건이 시작되기 전 전개 단계에서 그리스군이 돛을 올리고 출항할 수가 없는 상황임을 알게 된다. 아가멤논이 한 노인에게 설명하듯, 아플로이아이 크로메노이 aploiai khrōmenoi, '항해할 수가 없는' 상태이다. 그 원인은 아르테미스에게 어떤 불경을 저질렀기 때문이라고 짐작된다.

정확히 어떤 잘못을 저질렀는지는 출처에 따라 다르다. 아가멤논과 메넬라오스의 아버지인 아트레우스가 짐승을 바치겠다고 약속하고 약속을 지키지 않아 여신을 거슬렀다는 말도 있다. 그리스 신들은 복수를 후대로 미루는 것도 전혀 개의치 않았으니까. 고대의 어떤 학자는 지금은 소실된 서사시 『키프리아』를 인용하면서 아가멤논이 신에게 휴브리스(오만)의 죄를 저질렀다고 한다.[10] 아가멤논이 사슴을 활로 쏘고는 아르테미스라도 이보다 더 잘할 순 없었을 거라고 큰소리를 쳤다고 하는데, 이런 종류의 진술이 올림포스에서 곱게 받아들여지는 일은 거의 없다. 위(僞)아폴로도로스는 두 가지 요인이 다 작용했을 것이라고 한다. 아가멤논이 사냥의 여신보다 자기 사냥 솜씨가 더 뛰어나다고 주장했고, 그의 아버지는 황금 양을 바치겠다는 약속을 지키지 않았다는 것이다.[11] 나는 워낙 아가멤논을 낮게 평가하기 때문에 아가멤논의 잘못이라고 생각하고 싶지만, 여러분은 나름대로 결론을 내리길 바란다.

어느 쪽이든 간에, 그리스 사제 칼카스는 아르테미스의 분노를 달래려면 아가멤논이 제물을 바쳐야 한다고 해석한다. 그 제물이란 비유적인 것이 아니라 끔찍하게도 진짜 희생이었다. 에우리피데스 연극의 시작 부분에서 아가멤논은 사제들의 조언에 따라 자기 딸 이피게네이아를 아울리스로 부른다. 이피게네이아를 아킬레우스와 혼인시킨다는 구실을 내세워 아내 클리타임네스트라에게 딸을 데려오라고 한다. 그러나 즉시 이곳으로 오라는 편지를 보내자마자 마음이 바뀐다. 아가멤논은 두 번째 편지를 써서 노인에게 주며 클리타임네스트라에게 전하라고 하는데, 이 편지에는 이전의 지시를 번복하는 내용이 담겨 있다. 결혼식은 다음으로 미루자고, 이피게네이아를 데려오지 말라고.

노인은 편지를 전하러 가는 길에 아가멤논의 동생이자 이피게네이아의 삼촌인 메넬라오스를 마주친다. 메넬라오스는 형이 이런 짓을 벌이지 않을까 의심하던 차인지 바로 편지를 빼앗아 봉인을 뜯고 내용을 읽는다. 노인은 왜 남의 편지를 가져가 읽느냐고 나무란다. 그러나 메넬라오스는 그리스 전체에 해가 될 것을 지니고 다니는 노인의 잘못이 크다고 응수한다.[12] 최소한 트로이아에서 아내 헬레네를 되찾아 오려는 메넬라오스의 시도에는 해가 되는 일이니, 결국 메넬라오스는 두 가지를 동일시한다고 할 수 있다. 아트레우스의 아들들은 어떤 상황에서든 본인들이 가장 중요하다고 여기는 터라, 메넬라오스는 자기가 원하지 않는 일이 그리스 전체에 나쁜 일이라고 생각하고도 남을 것이다.

메넬라오스는 편지를 주머니에 넣고 편지 내용에 대해 형한테 따지려고 씩씩거리며 간다. 메넬라오스는 아가멤논에게 원래는 칼카스의 말대로 아스메노스asmenos, 기꺼이 혹은 기쁘게 딸을 아르테미스에게 바치려고 하지 않았느냐고 말한다. 클리타임네스트라에게 우 비아이ou biai, '강요 없이' 편지를 보내지 않았느냐고.[13] 그런데 이제 와서 딸을 죽이고 싶지 않다고 몰래 편지를 보내다니, 권력이 있는 남자들에게 이런 일이 종종 일어난다고 메넬라오스는 논평한다. 그 지위를 얻으려고 애써놓고는 나약하고 무력해져서 모든 걸 망친다는 것이다.

자기 딸을 죽이는 사소한 일을 조금 전까지만 해도 기꺼이 동의해놓고 이제는 안 하겠다고 하다니 한심하다고 어떤 남자가 자기 형을 나무라는 말은 요즘 사람들에게는 황당하게 들릴 수밖에 없다. 그런데 메넬라오스는 긴 연설 내내 아르테미스에게 저지른 불경은 거의 거론하지 않는다. 단 한 번 여신을 언급하는데, 칼카스가 이피게네이아를 여신에게 바쳐야 한다고 주장했다는 사실을 아가멤논에게 상기시킬 때이다. 나머지 내용은 신에 관한 것보다는 정치에 관한 것이다. 메넬라오스가 질책하는 내용은 여신의 복수(약속한 대로 제물을 바치지 않으면 아르테미스가 더 큰 벌을 내릴 것이다.)가 염려된다는 것도 아니고 애초에 신의 분노를 초래한 잘못에 대해 속죄해야 한다는 것도 아니다. 그보다는 형이 지휘해야 하는 사람들 앞에서 위엄을 잃을까 봐 걱정한다. 이게 메넬라오스 자신에게 가장 중대한 문제여서 그러는지, 혹은 형이 가장 두려워하는 일이라는 점을 간파하고 그걸 이용해 자기가 원하는 것을 얻으려고 하는 건지는 논쟁의 여지가 있다.

어느 쪽이든 간에 메넬라오스는 기대하던 반응을 끌어내지 못한다. 아가멤논은 부하들이나 누구 앞에서나 체면을 잃는 일은 전혀 걱정하지 않는다. 동생이 왜 그렇게 화를 내는지 모르겠다며, 어차피 믿을 수도 없는 아내가 사라졌으니 너한테는 오히려 운 좋은 일 아니냐고 주장한다. 그러고는 우리 모두가 생각하고 있던 질문을 던진다. 내가 잘못한 것도 아닌데 왜 내가 네 문제의 대가를 치러야 하지?[14] 메넬라오스는 그저 예쁜 아내를 되찾고 싶을 뿐인 거라고 아가멤논은 정확히 짚는다. 전에는 내가 잘못된 결정을 했어, 아가멤논이 말한다. 이제 마음을 바꿔 옳은 결정을 내리려고 한다. 그러고는 시대를 넘어 형제들이 티격태격할 때마다 반복되어 온 상용구를 사용한다. 내가 미쳤냐? 네가 미쳤지.[15] 너는 네 일이나 신경 써. 난 내 자식을 죽이지 않을 거야. 이때에도 아가멤논은 아르테미스에 대해서는 전혀 신경 쓰지 않는 듯 보인다. 자기에게 딸을 아르테미스에게 제물로 바칠 의무가 있다고 하는데도. 여신의 이름도, 자신이 (혹은 아버지가) 저질렀을지 모르는 어떤 잘못도 언급하지 않는다. 아가멤논은 자기 딸의 목숨이 요구되는 이유를 오직 하나로 보는데, 그건 바람난 아내와 재결합하고 싶다는 동생의 이해할 수 없는 욕망이다. 아가멤논은 왜 함대가 출항할 수 없는지, 이 상황을 바꾸기 위해 왜 자기 자식을 희생해야 하는지 등에 관해서는 논할 필요를 느끼지 않는다. 메넬라오스처럼 아가멤논은 전적으로 인간적인 층위에서 논지를 펼친다.

코러스는 아가멤논이 자신의 결정을 번복했음을 지적하지만 자식을 죽여서는 안 된다는 점에는 동의한다. 그러자 메넬라오스는 골수 헬레네 혐오자마저 헬레네가 진작에 남편을 떠났어야 한다고 생각하게 할 만한 모습을 보이며, 형한테 같은 아버지를 둔 동생의 감정을 더 소중히 여겨야 하는 거 아니냐고 억지를 쓴다. 아가멤논이 이

지점에서 이런 질문을 했다면 좋았을 것이다. 네 딸 헤르미오네에게 똑같이 끔찍한 일을 하라면 넌 할 거야? 네 아내를 되찾으려고 그렇게 할 거야? 아니면 내 아내가 네 아내처럼 날 버렸다 치고, 내 아내를 되찾으려고 그렇게 해야 한다면 할 거냐고? 과연 메넬라오스가 이 질문에 '그렇다'고 대답할 수 있을까?

그러나 이 질문을 던지고 답할 기회는 주어지지 않는다. 그때 전령이 무대로 들어와 이피게네이아와 클리타임네스트라, 그리고 아가멤논의 어린 아들 오레스테스가 막사에 도착했다고 알리기 때문이다. 아가멤논은 경악한다. 딸을 가짜 결혼을 구실로 불러들이면서도 이렇게 빨리 딸의 어머니까지 같이 오리라고는, 게다가 아기도 데려오리라고는 예상하지 못한 것이다. 아가멤논은 이제 딸을 죽일 수밖에 없다는 사실을 깨닫는다. 사기 결혼에 딸을 불러들였는데 그 사실을 아는 사람은 자신, 사제 칼카스, 작전의 두뇌인 오딧세우스, 그리고 메넬라오스뿐이다. 가짜 신랑 아킬레우스조차도 자신이 이피게네이아를 죽음으로 불러들일 미끼라는 사실을 모른다.

하지만 자기가 바보 같은 거짓말을 했다고 그냥 털어놓으면 안 되는 걸까? 현대 관객에게는 이 순간이 정말 답답하게 여겨질 것이다. 결혼식이 있다고 말했지만 실은 없다고 해서 그 대안으로 반드시 살인을 해야 하는 것은 아니니까. 메넬라오스조차도 그렇게 생각하지는 않는 것 같다. 그렇게 밀어붙여야 자기한테 유리할 텐데도. 뜻밖에도 메넬라오스는 이전 입장에서 한 걸음 물러서 이제는 아가멤논에게 자기가 지나친 요구를 했던 것 같다고 말한다. 사실 이피게네이아는 메넬라오스의 조카이니 늦긴 했으나 연민이 드는 것도 그럴 만하다. 그러나 아가멤논은 어쩔 수 없다고 체념한 상태이다. 아낭케 ananke, 필요에 의해 강요받는다고 말한다.[16] 누가 형에게 딸을 죽이라고 강요할 수 있어?, 메넬라오스가 묻는다. 조금 전에 자기가 그랬던 것은 잊은 모양이다. 그리스군 진영 전체가, 아가멤논이 대답한다. 그러니 메넬라오스의 주장이 의도한 효과를 낸 셈이다. 아가멤논은 자기가 지휘할 사람들 앞에서 체면을 구길 수는 없다고 생각한다. 메넬라오스는 그냥 이피게네이아를 집으로 돌려보내면 된다고 한다. 그러나 아가멤논은 그러고 뒤탈이 없을 수 없음을 안다. 칼카스가 다른 이들에게 자신의 상황 해석과 그 해결책인 죽음에 관해 말할 것이기 때문이다. 칼카스가 입을 열기 전에 죽여버리면 되지 않을까, 메넬라오스가 말한다. 소용없어, 아가멤논이 말한다. 오딧세우스도 아니까. 모두에게 말하겠지. 칼카스가 내가 딸을 죽여야 한다고 했다고 말할 거야. 그리고 이게 결정타일 텐데, 내가 아르테미스에게 제물을 바치겠다고 약속했는데 그게 거짓이 되었다는 사실도 말하겠지.[17]

　이제야 우리는 아가멤논이 진정으로 이러지도 저러지도 못하는 상황임을 이해하게 된다. 동생한테 이피게네이아를 죽이겠다고 약속한 게 문제가 아니라 아르테미스에게 약속한 게 문제이다. 아가멤논은 약속을 잘 지키는 사람이 아니다.(이 극의 앞 3분의 1은 아가멤논이 애초에 해서는 안 되는 끔찍한 약속을 해놓고 온 힘을 다해 깨려고 하는 내용이다.) 그렇지만 아내와 딸한테는 결코 이루어질 수 없는 결혼을 약속하며 얼마든지 속임수를 쓰더라도 여신을 속일 수는 없다. 아니면 메넬라오스가 두 번째 편지를 가로채기 전까지 아가멤논이 어떤 시도를 했는지 우리는 아니까, 아가멤논이 적어도 그리스군 앞에서 아르테미스에게 한 맹세를 깨뜨리는 모습을 보이려 하지 않았다고 하겠다. 아가멤논과 메넬라오스는 아르테미스에게 크게 신경 쓰지 않는 듯하지만 나머지 그리스 병사들은 신경 쓴다는 사실을 그들도 잘 안다.

또 오딧세우스는 대중을 설득하는 능력이 있으므로 아가멤논에게 아주 위험한 존재라는 것도 안다. 그리스인들은 설득을 매우 중요한 기술로 여겼고 그래서 설득을 표상하는 여신도 있다. 많은 사람 앞에서든(배심원단, 군대) 사적인 자리에서든 설득적인 수사를 써야 할 때 페이토 여신에게 호소해야 한다. 페이토는 아프로디테와 함께 나타날 때가 많은데, 그리스와 로마의 예술·시가 전통에는 설득을 통해 사랑을 얻는다는 오랜 관념이 있기 때문이다. 오늘날에는 조금 문제적인 개념으로 생각될 수 있는데, 어떤 사람의 설득이 다른 사람에게는 강요가 될 수 있어서이다. 그렇지만 고대 세계에서는 이런 생각이 문제시되지 않았다. 페이토에게 호소하여 페이토의 기술을 배우길 비는 게 최선이었다.

바로 그것이 오딧세우스가 지닌 기술이었다. 비록 『일리아스』 9권에서 오딧세우스가 아킬레우스를 전장으로 돌아오도록 설득하지는 못했지만, 그래도 대립하는 아가멤논과 아킬레우스 사이에서 상대적으로 우호적인 관계를 유지할 수는 있었다. 에우리피데스는 여기에서 오딧세우스가 어떻게 그럴 수 있었는지 살짝 보여준다. 아가멤논과 메넬라오스는 오딧세우스의 군중 설득 능력을 겁내고 있으며 오딧세우스가 자기들에게 불리하게 그 능력을 사용하리라고 생각한다. 아가멤논은 이렇게 말한다. 그가 병사를 선동해 너하고 날 죽이고 이피게네이아도 죽이게 할 거야.

  똑같은 주장을 에우리피데스 극에 나오는 다른 자식 살해자들도 펼치는데, 대표적으로 메데이아가 이렇게 말한다. 내가 어떻게 하든 내 자식은 죽을 테니 차라리 내 손으로 죽이겠다. 메데이아가 이런 주장을 할 때도 이타적인 생각으로 보기는 어렵지만, 아가멤논이 이렇게 말할 때는 그렇게 생각하기가 아예 불가능하다. 아가멤논은 자기 목숨을 훨씬 중요하게 여기기 때문이다. 너하고 날 죽일 거야. 내가 아르고스로 도망치더라도 쫓아와서 성벽을 무너뜨리고 내 땅을 파괴할 거야. 이게 나의 악몽이야.[18] 아가멤논은 어떻게든 딸을 살릴 방법은 없다고 믿는다. 유일한 선택은 자기가 사느냐 마느냐이다.

  극은 예상했던 대로 전개된다. 약간 희극적 요소도 있다. 클리타임네스트라와 이피게네이아는 아가멤논을 만나 서로 다른 생각을 하면서 엇갈리는 대화를 나누고, 클리타임네스트라는 딸의 신랑 아킬레우스에게 인사를 하지만 아킬레우스는 이 사람이 누구인지도 전혀 모르고 자기가 사위로 약속되었다는 사실도 모르며, 아가멤논이 두 번째 편지를 맡겼던 노인은 결국 가짜 결혼식에 관한 진실을 털어놓는다. 그러나 이 극이 희극이 되어버리지는 않는데, 극의 중심에 극도로 심각한 죽음이 있기 때문이다. 놀랍게도 이 비극은 불행한 결말로 끝나지도 않는다. 이피게네이아는 아르테미스가 자신의 목숨을 요구한다는 사실을 받아들이고 기꺼이 죽음으로 향한다. 부당하다며 분노하지도 않는다. 자신이 죽을 만큼 잘못한 일이 없다는 걸 알면서도.[19] 오히려 코러스 여인들에게 아르테미스를 찬미하는 노래를 불러달라고 한다. 이피게네이아는 자신의 희생이 헬레네인들에게

승리를 가져오는 구원이 되길 기대한다.[20]

아르테미스가 결국에는 (『일리아스』 21권 등에서 그랬듯이) 전쟁에서 트로이아 편을 들었다는 점을 생각해 보면 이피게네이아의 기도가 너무 낙관적이었던 것 같기도 하다. 그런데 아르테미스가 그리스를 지원했다고 하더라도 전쟁에서 크게 유용한 지원군이 되지는 않았을 듯싶다. 호메로스에 따르면 아르테미스는 헤라에게 공격을 당해 활과 화살을 잃어버린다. 어머니 레토가 전장에서 활과 화살을 찾아 올림포스에 있는 딸에게 갖다준다. 아르테미스는 적일 때보다 같은 편일 때 더 치명적인 게 아닌가 싶다.

어쩌면 아르테미스가 이피게네이아의 기도에 나름의 방식으로 답한 것일 수도 있다. 아르테미스가 트로이아 전쟁에서 그리스군을 지원하기로 했다고 해서 그리스군에게 승리를 가져다줄 수는 없는데, 『일리아스』를 보면 알 수 있듯이 전쟁의 흐름은 아르테미스보다 훨씬 더 강력한 신들이 결정하기 때문이다. 그러나 이피게네이아의 죽음에 대해서는 아르테미스가 할 수 있는 일이 있다. 이피게네이아가 제물이 되려고 무대 밖으로 나가고 난 직후, 전령이 무대 위로 달려온다. 전령이 놀라운 광경을 묘사하는데, 이피게네이아가 아버지와 여신에게 자신을 기꺼이 제물로 내주는 모습을 보았다고 한다. 사람들이 이피게네이아의 죽음을 목격하러 모여들었으나, 전령이 말하길, 그 순간이 오자 모두 차마 그 모습을 보지 못하고 고개를 숙였다. 기원전 405년에 이 연극을 보는 관객들은 아테네와 스파르타 사이에서 25년 동안 지속된 펠로폰네소스 전쟁을 직접 겪은 사람들이었다. 관객들은 곧 전장에서 죽기 살기로 싸울 남자들이 왜 젊은 여성이 살해되는 장면을 보지 않고 눈을 돌리는지 이해할 수 있었을 것이다. 어쩔 수 없이 보아야 하는 죽음 말고 다른 죽음을 굳이 더 볼 이유가 있나?

전령도 다른 사람들과 마찬가지로 고개를 떨구었고 칼날이 떨어지는 소리에 몸을 떨었다. 그때 사제가 외치는 소리에 고개를 들어보니, 이피게네이아가 사라지고 없었다. 아르테미스가 데려간 것이다. 그 자리에는 사슴이 죽어 있었고 사슴의 피가 제단 사방에 흩뿌려져 있었다. 칼카스는 여신이 고귀한 피로 제단을 더럽히지 않으려고 이피게네이아 대신 사슴을 그 자리에 가져다 놓았다고 선언한다. 트집 잡기 좋아하는 사람이라면 칼카스에게 아르테미스가 제물을 바꿀 정도로 이피게네이아의 죽음에 반대하는데 왜 아르테미스를 달래려면 이피게네이아를 죽여야 한다고 그렇게 확신에 차서 주장했냐고 물을 수도 있을 것이다. 하지만 어쩌면 아르테미스는, 극 중 다른 남자들처럼 희생은 이피게네이아가 하는 것이 아니라 아가멤논이 하는 것이라고 보았을 수도 있다.

아르테미스는 이 극에 직접 등장하지는 않는다.(에우리피데스의 『히폴리토스』 등에는 직접 나타나기도 한다.) 그렇지만 아르테미스의 존재감이 인물들 위에 드리우는 것이 느껴진다. 데아 엑스 마키나$^{dea\,ex\,machina}$처럼 사슴이 끄는 전차를 타고 무대 위로 지나가고 있는 듯하다. 각 인물은 아르테미스의 요구라고 여겨지는 것에 반응하며 극의 전개에 휩쓸린다. 아가멤논은 하루를 잘 넘겼다고 자축할 수 있을 것이다. 자기 딸을 죽이겠다고 단호하게 제안했고, 잠시 결심이 흔들렸지만 다른 사람들에게 드러내지는 않았고, 지시받은 대로 희생제의를 수행했고, 최종적으로 딸이 죽지 않았음을 알게 되었으니까. 우리 딸에 관해서는 축복받았다고 생각해도 돼, 연극 끝부분에서 아가멤논이 클리타임네스트라에게 말한다. 이피게네이아는 이제 신들과 어울리고 있을 테니. 그렇지만 그 직전, 아가멤논이 무대에 등장하기 전에 클리타임네스트라는 전령의 말을 들었지만 믿을 수가 없었다. 거짓말일 거라고, 자기가 슬퍼하지 못하게 하려고 거짓을 들려주는 거라고 생각했다. 아니 설령 딸이 신들 사이에 있다고 쉽게 믿어버린들 클리타임네스트라에게 어떤 위로가 되나? 대체 어떤 부모가 자식을 잃고 그런 말에 위안을 받겠나? 그 질문에 대한 답을 우리는 안다. 아가멤논.

이 연극을 보는 관객은 몇 해 전에 초연된 에우리피데스의 다른 비극을 기억할지 모른다. 『타우리스의 이피게네이아』는 클리타임네스트라와 아가멤논의 딸이 사슴과 바꿔치기 되어 목숨을 구한 뒤에 어떻게 되었는지 보여준다. 이피게네이아는 아가멤논이 믿고 싶은 대로 올림포스산에서 깨어나 우아하게 신들에게 넥타르를 따르고 암브로시아를 대접하며 살지 않는다. 대신 타우리스인들의 땅(현재 우크라이나의 크리미아반도)에서 아르테미스의 여사제가 되어 있다. 이피게네이아는 그리스 뿌리로부터 단절된 것이 너무나 속상하다. 가족이 그리울 뿐 아니라 아르고스 여인으로 살던 삶도 그립다. 헤라를 칭송하는 찬가를 부르던 일도 그립다. 새로운 장소에서의 삶을 이피게네이아는 부정적인 단어들로 묘사한다. 아가모스^{agamos}, 아테크노스^{ateknos}, 아폴리스^{apolis}, 아필로스^{aphilos}—'결혼 안 했고, 자식도 없고, 도시도 없고, 벗도 없다.'[21] 혈육에 대한 이피게네이아의 감정은 혼란스럽고 모순적이다. 그럴 수밖에 없을 것이다. 이피게네이아는 아버지가 특정한 해에 태어난 가장 아름다운 자식을 바치겠다고 약속했고 칼카스가 그 자식이 바로 이피게네이아라고 선언했던 일을 또렷이 기억한다. 이 버전에서는 오딧세우스가 모든 계획에 동참하며, 아킬레우스와의 가짜 결혼도 오딧세우스의 아이디어였다.

개인적 상황이 덜 비참했다 하더라도 이피게네이아는 새로운 곳의 삶에 실망할 수밖에 없었을 것이다. 야만인 중의 야만인 토아스가 지배하는 지역에 살고 있으니. 게다가 이피게네이아 자신도 야만적인 행위에 끌려들었다. 아르테미스의 여사제로서 인신공희를 집전해야 한다. 여기에서 우리는 이피게네이아가 깨닫지 못하는 연관성을 볼 수밖에 없다. 이피게네이아는 이들이 야만인들이라서 끔찍하게도 사람의 목숨을 요구하는 아르테미스 여신을 숭배한다고 하지만, 사실 이피게네이아의 아버지를 비롯해 여러 해 전 아울리스에 집결한 그리스군도 마찬가지였다. 이피게네이아가 경악하는 풍습을 지닌 야만인들과 문명화되었다고 자처하는 그리스인들의 가치 체계가 다르지 않은 것이다.

이피게네이아가 독백을 마친 후에 그리스인 두 명이 해안에 도착한다. 놀라운 우연의 일치로 이들은 바로 이피게네이아의 (이제 성인이 된) 남동생 오레스테스와 친구 필라데스였다. 아폴론이 여기로 보냈으니 어쩌면 그렇게 놀라운 우연은 아닐지도 모르겠다. 아폴론은 오레스테스에게 이피게네이아가 봉사하는 신전에서 아르테미스의 신상을 되찾아 오라는 임무를 맡겼다.(오레스테스는 신전 여사제가 오래전에 헤어진 누나인 줄은 모른다.) 오레스테스는 자기 어머니 클리타임네스트라를 살해했다는 이유로 복수의 여신들에게 쫓기고 있는데 이들에게서 벗어나려면 그 신상을 가져와야만 한다.

이런 배경 서사는 에우리피데스 시대 관객들은 아주 잘 아는 이야기이다. 아트레우스 가문의 몰락 이야기는 이전에도 여러 차례 극화되었고 가장 유명한 것은 아이스킬로스의 『오레스테이아』 3부작이다. 이 극에서는 아가멤논이 이피게네이아를 죽인다.(에우리피데스의 버전에서는 죽이려고 하지만 기적적으로 사슴과 바뀌는 덕에 끔찍한 범죄를 범하지 않을 수 있었지만.) 이 일에 복수하려고 클리타임네스트라는 남편이 트로이아에서 돌아오기를 10년 동안 기다렸다가 남편을 살해한다. 그러자 이피게네이아의 동생들인 오레스테스와 엘렉트라가 아버지의 죽음에 복수하려고 어머니를 죽인다. 복수의 여신들은 친모를 살해하는 용서할 수 없는 죄를 저지른 오레스테스를 끝없이 쫓아다닌다.

에우리피데스의 극에서도 복수의 여신이 오레스테스를 괴롭히고 있어 오레스테스는 절박한 심정으로 아폴론에게 도움을 간구한다. 아폴론은 오레스테스에게 타우리스로 가서 아르테미스 조각상을 아테네로 가져오라고 한다. 오레스테스와 필라데스는 자신감 있게 원정에 나선다. 아폴론이 자기들에게 임무를 부여하고 완수하기 전에 죽도록 내버려둘 리는 없다고 생각하면서.

타우리스 사람들은 자기네 해안에 외국인이 상륙하는지 감시하고 있었는데, 마침 희생제물의 기준에 완벽히 부합하는 그리스인 두 사람이 도착한다. 목동이 여사제에게 달려와 그리스인이 생포되었다는 소식을 전하자 이피게네이아는 이 소식을 피에 주린 듯 달갑게

접수한다. 여신의 제단을 아직 헬레네인의 피로는 물들이지 못했다면서.²²

남매가 재회하기까지는 시간이 약간 걸리지만, 다행스럽게도 이피게네이아가 자기 동생과 그 친구를 죽이기 전에 그 일이 일어난다.(만약에 혈육을 살해한 죄로 쫓기던 사람이 자신을 알아보지 못한 누이에게 여신을 섬기는 제의를 위해 살해당한다면 복수의 여신들이 어떻게 반응할까 궁금해진다. 어쩌면 그것으로 명예가 회복되었다고 느끼고 시골로 은퇴했을지도 모르겠다.) 그리스인 3인은 간단한 속임수를 부려 신상을 훔친 다음 배를 타고 성난 타우리스인들로부터 탈출하지만 거센 바람이 이들의 배를 다시 해안 쪽으로 밀어붙인다.

이피게네이아는 아르테미스에게 구해달라고 기도한다. 레토의 딸이시어, 당신의 사제인 저를 구해주소서. 저를 이 야만의 땅에서 헬라스로 데려가시고 절도를 용서해 주소서. 여신께서 오라비를 사랑하시듯이 저도 제 오라비를 사랑한다는 것을 믿어주소서.²³ 그러나 잠시 후에 타우리스 왕이 같은 여신에게 정반대의 결과를 기원하며 배가 다시 자기 땅으로 밀려오게 해달라고 기도한다. 문명의 충돌이 뚜렷하게 전면에 부각된다. 타우리스 왕의 아르테미스는 자기 신상이 신전으로 돌아오길 바랄 것이고, 그리스의 아르테미스는 자기 신상이 아테네로 돌아가길 바랄 터이니.

문화적 상대주의로 인한 교착상태는 아테나 여신에 의해 급작스레 해결된다. 아테나는 무대 위쪽, 신적 권위를 표상하는 자리에 등장한다. 아테나는 (아테네인) 관객에게 신상이 아폴론의 명령에 따라 옮겨진 것이라며(타우리스 사람들은 약탈당했다고 생각하겠지만) 안심시킨다. 아폴론의 누이 아르테미스의 신상은 그리스로 와야 하고, 오레스테스가 그것을 모실 신전을 지을 것이다. 그리고 아르테미스 타우로폴로스(타우리스의 아르테미스)를 기리는 축제를 열 때는 사제가 한 남자의 목을 아주 살짝, 피부를 벨 정도로 그어야 한다. 이 아르테미스 신상이 비록 새로이 점잖은 보금자리에 자리 잡았더라도 피 맛을 조금은 즐겨야 할 테니까.

그렇다면 살아남은 희생제물이자 인신공희를 올리던 여사제인 이피게네이아는 이제 어떻게 될까? 이피게네이아는 브라우론(현재 이름은 브라브로나로 아테네에서 48킬로미터 동쪽에 있다.)에 있는 아르테미스 신전에서 봉사하게 된다. 이 장소가 아르테미스에게 또 다른 칭호인 아르테미스 브라우로니아라는 이름을 부여했다. 이피게네이아를 통해 이어진 브라우론과 타우리스의 아르테미스 간 연결 고리를 파우사니아스가 명확히 확인한다. 파우사니아스는 아테네 아크로폴리스에 있는 아르테미스 신전에 브라우론이라는 이름이 붙여진 까닭이 그곳에 고대 목조 아르테미스 신상이 남아 있기 때문이라고 한다. 이 목상은 이피게네이아와 오레스테스가 타우리스에서 훔쳐 아테네로 가져온 신상이 분명하다. 파우사니아스는 이 신상이 타우리스 아르테미스라는 이름으로 불린다고 덧붙인다.[24]

브라우론에서 아르테미스는 인간과 동물 사이의 경계에 있는 숭배자들에게 섬김을 받았다. 이피게네이아가 사슴과 바꿔치기 되었던 것과 유사한 상황인데, 동물은 달라졌다. 성(性)을 주제로 한 아리스토파네스의 희극 『리시스트라타』에서 여성 코러스는 아르테미스 여신을 섬겼던 때를 회상한다. 이들은 일곱 살 때는 신성한 바구니를 날랐고, 열 살 때는 신성한 곡물을 갈았다. 그러다가 브라우론에서 곰으로 봉사했다고 말한다.[25] 어린 숭배자들이 황갈색 곰 털을 연상시키는 누런 옷을 입었던 것으로 보인다. 브라우론에서 '곰'으로 지냈다는 게 정확히 어떤 것이었는지는 확실하지 않지만 춤이 중요한 요소였던 것으로 보인다. 소녀들이 이런 종교적 소임을 수행하는 모습을 묘사한 조각상이 브라우론에서 여럿 발견되어 이곳 고고학박물관에 전시되어 있다. 이들은 아리스토파네스의 극에서 말하는 나이보다도 더 어려 보이는데, 대략 일고여덟 살 정도나 될 듯하다.[26]

여성의 통과의례는 흔히 아르테미스와 연관되고, 또 아르테미스는 다른 여신과 종종 연결되는데 그중 하나가 달의 여신 셀레네이다. 여러 학자가 달이 아르테미스의 영역으로 여겨지는 이유가 그저 해가 (태양신 헬리오스가 있음에도) 아폴론과 연결되기 때문이라고 본다. 아폴론의 누이이니 아르테미스가 달과 관련되는 게 당연하다는 것이다. 그렇지만 말할 것도 없이 어린 여성이 달의 신에 관심을 가질 다른 이유가 있다. 다만 지난 세기 남성 학자들에게는 월경이 달의 주기와 종종 연관된다는 사실(셀레네라는 이름의 생리컵도 있다.)을 거론하기가 좀 불편했던 모양이다.

니키타 질의 시 「달이 아르테미스에게 보내는 연애편지」에서 달은 자신이 셀레네 여신과는 어울리지 않는 느낌이라고 말한다. 달은 대신 아르테미스 여신을 숭배하는데, 아르테미스는 길들지 않는 소녀이며 야성적이고 동물적인 본성의 여신이기 때문이다. 어떻게 당신을 사랑하지 않을 수 있겠어요, 달은 묻는다. 모든 연인이 그러듯, 특히 고대 그리스·로마 문학 속 연인들이 그러듯(니키타 질은 박식한 시인이다.) 달의 마음속에는 한 가지 질문뿐이다. 말해주세요, 아르테미스, 당신도 나를 사랑하나요? 사랑 자체도 좋지만, 이왕이면 서로 사랑하는 게 우리 모두가 진정으로 바라는 바이다. 질은 이 사랑에 대해 깔끔한 설명을 덧붙인다. 아르테미스가 아직 어릴 때 아버지 제우스가 무얼 원하냐고 물었다. 여신에게는 단 한 가지 소원이 있었다. 저에게 달을 주세요.[27] 그래서 달은 욕망의 대상이면서 그것과 꼭 닮은 욕망을 경험하고 있다. 어릴 때도 숲과 산으로 만족하지 못하고 달마저 원하는 거침 없는 야망도 아르테미스의 본성 가운데 하나이다.

이 시 속의 사랑에 빠진 달은 아르테미스가 세상에 태어난 순간부터 지켜보고 있었다. 갓 태어난 여신이 조산사가 되어 어머니가 쌍둥이 아폴론을 낳도록 거드는 것을 보고 달은 반해버렸다. 이 대목에서 왜 아르테미스가 출산의 여신 에일레이티이아와도 연결되는지 알 수 있다. 얼핏 보기에는 결혼하지 않은 젊은 여성이며 야생동물, 자연 풍광, 이 모두를 비추는 달 등과 연관된 여신이 출산 과정에도 관련되는 게 어울리지 않는다고 여겨진다. 물론 고대 그리스 여성들은 아주 어린 나이에 어머니가 되긴 했을 테지만. 어쨌든 아르테미스와 아폴론의 출생에 관한 이야기가 상충하는 모순처럼 보이는 부분을 설명해 준다.

기원전 3세기에 칼리마코스가 쓴 『아르테미스 찬가』에 따르면 다름 아닌 운명의 여신들이 아르테미스에게 산고를 겪는 여인을 돕는 임무를 부여한다. 아르테미스가 설명하길 자신의 어머니(레토)가 아르테미스를 낳을 때 산통을 전혀 겪지 않았기 때문이라고 한다.[28] 위⾩아폴로도로스도 갓 태어난 아르테미스가 어머니가 아폴론을 낳는 것을 도왔다고 기록했다.[29] 그래서 에일레이티이아는 별개의 여신이면서 레토의 딸과 역할이 합쳐지기도 한다.

그렇지만 우리가 문학, 도기 그림, 조각상 등 고대 자료에서 가장 흔히 접하는 아르테미스의 이미지는 이 장 시작 부분에서 본 것과 같은 궁수의 이미지이다. 현존하는 가장 오래된 문헌 기록에도 그런 모습으로 정의되어 있다. 『호메로스 찬가』의 「아르테미스 찬가」는 고작 열 줄밖에 안 되는 짧은 시이지만 그 안에서 아르테미스를 두 번이나 화살을 사랑하는 이라고 부른다. 처음에는 화살을 사랑하는 처녀라고 하고 네 행 뒤에서는 활을 멀리 쏠 수 있는 화살 애호가라고 칭한다.[30]

아르테미스의 특성 중에서 현대 대중문화에 가장 큰 영향을 미친 것도 이런 면이다. 여성 궁수는 시대를 넘어 사랑받는 캐릭터이다. 최근 마블 시리즈 「호크아이」(2021)가 좋은 예이다. 호크아이는 세상사에 지친 명궁으로, 「어벤져스」 영화 시리즈에서 제러미 레너가 연기한 인물이다. 호크아이는 초능력자라기보다는 인간이지만 세계를, 특히 뉴욕을 외계인의 침공으로부터 구하기 위해 신과 괴물들과 나란히 선다. 조준하고 쏘고 맞추는 능력이 엄청나서 거의 모든 적과도 대등하게 맞선다. 그런데 이 영화 시리즈 전반에서 보듯 호크아이는 영웅이고 세계의 구원자일 뿐 아니라, 클린트 바턴이기도 하다. 가족을 사랑하는 남자이며, 외딴곳에서 아내와 아이들과 함께 지내고 싶어 하는, 전 세계적인 요란한 영웅 숭배에서 벗어나 있고 싶은 사람이다.

이 시리즈는 자라서 호크아이의 책임을 넘겨받게 될 아이를 소개한다. 이름은 케이트 비숍이고, 아르테미스와 몇 가지 공통점이 있다. 일단 야생동물을 좋아하는 것 같고(커다란 장난감 기린을 근거로 삼을 수 있다면) 활과 화살을 간절히 원한다. 아르테미스는 아버지에게 무기를 요청할 수 있지만(보통 헤파이스토스가 공급함), 케이트는 아버지에게 달라고 할 수 없다는 이유 때문에 활을 원한다. 아버지가 앞서 언급한 외계인 침공 도중에 사망했기 때문이다. 케이트는 아버지를 잃은 상실감에 시달리는 한편 뉴스에서 정확하고 두려움 없이 화살을 날리는 남자를 보고 매료된다. 자기도 그런 방법으로 자신과 어머니를 지킬 수 있게 되길 바란다.

다음 장면에는 헤일리 스타인펠드가 연기하는 성인이 된 케이트가 등장한다. 곧 수 년의 연습을 거친 케이트의 활 실력이 그녀의 우상 호크아이에 못지않게 대단하다는 것이 드러난다. 조준이 어찌나 정확한지 화살을 날려 종탑의 종을 울릴 정도인데, 그러다가 종탑까지 같이 무너뜨리고 만다. 그렇지만 외계인의 침략에 저항하는 일이 깔끔하기만 하리라고 기대할 사람은 없을 테니 괜찮다.

이 시리즈는 버디무비의 전형적 공식을 따른다. 케이트는 바턴과 한 팀이 되고 싶고 바턴은 이 짜증 나는 어린 열성팬이 자기를 좀 그냥 내버려두었으면, 자기 애들과 같이 크리스마스를 보낼 수 있게 해 주었으면 한다. 어쨌든 이야기가 진행되면서 두 궁수는 범죄를 막고 살인 사건을 해결한다. 마지막 전투 장면에서 두 사람은 동시에 화살을 쏘아 목표물에 정확하게 적중시킨다. 음악이 고조되고 우리는 케이트의 각성 순간을 목격하고 있음을 알게 된다. 케이트가 처음으로 경험한 이 전투는 앞으로 이어질 여러 전투의 시작인 것이다. 케이트의 궁술은 이제 우상이자 스승과 함께하며 얻은 규율과 경험으로 뒷받침된다. 이 시리즈는 배턴터치로 끝난다. 클린트는 호크아이의 역할에서 은퇴하고 케이트가 대신 그 이름을 물려받는다. 마지못해 영웅이 되었던 이는 물러나고 열의 넘치는 새로운 세대로 대체된다.

재미있는 시리즈이지만, 활과 화살만 가지고 목숨을 걸고 싸우는 여성의 이름을 대라고 할 때 대부분 사람이 떠올릴 인물은 케이트 비숍/호크아이 말고 따로 있다. 초대작「헝거 게임」프랜차이즈 덕에, 적어도 한 세대 동안은 이 특정 기술과 연관해 가장 먼저 떠올릴 이름은 캣니스 에버딘이 되었다. 수전 콜린스의 소설은 고대 로마에서 크게 영향을 받은 디스토피아적 미래를 배경으로 한다. 캐피톨(고대 로마의 일곱 언덕 가운데 하나로 유피테르 신전이 있던 곳이지만 소설에서는 도시의 이름이 되었다.)이 열두 구역을 지배하는데 구역마다 고유한 특산물이 있다. 캣니스가 사는 12구역은 석탄 채굴 구역이다. 캣니스의 이웃들은 산업혁명의 가장 더러운 분야에 종사하는 한편 캣니스와 가족의 삶은 중세 농노에 가깝다. 캣니스는 인근 숲에서 고기를 사냥해 어머니와 동생 프림이 굶어 죽지 않도록 부양한다. 이들이 캐는 석탄으로 가동되는 기계는 전부 캐피톨의 손아귀에 있다.

이 나라는 미국의 미래상 중 하나로 권력이 극단적으로 불균형한 사회이다. 나라 이름이 판엠Panem인데 이쯤 되면 로마제국에 대한 언급임이 의심할 여지 없이 명백하다. 로마의 풍자시인 유베날리스는 로마인이 파넴 에트 키르켄세스panem et circenses, 곧 '빵과 오락(원형경기장)'에 표를 팔았다고 비판했다.[31] 유베날리스가 말하는 빵은 투표권을 가진 성인 남성 로마 시민에게 나누어주던 곡물 배급을 의미한다. 여자는 투표권이 없었으므로 곡물을 받지도 못했다. 집에 남자가 있어야만 배급을 받을 자격이 생겼다. 캣니스가 처한 상황이 바로 이런 것이었다. 아버지가 죽었고 어머니는 충격과 슬픔으로 무력한 상태이다. 가족의 생계를 유지하기 위해 캣니스는 수렵 채집인이 되어야 했다. 먹을 것을 구하지 못할 때도 많았고 이웃 빵집에서 일하는 소년이 아니었다면 굶주림을 면하지 못했을 것이다.

유베날리스의 경구 '파넴 에트 키르켄세스'를 이루는 두 부분이 판엠 열두 구역 시민들이 견뎌야 하는 비참함의 두 요소이기도 하다. 사람들이 빵이 부족해서 굶주리고 절망한 상태에서 체제에 순응하는 한편, 게임의 존재는 이들에게 자신의 삶에 대한 통제권이 전혀 없음을 일깨워 준다. 해마다 추첨으로 각 구역에서 두 명씩, 열두 명의 소년과 열두 명의 소녀가 선발된다. 이들은 캐피톨에 공물로 보내진다. 이 대목은 로마 역사보다는 그리스 신화를 연상시키는 부분으로, 미노타우로스의 제물로 크레타로 보내진 소년들과 소녀들을 떠올리게 된다. 위僞아폴로도로스와[32] 파우사니아스를 비롯해 여러 작가들이 이 이야기를 전했고 파우사니아스는 소년 일곱 명, 소녀 일곱 명이라고 숫자도 명시했다.[33]

캣니스는 추첨으로 뽑힌 게 아니었고, 불운하게도 어린 동생이 뽑히자 대신 자원한 것이었다. 선발된 아이들은 모두 캐피톨로 가는데, 이곳을 통치하는 사람은 황제는 아니고 대통령이다. 캐피톨에서 이들은 거대한 바이오돔인 투기장에서 싸우도록 훈련을 받는다. 고대 로마의 검투사들처럼. 이 가운데에는 무자비한 전사도 있고 살아남을 희망이 없는 작고 어린 아이도 있다. 승자는 단 한 명뿐이며, 전투 전체가 생중계되는데, 이 이벤트가 캐피톨의 도박사들에게는 오락거리이고 각 구역 사람들에게는 예속의 도구이다.

캣니스는 고도로 훈련된 전사는 아니지만 명사수이고 생존 기술을 갖춘 노련한 사냥꾼이다. 여러 면에서 아르테미스의 이미지와 겹친다. 자연 세계에 익숙하고 궁술에 비범한 재능이 있다. 아르테미스가 니오베의 자식을 학살할 때 보였던 무심한 표정도 갖추었다. 캣니스는 자기가 내내 감시당하고 있다는 사실을 안다. 캐피톨 정권의 요원들이 지켜보고 있을 뿐 아니라, 이 끔찍한 시련 내내 카메라가 공물로 바쳐진 참가자 각각을 따라다닌다. 캣니스에게는 감정을 비치는 것이 감수하고 싶지 않은 위험이고 그래서 가족에게 작별 인사를 할 때조차도 감정을 드러내지 않는다. 캣니스는 "아무도 내 생각을 읽을 수 없도록 내 얼굴을 무심한 가면으로 바꾸는 법"[34]을 익혔다. 또 캣니스에게 쌍둥이 오빠는 없고 여동생만 있지만 대신 같이 사냥을 하는 친구, "내 남자 형제라고 할 수도 있을" 게일이 있다.

우리는 창의적이고 두려움을 모르며 인정 있는 캣니스가 게임에서 살아남으려 분투하는 것을 본다. 캣니스는 용감한 데다 어린아이를 보호하고 12구역 빵집 소년 피타를 치료해 주는 선택을 하면서 시청자의 마음을 사로잡는다. 이들이 투기장에 들어오기 전, 피타가 빵을 빼돌려 캣니스의 가족이 굶어 죽지 않게 해주었었다. 다른 참가자를 공격할 때 캣니스는 아르테미스의 기술을 사용한다. 가장 공격적인 경쟁자에게 돌연변이 말벌을 풀어놓는 모습은 아르테미스 여신처럼 포트니아 테론^{potnia therōn}, '야수의 여왕'이라 불릴 만하다. 캣니스는 다른 참가자에게 화살을 겨누기 주저하지만, 자신이 동생처럼 여기던 어린 소녀 루를 1구역 소년이 죽인 것을 본 순간 즉시 화살을 날린다.

　게임을 하는 동안 캣니스는 무고한 아이들을 죽이는 데 공모한 어른들의 비인간성을 한시도 잊지 않는다. 이런 면에서는 캣니스가 아르테미스가 아니라 아르테미스의 여사제가 된 에우리피데스의 이피게네이아와 더 닮았다고 할 수 있다. 캣니스와 이피게네이아는 둘 다 현재 상황을 혐오하며 더 순수하고 더 다정한 고향을 그리워한다. 하지만 앞에서 보았듯이 이피게네이아가 사랑하는 그리스는 타우리스와 다를 바 없이 인신공희를 서슴지 않았다. 또한 캣니스도 현재는 캐피톨의 대통령과 그 측근들 때문에 이 끔찍한 고통을 겪고 있긴 하나, 자기 구역에 있을 때도 잘 알지 못하는 아이 피타의 친절이 없었다면 처참한 굶주림에서 벗어나지 못했을 것이다. 부족한 식량이나마 이 아이들에게 나누어줄 어른은 없었는지 궁금해진다. 12구역의 선량한 사람들도 캣니스와 프림이 굶어 죽더라도 손 놓고 보고 있었을 거라는 말이다. 여기에서 또 유사점을 찾을 수 있다. 미래의 판엠에 있건, 이피게네이아의 청동기 시대에 있건, 마땅히 지켜주어야 할 사람들로부터 보호받지 못한다는 점은 다르지 않다.

　에우리피데스를 통한 이런 연결이 없다 하더라도 캣니스는 아르테미스의 직계 후예라 할 만하다. 캣니스는 홀로 혹은 의형제 같은 게일과 함께 숲에 있을 때 가장 편안하다. 사회의 일반적 규범은 뒷전으로 밀려나고 자연 세계의 법칙이 그 자리에 들어설 때. 캣니스는 야생동물을 사냥하는 사냥꾼이며 자신의 생존에 필요하다면 어쩔 수 없이 다른 아이를 죽이기도 한다. 그러나 목숨을 빼앗는 데에서 아무 쾌락도 느끼지 않는다. 전투 준비를 하는 동안, 피타는 그들의 멘토 헤이미치에게 캣니스의 기술을 떠벌이면서 의도했던 것보다 더 많은 사실을 드러낸다. 피타는 캣니스가 명사수라고 설명하면서, 캣니스가 여러 해 동안 빵집 주인인 자기 아버지에게 토끼와 다람쥐를 팔았는데 아버지가 캣니스의 기술에 대해 이렇게 말한 적이 있다고 한다. 쟤는 가죽을 뚫는 일이 없어. 언제나 눈 사이를 맞추지. 냉혹하다는 뜻이지만, 목숨은 빼앗을지라도 고통스럽게 죽이고 싶지는 않다는 말이기도 하다.

고대 그리스 세계의 아르테미스 숭배를 탐구할 때 가장 당혹스러운 부분은 아르테미스가 동물들과 소녀들과 연관되어 있으면서 이들의 목숨을 무자비하게 빼앗는다는 모순이다. 그러다가 한 여행 작가와 이야기를 나누면서 내가 사물을 현대 유럽적 관점, 그것도 채식주의자 관점에서 보고 있음을 깨달았다. 나는 동물을 당연히 보호해야 할 대상으로 생각한다. 내가 살아온 시대는 인간이 동물계에 끼친 피해와 인간으로 인한 광범위한 멸종이 부인할 수 없을 만큼 분명한 시대이다. 내가 어릴 때에도(아르테미스를 섬길 만큼 어릴 때에도) 이런 위기를 느꼈다. 고래를 살려야 한다는 말을 들었고 판다가 언제라도 사라질지 모른다는 걸 알았다. 나는 도시에서만 살았지 야생동물에게 죽임을 당할 수도 있는 곳에서는 살아본 일이 없다. 사냥이라는 말을 들으면 부자들이 말을 타고 조그만 여우를 쫓는 것, 혹은 교외에 사는 남자가 소총을 들고 사자 사체 옆에서 뿌듯해하는 모습이 떠오른다. 여행 작가 친구는 동물을 사랑하는 사람이 사냥을 하고 죽이기도 한다는 사실에서 모순을 느끼지 않는다. 나는 내 관점을 다시 생각해 보고 사자나 곰을 보았을 때 보호해야 할 대상이라고 생각하는 게 보편적인 반응은 아니라는 것을 받아들였다. 지금까지 역사상 대다수의 사람에게는 그 반대가 진실이었을 것이다. 특히 곰은 더 그렇다. 곰은 나무도 타고 올라온다.

피렌체 국립고고학박물관에 아름다운 크라테르가 있다. 프랑수아 항아리로 불리는 유물인데 연대는 기원전 570년 즈음으로 추정된다. 에르고티모스가 만들고 클레이티아스가 채색했으며 항아리에 서명을 남겼다. 펠레우스와 테티스의 결혼식, 파트로클로스의 장례식 경기 등 그리스 신화의 여러 장면을 보여주는 여러 개의 띠 그림으로 장식되어 있다. 여러 인물 옆에 디오메데스, 아킬레우스, 아이아스 등 이름이 작은 글씨로 적혀 있다. 튼튼해 보이는 손잡이에도 그림이 있는데, 항아리 주둥이 위에서 안쪽으로 구부러진 부분에는 각각 고르곤이 그려져 있다. 손잡이의 바깥쪽 부분에는 날개 달린 여신이 양쪽에 야생동물을 거느린 그림이 있다. 여신의 오른쪽은 흑표범, 왼쪽은 사슴이다. 이 여신은 아르테미스 포트니아 테론, 야수의 여왕 아르테미스이다.[35] 여신이 두 짐승의 목을 잡고 있는데, 사슴은 꽤 활기차게 뒷다리로 뛰어오르며 신난 강아지처럼 앞발을 여신에게 대고 있으나 흑표범은 별로 즐거워 보이지 않는다. 흑표범도 앞발을 들었는데 아르테미스가 들어 올렸기 때문에 뒷다리가 대롱거리는 상태로 발톱으로 매달리려 애쓰는 듯 보인다. 내가 고양이를 데리고 산 건 꽤 오래전 일이지만(고양이가 날 데리고 살았다는 편이 정확할지도 모르겠다.) 아르테미스의 드레스가 발톱에 걸려 올이 나가는 일이 임박했음을 예감할 수 있다. 흑표범의 몸은 여신을 향하고 있으나 머리는 관람객 쪽을 보며 불편한 듯 일그러진 기색이다. 어쩌면 아르테미스는 이런 식으로 야생동물을 통제하는지도 모르겠다. 맹수의 목을 졸라 자기 전차를 끌 사슴을 지키는 방식으로.

    이 항아리 몸체는 아르테미스 신화의 다른 장면을 보여주는데, 우리가 이걸 볼 수 있는 건 행운이다. 고대 세계로부터 살아남은 유물은 굴곡진 역사를 갖기 마련이다. 발굴 과정에서 파괴되거나, 보존하려다 손상되는 경우도 무수히 많다. 프랑수아 항아리는 그중에서도 특히 험난한 삶을 살았다. 고대에 여러 조각으로 부서졌고 1844년에 이탈리아 북부 페루자 인근 키우시에서 알레산드로 프랑수아가 조각 일부를 발견했다. 전하는 이야기에 따르면 프랑수아가 그 조각들을 찾아내느라 콜로세움 크기만 한 지역을 발굴했다고 한다.[36] 그렇게 모은 조각으로 항아리를 재조합해서 50년 동안 전시했으나 다시 재앙이 닥쳤다. 1900년, 화가 난 박물관 경비 앞에 하필 이 항아리가 놓여 있었던 것이다. 경비원이 항아리에 나무 의자를 집어 던졌는데 보호 유리로 덮여 있었음에도 산산조각이 나서 무려 638조각으로 깨지고 말았다. 1904년 피에트로 체이라는 사람이 이를 복원했는데 이 사람이야말로 타의 추종을 불허하는 직소 퍼즐의 달인이라고 단언할 수 있다. 1973년에는 도난당했던 조각이 반환되면서 재조합되었다.[37] 항아리가 손잡이에 그려진 고양이보다 더 많은 목숨을 가진 희귀한 사례인 셈이다.

항아리 주둥이 부분에는 아르테미스 신화 중 칼리돈의 멧돼지 이야기가 그려져 있다. 칼리돈의 왕 오이네우스라는 남자가 그랬듯이 기도를 드릴 때 아르테미스의 이름을, 유독 그 이름만을 빠뜨리면 절대 안 된다는 경고를 담은 이야기이다. 호메로스가 전하길 오이네우스는 아르테미스를 깜박하고 빠뜨렸거나 혹은 아예 부를 생각도 안 했는데,[38] 어느 쪽이건 그로 인해 큰 화를 입었다. 활의 명수 아르테미스(이 칭호만 보아도 여신이 그 자리에서 바로 오이네우스를 죽일 수 있었음을 떠올리게 된다.)는 격노했다. 그래서 오이네우스의 과수원에 멧돼지를 풀어놓는다. 그러자 거대한 짐승이 나무뿌리를 뽑으며 우리가 지금까지 보았던 것과는 조금 다른 종류의 살육을 저지른다. 멧돼지는 나무, 열매, 꽃 등을 파괴하며 농업적 재앙을 일으킨다. 아르테미스의 오라비 아폴론이 『일리아스』 1권에서 그리스군을 초토화하려고 보낸 역병처럼 사람과 짐승을 휩쓰는 재앙과는 좀 다르다. 결국 그리스 영웅 멜레아그로스가 멧돼지를 죽이지만 여러 사냥꾼의 도움이 필요했다.(몇 명만으로는 해낼 수 없었다고 호메로스가 말한다.)[39] 그러나 이것으로 참사가 끝나지 않았다. 남자들은 누가 멧돼지의 머리와 가죽을 가질 것이냐를 두고 또 싸운다.

인간의 잘못에 대한 아르테미스의 분노가 더욱 파괴적이었던 또 다른 이야기가 있다. 수 세기 동안 작가와 예술가에게 영감을 준 이야기이기도 하다. 악타이온은 테바이 왕가 출신인데, 이 말만 들어도 행복하게 살며 천수를 누리지는 못하겠구나 하는 생각이 들 것이다.• 악타이온의 할아버지 카드모스가 이 전설적 도시를 세웠는데, 오비디우스는 카드모스가 (그리스에서 빌려온 격언인) '사람이 죽기 전에는 행복한 삶이라고 섣불리 말할 수 없다.'는 격언의 대표적인 사례라고 말한다.[40] 카드모스의 삶은 만년에 두 손자 펜테우스(에우리피데스가 『박코스의 여신도들』에서 극화했듯이 디오니소스로 인해 광기에 사로잡힌 어머니와 다른 여자들 손에 죽는다.)와 악타이온을 잃으며 크게 역전된다. 이제 악타이온의 이야기를 살펴보자.

악타이온은 카드모스의 네 딸 중 하나인 아우토노에의 아들이다. 악타이온은 아무 잘못도 저지르지 않았다고 오비디우스는 말한다. 그런데 왜 실수 때문에 벌을 받아야 하나?[41] 악타이온이 정확히 어떤 실수를 저질렀는지는 출처에 따라 다르다. 에우리피데스는 휴브리스(오만)라는 주제의 변형을 제시한다. 악타이온이 아르테미스보다 자기가 사냥 솜씨가 더 낫다고 큰소리쳤다는 것이다.[42] 지금까지 수없이 보았듯이, 신들은 인간이 그냥 과장 섞인 농담을 한 건지 비유적인 표현을 한 건지 기타 등등의 뉘앙스는 전혀 고려하지 않는다. 한편 오비디우스는 다른 설명을 제시하는데 다소 음탕한 사랑시인으로서의 페르소나에 잘 어울리는 버전이다.

오비디우스는 우리를 바로 실수의 현장으로 데려간다. 숲이고, 한낮이고, 사냥꾼들은 무기를 피로 적셨다. 사냥꾼 무리의 대장 악타이온이 오늘 사냥은 충분히 했으니 내일 새벽에 이어서 하자고 말한다. 모두 악타이온의 말대로 하루를 마무리하기로 한다.

근처 계곡에는 디아나(아르테미스의 로마 이름) 여신이 사냥을 마치고 와서 목욕하는 샘이 있다.[43] 이날 디아나가 이곳에 와서 창, 활, 화

● 대표적으로 오이디푸스가 테바이 왕가에 속한다.

살통을 님프에게 맡긴다. 또 다른 님프가 디아나의 옷을 벗겨 들고 다른 님프 둘은 샌들을 받는다. 크로칼레라는 님프는 머리 손질 솜씨가 좋아 디아나의 머리를 땋아준다. 다섯 명의 님프가 여신의 목욕을 돕기 위해 커다란 물동이를 들고 있다.

두 장면의 병치가 완벽하다. 어떤 환경에 완벽히 익숙한 인물이 자기가 속할 수 없는 이웃 환경으로 불쑥 들어서게 되고 그 순간부터는 걷잡을 수 없는 일이 벌어지리란 걸 예상하게 된다. 텔레비전 살인 미스터리나 아니면 의학 드라마의 도입부가 떠오른다. 물이 고인 버려진 채석장 근처에서 아무것도 모르는 아이가 연을 날리고 있고, 카메라가 송전탑으로 이동해 불길하게 전기 스파크를 일으키는 모습을 비추면, 우리는 이 운 나쁜 아이가 감전, 익사, 연에 의한 질식 등 어떤 이유로 죽을 고비에 처하지 않을까 추측하게 된다. 마침내는 영웅적인 의사들이 나서서 상황을 타개하고 긴장을 해소할 테지만.

오비디우스는 극적 긴장을 충분히 쌓아 올렸음을 알고 이야기를 이어간다. 보라! 카드모스의 손자가, 숲의 낯선 구석에서 헤매고 있다.[44] 운명의 여신이 그를 이리로 이끌었다. 오비디우스는 무척 즐기며 이야기를 하는 한편 이야기의 얼개를 새로 그린다. 다른 출처에서는 이야기가 미묘하게 다르다. 악타이온이 자신이 사냥으로 아르테미스를 능가한다고 떠벌리거나, 아르테미스와 결혼할 야심을 품는다거나,[45] 자신의 이모이며 제우스의 관심을 받는 세멜레를 유혹하려 했다고도 한다.[46]●

이런 이야기에서는 악타이온이 다양한 오만을 저지른 것으로 묘사하며 본인의 몰락에 책임이 있는 것처럼 그린다. 그러나 오비디우스는 (옛 그리스 시인 칼리마코스가 언급한 전승을 따라) 다른 버전을 제시하는데, 누구의 잘못도 없고 운명의 책임일 뿐이다. 악타이온이 잘못된 때에 잘못된 곳에 나타난 것은 단지 운이 없었기 때문이다. 오비디우스는 무시무시한 대면 장면을 향해 분위기를 고조시키면서도 유머를 살짝 얹지 않을 수 없다. 악타이온이 그냥 불쑥 들이닥쳐 디아나의 벌거벗은 모습을 볼 수도 있었겠지만 오비디우스는 그전에 님프들이 외간 남자를 보고 놀라서 비명을 지르는 장면을 넣는 재미를 놓치지 않는다. 님프들의 비명이 숲 전체를 메아리로 가득 채운다. 님프들은 낯선 이의 시선으로부터 디아나를 보호하려고 디아나 주위에 모여들지만, 디아나는 여신이고 이들은 님프일 뿐이다. 디아나는 키가 커서 님프들 위로 머리와 어깨까지 우뚝 솟아 있어서, 악타이온이 제대로 보고만다. 디아나의 낯빛이 일몰 혹은 일출의 빛으로 물들었다고 오비디우스는 말한다. 디아나는 시네 베스테$^{sine\,veste}$, '옷을 입지 않은' 상태라고, 혹시라도 독자가 이 중요한 정보를 잊었을까 봐 덧붙이기도 한다.[47]

　이 이야기에서 내가 가장 좋아하는 부분은 여신이 님프보다 훨씬 크다는 암묵적 전제이다. 놀라운 이야기는 아닌 것이, 신은 필멸자보다 훨씬 크고 님프는 보통 체구가 사람과 비슷하다고 한다. 디아나가 시중드는 님프들에 비해 거인처럼 크지는 않지만 이 상황이 디아나에게 굴욕을 안겨주기에 충분할 만큼은 크다. 우스우면서 섹시하면서 외설적인데, 이게 우리가 오비디우스의 시를 좋아하는 유일한 이

● 카드모스의 딸 세멜레는 제우스의 사랑을 받아 디오니소스를 낳는다.

유는 아닐지라도 상당히 중요한 이유이다.

님프들이 디아나 주위에 몰려들어 디아나의 몸을 가리려 하고 디아나도 몸을 옆으로 돌려 악타이온이 볼 수 있는 범위를 줄이려 한다. 디아나는 활이 가까이 있었으면 좋겠다고 생각하지만 목욕 시작할 때 님프에게 맡겨버렸다. 대신에 (「캐리 온」●에서 따온 듯한 장면인데) 디아나는 악타이온의 얼굴에 물을 뿌리고 울트리키부스 운디스 ultricibus undis, '복수의 물결'로 악타이온의 머리카락을 적신다.⁴⁸ 오비디우스가 코믹한 효과를 위해 물의 양을 상당히 부풀리는 듯하다. 그때 디아나가 입을 열고 다가올 재앙을 예고한다. 자, 이제 사람들한테 내 알몸을 봤다고 말하고 싶다면, 어디 한번 해봐.

악타이온은 말을 하려고 시도하긴 할 테지만 말이 나오지 않을 것이다. 물벼락을 맞은 머리에서 뿔이 돋는다. 귀는 뾰족해지고, 손은 발굽으로, 팔은 앞다리로 변한다. 아디투스 에트 파보르 에스트 Additus et pavor est, '그리고 그녀는 공포를 불어넣는다.'⁴⁹ 악타이온은 고인 물에 비친 자신의 모습, 얼굴, 뿔을 보고는 겁에 질려 달아난다. 말을 하려고 하지만 복스 눌라 세쿠타 에스트 vox nulla secuta est, '어떤 소리도 나오지 않는다.' 악타이온은 신음하며 눈물을 흘린다. 몸은 완전히 달라졌지만 정신은 그대로 남아 있다. 이제 어떻게 해야 할지 알 수 없다. 집으로, 왕궁으로 돌아가나? 숲에 숨어야 하나? 한쪽에는 수치심, 한쪽에는 두려움이 있다. 악타이온의 정신은 멀쩡할지 모르지만, 마음이 갈피를 잡지 못하고 이쪽저쪽으로 뛰는 모습에서 공

● 영국 코미디 영화 시리즈.

포에 질린 사슴의 모습이 느껴진다.

이전 장면의 희극적인 분위기는 완전히 사라지고, 오비디우스는 다음 행에서 악타이온의 공포를 최고조로 높인다. 둠 두비타트, 비데레 카네스Dum dubitat, videre canes, '어떻게 할지 망설이는 동안, 개 떼가 그를 발견했다.'[50] 그리고 오비디우스는 또 하나의 수사적 기법을 사용하는데, 사냥개들의 이름을 하나하나 전부 열거하는 것이다. 몇몇 이름은 그리스어 어원을 가진 라틴어 조어라서 번역하기가 까다롭다. 첫 번째 개는 멜람푸스인데, 그리스어 단어 두 개를 합해서 '검은 발'이라는 말을 만들었고, 다음 개는 이크노바테스라는 만든 말인데 그리스 단어 이크네ikhnē, 자취를 연상시켜 사냥꾼을 암시한다. 내가 가장 좋아하는 이름 팜파구스는 '모든 것을 먹어치운다'는 뜻이다. 다른 개들은 바람, 산, 괴물 등에 비유된다. 하르피(하르피이아이)도 개 이름으로 아주 좋은 이름 같다. 빠른 개에게는 날개가 주어지고 시끄러운 개에게는 짖는 소리에서 따온 이름이 붙여진다. 이 목록이 20행이나 이어진다. 서른 마리가 넘는 대규모 사냥개 무리이다.

악타이온은 사냥개를 피해 달아나고 사냥개는 숲으로 악타이온을 쫓아간다. 전에 악타이온이 사냥감을 쫓았던 것처럼. 악타이온은 외치고 싶다. '나 악타이온이야, 네 주인도 못 알아봐!' 그러나 말은 머릿속에서 사라지고 사방은 짖는 소리로 가득하다. 이 변신 장면을 끔찍한 악몽으로 바꾸는 오비디우스의 능력은 참으로 비범하다. 그 중심에는 목소리를 잃는 사건이 있을 때가 많다. 가엾은 이오가 암소가 되었을 때 그랬듯이 말하는 능력의 상실은 그 무엇보다도 빠르게 힘을 잃는 길이다. 악타이온도 마찬가지이다. 자기 개들과 필사적으로 소통하려 하지만 단 한마디도 할 수 없다.

악타이온의 살에 가장 먼저 송곳니를 박은 개의 이름은 '검은 털'이다. 그다음은 테로다마스인데, 오비디우스치고도 상당히 모호한 이름이다. 그런데 알고 보면 완벽하게 고른 이름이었다. 테로다마스는 스키타이의 왕으로 자기 사자에게 인육을 먹였다고 한다. 나머지 개들도 악타이온을 물어뜯자 악타이온은 인간은 낼 수 없는 끔찍한 신음을 내지만,[51] 그렇다고 수사슴 울음소리도 아니었다. 악타이온은 자신의 본래 모습과 달라진 모습 사이에 갇혀 있는 것이다. 악타이온의 몸은 개들에게 공격을 당해 갈가리 찢기고 뒤쫓아 온 악타이온의 친구들도 개들을 부추긴다. 친구들은 악타이온의 이름을 부르며 어디에 있는지, 왜 사냥한 짐승을 보러 나타나지 않는지 궁금해한다. 악타이온은 이 모습으로 죽는다. 팔시 케르비 falsi cervi, '가짜 사슴'의 모습으로.[52]

이번에도 아르테미스는 자신의 명예를 지키기 위해 행동했고 이 장 시작 부분에서 니오베의 아들딸에게 보인 모습처럼 신속하고 비인간적이다. 보스턴미술관에 소장된 종 모양 크라테르에서는 악타이온 신화의 더 오래된 버전을 볼 수 있다.[53] 이 도기를 장식한 사람은 판 화가 Pan Painter라고 불리고 이 도기는 기원전 약 470년 작품으로 추정된다. 이 그림 속 악타이온은 수사슴으로 변하지 않았지만 사냥개들이 원래 주인보다 더 강한 권위에 복종하여 악타이온에게 달려들었다. 세 마리가 악타이온의 몸 위로 뛰어올랐고 네 번째 개는 몸을 지탱하고 있는 왼팔을 물었다. 악타이온은 무릎을 꿇고 쓰러진 채 오른팔을 호소하듯 하늘로 치켜들었다. 머리는 뒤로 꺾였다. 개 한 마리는 이미 목에 이빨을 박아 넣었다. 그 앞쪽에서 아르테미스가 활에 화살을 메기고 있다. 사슴 가죽 망토와 발목까지 늘어진 긴 튜닉 차림이다. 어깨에 화살통을 멨고 왼손에는 예비 화살을 하나 더 들었다. 왼발은 앞으로 뻗어 발가락을 내밀었는데, 발끝이 항아리 장식 그림 테두리를 넘어섰다. 뇌문(그리스 문양이라고도 불리는 직각 형태의 고리가 반복되는 기하학적 무늬)은 악타이온이 쓰러진 땅의 위치를 나타내는데, 여신의 우아한 발가락이 무늬 가장자리의 한 귀퉁이를 가리고 있다. 추상적 장식이 경계를 넘어선 그림의 일부가 되었다. 예술적 표현의 관습조차도 아르테미스에게는 복종할 수밖에 없는 듯하다. 아르테미스의 절대적 무법성, 누구든 아르테미스의 관점을 따르거나 아니면 그 대가를 치러야 한다는 고집을 전달하는 탁월한 방식이다.

그리고 아르테미스는 여기에서도, 개들한테 이미 공격당하고 있는 남자를 죽이려 하면서도, 완벽하게 평온한 표정을 짓고 있다. 살육을 저지르려는 참이지만 감정이 개입되어 있다는 암시는 전혀 없다. 판 화가에서부터 티치아노까지 수없이 많은 화가가 이 장면을 그렸는데[54] 아르테미스가 아무 감정 없이 죽음을 추구한다는 사실이 언제나 두드러지는 특징이다. 아르테미스의 여러 다른 면모를 탐구하다가도 우리는 결국 여기로 돌아오게 된다. 아르테미스는 진정한 포식자이다. 스티븐 스필버그의 「죠스」에 나오는 거대한 백상아리처럼 아르테미스도 인형 같은 눈을 가졌다. 감정이 없는, 죽음에 시선이 고정된 눈.

데메테르

"
데메테르는 매번 똑같은 말로 답한다.
딸의 눈을 다시 보기 전에는 올림포스로 돌아가지도 않을 것이고
작물이 자라게 하지도 않을 것이라고. 이 일은 신화에서 누군가가
제우스에게, 그리고 다른 모든 올림포스 신들에게 맞서서
자기 뜻을 관철하는 매우 드문 사례 가운데 하나이다.
결국 데메테르가 이긴다. 제우스는 헤르메스를 명계로 보내
하데스에게 페르세포네를 컴컴한 심연에서 풀어주어 빛으로,
신들에게로, 어머니에게로 돌려보내 데메테르의
분노를 끝내라고 전한다.
"

유물, 회화, 조형 예술
북부 베르기나 매장 유적지에서 발견된 프레스코화
베르니니의 조각상 「프로세르피나의 강간」
파르테논 동쪽 페디먼트 프리즈 장식
데메테르 신전 카리아티드, 피츠윌리엄박물관 소장
크니도스의 데메테르, 영국박물관 소장
트리프톨레모스가 그려진 스키포스, 영국박물관 소장

시, 소설, 에세이, 논픽션
이언 매큐언, 「차일드 인 타임」
애거사 크리스티, 「오리엔트 특급 살인」
캐럴 앤 더피의 시 「데메테르」
A. E. 스톨링스의 시 「하데스가 신부를 환영하다」
아일랜드 시인 이번 볼런드의 시집 「폭력의 시대에」

영화, TV 시리즈, 공연, 뮤직비디오
해나 모리시의 단편 영화 「케레스」

막강한 능력과 힘을 가졌으나 형언할 수 없는 슬픔에 사로잡힌 여인 앞에서, 이암베는 뜻밖의 선택을 한다. 슬픔에 잠긴 여인은 실은 데메테르 여신이다. 데메테르는 자신의 모습을 감추고 인간들 사이에 살고 있는데, 딸 페르세포네가 실종되었기 때문에 깊은 슬픔에 빠져 있다. 페르세포네는 하데스에게 납치당해 하데스의 어두운 왕국인 명계로 사라져 버렸다. 이 이야기는 『호메로스 찬가』의 두 번째 시에 담겨 있는데 아름다운 이야기는 아니다.

일단 간단한 개요로 시작한다. "머리카락이 아름다운 데메테르의 가는 발목을 지닌 딸이 아이도네우스(하데스의 시적 변형)에게 납치되었고 제우스가 그녀를 그에게 주었다."[1] 데메테르, 하데스, 제우스가 동기간이니 데메테르의 딸을 납치하려고 공모한 것이 오라비들이란 사실은 언급되지 않는다. 페르세포네의 이름도 나오지 않는데, 다만 오케아노스의 딸들과 함께 파이드주산^{paidzousan}, '어린아이처럼 놀고 있다.'고 표현하면서 어린 나이임을 에둘러 언급한다. 이 장면은 목가적 순수함이 가득하다. 여자아이들이 들판에서 함께 꽃을 따고 논다. 그러나 대지마저 제우스의 사기에 가담한다. 대지의 여신 가이아가 페르세포네를 꾀어내기 위해 수선화를 무더기로 피어나게 한다. 페르세포네는 여전히 이름으로 불리지는 않지만 여기에서는 칼루코피디kalukopidi, '꽃처럼 고운 얼굴을 가진 소녀'라고 지칭된다.

이렇게 도입부에서 매우 불길한 장면이 조성된다. 제우스가 형제 하데스와 공모했을 뿐 아니라 가이아도 여기 가담했다. 여기에 주목할 만한 점이 몇 가지 있다. 첫째로 데메테르는 대지의 여신이 아니고 그 역할은 가이아에게 부여하는 게 더 정확하다. 데메테르는 곡물과 농업의 여신이다. 다시 말해 데메테르는 배고픈 인간을 먹여 살리는 식물 전문이다. 이전 세대의 신인 가이아는 거인과 티탄의 어머니이지만 인간의 운명에는 별 관심이 없다. 『키프리아』라는 오늘날 소실된 서사시에는 오히려 가이아가 인간 일부를 제거하려 했다는 이야기가 나온다.[2] 『일리아스』의 주석학자가 이 서사시의 일부를 인용했는데, 가이아와 제우스가 인간이 너무 많다고 보고 트로이아 전쟁의 불씨를 심기로 하는 내용이다. 사람 수를 줄이는 데 10년간의 전쟁만큼 효과적인 것은 없다. 두 번째로 주목할 만한 점은 페르세포네를 유인하는 데 쓰인 꽃이 수선화라는 사실의 잔혹성이다. 수선화는 자아도취에 빠져 시들어가다 죽어버린 젊은이 나르키소스를 표상하는 꽃이다. 그러나 페르세포네는 조금이라도 자신의 아름다움을 자각했다는 징후 없이 순진무구한 어린아이처럼 행동할 뿐이다. 그럼에도 신들은 공모해서 페르세포네를 위험에 빠뜨린다.

페르세포네는 기적처럼 생겨난 꽃 무더기에 이끌린다. 하나의 뿌리에서 백 송이의 꽃이 피어난 것이다. 그러나 페르세포네가 가까이 다가가자 땅이 갈라지더니, 무수한 이름을 가진 크로노스의 아들(하데스를 가리키는 별칭)이 불멸의 말을 몰아 페르세포네를 향해 달려온다.³ 하데스는 페르세포네를 아이쿠산^(aekousan), '의지에 반해' 낚아채 데려가고 페르세포네는 비명을 지른다. 페르세포네는 자기 아버지, 크로노스의 가장 뛰어나고 드높은 아들 제우스를 목 놓아 부른다. 그러나 어떤 인간도 신도 페르세포네의 목소리를 듣지 못한다.

 이 장면은 점점 더 거북해진다. 삼촌이 갑자기 땅 밑에서 나타나 자신을 납치해 갈 때 페르세포네는 그저 공포와 경악만을 느낀다. 페르세포네의 상황이 얼마나 절망적인지는, 페르세포네가 처음에 자신의 삼촌 하데스를 지칭할 때와 이어 아버지 제우스를 지칭할 때 두 번 다 '크로노스의 아들'이라는 호칭을 쓴다는 사실에서 더욱 강조된다. 한쪽이 납치하는데 과연 다른 쪽이 구해주려고 할까? 페르세포네의 관점에서, 그리스어 원문이 빤하게 드러내듯이 이 두 신은 본질적으로 같다. 한 신은 강간하고, 다른 신은 그것에 동의한다.

 이 장면이 그리스 북부 베르기나 매장 유적지에서 발견된 프레스코화에 드라마틱하게 그려져 있다. 한때 마케도니아의 수도였던 고대 도시 아이가이가 있었던 곳이다.⁴ 백마가 하데스의 전차를 전속력으로 끌고 달리는 장면이다. 프레스코화가 부분적으로 손상되어 말의 표정을 자세히 볼 수는 없지만 속도감은 뚜렷하다. 전차 바퀴 하나가 들려 있다. 하데스는 오른손에 채찍을 들고 있고 공허한 눈은 똑바로 앞쪽을 응시한다. 왼손으로 페르세포네를 낚아채서 자기 몸에 밀착시키고 있다. 난리 중에 페르세포네의 옷이 흘러내렸고 하데스는 무심하게 페르세포네의 왼쪽 가슴을 움켜쥐었다. 페르세포네는 하데스에게서 멀어지려고 몸을 뒤틀며 팔은 머리 위로 치켜들었다.

말없이 탄원하듯 손을 뻗고 있다. 손목에 찬 팔찌는 수갑처럼 보인다. 전차가 빠른 속도로 달리고 있어 머리카락이 위쪽으로 흩날린다. 이 프레스코화의 가장자리가 손상되어 페르세포네가 뻗은 손은 무를 향해 흩어진다. 이 가슴 아픈 공허는 페르세포네가 원하지 않았으나 이제 다른 존재가 되었음을 나타내는 듯하다. 이제 페르세포네는 망자의 세계를 떠도는 유령이나 다름없는 존재가 되었다.[5]

페르세포네(로마식으로는 프로세르피나)의 납치는 고대 예술가들도 많이 다루었지만 르네상스 시대에도 매우 인기 있는 주제였다. 1621년에서 1622년 사이에 베르니니는 「프로세르피나의 강간」이라는 놀랍도록 사실적인 조각상을 조각했다. 현재 로마에 있는 보르게세미술관에 전시되어 있다.[6] 이 버전의 하데스(플루톤)는 전차가 없고 땅에 선 채로 프로세르피나를 붙들었다. 마치 발레리노처럼, 왼다리에 온몸의 체중을 (프로세르피나의 무게까지) 전부 싣고 서서 허벅지의 강인한 근육이 불거졌다. 오른 다리는 뒤로 뻗었다. 발의 힘줄 하나하나가 다 보이고 허벅지 안쪽의 혈관까지 선명하다. 플루톤의 품에서 벗어나려고 몸부림치는 프로세르피나의 옷이 흘러내리며 플루톤의 국부를 가려 이 조각상을 의뢰한 스키피오네 보르게세 추기경이 얼굴을 붉힐 일을 방지해 주었다. 옷이 흘러내린 탓에 프로세르피나의 가슴은 노출되었지만 아무도 그것 때문에 얼굴을 붉히지는 않는 모양이다. 플루톤의 팔도 이두근, 삼두근, 혈관, 힘줄까지 놀라울 정도로 정교하게 묘사되었다. 대단히 강인한 남성, 신체적으로 정점에 이른 운동선수의 몸이다. 그러나 이 남성에게 붙들린 여성은 각광받는 순간을 누리는 발레리나와는 거리가 멀다. 확연하게 고통스러워하며 절박하게 벗어나려고 하는 젊은 여성의 모습이다.

  삼촌의 근육질 몸과 달리 프로세르피나의 몸은 부드럽다. 대리석 조각상을 두고 이렇게 말하다니 괴상하게 보이겠지만 이 조각상이 우리를 사로잡는 까닭이 바로 그 때문이다. 플루톤은 왼손으로 프로세르피나의 허리를 꽉 붙들었다. 손가락이 길고 우아해서 베르니니가 모델로 삼은 사람도 예술가였던 걸까 하는 생각이 든다. 달아나려고 몸부림치는 프로세르피나의 다리는 공중에 들려 있다. 플루톤 뒤쪽에는 머리가 셋인 플루톤의 개 케르베로스가 앉아 있다. 입 하나를 벌리고 프로세르피나의 발꿈치를 물려고 한다. 프로세르피나가 몸부림쳐서 플루톤에게서 벗어나더라도 무사할 수는 없을 것이다.

  프로세르피나는 납치자를 밀어내려는 듯 왼팔을 쭉 뻗었다. 프로세르피나의 왼손이 플루톤의 광대뼈 바로 위쪽을 밀어내면서 수염 난 얼굴이 반대쪽으로 돌아가 있다. 오른팔은 공중에서 닥쳐오는 또 다른 공격을 막아내려는 듯 뒤로 뻗어 손을 치켜들었다. 얼굴에는 끔찍한 고통이 담겨 있다. 입은 살짝 벌어졌고 작은 대리석 눈물방울이 뺨을 타고 흐른다. 그러나 사람들의 시선을 사로잡는 것은 프로세르피나의 왼쪽 허벅지이다. 삼촌의 손이 다리의 부드러운 살 속으로 파고 들어가, 손가락 아래 살이 움푹 파였다. 프로세르피나의 상체에도 같은 형태가 표현되어 있다. 플루톤의 집게손가락이 벗어나려고 몸부림치는 프로세르피나의 갈비뼈를 파고들고 가운뎃손가락은 허리께 접힌 살 사이에 묻혔다.

  정말 숨이 턱 막힐 정도의 작품이다. 여러 의미에서. 현대적 관점에서 보면 너무나 끔찍하면서도 익숙한 장면이다. 아주 젊은 여성이

나이 많고 훨씬 강한 남성의 손아귀에서 벗어나려 애쓰는 장면을 묘사한다. 그런데도 눈을 뗄 수가 없다. 살아 있는 육신을 보는 듯한 환상을 경이로운 솜씨로 완벽하게 구현했다. 이토록 폭력적인 장면은 보고 싶지 않다고 눈을 돌린다 해도 이해할 수는 있지만, 이 작품의 아름다움은 부정할 수 없다고 생각한다. 어떤 예술 작품이든 예술가가 어디에서 시작했을지를 대체로 상상할 수 있다. 하고 싶은 이야기의 첫 소절에서, 귓가에 맴도는 선율에서, 머릿속에 언뜻 떠오른 색채에서 시작되었을 것이라고. 그런데 이런 조각품은 대체 어떻게 만들어졌을지 짐작도 가지 않는다. 베르니니는 어디에서 영감을 얻었으며 이런 생동하는 육신을 어떻게 포착해서 표현했을까. 베르니니가 실제 사람을 데려다가 돌로 바꾸어버렸다고 믿어버리는 편이 더 쉬울 지경이다.

『호메로스 찬가』로 다시 돌아가, 하데스에게 납치된 페르세포네가 도와달라고 소리를 지르지만 신도 인간도 듣지 못한다고 한 대목을 보자. 아름다운 열매를 맺은 올리브나무조차 비명을 듣지 못한다.[7] 그런데 두 신이 그 소리를 들었다. 헤카테(마녀와 밤과 관련 있는 여신)는 자기 동굴에 있다가 페르세포네의 비명을 듣는다. 태양신 헬리오스는 페르세포네가 제우스의 이름을 부르는 소리를 듣는다. 그러나 제우스는 멀리 떨어진 신전에서 제물을 받느라 바빠서 듣지 못하고 (내가 감히 여기에서 '알리바이'라는 단어를 쓰진 않겠지만) 그래서 하데스가 페르세포네를 납치할 수 있었다. 그리스어는 명명백백하다. 아이카조메넨 aekazomenēn, 페르세포네의 '의지에 반해서' 이루어진 일이다.[8] 잠시 페르세포네의 관점에서 시가 이어진다. 페르세포네는 하늘과 해를 볼 수 있는 동안은 사랑하는 어머니와 다른 신들을 다시 볼 수 있으리라는 희망을 품는다. 그리고 이 희망으로 용감한 마음을 북돋운다. 페르세포네는 계속 소리를 지르고 이 소리가 산꼭대기에서 바다 깊은 곳까지 메아리친다.

이 소리를 데메테르가 듣는다. 날카로운 고통이 가슴을 찌른다. 데메테르는 사라진 딸을 찾으러 온 육지와 바다를 헤맨다. 그러나 누구도—인간도, 신도—데메테르에게 진실을 말해주려 하지 않는다. 데오(데메테르의 다른 이름)는 양손에 횃불을 들고 아흐레 동안 지구 전역을 훑는다. 어둠이 내려도 쉬지 않고 찾으려고 횃불을 들었을 테지만, 데메테르의 모습이 횃불을 들고 끔찍한 살인을 저지른 자를 추적하는 복수의 여신들을 연상시키기도 한다. 데메테르는 암브로시아를 먹지도, 넥타르를 마시지도, 씻지도 않는다.[9] 데메테르의 행위가 오늘날에도 볼 수 있는 애도의식과 매우 비슷하다는 사실이 흥미롭다. 상을 당한 사람들은 단순한 일상적 습관들을 중단함으로써 끔찍한 상실을 기리곤 한다.

데메테르의 고통 가운데 나에게 가장 절박하게 느껴지는 것은 딸의 행방을 모른다는 점이다. 사랑하는 사람이 어떻게 되었는지 모를 때 상실의 고통은 두 배가 되고 남겨진 사람은 이런저런 상상을 하며 끝없이 애통해 할 수밖에 없다. 이언 매큐언의 소설 『차일드 인 타임』의 주인공 부부는 딸 케이트가 슈퍼마켓에서 납치되고 바로 이런 악몽 같은 상태에 빠진다. 아버지 스티븐은 딸이 어떻게 되었는지 모른다는 고통과 죄책감에 사로잡혀 삶을 이어갈 수도 결혼 생활을 유지할 수도 없다. 물론 유괴만으로도 충분히 끔찍하지만. 애거사 크리스티의 가장 유명한 소설 『오리엔트 특급 살인』에서 살해당한 희생자는 아이를 납치해서 살해한 범인이었다. 크리스티는 이토록 충격적인 살인의 핵심에 어떤 종류의 범죄를 저지른 사람을 놓아야 할지 예리하게 인식했다. 아이를 죽이는 게 얼마나 끔찍한 일인지는 누구나 안다. 그래서 죽은 자의 극악무도한 과거가 드러나자 아무도 그 사람을 위해 눈물 한 방울 흘리지 않는다.

열흘째 되는 날, 헤카테가 데메테르를 위로하러 온다. 헤카테는 페르세포네의 비명을 들었지만 누가 데려갔는지는 못 보았다고 말한다. 두 여신은 바로 헬리오스에게 가서 페르세포네가 어떻게 되었는지 묻는다. 태양은 당연히 모든 것을 다 볼 테니까. 헬리오스가 마침내 데메테르에게 원하던 정보를 제공한다. 이 일은 다름 아닌, 구름을 모으는 자 제우스의 책임이라고 한다. 제우스가 자기 형제 하데스에게 페르세포네를 아내로 삼으라고 주었다.[10] 하데스는 울부짖는 페르세포네를 자신의 어두운 왕국으로 데려갔다. 그렇지만 너무 화내지 말라고, 그래 보아야 소용없다고 헬리오스는 데메테르에게 말한다. 하데스는 사윗감으로 모자라지 않다, 비록 당신의 오라비이긴 하나.

헬리오스는 하늘 꼭대기에서 모든 것을 볼 수 있으나 데메테르의 마음은 전혀 이해하지 못한다. 데메테르는 이제 더욱 처절하고 격렬하게 슬퍼한다. 올림포스를 떠나 이전의 신성한 삶을 저버린다. 변장을 하고 신적인 아름다움을 감추고 인간들 사이에 섞여 계속 걷는다. 마침내 엘레우시스의 왕 켈레오스의 동네에 도착한다.(아테네에서 북서쪽으로 20킬로미터 정도 떨어진 곳) 데메테르는 노인으로 변장하고 있는데, 켈레오스 같은 사람이 자기 자식을 돌볼 보모로 고용하고 싶을 법한 모습이다. 데메테르가 우물가에 자리 잡고 있자 켈레오스의 네 딸이 물을 뜨러 온다. 딸들이 할머니에게 도시에서 벗과 거처를 구할 수 있을 것이라고 친절하게 말한다. 데메테르는 엄청난 허풍을 늘어놓는데(『오딧세이아』에서 오딧세우스가 늘어놓을 법한 이야기이다.), 자신은 본디 귀한 집안 출신이나 크레타 해적들에게 납치되었다가 탈출했다는 것이었다. 그러면서 어느 집을 찾아가야 일자리를 구할 수 있겠냐고 묻는다. 자기는 갓난아기를 돌보거나 잠자리를 정리하는 일을 할 수 있다면서. 딸들은 자기 아버지 집으로 가보라고 한다. 그러면서 어떤 집에서도 당신을 내치지 않을 것이라고, 왜냐하면 당신은 테오이켈로스^{theoeikelos}, 마치 '여신 같기' 때문이라고 덧붙인다.¹¹ 이들은 자기들이 얼마나 정확한 말을 했는지는 모르는 상태로 신이 나서 집으로 돌아가 어머니에게 아주 멋있는 노부인을 만났다고 말한다. 어머니 메타네이라도 무척 기뻐하는데, 마침 돌보아야 할 아기가 있었기 때문이다. 그래서 어머니는 딸들을 보내 낯선 여인을 집으로 모셔 오게 한다.

그래서 데메테르가 이들의 집에 오는데, 변장이 완벽하게 잘 되어 있진 않다. 머리가 거의 천장에 닿을 정도로 키가 크고 광채로 문간을 환히 채운다.¹² 메타네이라는 경외심에 사로잡혀 이 위엄 있는 여인에게 자리를 권한다. 그러나 계절을 가져오는 이이며 빛나는 선물을 주는 이인 데메테르는 권유받은 대로 화려한 소파에 앉지 않으려 한다. 엘레우시스 사람들은 물론 전혀 모르는 일이지만 지금 여신은 애도 중이라 아름답고 편안한 의자에는 앉지 않는다. 데메테르는 아무 말 없이 눈길을 돌린다.

　그때 충직한 이암베가 소박한 의자에 반짝이는 흰 양털을 덮어 데메테르에게 내준다. 그러자 데메테르가 받아들이고 얼굴을 베일로 가린 채 말없이 슬픔에 잠겨 앉아 있다. 웃지도 않고, 먹거나 마시지도 않고, 손님이 으레 할 법한 어떤 것도 하지 않는다. 그저 가만히 자리에 앉아 딸을 그리워한다. 그렇지만 이 집안사람들은 다그치거나 타박하지 않는다. 그런다고 해서 혼자 슬퍼하라고 내버려두지도 않는다. 이 장 시작 부분에서 말했듯이 이암베가 뜻밖의 행동을 한다. 슬픔에 잠긴 낯선 사람 앞에서 농담을 하기로 한 것이다. 이암베는 절망에 빠진 여인이 미소를 짓고 웃음을 터뜨리고 마침내 자애로운 마음을 열 때까지 계속 우스개를 한다.[13]

　내가 이 시에서 이 부분을 얼마나 좋아하는지 아무리 말하더라도 지나치지 않을 것 같다. 첫째로는 내가 농담에 관해 매우 중요한 진실이라고 믿어왔던 것이 여기 담겨 있다. 우리에게 농담이 필요할 때는 삶이 순조로울 때가 아니다. 물론 좋을 때도 농담을 한다. 친구들과 함께 뭔가 어처구니없는 일에 배를 잡고 미친 듯 웃다가 과연 이 웃음을 멈출 수 있을까 싶을 때도 있으니까. 그러나 이런 때는 농담이 필요한 것은 아니고 그냥 농담을 즐길 뿐이다. 우리가 컴컴한 심연의 바닥에 있을 때 우리에게 와닿는 농담, 다시 정상으로 돌아가려고 분투하고 있을 때 너무 어이없어 마지못해 반쯤 웃음 짓게 만드는 농담, 이런 게 우리에게 필요한 농담이다. 친구나 혹은 우리가 어떤 고통을 겪고 있는지 전혀 모르는 낯선 사람이 건네는 이런 농담이 우리 발아래에 디딜 자리를 만들어주고 구덩이 밑바닥으로 떨어지기 전에 원래 있던 자리로 돌아가게 해준다. 이암베는 남의, 그것도 모르는 사람의 압도적인 슬픔을 마주하고도 그걸 피하려 하지 않는 특별한 사람이다. 이암베는 데메테르의 슬픔에 겁을 먹거나 그게 전염병처럼 옮을까 움츠러들지 않는다. 데메테르가 빠진 슬픔의 심연 속으로 망설임 없이 손을 뻗어 여신이 다시 기어 올라올 수 있도록 빛을 비추어준다.

이암베가 여자라는 사실도 나한테는 기쁨이다. 만약 나한테 그럴 열정이 있다면 『호메로스 찬가』의 이 부분을 인쇄해서 진담으로든 농담으로든(내가 전에도 말한 것 같지만 농담이란 사실 눈썹을 치켜세우며 하는 진담이다.) 여자는 재미가 없고 농담을 할 줄 모른다고 하는 모든 바보들한테 보내고 싶다. 여기 이암베가 그 말이 틀렸음을 입증해 보여준다. 이암베는 극도로 가부장적인 사회에서 살아가면서, 코미디언들이 '힘든 관객'이라고 부를 만한 관객 앞에서 개그를 꿋꿋이 선보인다. 일회성 공연도 아니다. 다음 행에서는 나중에도 이암베가 종종 데메테르의 마음을 풀어주었다고 말한다.

데메테르는 마음이 풀어져서 웃음을 짓고, 메타네이라가 건넨 포도주도 기꺼이 받아 든다. 그렇지만 있는 그대로의 술은 거절하고, 물, 곡물, 약초를 섞어야 자기가 먹을 만하게 된다고 한다. 메타네이라가 여신의 조제법을 따라 술을 준비하자 데메테르가 그 술을 마시는데 찬가에서는 이 새로운 음료를 '신성하다'라고 묘사한다.[14] 이 대목은 데메테르 여신을 기리는 종교적 숭배 제의인 엘레우시스 비밀 의식과 연관이 있다. 엘레우시스를 중심으로 한 이 이야기에 비밀의식의 기원이 있음이 분명하다. 안타깝게도 이 의식에 대해서는 알려진 바가 거의 없는데 신비주의 종교를 숭배하는 사람은 구체적인 부분을 비밀로 유지하며 말이나 글로 밝히는 것을 심각한 불경으로 여기기 때문이다. 그러니 데메테르 숭배자들이 비밀 회합에서 무엇을 했는지는 상상에 맡길 수밖에 없다. 다만 그들이 마신 술은, 맛이 괴상했을 듯하다.

메타네이라는 이 손님이 지금은 떠돌이 보모일지라도 고귀한 태생이라고 결론을 내린다. 그래서 데메테르에게 자기 아이, 오래 기다려온 늦둥이 아들을 길러달라고 한다. 메테네이라는 딸들만 죽 낳다가 아들을 낳게 해달라고 수년 동안 빌어 왔는데 마침내 기도가 이루어진 것이다. 아들을 잘 돌봐서 무사히 성년이 되면 크게 보상하겠다고 메타네이라는 말한다.

데메테르는 기쁘게 그 일을 수락한다. 아기의 부모는 아들이 어찌나 빨리 자라는지, 어찌나 잘생겨지는지 보고 기뻐한다. 데메테르가 아기에게 이유식과 우유가 아니라 암브로시아를 먹인다는 사실은 까맣게 모른다. 데메테르는 아이를 인간이 아니라 신으로 키우고 있는 것이다. 메타네이라와 켈레오스가 이 사실을 알았다고 하더라도 아마 유감스럽게 생각하지는 않았을 것이다. 무엇보다도 아이가 쑥쑥 잘 자라고 있으니까. 그런데 데메테르의 육아 방식에는 한 가지 매우 유감스러울 만한 요소가 있는데, 메타네이라가 그것을 알게 된다. 데메테르는 밤마다 아이를 불 속에 장작처럼 집어넣어 감춰놓는다. 여신이 반신半神이나 이 아이처럼 총애받는 인간을 불에 태워서 필멸자의 약점을 없애는 사례는 이 이야기 말고 다른 데에서도 찾아볼 수 있다. 아킬레우스의 어린 시절에 관한 전승 가운데에도 어머니 테티스가 물에 담그는 버전 말고 불에 태우는 버전도 있다. 이때도 발뒤꿈치만 강해지지 않고 연약한 상태로 남는다.

어느 날 밤 메타네이라는 데메테르가 자기 아들을 불에 집어넣는 것을 보고는 경악하며 비명을 지른다. 데메테르는 믿음 없음에 크게 분노하며 아기를 불에서 꺼내 바닥에 떨어뜨린다. 데메테르의 육아법을 단 하나도 집에서 따라 하지 말라는 말은 내가 굳이 하지 않아도 되리라고 믿는다. 데메테르는 메타네이라에게 이제 네 아들은 불멸이 될 수 없고 부모 형제와 마찬가지로 필멸의 존재로 남아 결국 죽을 것이라고 말한다. 이어 자신의 정체를 밝히고, 데메테르 여신을 아들의 보모로 두다니 얼마나 운 좋은 일이었는지 알려준다. 데메테르는 엘레우시스에 자신을 위한 신전을 세우라고 지시하며 그러면 자신의 비밀을 가르쳐주겠다고 약속한다. 드디어 변장을 벗어버린 데메테르는 젊고 아름답고 향기롭고 빛나는 본디 모습으로 다시 돌아간다. 그러고는 떠나간다.

엘레우시스 사람들은 요구받은 대로 데메테르를 위한 제단을 세운다. 그러나 어떤 숭배도 여전히 슬픔에 잠겨 있는 여신을 위안할 수 없다. 데메테르가 아기 데모폰을 돌보는 동안에는 끔찍한 상실의 슬픔을 잊을 수 있었던 걸까? 찬가에 그런 말은 나오지 않지만, 이제 돌볼 아이가 없어지자 슬픔이 다시 밀려오는 듯하다. 한 해 동안 데메테르는 온 땅을 메마르게 만든다. 씨에서 싹이 돋지 않고 어떤 작물도 자라지 않는다. 극심한 기근으로 인류 전체가 절멸할 위기에 처한다. 더 중요한 점은 올림포스 신들이 인간들한테 받는 제물과 공물을 받지 못하게 된 것이다. 자기 딸이 납치되어 강제 결혼을 하게 되는 일 따위 사소한 일에는 눈도 깜짝하지 않던 제우스이지만, 인간이 기근으로 절멸하여 특권과 선물을 잃는 끔찍한 일은 도저히 참지 못한다.

제우스는 먼저 무지개의 여신 이리스를 보내 데메테르가 돌아오도록 설득하게 한다. 이리스는 다채로운 방법으로 최선을 다하지만 데메테르는 꿈쩍도 하지 않는다. 그러자 제우스는 이어서 다른 신들을 하나씩 보내 선물을 주며 달래려 하지만 데메테르의 분노는 가라앉지 않고 여전히 요지부동이다.[15] 데메테르는 매번 똑같은 말로 답한다. 딸의 눈을 다시 보기 전에는 올림포스로 돌아가지도 않을 것이고 작물이 자라게 하지도 않을 것이라고. 이 일은 신화에서 누군가가 제우스에게, 그리고 다른 모든 올림포스 신들에게 맞서서 자기 뜻을 관철하는 매우 드문 사례 가운데 하나이다. 결국 데메테르가 이긴다. 제우스는 헤르메스를 명계로 보내 하데스에게 페르세포네를 컴컴한 심연에서 풀어주어 빛으로, 신들에게로, 어머니에게로 돌려보내 데메테르의 분노를 끝내라고 전한다.[16]

헤르메스는 지시대로 저승으로 서둘러 내려간다. 헤르메스는 저승사자 역을 겸하고 있어 다른 이들보다 이 여행을 훨씬 쉽게 할 수 있다. 헤르메스는 우중충한 궁에서 하데스를 찾아내고 이제 하데스의 파라코이토스^{parakoitos}, '침대 친구'라고 묘사되는 페르세포네도 본다. 페르세포네의 태도에는 의문의 여지가 없다. 매우 풀이 죽어 있고 어머니를 그리워한다고 묘사된다. 그런데(이 시인은 긴장감을 조성할 줄 안다.) 멀리에서 어머니는 계획을 구상하고 있다.

이 시는 데메테르를 칭송하는 찬가이므로 지금까지 300행 동안은 페르세포네에게서 눈길을 돌려 딸을 잃은 데메테르의 반응에 초점을 맞추었다. 페르세포네가 묘사된 마지막 장면은 땅이 갈라지고 하데스가 전차를 타고 나타났을 때였다. 페르세포네는 두려움에 질려 도와달라고 소리를 질렀지만 아무도 오지 않았다. 그다음에 초점이 페르세포네에서 딸을 찾으려는 어머니에게로 옮겨졌기 때문에, 우리는 원치 않게 새집으로 가게 된 페르세포네가 어떻게 지내는지는 생각하지 못하고 있었다. 그런데 다행히 시인 A. E. 스톨링스가 「하데스가 신부를 환영하다」라는 시에서 이 장면을 탁월하게 상상해서 보여준다.[17] 삼촌(이면서 매우 사악한) 하데스는 이런 말로 페르세포네에게 말을 건다. "이리 와라, 애야." 하데스는 페르세포네에게 눅눅하고 답답한 명계를 구경시켜 주는데 "머리 위에 허옇게 뒤틀린 것은/대부분 뿌리이다." 하데스는 페르세포네가 자신의 여왕이 될 것이며, 따라서 모든 인간의 여왕이 될 것이라고 말한다. "왜 안 웃어?" 하데스는 이렇게 묻는다. 겉보기에는 다정해 보이는 질문 아래에 깔린 위협이 고스란히 전해진다. 하데스는 둘을 위해 마련한 화려한 왕좌를 자세히 설명하고 나서 아래층으로 데려가 페르세포네의 방을 보여주면서 가볍게 말한다. 여기가 숨쉬기 더 편할 거야. 페르세포네는 여신이므로 문자 그대로의 뜻으로 한 말은 아닐 것이다. 페르세포네는 살기 위해 숨을 쉴 필요가 없다. 그러나 하데스는 페르세포네가 문자 그대로의 의미가 아닌 숨을 쉴 필요가 있으며 자기가 옆에 있을 때는 그러기 힘들 것을 아는 듯하다. 하데스는 그래서 이렇게 베틀과 실이 있는 방을 준비해 놓았다.(베 짜기는 그리스 신화에서 여자에게 가장 적합하다고 여겨지는 활동인 듯하다.) 이 실은 수의를 풀어서 만들었으며, 전부 검은색으로 염색했다고 설명한다. "네가 얼마나 멋진 그림을 짜낼지!" 하데스가 말한다. 하데스는 페르세포네의 시녀로 그림자 셋을 데려다 놓았는데, 그림자는 등 뒤에서 숙덕거릴 수 없기 때문이다. 그림자는 페르세포네에게 말을 걸거나 페르세포네의 말을 들을 수도 없다는 사실은 굳이 언급하지 않는다. 사실 그럴 시간도 없는데, 하데스가 페르세포네를 곧바로 천장이 밤하늘처럼 채색된 웅장한 방으로 데려가기 때문이다. 극도의 폐소공포가 닥쳐오는데 그게 끝이 아니다. 하데스가 침대를 가리킨다. "우리 침대./ 아! 손을 떠는구나! 이런/맥박이, 아직, 너무 강하게 뛰는군."

그리스 신화에서 이런 이야기들을 읽을 때면 들리지 않는 여성의 목소리에 초점을 맞추고 싶어진다. 그런데 스톨링스는 페르세포네가 겪는 일을 오히려 다른 관점에서 접근해서 엄청나게 강력한 효과를 냈다. 이 시는 하데스의 독백이기 때문에 페르세포네에게 목소리가 전혀 주어지지 않고, 독자는 그렇단 사실을 의식할 수밖에 없다. 페르세포네의 침묵은 어떤 웅변보다 크게 울리며 파도처럼 닥쳐오는 공포, 어두움, 축축함, 끔찍한 땅속, 미로 같은 궁전, 다이아몬드가 가득 박힌 왕좌를 징발할 수 있는 왕의 권력, 고립, 권태, 감금, 강간에 관해 이야기한다. 우리는 시시각각 달라지는 침묵의 음영에서 이 모든 것을 느끼고 하데스도 그것에 민감하게 반응한다.

다시 『호메로스 찬가』로 돌아오면, 확연하게 불행한 모습의 페르세포네를 볼 수 있다. 지금 우리는 헤르메스와 함께 명계에 내려와 있다. 전령의 신이 하데스에게 페르세포네를 에레보스(명계를 시적으로 부르는 이름)에서 데려오라는 제우스의 명령을 받았다고 말한다. 어머니가 딸을 다시 보아야만 모든 신들에 대한 분노를 풀 것이기 때문이다.[18] 아니면 데메테르가 씨앗을 전부 땅속에 숨기고 싹을 틔우지 못하게 해 연약한 인류를 멸망시킬 것이다. 데메테르는 지금 너무 화가 나서 다른 신들을 피하고 엘레우시스의 신전에 칩거 중이다.

하데스는 웃음을 지으며 페르세포네에게 어머니에게 돌아가라고 말한다. 가, 하지만 나에 대해 좋게 생각해 줘, 화내지 마. 그러고는 데메테르가 헬리오스에게 들은 주장을 반복한다. 자기는 제우스의 형제이고 너에게 걸맞은 남편이며, 너는 모든 생물의 여왕이니 너를 숭배하지 않는 자 누구든 벌할 수 있다고. 나는 이 시를 읽는 내내 하데스에게 경멸을 느끼지만 이 대목만큼 강력한 혐오가 솟는 부분은 없다. 사실상 이렇게 말하고 있는 것이니 말이다. 그러니까 내가 널 납치했지만, 그렇다고 우울해하지는 마―너도 날 좋아하잖아? 그냥 연쇄 강간범이라서 혐오스러운 게 아니다. 물론 그 점이 크게 기여하기는 하지만. 자기가 납치하고 강간한 여성의 승인을 갈구한다는 점이 결정타이다. 이 관계에서 모든 권력을 쥐고 있고 지하세계 전체의 왕이면서도, 자기를 인정해 달라고 징징거리고 있는 것이다. 진정한 피해자는 자기라는 듯이. 맙소사.

아무튼 하데스는 그렇게 말했다고 찬가에 나온다. 현명한 페르세포네는 기뻐한다.[19] 그리스어로 하데스가 말한다는 동사와 페르세포네가 기뻐한다는 동사가 바로 옆에 붙어 있어서 자유를 주는 하데스의 행위와 페르세포네의 기쁨 사이의 연관성이 뚜렷이 강조된다. 불쌍한 척 징징거리지만 엄청나게 강력한 신은 여전히 자기 조카를 상대로 꿍꿍이를 꾸미고 있다. 하데스가 제우스의 명령을 고분고분 따르며 웃음을 띠고 페르세포네에게 어머니한테 돌아가도 된다고 한 것은 모두 허울이었다. 하데스는 몰래 페르세포네에게 달콤한 석류 씨앗을 먹이는데, 만약 저승에서 무언가를 먹는다면 영영 데메테르 곁에 머물 수는 없다는 규칙을 미리 정해놓았기 때문이다.

여기에 쓰인 단어 라트레이^{lathrēi}, 몰래는 이 버전의 페르세포네 이야기에서 매우 중요하다. 우리는 대체로 이 신화를 조금 다르게 아는데, 어린이용 책에서는 페르세포네의 실수로 명계에 갇힌 것처럼 그릴 때가 많기 때문이다. 페르세포네가 자신의 선택으로 석류 씨앗을 먹었고, 씨앗 한 알 당 한 달씩을 명계에서 보내야 하리란 걸 알고도 그랬다고 한다. 이 이야기를 현대적으로 순화해서 그렇게 된 것이다. 이 신화의 가장 오래된 버전에서는 하데스가 강제로 석류 씨앗을 먹인다. 이 버전에서는 몰래 그렇게 한다. 어느 쪽이든 결과는 같다. 하데스는 페르세포네를 명계로 데려올 때도 동의를 받지 않았고 지금도 여전히 그렇게 하고 있다. 앞으로도 영영 그러할 것이다.

배우이자 작가인 해나 모리시는 「케레스」라는 단편 영화에서 페르세포네 역할을 했다.(이 영화는 우리가 무사이 장에서 간략하게 살펴보았던 오비디우스 버전에서 영감을 받았기 때문에 이 영화에서는 '프로세르피나'로 불린다.) 줄리엣 스티븐슨이 영화의 제목인 케레스 여신 역을 맡았는데, 다만 배경은 현대 인간 세계이다. 농업의 여신 케레스는 영화에서 정원사이자 추운 바깥세상에 속한 여성이다. 올 거라고 예상은 하고 있었던 딸이 다소 갑작스럽게 돌아오자, 두 사람은 불안하고 어색하게 서로를 대한다. 케레스는 프로세르피나와 함께 내일이나 그다음 날 일정을 계획하려고 하지만 딸은 확답을 피하고, 곧 그 이유가 드러난다. 자동차 헤드라이트가 부엌 창문을 훤히 밝힌다. 프로세르피나는 남편이 다시 자기를 찾아냈으며 자기도 어머니도 이 상황을 바꿀 수 없음을 안다. 프로세르피나는 남편의 강압적 통제에서 벗어날 수 없다. 그것은 계절이 바뀌는 것처럼 피할 수 없는 일이다.

무수히 많은 사랑 노래, 영화, 소설에서 반복되는 이상적인 로맨스에는 여전히 깊은 의문을 불러일으키는 지점이 있다. 거부당하더라도 굴하지 않고 끈질기게 매달리는 행위를, 거절을 거절로 받아들이지 못하는 문제가 아니라 진정한 사랑의 징표로 여긴다는 점이다. 게다가 이렇게 집착하는 사람이 막대한 권력(혹은 부, 뱀파이어 기질 등)을 지녔다면 더욱 문제가 된다.(특히 뱀파이어는 영원히 죽지 않기 때문에 투자할 수 있는 시간이 무한대로 있다.) 충분히 여러 차례 물어보거나, 거절을 받아들이지 않거나, 아니면 납치해서 지하세계로 데려가면 결국에는 상대도 자신을 사랑하게 되리라고 생각하는 사람이 있을 수도 있다. 이런 사람이 설령 번뜩이는 눈에 광대뼈가 날카로운 매력적인 남자라고 할지라도 나는 얼른 뛰어서 도망치라고 강력히 권한다.

이런 낭만적 이상이 페르세포네 이야기에 덧붙여졌다. 이런 구도에 매혹되는 이들이 여전히 많기 때문이다. 남자는 나이가 많고(불멸이긴 하지만 어쨌든 늙었다.) 부유하고(플루톤이라는 이름은 말 그대로 '부'를 뜻한다. 죽은 이들의 영혼을 부유하게 소유하고 있기도 하다.), 여자는 어리고 순진하다. 남자는 여자에게 느끼는 감정을 억누를 수 없고, 자, 어쨌든 이제 여자는 여왕이 되지 않았나. 여자의 지위가 전적으로 남편에 따라 결정된다면 그 삶이 얼마나 만족스럽지 못할지는 굳이 말하지 않아도 알 것이다. 게다가 『오딧세이아』 11권에는 이런 이야기가 나온다. 아킬레우스가 오딧세우스에게 말하길, 자기는 죽은 자들 사이에서 왕이 되느니 차라리 살아서 남의 땅을 부치면서 살겠다고 한다.[20] 죽음은 피할 수 없지만, 그렇다고 삶과 바꿀 만한 가치는 없다는 이야기이다. 설령 소작농으로 힘들게 사는 삶일지라도.

그리고 하데스가 이 사실을 전부 안다는 것도 부인할 수 없다. 페르세포네는 하데스와 1년 넘게 같이 있었다. 데메테르가 슬퍼하고 분노한 기간이 기근을 일으킬 만큼 길었던 것이다. 만약 하데스가 자신과 지하세계에 대한 페르세포네의 반감을 완화하고 싶었다면 그렇게 할 만한 충분한 시간이 있었다. 스톡홀름 증후군이 일어날 거라면 이미 일어났어야 했다. 그런데 하데스는 실패했다. 그리고 제발 부탁인데 하데스가 페르세포네를 사랑했다고 말하지 말라. 만약 사랑했다면, 페르세포네를 잃는 한이 있더라도 페르세포네가 행복하기를 바랐을 것이다. 누군가를 갖고 싶은 마음은 사랑이 아니라 그냥 소유욕이다.

하데스는 계속 기만을 이어가며, 페르세포네에게 자신의 손아귀에서 벗어날 수 있는 이동 수단도 제공한다. 하데스가 페르세포네를 이곳으로 데려올 때 탔던 황금 전차와 불사의 말들이 준비되어 있다.[21] 다만 이번에는 헤르메스가 전차를 몰고, 지상으로 나와 바다와 산과 골짜기를 가로질러 데메테르에게 간다.

이 장면을 캐럴 앤 더피가 「데메테르」라는 아름다운 시로 상상했다. 여신은 "겨울, 단단한 땅" 속에 살고 있고 주위 얼음을 깨뜨리지 못한다.[22] 자신의 깨진 심장으로 어떻게 해보려 하지만, "그러나 스쳐 지나간다,/얼어붙은 호수 위로 납작하게." 데메테르의 방뿐 아니라 심장도 차가운 돌처럼 얼어붙어 있다. 데메테르는 딸이 "들판을 가로

질러,/맨발로, 모든 봄꽃을 피어나게 하며/어머니의 집으로 오는" 모습을 본다. 페르세포네가 얼음을 녹이고 데메테르는 새로운 생명으로 화답한다. "맹세컨대/그녀가 움직이면서 공기가 부드러워지고 따스해졌다."고 한다.

데메테르가 『호메로스 찬가』에서 보여준 분노, 들끓는 살의는 여기에서는 중요한 감정이 아니다. 데메테르는 상실을 겪었고 그 슬픔의 냉기 때문에 무감각한 상태이다. 페르세포네가 돌아왔을 때 데메테르가 얼음을 녹여야겠다 마음먹은 게 아니라 저절로 그렇게 된다. 페르세포네가 다가오면서 온기를 가지고 온다. 어머니가 딸에게 느끼는 속절없는 사랑이 A. E. 스톨링스의 시나 『호메로스 찬가』에서 본 이기적인 소유욕과 대조를 이루며 더욱 마음을 움직인다. 다시 『호메로스 찬가』로 돌아가 보자.

페르세포네는 어머니의 품으로 달려간다. 필사본에서 이 부분이 손상되어 있어 일부분은 문헌 연구자들이 추측한 것이긴 하다. 데메테르가 페르세포네에게 하데스에 있는 동안 무언가를 먹었냐고 물었음을 페르세포네의 대답에서 추론할 수 있다.(이 부분부터는 읽을 수 있다.) 만약 무언가를 먹었다면—아무리 사소한 것이라도—한 해의 일부를 영원히 명계에서 보낼 운명에 처하게 된다.

이 시에 읽을 수 없는 부분이 있는 이유는, 사실 오늘날 이 시의 번역, 교정, 변주는 전부 1777년 러시아에서 크리스티안 프리드리히 마테이라는 사람이 발견한 단 한 부의 사본에서 비롯되었기 때문이라 그렇다. 고대 시가는 보통 필사본이 여럿 남아 있어 비교 대조하면서 어떤 사본에 손상된 부분이 있더라도 다른 사본으로 보완할 수 있다.

그러나 『호메로스 찬가』의 「데메테르 찬가」는 1770년대 이전까지는 영영 소실된 것으로 여겨졌다. 실제로는 모스크바에 있는 황실 문서고에 꽤 오랫동안 소장되어 있었지만. 마테이는 이 필사본을 농가의 닭들과 돼지들 사이 짚더미에서 발견했다고 주장했다. 이 문서가 어떻게 문서고에서 시골 헛간으로 가게 되었는지 그 경위는 모른다. 문서가 망가진 것이 아쉽기는 하지만, 그래도 돼지한테 「데메테르 찬가」가 다른 먹이만큼 맛있지는 않았다는 사실에 감사하며 데메테르에게 짧은 찬가를 바치도록 하자.[23]

페르세포네는 어머니에게 전부 이야기하겠다고 한다. 헤르메스가 명계에 와서 이제 떠날 수 있다고 말하고, 딸을 보아야 데메테르의 분노와 끔찍한 진노가 풀리기 때문이라고 말했을 때, 페르세포네는 기쁨으로 폴짝 뛰었다. 그러나 하데스가 몰래 달콤한 석류 씨앗을 페르세포네의 입에 넣었다. 자기 뜻에 반해 강제로 먹게 만들었다고 페르세포네는 말한다. 그리고 납치당하던 순간으로 기억을 되돌린다. 페르세포네는 풀밭에서 여러 소녀, 여신과 함께 놀고 있었다. 칼립소, 아테나, 아르테미스 등등의 긴 명단이 나온다. 아름다운 꽃이 많았고, 페르세포네는 고운 수선화를 꺾었는데, 그때 땅이 갈라지며 하데스가 페르세포네를 낚아채서 땅 밑으로 데려갔다. 페르세포네는 완강히 거부하며 소리를 질렀다. 자기가 하는 말은 모두 사실이라며 페르세포네는 말을 맺는다. 이야기하는 것만으로 고통스러운 일이지만.[24]

이 사건에 대해 페르세포네가 처음으로 직접 하는 말이니까 자세히 살펴볼 필요가 있다. 헤르메스와의 만남은 앞에서 묘사된 그대로이다. 페르세포네는 명계를 떠날 수 있다는 말에 기뻐서 폴짝 뛴다. 제우스가 자신의 안위를 걱정해서 보내주라고 형제에게 명령했다고 착각하지는 않는다. 자기가 자유로워진 것은 어머니의 분노 때문임을 안다. 페르세포네가 데메테르의 분노를 묘사하는 데 사용한 단어는 메니스mēnis이다.[25] 『일리아스』의 첫 행에서 아킬레우스의 파괴적 분노를 묘사할 때 썼던 바로 그 단어이다. 데메테르의 분노는 그리스 영웅의 광폭한 분노처럼 살기를 띤다.

흥미롭게도 이 두 분노 모두 젊은 여성을 빼앗긴 일에서 촉발된다. 아킬레우스는 승전의 보상으로 받은 여인 브리세이스를 아가멤논이 빼앗아 가자 격노에 휩싸인다. 아킬레우스는 전리품을 잃으면서 명예를 잃는다.(『일리아스』에서 브리세이스의 감정도 고려한다고 말하고 싶지만, 19권 이전에는 브리세이스의 목소리를 전혀 들을 수 없으므로 브리세이스는 사람이면서 동시에 소유자에게 지위를 부여하는 물건이라고 여기지 않을 수 없다. 그러지 않으면 이야기 자체가 성립되지 않는다.) 데메테르는 딸을 잃고 분명 극심한 고통을 느낀다. 아킬레우스와 달리 데메테르는 페르세포네의 납치가 자신을 존중하지 않아서 이루어졌다는 사실에는 별로 신경 쓰지 않는다. 제우스나 하데스가 데메테르의 반응을 걱정했다면 애초에 이런 계획을 공모하지 않았을 텐데도. 데메테르가 분노를 마구 표출하고 난 다음에야 제우스는 자신이 한 일을 후회하기 시작한다. 『일리아스』에서도 똑같은 일이 일어난다. 아가멤논은 아킬레우스가 전투에서 빠지면서 그리스군이 얼마나 큰 피해를 입었는지 보고 난 다음에야 브리세이스를 다른 보물과 함께 돌려주겠다고 한다. 우리는 흔히 데메테르를 어머니상으로, 양육하고 보호하는 인자한 존재로 보기 때문에 데메테르의 분노가 신들조차 겁에 질리게 할 만큼 무시무시하다는 사실을 종종 잊는다.『호메로스 찬가』를 비롯한 작품에서 데메테르는 크루사오로스chrusaoros라고 지칭되는데, '황금 칼을 든 데메테르'라는 뜻으로 볼 수 있다.[26] 나는 전에는 데메테르가 추수와 뚜렷한 연관이 있기 때문에 이 문구를 '황금 낫의'로 번역하곤 했다. 하지만 지금은 좀 더 중의적으로 '황금 날의' 데메테르라고 번역하는 편이 낫다는 생각이 든다. 데메테르는 자신이 가진 최강의 무기인 기근을 아킬레우스가 창을 휘두르듯 살의를 담아 휘두른다.

다음에는 페르세포네의 이야기에서 가장 고통스러운 부분이 나온다. 석류 장면의 회상이다. 여기에도 라트레이, '몰래'라는 단어가 있어 하데스가 의도적으로 속이고 있음을 다시 떠올리게 된다. 이 단어가 처음 쓰였을 때는 하데스가 속이려는 사람이 페르세포네라고 생각하기 쉽다. 그런데 문장의 다음 부분을 보면 그렇지 않다는 걸 알게 된다. 하데스는 페르세포네가 원하지 않는데 강제로 석류를 먹인다. 학대 행위를 뜻하는 세 단어—'원하지 않는', '강제로', '강요했다'가 한 문장 안에 다 들어 있다. 하데스는 페르세포네를 속여서 석류를 먹인 것이 아니다. 그냥 완력으로 씨앗을 입에 밀어 넣었다. 그러니 하데스가 이 사실을 숨기려 한 대상은 헤르메스일 수밖에 없다. 그리스 문학에는 끔찍한 장면이 많지만 이보다 더 소름 끼치는 장면은 많지 않다. 전능한 신, 망자의 왕이 자신의 왕국 안에서, 제우스의 전령에게는 지시를 이행하는 척하면서, 납치하고 강간한 소녀에게 억지로 씨앗을 먹여 영원히 해마다 되찾을 수 있게 만든 것이다.

페르세포네의 이야기는 다시 납치되던 날로 돌아간다. 친구들과 풀밭에서 어울려 놀던 목가적인 풍경이다. 다른 소녀들의 이름을—레우키페, 파이노, 이안테 등등—하나씩 읊는 사랑스러운 순간 끝에, 흥겹고도 목가적인 오후에 딱 어울리는 이름이 나온다. 싸움을 일으키는 아테나와 화살을 쏘아대는 아르테미스. 페르세포네가 수선화를 꺾으려고 손을 뻗는 순간 땅이 갈라지는 장면은 이 일이 일어나리라는 걸 알고 보는데도 극적이고 충격적으로 다가온다. 페르세포네는 자기 뜻에 반해 울면서 끌려갔다는 사실을 다시 상기시키며 이야기를 마친다. 이 부분 역시 삼인칭 서술로 이미 들었기 때문에 페르세포네의 말에는 의심의 여지가 전혀 없다. 아마 가장 슬픈 점은 이야기하는 동안 페르세포네의 감정이 격변한다는 사실일 것이다. 이야기는 헤르메스가 도착해 기쁨으로 폴짝 뛰었던 최근 일에서 시작되었다. 그러다가 시간을 거슬러 올라가며 점점 비참해진다. 처음 하데스에게 납치되었던 날, 울면서 저항했던 때로 돌아가면서. 명계에서 페르세포네는 내내 불행했으나 하데스의 폭력과 속임수 때문에 영영 그곳에서 벗어날 수 없게 되었다. 하데스와 페르세포네의 관계가 여러 미술과 음악에 영감을 주었으나 나는 이 이야기에서 로맨스를 도무지 발견하지 못하겠다. 나에게는 A. E. 스톨링스의 시에 가깝게, 겉보기에는 점잖아 보이지만 그 아래에 위협이 도사린 관계로 보인다.

그리고 어머니와 딸의 재회 장면에서 그 대조가 더욱 극명하게 드러난다. 두 사람의 관계는 페르세포네와 하데스와 관계와 정반대이다. 두 여신은 호모프론homophrōn, 한마음이며 같은 생각을 한다. 『오딧세이아』에서 오딧세우스와 페넬로페도 그렇다. 두 사람은 세계를 같은 관점에서 바라본다. 긍정적인 의미의 단어가 반복된다. 두 사람은 한마음이며, 서로에게서 기쁨을 느끼고, 서로를 끌어안고 아픈 마음을 달래고, 고통이 영혼에서 떠나가고, 함께 있으면 즐겁다.[27] 그때 헤카테 여신이 당도하고(페르세포네가 납치당할 때 비명을 들었던 여신이다.), 헤카테도 페르세포네를 보고 무척 기뻐한다. 하데스가 등장하는 장면에는 온통 고통과 강제의 어휘가 가득한데 하데스가 없을 때는 기쁨만 있다. 제우스는 또 다른 전령을 보내는데, 이번에는 레이아 여신이 와서 데메테르에게 다른 신들이 있는 곳으로 가자고 한다. 레이아는 제우스, 데메테르, 하데스의 어머니이다. 그러니 제우스가 자신이 형편없이 굴었음을 직접 나서서 인정하기 겁이 나서 대신 어머니를 보낸 셈이다.

제우스는 레이아를 통해 타협안을 제시한다. 페르세포네가 매해 3분의 1은 명계에서 보내고 3분의 2는 지상에서 어머니와 보낸다는 안이다. 데메테르가 받아들일 법한 타협안이었다. 시인이 말하듯 한때 비옥했던 라루스 땅이 식량을 생산하지 못하고 잎이 모두 말라버렸다는 사실을 생각하면 다행스러운 일이다. 레이아가 데메테르를 만나러 오면서 또 한 차례 기쁜 재회가 이루어진다. 두 사람은 함께 크게 기뻐한다.[28]

이 시에서는 남자끼리 만날 때(헤르메스와 하데스는 감정 없이 인사만 나눈다.), 남자가 여자를 대할 때(하데스는 페르세포네를 납치하고 헤르메스는 페르세포네에게 아예 말을 걸지 않고 하데스만 상대한다.), 여자끼리 만날 때(기쁨, 포옹, 즐거움)가 뚜렷이 대비된다. 그리고 여기에서 여자들의 행복한 재회가 연달아 세 번 이루어진다. 이 찬가가 너무나도 명백하고 확실한 가부장 사회에서 쓰였음은 말할 필요도 없으나, 그럼에도 여성들이 맺는 관계의 가치를 인지한다. 여자들은 온갖 부당함 앞에서 서로에게 위안, 위로, 기쁨, 따스함을 가져다준다.

    1994년 아일랜드 시인 이번 볼런드는 『폭력의 시대에』라는 제목의 시집을 출간했는데 여기 데메테르(이 시에서는 케레스로 불림)와 페르세포네에 관한 아름다운 시 「석류」가 실려 있다.[29] 볼런드는 이 이야기가 "내가 사랑한 유일한 신화 [……] 이 전설의 가장 좋은 점은/ 어디에서든 안으로 들어갈 수 있다는 것. 그리고 그렇게 해왔다."라고 한다. 아름다운 통찰이자 너무나 진실이라고 느껴진다. 캐럴 앤 더피와 A. E. 스톨링스도 똑같이 느낀 듯하다. 정말 당신이 어떤 사람인지 또 어느 시기에 이 이야기를 접하는지에 따라 우리는 다양한 지점에서 이 이야기 속으로 들어갈 수 있다. 내가 인용한 이 현대 시인 세 명은 모두 딸을 둔 어머니이고 당연히 누군가의 딸이다. 이들이 모두 이 신화에 끌린 것도 그럴 만하다. 한 여성이 강력한 남성의 학대를 (여성들이 으레 그래야 한다는 통념을 거스르며) 순순히 받아들이지 않고 거부함으로써 인신매매 당한 딸을 불완전하게나마 구해내는 내용이기 때문이다. 제우스와 하데스는 페르세포네가 뭘 바라는지는 한 번도 고려하지 않았을 뿐 아니라 자기들의 누이인 데메테르도 무시하고 계획을 짰다. 그저 자기들끼리 하데스가 원하는 걸 가져야 한다고 결정을 내리고 페르세포네는 어차피 달아날 수도 없으니 익숙해지리라고 가정한다. 그러나 이 젊은 여성의 어머니이며 따라서 포식자 남성의 시선에서는 전혀 보이지 않는 자리를 차지하고 있는 데메테르는 결코 용납하지 않는다. 자신의 분노를 무기로 삼아 엄청난 힘을 발휘하고 진작 했어야 할 일을 하게 만든다. 페르세포네와 데메테르의 감정을 고려하는 일을.

볼런드는 처음 이 이야기를 읽었을 때를 떠올린다. "처음에 나는/저승의 갈라지는 어스름 속에/유배된 아이였다." 그러다 여러 해 뒤 어느 날 저녁에 자기 딸을 찾으러 나서게 되었고 극도의 불안을 느꼈다. 부모라면 누구나 느낄 이런 심정을 볼런드는 한 문장으로 요약한다. "아이가 달려왔을 때 나는/아이를 지키기 위해 어떤 거래라도 할 준비가 되어 있었다." 이 시의 끝부분에서 시인은 이 이야기 혹은 전설이 자기에게 그랬던 것처럼 딸에게도 마찬가지일 거라고, 언젠가는 딸도 데메테르가 될 것이라고 한다.

이 신화에 대한 내 경험도 볼런드와 비슷하다. 나도 이 이야기를 어릴 때 읽었고 페르세포네와 나를 동일시했다. 페르세포네는 어릴 뿐 아니라 너무나 비극적이고, 늘 외부인이다. 양쪽 세계에서 시간을 나누어 지내야 하므로 어느 한 곳에 온전히 속하지 못한다. 페르세포네는 수천 년 전부터 존재해 온 '이상한 십대 소녀'의 원형이다. 하지만 지금은 데메테르의 힘, 데메테르가 신들의 영역에서 물러섬으로써 두 오라비에게 가한 막대한 피해에 훨씬 관심이 간다. 물론 데메테르가 이들에게 벼락을 내렸다면 좀 더 좋았겠지만, 나도 아무래도 나이가 들면서 지혜가 생겼는지 원하는 걸 다 가질 수는 없다는 걸 받아들이게 됐다.

한 가지 덧붙이자면, 데메테르는 제우스가 페르세포네 납치에 하데스와 공모하기 전에도 제우스를 공격할 충분히 정당한 이유가 있었다. 헤시오도스는 『신들의 계보』에서 데메테르가 이아시온이라는 인간과 열렬한 연애를 했다고 전한다.[30] 그런데 『오딧세이아』 5권에서 님프 칼립소가 그 일이 어떻게 되었는지 말해준다. 헤르메스가 칼립소에게 와서 인간 애인 오딧세우스가 이타케로 돌아갈 수 있게 놓아주라는 제우스의 메시지를 전하자 칼립소는 격분한다. 헤르메스가 말을 마치자 칼립소는 분노로 몸을 떨며 말을 쏟아붓는다.[31] 당신들은 사악해, 질투심으로는 당할 자가 없지. 칼립소는 장밋빛 손가락의 새벽(에오스)이 (인간) 오리온을 연인으로 택하자 아르테미스를 보내 활로 쏘게 한 일을 거론한다. 또 아름다운 머리카락의 데메테르가 이아시온에게 빠져 세 번 갈아엎은 밭에서 사랑을 나누었을 때도 그랬다. 이 사실을 알자마자 제우스는 번쩍이는 번개를 던져 이아시온을 죽였다. 제우스 본인은 인간 연인을 마음껏 취했던 사실을 생각하면 칼립소의 비판이 일리가 있다. 이런 일들이 있었는데도 헤라가 제우스의 애인이건 피해자이건 가리지 않고 응징했다는 이유로 파괴적 질투심의 소유자로 정평이 났다는 사실은 흥미롭다. 한편 제우스는 데메테르의 연인을 제거할 때 한순간도 망설이지 않으며 아르테미스나 아폴론 같은 다른 신을 보내 대신 일을 처리하게 하지도 않는다. 바로 번개를 들어 던진다. 제우스의 질투심이 헤라 못지않게 가혹한데도, 그리스 신화에서 질투하는 남편이라는 관념은 질투하는 아내라는 관념만큼 흔히 볼 수 없다. 사실 제우스는 데메테르의 남편조차 아니다. 페르세포네의 아버지이긴 하지만. 그런데 이아시온은 헤시오도스에 따르면 데메테르가 낳은 플루토스라는 신(풍요의 신이며 하급신)의 아버지이다. 그러니 어쩌면 이아시온이 신의 아버지가 되었다는 사실이 제우스가 극단적인 반응을 보인 또 다른 원인일 수도 있다. 어느 쪽이든 데메테르는 하데스가 딸을 납치하도록 제우스가 수락, 방조하기 전에도 이미 정당한 원한을 품을 이유가 있었다.

데메테르와 페르세포네가 함께 있는 순간을 보여주는 아름다운 도기 그림이며 조각들이 있다. 그런데 누구라고 확실히 식별하기가 어려워 아쉬움이 남는다. 파르테논 동쪽 페디먼트● 프리즈 장식(이 글을 쓰는 지금도 여전히 영국박물관에 소장되어 있다.)●●에는 가운데 두 여신이 함께 앉아 있는 조각상이 있다. 한 사람은 오른쪽으로 기대어 앉았고 다른 사람은 그 사람을 반쯤 안은 자세이다.³² 남아 있는 부분만 보자면 왼쪽에 있는 여신이 한쪽 팔을 다른 여신의 비스듬한 어깨 위에 얹었다. 두 여신은 편안하게 앉아 있고 벌어진 무릎 사이로 튜닉이 흘러내린다. (머리가 없고 손과 팔 일부도 없긴 하지만) 어딘가 느긋하고 태평한 분위기를 풍긴다. 이 여신들이 누구인지 확실히 알 수는 없지만 데메테르와 페르세포네가 가장 유력하다. 이 페디먼트는 신들이 아테나의 탄생을 목격하는 장면을 묘사한 것이기 때문이다. 이들은 나무 상자처럼 보이는 것 위에 앉아 있는데, 이 상자를 엘레우시스 비밀 숭배의식에 쓰인 키스타(궤 또는 함)라고 보면 누군지 알 수

● 고대 그리스 건축물의 입구 위 삼각형 부분.
●● 엘긴 마블스라고도 불리는 영국박물관 소장 파르테논 신전 조각은 그리스가 환수 요구를 하고 있으나 아직 반환되지 않았다.

있는 추가적 단서가 된다. 이보다 더 화려하게 장식된 키스타는 엘레우시스 데메테르 신전에 있는 카리아티드(신전을 말 그대로 머리로 떠받치고 있는 기둥 역할을 하는 여사제 조각상)의 머리 위에서 볼 수 있다. 카리아티드 조각상과 궤(함)는 현재 케임브리지의 피츠윌리엄박물관에 소장되어 있다. 지나친 억측이라고 할 수도 있겠지만, 파르테논 신전 조각은 식별할 증거가 너무 부족하다 보니 얼마 안 되는 단서를 근거로 삼아 추측할 수밖에 없다.

『호메로스 찬가』의 마지막 부분은 이 이야기의 행복한 결말에 초점을 맞춘다. 데메테르가 얻어낸 제한적인 승리만이 아니라, 인간들의 삶이 어떻게 나아졌나 하는 이야기도 한다. 레이아는 데메테르에게 제우스에 대한 분노를 접으라고 부탁하는데, 이 장면을 보면 자기 싸움에 어머니를 대신 내보내는 것만큼 모양 빠지는 일도 없다는 사실을 다시 상기하게 된다. 레이아는 마지막으로 우리 인간들을 위해 간청한다. 인간들에게 풍성한 수확을 주라고.[33] 그러자 아름다운 화관을 쓴 데메테르는 그 간청을 외면하지 않는다. 데메테르가 작물들을 빨리 자라게 하여 온 땅이 잎과 꽃으로 가득 찬다.

데메테르는 세상에 생명을 되살리는 것에 그치지 않고 인간의 삶을 더 개선하기로 한다. 일단 네 왕을 찾아간다. 트리프톨레모스, 디오클레스, 에우몰포스, 그리고 데메테르가 암울한 시기에 머물렀던 켈레오스의 나라로 가서, 자신을 숭배하는 종교의 신성한 제의를 가르친다. 트리프톨레모스는 특히 데메테르 숭배와 밀접한 관련이 있어 이 둘이 같이 등장하는 예술 작품이 많다. 위[僞]아폴로도로스는 트리프톨레모스가 메타네이라와 켈레오스의 장남이라고 한다. 이 전승에서는 데메테르가 통나무처럼 불에 구웠던 아기 데모폰의 형이 있는 셈이다.

젊은 트리프톨레모스가 그려진 기원전 5세기 초의 스키포스(술잔)가 오늘날까지 남아 있다. 히에론이 제작하고 마크론이 채색한 이 잔은 현재 영국박물관에 소장되어 있다.[34] 높이 21센티미터가 조금 넘는 작은 적회식 도기●이다. 그림 가운데에 트리프톨레모스는 날개를 달고 있고, 바퀴에 뱀이 얹힌 전차에 앉아 있다. 트리프톨레모스는 왼손에 밀 이삭 다섯 줄기를 들었고 오른손에는 넓고 얕은 접시를 들었다. 그 앞에 있는 인물은 페르세포네로, 술항아리로 와인을 따라주려 한다. 페르세포네는 왼손에는 횃불을 들었고 주름과 러플 장식이 잔뜩 있는 화려한 드레스를 입었다. 페르세포네 뒤에 있는 인물은 엘레우시스로 이 도시를 신격화한 존재이다. 엘레우시스는 신성한 의식을 배우고 싶은 듯 열심히 이 장면을 지켜보고 있다. 전차 뒤쪽에는 데메테르가 있다. 오른손에는 페르세포네처럼 횃불을, 왼손에는 트리프톨레모스처럼 밀 이삭을 들었다. 이 횃불을 보면 데메테르가 사랑하는 딸을 찾으러 밤낮으로 세상을 헤매고 다닐 때 들었던 횃불이 떠오른다. 데메테르는 단순한 디자인의 관을 쓰고 극도로 화려한 망토를 걸쳤다. 날아가는 조그만 사람, 말이 끄는 전차를 타고 달리는 사람, 공중으로 뛰어오르는 돌고래, 장식용 소용돌이와 종려나무 잎 등의 수평 무늬로 촘촘히 뒤덮인 망토이다. 화가가 옷에 주름이 잡히면서 무늬가 왜곡되는 모습까지 정확히 재현한 것으로 보

● 배경을 검게 칠해 형상을 붉은색으로 표현한 양식의 도기.

아 실제 모델을 사용한 것이 분명하다. 포세이돈은 데메테르 뒤쪽에 앉아, 고개를 완전히 꺾고 데메테르의 놀라운 의상을 뚫어지라 보고 있다. 왼손에 돌고래를 들고 있는데도 상대적으로 덜 차려입은 것처럼 보인다. 심지어 돌고래도 약간 뚱해 보인다.

아무도 데메테르의 신성한 제의를 모독할 수는 없다고 『호메로스 찬가』는 설명한다. 의문을 제기하거나, 심지어 입에 올려서도 안 된다. 아무도 그것에 관해 이야기하지 않는데 뭐가 모독인지 아닌지 어떻게 알 수 있냐고 나한테 묻지 말길. 종교 권위자들이 논할 문제일 듯싶다. 어쨌든 이 시에서는 이 제의를 알고 실천할 때의 이점을 분명히 밝힌다. 이 의식을 본 사람은 축복을 받고, 보지 못한 사람은 참된 신도가 사후에 누릴 복을 나눠 갖지 못할 것이라고.

놀라운 대목이다. 시의 거의 끝부분에 나와서 더욱 그렇다. 데메테르 숭배가 매우 현세적인 일이라고 생각하기 쉽다. 데메테르의 관심사는 작물의 생장이다. 시를 보아도 그렇고 아름다운 스키포스 그림에서도 데메테르는 밀 이삭을 들고 있고, 트리프톨레모스도 여신을 따라서 밀 이삭을 들었다. 엘레우시스 비밀의식은 비밀에 싸여 있을지라도(페르세포네와 데메테르가 든 횃불은 의식이 어둠 속에서 비밀스레 진행되었을 가능성을 암시한다.), 공동체적이고 실질적인 것, 곧 수확과 밀접한 관련이 있다. 그런데 또한 이 찬가에는 사후 세계에 대한 암시와 특정 종교를 실천하면 사후에 더 나은 삶을 누릴 수 있다는 약속이 들어 있다. 7, 8세기 정도 지난 후 그리스도교가 널리 퍼졌을 때는 신도가 비신도보다 사후에 더 많은 복을 누릴 것이라는 관념이 흔해졌지만, (호메로스나 『호메로스 찬가』 모두 공유하는) 다신교적이고 개인주의적인 세계관의 맥락에서는 매우 이례적이다. 우리는 『오딧세이아』 등에서 사후 세계가 개인의 삶, 행위, 죽음 등 특수한 정황에 따라 정해지는 것을 익숙하게 보았다. 어떤 사람이 전장에서 영웅적 행위를 하고 죽으면 엘리시온 평원으로 갈 수 있고 악행을 저지른 사람은 타르타로스에서 영원히 벌을 받을 수도 있다. 그러나 이 찬가에서는 그보다 훨씬 소박하게 엘레우시스 비밀의식에 참여하는 행위만으로 생전에도 사후에도 더 잘 살 수 있다고 말한다.

 시는 이제 거의 끝나가고 데메테르와 페르세포네는 인간들의 영역에서 물러나 올림포스로 돌아간다. 이들은 그곳에서 함께, 제우스 곁에서 산다.(한 해의 3분의 2 동안은) 이 두 여신의 사랑을 받는 사람은 누구나 기쁠 것이다. 왜냐하면 풍요의 신이며 데메테르와 인간 연인 이아시온의 아들인 플루토스를 집으로 보내줄 테니까. 시인은 데메테르와 페르세포네에게 자신을 어여삐 여겨달라고 호소하며 시를 마무리한다.

 크니도스의 데메테르는 『호메로스 찬가』가 지어지고 수 세기 후의 조각상이다. 기원전 4세기 중반에 만들어졌다. 높이는 150센티미터 정도이고 왕좌에 앉은 흰 대리석 조각으로 현재 영국박물관에 있다.[35] 왕좌는 본래의 위엄 있는 모습을 잃고 등받이와 팔걸이가 부서진 상태이다. 여신상도 비슷한 운명을 겪었다. 두 팔은 팔꿈치 윗부분에서 부러졌고 코와 턱도 살짝 손상을 입었다. 그러나 텅 빈 눈으로 보는 이를 응시하는 고요한 표정은 달라지지 않았다. 머리에는 베일을 썼는데 얼굴을 드러내고 귀 위를 덮은 단순한 스타일이다. 긴 머리카락 몇 가닥이 튜닉 앞쪽으로 흘러내리고, 히마티온(망토)을 빗장뼈 언저리에서 핀으로 고정해 걸쳤다. 수확과 농경의 여신다운 차분하고 인내심 있는 어머니의 상이다.

이 여신의 다른 면을 보려면 좀 더 열심히 보아야 한다. 조각상 하단부가 손상되어서 무릎 위로 흘러내리는 드레스의 주름은 보이지만 세부적인 부분이 많이 사라졌다. 그렇지만 조각상을 옆에서 보면 얼굴 표정에서 느껴지는 것처럼 평온하게 앉아 있지는 않다는 것을 알 수 있다. 여신의 오른발은 발 받침대를 벗어나 앞으로 뻗어 있다. 지금은 가만히 있지만 금세라도 일어서서 움직일 채비가 되어 있다. 데메테르는 무엇보다도 페르세포네의 어머니이니까. 딸이 위협받는다면 언제라도 나설 준비가 되어 있다.

결코 포기하지 않는 이 어머니에 관한 마지막 이야기로 넘어가자. 위[膳]아폴로도로스가 전하는 페르세포네와 석류 이야기에서는, 하데스가 내켜 하지 않는 신부에게 음식을 강제로 먹이지는 않는다.[36] 그냥 페르세포네에게 석류 씨앗을 내주면서 그것을 먹었을 때의 결과가 무엇인지는 말해주지 않는다. 그래서 페르세포네는 먹는다. 나중에, 페르세포네가 잡혀 있던 동안 무언가를 먹었느냐는 질문이 제기되고 먹었는지 안 먹었는지가 앞으로 페르세포네의 운명에 막대한 영향을 미치게 되었을 때, 한 목격자가 나타나서 페르세포네에게 불리한 증언을 한다. 바로 아케론과 고르기라의 아들 아스칼라포스이다. 아스칼라포스의 증언이 페르세포네의 운명을 결정 짓는다. 그러자 데메테르는 거대한 바위를 명계에 있는 아스칼라포스 위에 떨어뜨려 납작하게 눌러버린다.

　남자들, 남신들은 순진무구한 젊은 여성의 원형인 페르세포네(처녀 혹은 딸을 뜻하는 '코레'라는 이름으로도 불림)의 삶을 방해하려고 최선을 다하지만, 데메테르는 절대 포기하지 않는다. 이들이 자신의 행동을 재고하게 만들기 위해 기근을 일으키는 한이 있더라도. 어떤 생명도 자기 딸만큼 소중하지는 않다. 이런 데메테르를 만약 경솔하게도 거슬렀다가는, 벌레처럼 납작하게 짓눌리고 말 것이다.

헤스티아

> 밖에 나갔다가 집에 돌아와 따스함을 느꼈다면, 헤스티아 여신을 만난 것이다. 다시 말해 고대 그리스의 모든 집에는 헤스티아의 신전이 있었다. 불을 피우고 요리를 하고 어떤 신에게든 희생제물을 바치려면 헤스티아의 이름을 들먹이고 그 신성을 인지하게 된다. 이 다신교 사회에서 헤스티아 여신만큼 일상생활에서—가정에서, 도시에서, 종교 활동에서 중심적 위치를 차지하는 신은 상상하기 어렵다. 어떤 신에게 바치는 제물이든 첫 몫은 헤스티아에게 돌아간다.

고전
오비디우스, 『트리스티아』
대大플리니우스, 『자연사』
플라톤, 『법률』, 『크라틸로스』
칼리마코스, 『찬가』
프로페르티우스, 『엘레기』
타키투스, 『연대기』
락탄티우스, 『신성한 계율』
할리카르나소스의 디오니시오스, 『고대 로마사』
리비우스, 『로마사』
수에토니우스, 『카이사르 전기』
키케로, 『무레나를 위한 변론』

유물, 회화, 조형 예술
페르가몬 제단의 기간토마키아 묘사
파르테논 신전 동쪽 페디먼트
타르퀴니아 국립고고학박물관에 소장된 킬릭스의 헤스티아 묘사
소필로스 디노스, 영국박물관 소장
폼페이에서 발견된 베스타와 당나귀가 그려진 프레스코화
베스타 제단

시, 소설, 에세이, 논픽션
조앤 홀러브, 수전 윌리엄스, 『올림포스 여신 스쿨 18: 부끄럼쟁이 헤스티아』

기타
헤스티아 레고 피겨

작가라면 살다가 한 번쯤은 자신이 최선의 결정을 내리지 않았을지도 모른다는 사실을 인정할 수밖에 없는 때가 찾아온다. 내가 고대 문헌에 거의 언급되지 않고 르네상스 시대에도 어떤 흔적을 남기지 않았으며 어떤 클래식 작곡가에게도, 현대 예술가에게도, 그리스 고전을 애호하는 SF 작가에게도 영감을 주지 않은 여신에 관해 1만 단어짜리 글을 쓰겠다고 해맑게 약속한 날이 그런 날이었을지 모른다. 이 여신의 이름이 들어 있는 어린이 책이 있다는 말을 누군가에게서 들었을 때는(조앤 홀러브과 수전 윌리엄스가 만든 시리즈 가운데 한 권) 잠시 희망이 부풀어 올랐다. 그러나 그 책의 제목—『보이지 않는 헤스티아』를 보았을 때는 날 놀리는 건가 싶었다.[1] 이제는 어디에나 존재하던 여신이 어떻게 이렇게 흔적도 없이 사라져 버릴 수 있었는지가 그 자체로 흥미로운 주제라는 생각이 든다. 그러니까 독자 여러분도 그렇게 생각하도록 설득하기만 하면 된다.

헤스티아는 원래는 그리스 신 가운데 가장 중요한 신인 올림포스 12신 중 하나였다. 앞에서 보았듯이 이 신들의 가계도는 복잡하게 얽힌 덤불 같다. 제우스가 수차례 결혼하고 자기 누이와 결혼하는 등 관계가 복잡해진 데다가, 태어나자마자 바로 아버지에게 삼켜지고 역순으로 다시 토해진 신들의 출생 순서를 정하려면 더욱 골치 아파진다. 헤라 장에서 이야기했지만, 티탄족 신인 레이아와 크로노스 사이에서 태어난 자식들에게 있었던 일이다. 헤시오도스『신들의 계보』에 따르면 레이아는 이 순서로 자식을 낳았다. 헤스티아, 데메테르, 헤라, 하데스, 포세이돈, 제우스.² 크로노스는 앞에서부터 다섯 자식을 차례로 삼켰고 당연히 레이아는 슬픔에 잠긴다. 레이아는 부모인 가이아와 우라노스, 곧 대지와 하늘에 조언을 구한다. 그들은 레이아에게 크레타섬으로 가서 막내 제우스를 낳으라고 한다.³ 레이아는 아기를 낳고 나서 크로노스에게 갓난아기 대신 돌덩이를 아기처럼 위장해서 건네어 속인다. 크로노스는 신과 돌을 구분 못 하는 것으로 보아 최악의 아버지이기만 한 게 아니라 음식 맛도 볼 줄 모르는 게 분명하다. 크로노스는 돌과 이전에 삼킨 자식들을 토해낸다. 헤시오도스가 말하듯 제우스가 이들 가운데 막내라면, 헤스티아는 첫째인 셈이다.

그러니 당연히 헤스티아가 다른 형제자매들처럼 올림포스산 정상에서 핵심적 위치를 차지하고 있으리라고 생각하게 된다. 하데스는 지하세계를 차지했는데, 올림포스에서 너무 멀다고 여겨져 보통 12신에는 포함되지 않는다. 올림포스 12신의 공식 명단 같은 것은 없지만(어떤 목록에서는 하데스를 비롯한 주요 신이 빠지고 하위 신이나 초기 신이 포함되기도 한다.), 대부분 문헌에서 제우스와 헤라는 올림포스의 왕과 여왕이다. 이들과 동기간인 데메테르와 포세이돈도 나란히 있다. 아프로디테의 탄생에 관해서는 앞에서 보았듯이 여러 설이 있지만 그래도 언제나 올림포스의 일원으로 여겨진다. 제우스의 자녀가 다음 그룹을 형성한다. 아폴론과 아르테미스(어머니는 레토), 아테나(어머니는 메티스), 아레스(어머니는 헤라), 헤르메스(어머니는 님프 마이아). 헤파이스토스는 헤라의 아들인데, 제우스가 아버지라고 하기도 하고 헤라가 홀로 낳았다고 하기도 한다. 이렇게 열한 자리가 찼고, 나머지 한자리는 헤스티아의 몫이다. 그런데 헤스티아는 이 자리를 제우스의 다른 아들이자 가장 어린 올림포스 신 디오니소스와 공유해야 한다. 놀라운 일은 아닌 것이 술과 연극의 신과 겨루어 두드러지기는 당연히 어렵기 때문이다. 떠들썩한 신이 손에 술잔을 쥐어주고 공짜 오락을 제공하면 조용한 여신은 쉽게 잊히고 만다.

그리스인들도 디오니소스를 판테온에 뒤늦게 추가된 신으로 여겼다. 에우리피데스의 『박코스의 여신도들』은 보이오티아의 도시국가 테바이에서 (박코스 혹은 디오니소스를 숭배하는) 새로운 종교가 생겨났을 때의 일을 다룬다. 테바이의 젊은 왕 펜테우스는 이 종교를 미심쩍게 바라본다. 디오니소스는 추종자들을 선동해 왕을 갈기갈기 찢어 죽이게 하여 신성모독적 의심을 품은 왕을 벌한다. 여기에서 대립하는 두 인물—질서와 혼돈, 인간과 신—은 사실상 어머니 쪽으로 사촌지간이다. 펜테우스는 아가우에의 아들이고 디오니소스는 아가우에와 자매간인 세멜레의 아들이다. 펜테우스는 디오니소스를 자신의 왕권에 대한 위협으로 보지만, 극이 전개되면서 디오니소스가 그 이상으로 막강한 위험임이 드러난다.

그러니 자신에게 맞선 자를 말살시킨 확실한 전력이 있는 신의 심기를 거스를 위험이 있긴 하나, 이 화려한 늦깎이 신에게 대체되기 전에 헤스티아가 그리스 종교에서 어떤 역할을 했는지 살펴보자. 헤스티아라는 이름은 그리스어에서 화덕과 그 안에서 타는 불 둘 다를 가리키는 말이다. 그리스어에서 이 개념은 영어의 'hearth(난로)'와 마찬가지로 환유적으로 집 혹은 가정이라는 의미를 내포한다. 피난처이자 누군가가 호소나 간청을 펼치는 곳이기도 하다. 우리가 집이라고 부르는 건물의 환유일 뿐 아니라 우리의 가정을 이루는 식구들을 가리키기도 한다. 그러니 헤스티아는 집일 뿐 아니라 가족이다. 신전 안에서는 신의 화덕이며(그래서 때로는 제단의 환유로도 쓰인다.) 시청 화덕은 도시 행정의 초점을 이루는 시민의 공간이다.[4] 그런데 또 'focus(초점)'라는 단어는 라틴어로 화덕을 가리키기도 한다.

밖에 나갔다가 집에 돌아와 (문자 그대로의 의미든 은유적인 의미든) 따스함을 느꼈다면, 헤스티아 여신을 만난 것이다. 다시 말해 고대 그리스의 모든 집에는 헤스티아의 신전이 있었다. 불을 피우고 요리를 하고 어떤 신에게든 희생제물을 바치려면 헤스티아의 이름을 들먹이고 그 신성을 인지하게 된다. 이 다신교 사회에서 헤스티아 여신만큼 일상생활에서—가정에서, 도시에서, 종교 활동에서 중심적 위치를 차지하는 신은 상상하기 어렵다. 어떤 신에게 바치는 제물이든 첫 몫은 헤스티아에게 돌아간다. 영웅들은 제우스의 이름으로 맹세하듯 헤스티아의 이름에 대고도 똑같이 맹세했다.

『오딧세이아』 13권에서 오딧세우스는 자신의 고향 이타케섬으로 돌아온다. 그러나 이제 이 시의 중반부에 도달했을 뿐이라, 우리의 영웅이 마침내 진정으로 집에 돌아왔다고 하기까지는 더 많은 시련을 통과해야 한다. 오딧세우스가 자기 궁으로 들어와 아내와 아들과 재결합하고 백성들 앞에 왕으로 다시 인정받고 늙고 병든 아버지를 다시 만났을 때에야 비로소 그렇게 될 것이다. 귀향은 단순히 지리적인 위치 이동이 아니라 자신의 존재를 다시 온전히 인정받는 문제이다. 오딧세우스는 전자의 측면에서는 집에 돌아왔을지라도, 후자의 측면에서는 아직 갈 길이 멀다.

 아테나 여신은 오딧세우스를 늙은 거지로 변장시켜 에우마이오스의 오두막으로 보낸다. 착한 돼지치기 에우마이오스는 시간이 흐르면서 (에우마이오스를 포함한) 대부분의 이타케 사람들이 오딧세우스가 죽었다고 생각하게 되었어도 여전히 오딧세우스와 가족에게 충성을 다하려 애쓰며 살아왔다. 오딧세우스는 아테나의 지시를 따라 에우마이오스를 찾아가서 앞으로 이어질 위험을 내포한 환영 가운데 첫 번째를 경험한다. 에우마이오스가 낯선 이에게 인사를 하기도 전에 집을 지키던 개들이 달려 나와 변장한 오딧세우스를 공격한 것이다. 에우마이오스는 개들이 오딧세우스를 해치기 전에 불러들이지만, 오딧세우스가 워낙 오래 집을 비운 탓에 개들조차 오딧세우스를 알아보지 못하는 처참한 상황이다.(이 시의 뒷부분에서 딱 하나의 슬픈 예외적 사례가 나온다.) 에우마이오스는 낯선 이를 주저 없이 맞아들이고 음식과 따뜻한 담요를 나누어 준다. 오딧세우스는 돼지치기의 고기와 술을 먹으며 이타케의 왕비에 관해 가벼운 질문을 던진다. 에우마이오스는 왕비가 남편의 죽음을 받아들이고 재혼해야 한다고 생각한다고 말한다.

 오딧세우스는 그때 논리적 오류에 빠진다. 나는 빈궁하다고 해서 거짓말을 하는 자를 지옥의 문처럼 혐오하오, 라고 오딧세우스가 선언한다.[5] 오딧세우스는 가난할 때건 부유할 때건 진실을 곡해하면 안

될 이유를 모르는 사람이니 이 말은 사실일 수 없다. 나는 솔직히 거짓말쟁이가 싫다고, 솔직함이 뭔지 모르는 세계 최정상급 거짓말쟁이가 말한다. 그러나 왕이 아니라 이방인인 척하고 있는 바로 그때, 변장으로 거짓말하고 있는 그 순간에 오딧세우스는 진실을 말한다. 오딧세우스가 집으로 돌아오고 있소. 그러고는 에우마이오스가 그 말을 믿게 하려고 그것은 제우스의 이름으로, 크세니아^{xenia}(고대 그리스의 여러 사회적 만남의 특징인 주인과 손님 사이의 우정을 뜻한다.)의 식탁에 대고, 그리고 고귀한 오딧세우스의 화덕에 대고 맹세코 사실이라고 한다. 오딧세우스가 집으로 오고 있다고.

제우스의 이름으로 맹세하는 것은 오랜 전통이다. 제우스는 신들의 왕이자 거짓 맹세를 한 사람에게 벼락을 던져 벌을 주는 신이기 때문이다. 손님-주인 우정에 맹세하는 것 또한 중요한 사회적 가치를 대변한다. 그리스어 크세노스^{xenos}는 '낯선 사람'이라는 뜻과 친구라는 뜻 둘 다를 의미한다. 이럴 때면 모국어에는 존재하지 않는 개념이 다른 언어에서 어떻게 포착되는지 절실히 느끼게 된다. 영어에서는 낯선 사람과 친구가 사실상 반대 개념인데, 그리스어에서는 같은 개념인 것이다. 따라서 그리스에서는 손님을 집에 맞아들이고 음식, 술, 잠자리를 제공할 의무가 있고 손님은 그 호의를 갚을 의무가 있다. 처음에는 낯선 사이로 만났을지라도 서로를 친구처럼 대해야 한다는 말이다. 이 신성한 유대는 보통 선물 교환으로 표현된다. 우리 사회에서는 환대의 규칙을 깨뜨리는 것이 사소한 무례 정도로 여겨지지만 청동기 시대 그리스에서는 중대한 사회계약 위반이었다. 그런데 오딧세우스는 제우스와 크세니아를 걸고 엄중히 맹세하는 것만으로는 부족하다고 여기고, 화덕까지 언급한다. 이 화덕은 이타케 왕궁의 일부이고, 그것을 걸고 맹세하는 사람은 아닌 척하고 있지만 바로 그 왕궁의 주인이다. 화덕이 맹세를 떠받치는 세 번째 신성한 기둥이 된다. 오딧세우스는 제우스의, 크세니아의, 헤스티아의 이름으로 맹세한다.

오딧세우스 궁의 화덕은 이 시의 후반부에서 실질적으로도 은유적으로도 중요한 역할을 한다. 오딧세우스는 곧 아들 텔레마코스와 재회하고, 두 사람은 이타케 왕궁을 수복할 계획을 짠다. 아가멤논의 운명을 떠올리며(아가멤논은 집으로 돌아왔으나 아내가 새 남자 친구와 함께 날카로운 칼을 준비해 두고 있었다.) 오딧세우스는 신중하게 접근하기로 마음먹는다. 늙은 거지로 변장한 채로 텔레마코스와 따로 궁으로 들어간다. 구혼자들이 오딧세우스의 왕궁을 차지하고 페넬로페에게 선물을 쏟아붓고 있다.(다들 오딧세우스가 죽었다고 생각하고 페넬로페와 결혼하기를 바란다.) 선물의 가치가 결혼을 주저하는 왕비와 결혼할 가능성을 높여주리라고 믿는다. 혹시라도 남편이 실종되었는데 구혼자들이 몰려들어 결혼하자고 하는 상황에 이른다면 페넬로페의 전략을 쓸 것을 추천한다. 페넬로페가 물방울 모양 보석이 셋 달린 귀걸이를 받았다는데 무척 근사하게 들린다. 페넬로페는 홀에서 물러나고 노예들은 페넬로페가 받은 선물을 들고 뒤를 따른다. 구혼자들은 람프테라스 트레이스 lamptērastreis, 곧 '이동식 화로 세 대'를 설치해 홀을 환하게 밝힌다.[6] 이 화로는 높고 가는 형태로 아래쪽에 발이 세 개 있고 위쪽 대야 같은 것에 불을 담는다. 소나무 조각을 연료로 태운다.

구혼자들은 화로는 설치했지만 불을 붙이는 일에는 신경 쓰지 않는다. 그 일은 이 집의 드모이아이dmōiai, '여자 노예'들이 한다. 오뒷세우스는 그 모습을 보다가, 음식과 자선을 구걸하는 늙은 거지로 변장한 주제에 여자들에게 지시를 내린다. 가서 왕비를 찾아오라, 이 남자들을 위한 파오스phaos, 빛은 내가 붙일 테니. 노예들은 그의 말을 비웃고, 겁도 없이 감히 구혼자들이 모여 있는 이런 화려한 홀에 와 있다니 분명 구혼자들한테 얻어맞을 거라고 말한다. 거지 오뒷세우스가 그 말을 텔레마코스에게 일러바치겠다고 하자 노예들은 총총 가버린다. 오뒷세우스는 화로 옆에 서서 불을 지핀다. 구혼자 가운데 한 명이 셀라스selas, 불꽃이 대머리에서 반짝인다며 오뒷세우스를 조롱한다.[7]

청동기 시대 그리스에서 이런 이동식 난로 혹은 화로를 광원이자 열원으로 사용했다는 고고학적 증거가 풍부히 있다. 고정된 붙박이 벽난로가 아예 없는 건물도 많았지만 오뒷세우스 왕궁에는 제대로 된 벽난로가 있어서 오뒷세우스가 아까 그것에 대고 맹세하기도 했다. 그런데 이 이동식 광원 겸 열원은 램프, 빛, 불꽃 등 매번 다른 단어로 지칭된다. 왕은 망설임 없이 자기 가정의 중심인 화덕에 대고 맹세했다. 그러나 왕위를 넘보는 자들은 온기를 유지하기 위해 더 작은 이동식 난로를 이용한다. 오뒷세우스는 자기 집이 변함없고 견고하기를 바란다. 페넬로페와 함께 쓰는 침대는 침실 바닥을 뚫고 자라난 나무를 깎아서 만든 것이다. 오뒷세우스가 정체를 밝힌 뒤에 페넬로페는 정말 본인이 맞는지 떠보려고 하인들에게 침대를 옮기라고 지시한다. 오뒷세우스는 자기가 아끼는 이동 불가능한 침대가 옮겨졌다는 사실에 괴로워하는 모습을 보임으로써 자신의 정체를 확실하게 드러낸다.

어쩌면 이 이야기에서 더 중요한 부분은 열과 빛을 지칭하는 단어의 변화가 곧 '지위의 변화'를 반영한다는 점일 듯하다. 오딧세우스는 위험하지 않은 상황에 있을 때 화덕—헤스티아(더 정확하게는 히스티에Histiē이다. 호메로스가 쓴 그리스어는 기원전 5세기 아테네의 문학 언어인 아티카 그리스어와 다른 방언이다.)에 맹세한다. 그러나 다른 남자의 집에 들이닥친 불청객인 구혼자들은 화덕을 자기 것이라고 주장하거나 그것에 대고 맹세하지 않는다. 계속 타게 하려면 끝없이 연료를 공급해야 하는 일시적인 램프를 사용한다는 점이 이들의 잠정적 지위를 드러낸다. 이들이 램프를 사용하는 까닭은, 아무리 이 집의 주인이 되고 싶더라도 이 집의 화덕은 자기들 것이 아니고 이 집이 자기 집이 아님을 알기 때문이다.

화로와 관련된 이 장면에서 한 가지 또 주목할 만한 점이 있다. 불을 피우고 유지하는 일이 여자 노예들의 일이라는 점이다. 오딧세우스가 그 일을 거들겠다고 하는 까닭은 거지로 위장하고 있기 때문이다. 그러니까 청동기 시대 왕궁에서 날마다 열과 빛을 유지하는 일은 가사 노동을 하는 여자들의 영역이다. 그 여자들보다 더 신분이 낮은 남자만 그 일을 대신 해줄 수 있다. 이 점이 가정에서 화덕, 불과 열의 역할에 관해 매우 중요한 점을 시사한다. 누구나 불을 필요로 하고 원하지만 불을 유지하는 일은 하찮고 지저분한 일이다. 장작을 모으고, 패고, 쌓고, 가져오고, 불을 붙이고, 땔감을 넣고, 재를 치우는 일 등. 이루 말할 수 없이 성스러운 불이지만 끝없는 육체노동과 분리할 수 없다. 이러한 이중성이 '여자들의 일'이라고 불리는 일에서 종종 눈에 뜨인다. '여자들의 일'이라는 말이 '여자의 기술이 필요하므로 여자만 할 수 있는 일'이라는 뜻으로 쓰일 때는 없는 것 같다. 무언가 힘들고 지루해서 하고 싶지 않은 일에 젠더 고정관념이라는 낡은 칠을 더해서 부르는 말일 때가 많다.

물론 증거가 부족한 상태에서 주장을 펼치는 데는 위험이 있다. 하지만 나는 자꾸 같은 의문으로 돌아오게 된다. 헤스티아가 크로노스의 딸이며 제우스와 헤라 등등의 누이임에도 불구하고 그토록 미미하게 취급된 까닭이, 지위 높은 사람은 누리기만 하고 관여하지 않는 집안의 어느 영역과 관련이 있기 때문은 아닐까? 누구나 열기와 불빛, 조리된 음식과 따뜻한 잠자리를 원한다. 그러나 누구도 땔감을 모으고 재와 그을음을 치우는 지루하고 반복적인 일을 하고 싶어 하지는 않는다. 화덕은 오딧세우스의 집 안 성스러운 중심이면서 동시에 여자와 노예의 영역이다. 오딧세우스는 에우마이오스의 오두막에서는 엄중하게 화덕에 대고 맹세하지만, 만약 거지로 위장하고 있지 않았다면 과연 화롯불을 돌보겠다고 나섰을까? 그랬을 것 같지 않다.

불은 늘 무도덕적인 힘으로 여겨진다. 추운 겨울밤에는 목숨을 구하는 불이 더운 여름날에는 목숨을 위협한다. 『오딧세이아』에서도 불은 그런 이중적 속성을 띤다. 오딧세우스가 자신의 정체를 밝히고 건방진 구혼자들을 학살하기 전에, 텔레마코스는 아버지의 무기를 홀 밖으로 치워달라고 한다. 물론 구혼자들이 가까이에 있는 무기에 손을 뻗어 휘두르지 못하게 하려는 것이었지만 텔레마코스는 연기 때문에 무기가 더러워진다는 핑계를 댄다.[8] 반박할 수 없는 주장이다. 그러나 22권 끝부분에서 구혼자들이 모두 죽고, 불을 돌보는 (그러니까 텔레마코스가 구혼자들을 죽이기 전까지는 그 일을 하던) 여자 노예들이 왕궁 바닥에서 구혼자들의 피를 닦아낸 다음에, 오딧세우스는 자기 집에서 악을 정화할 불을 달라고 한다.[9] 화덕의 불은 정화하면서 동시에 오염시키고, 고귀하면서 더러우며, 왕의 소유물이자 노예들의 영역이다.

앞에서 이야기했듯이 고대 그리스 사회에서 화덕은 난방과 조명뿐 아니라 제단 등 여러 역할을 했다. 짐승과 향을 태워 제물을 바쳤기 때문에 하늘로 솟아오르는 연기에는 종교적인 의미가 있었다. 헤스티아만을 위해 세워진 신전이 없고 헤스티아에 관련된 이야기가 별로 없다는 이유로 헤스티아 여신의 존재가 잊혔다고 결론을 내린다면 성급한 오해이다. 헤스티아는 아마 다른 어떤 신보다 더 많은 봉헌물을 받았을 것이다. 헤스티아는 모든 제물의 첫 번째 부분을 받는 신이었기 때문이다. 또 헤스티아는 모든 가정과 신전에 거한다고 여겨졌는데, 비유적인 의미에서만이 아니라 실제로 그랬다. 『호메로스 찬가』의 「헤스티아 찬가」는 「데메테르 찬가」처럼 장대한 이야기를 들려주지는 않지만 헤스티아의 지위를 분명하게 밝힌다. 모든 불멸의 신의 집(신전 등)과 필멸자의 집에 당신의 영원한 자리와 프레스베이다 티멘presbēida timēn, '가장 높은 영예'를 부여한다는 말로 이 찬가는 시작한다.[10] 당신이 없다면 인간들은 어떤 잔치도 벌일 수 없다, 꿀처럼 달콤한 포도주의 첫 번째와 마지막 봉헌은 당신에게 바쳐진다고 말한다.

그러니 거대한 헤스티아 신전이 따로 없는 까닭은 헤스티아는 모든 가정과 신전에 기거하며 신을 위한 모든 제의의 자리에 있기 때문일 것이다. 만약 예를 들어 아폴론에게 제사를 지내며 역병을 극복하게 해달라고 하려면, 첫 제물을 먼저 헤스티아에게 바쳐야 한다. 성대한 연회이든 소박한 가족 모임이든 요리된 음식을 먹으며 사람들과 어울릴 수 있는 건 헤스티아의 호의 덕이다. 헤스티아가 없으면 잔치도 없다. 헤스티아는 어디에나 있으며 첫 번째이자 마지막이라는(레이아의 맏딸이면서 크로노스에게서 마지막으로 탈출했으며, 첫 번째와 마지막 제물을 받는다.) 지위를 지니고 있어 장대한 신화적 서사에서 언급되지 않는다고 하더라도 일상생활에서 끝없이 호명되는 신이었다. 이를테면 헤스티아는 신들이 실존적 위협에 맞서 힘을 모았던 두 차례의 전쟁, 티탄족과 거인족과 맞붙은 전쟁에 참여한 신들의 목록에서는 대체로 빠져 있다. 오늘날 베를린에 있는 경이로운 페르가몬 제단●에 조각된 기간토마키아 장면을 보면 주요 신과 하급신 모두 가능한 모든 수단을 동원해 거인들과 싸우는 모습을 볼 수 있다. 아르테미스, 헤라, 아테나, 데메테르가 있고, 레토와 셀레네, 테미스도 있다. 나는 밤의 여신 닉스가 특히 좋은데 뱀이 가득 든 항아리를 거인에게 던지며 싸우고 있기 때문이다.[11] 그러나 어디에서도 헤스티아는 찾아볼 수 없다. 헤스티아는 집의 여신이고 모든 사람의 집에 기거하지만 외부 환경에서는 거의 보이지 않고 호출되지도 않는다.

● 기원전 2세기경 페르가몬 지역(현재는 튀르키예에 속함)에 건설된 건축물이다. 제우스와 아테나에게 봉헌된 것으로 추정된다. 19세기 독일 학자들이 발굴한 후 통째로 뜯어 왔다. 현재 베를린 페르가몬박물관에 설치되어 있다.

어쨌든 자기 집에 있는 헤스티아를 보고 싶다면 앞 장에서 살펴보았던 파르테논 신전의 동쪽 페디먼트를 보면 된다. 올림포스 신들이 아테나의 탄생을 맞이하는 장면이다. 데메테르와 페르세포네라고 추정되는 인물상도 그랬듯이 누가 누구인지 확실하게 말하기는 어렵다. 이 조각상도 영국박물관에서 '헤스티아일 가능성이 있다.'라고만 적어 놓았다.[12] 머리와 팔이 없고 아름답게 주름 잡힌 튜닉과 망토를 걸친 모습이다. 왼발을 바깥쪽으로 딛고 왼 다리를 앞으로 내밀고 앉았다. 오른 다리는 아래로 바싹 당겨서, 마치 곧 일어서려는 듯 혹은 그 다리를 축으로 왼쪽으로 급히 몸을 돌리려는 듯 보인다. 이 조각상이 헤스티아인지 아닌지 확실히 말할 수는 없지만(헤스티아는 아테나의 투구나 아르테미스의 활처럼 뚜렷한 상징이 없어 식별하기 어렵기로 유명하다.) 나는 맞다고 생각하고 싶다. 헤스티아가 페르가몬 제단화에서는 빠질 수 있지만, 파르테논 신전 페디먼트는 올림포스산을 배경으로 전형적으로 가족적인 순간을, 새로운 구성원인 제우스의 딸을 환영하는 순간을 담은 장면이다. 전투 장면에 헤스티아가 포함될 이유는 없겠지만 나는 집과 가족 자체인 헤스티아는 분명 조카를 맞이하려고(이 말이 우스꽝스럽게 들릴 수는 있겠지만) 그 자리에 있으리라고 생각한다.

그리스 신화 속 신들, 특히 자기 가족에 비해 헤스티아는 놀라울 정도로 평온하고 온화한 품성을 지닌 듯하다. 어떤 운 나쁜 인간을 사소한 모욕을 가했다는 이유로 없애버렸다거나 다른 신들과 불화를 일으켰다는 등의 이야기가 전혀 없다. 이런 면에서 헤스티아는 그리스 신화에서 독보적 존재이다. 다른 사람을 모욕하지도 다른 사람에게 모욕을 당하지도 않는 초인적 능력을 지닌 듯 보인다. 헤스티아는 사랑의 여신을 거스르지도 않는다. 헤스티아는 아프로디테가 설득할 수도 홀릴 수도 없는 세 여신 가운데 한 명으로『호메로스 찬가』5권에서 언급된다.[13] 그러니까 아테나와 아르테미스처럼 성적 관계에 아무 관심이 없다는 말이다.『호메로스 찬가』에 따르면 아테나는 사랑의 기술보다는 전쟁의 기술에 관심이 있고, 아르테미스는 앞에서 보았듯이 거친 숲에서 사냥하기를 가정을 꾸리기보다 좋아한다. 그러나 헤스티아는 전사도 사냥꾼도 되고 싶지 않다. 그런데도 아이도이에aidoiē(이 단어는 '존경받는'이라는 뜻이지만 '수줍은', '부끄러워하는'이라는 뜻도 있다.) 헤스티아는 아프로디테의 일(이 대목에서 완곡어법 경보를 울리는 게 좋다.)을 피한다.[14] 만약 헤스티아를 쫓아다니는 남자가 없었던 게 아닐까 생각하고 있다면, 착각이다.『호메로스 찬가』는 포세이돈과 아폴론 둘 다 헤스티아를 유혹하려 했으나 헤스티아가 관심 없다고 단호하게 말했다고 전한다.

 매우 이례적인 일이다. 아프로디테를 피하고 성과 욕망이란 가치를 멀리하는 여신이 있는데, 아프로디테가 인간이나 돼지 따위에게 반하도록 만들어 벌하지 않는다니 말이다. 아프로디테는 자신을 숭배하지 않는 이에게 극도로 예민하게 반응한다. 에우리피데스의『히폴리토스』에서 불쌍한 히폴리토스가 당한 일이 보여주듯이. 포세이돈과 아폴론도 아프로디테 못지않게 욱하는 성격이다. 그런데 이 두 신이 나란히 같은 여신에게 집적댔고 여신은 딱 잘라 거절했다. 가부장적 사회에서 여자가 이렇게 대놓고 거절하면 일반적으로 좋지 않은 결과를 낳곤 한다. 그런데 누구도 앙심을 품지 않는다. 헤스티아는 어떻게 해서인지 성격 까칠한 자아도취자 셋을 밀어내면서도 이들을 적으로 만들지 않았다.

『호메로스 찬가』에는 이어 이런 이야기가 나온다. 헤스티아는 제우스의 머리에 대고 자신은 파르테노스parthenos, '결혼하지 않은 여자'로 남겠다고 맹세한다. 제우스는 헤스티아에게 결혼 대신 영광스러운 선물을 준다.(나로서는 이 전통이 오늘날까지 남아 있지 않은 게 얼마나 유감스러운지 모른다.) 제우스는 집 한가운데에 자리를 내주고 모든 희생물 가운데 가장 살진 부분을 준다. 그뿐 아니라 헤스티아는 모든 신의 성전에 거하며 인간이 신에게 바친 제물을 받게 될 것이다.

헤스티아가 차지하는 위상이 어느 정도인지 이 이상 뚜렷하게 드러내기는 어려울 것이다. 헤스티아는 보수적 사회에서 결혼하지 않은 여성이 대체로 그렇게 되듯이 주변으로 밀려나지 않는다. 기혼 여성에게 위협이 되거나 잉여적인 존재로 치부되지도 않는다. 집 안의 벽난로처럼 중심 위치를 점한다. 그리스 신은 보통 여러 역할에 덧붙여 알레고리적 공간을 차지하기도 하는데 헤스티아도 그렇다. 헤스티아는 화덕의 여신일 뿐 아니라 집 안 한가운데에 자리한 화덕 그 자체이다. 집과의 연관이 너무나 확고해서 기원전 1세기에 디오도로스 시켈로스는 헤스티아가 집을 짓는 법을 익혀 인간들에게도 그 방법을 가르친 여신이라고 하기도 한다.[15] 이런 에우에르게시아euergesia, 친절/선행 때문에 거의 모든 남자가 자기 집에 헤스티아를 위한 신전을 차렸다고 한다.

건축적 지식에 더해 헤스티아는 또 한 가지 더욱 기적적인 능력을 지녔다. 아무 어려움 없이 남신과 같이 살 수 있다. 「헤스티아 찬가」로 돌아가면, 제우스와 마이아의 아들이자 눈이 백 개인 괴물 아르고스의 살해자(우리는 헤르메스라는 이름으로 알고 있는)를 부르는 기도가 나온다.[16] 헤르메스는 복되고 행복하며, 황금 지팡이를 들고 다니고 선물을 준다고 묘사된다. 기도는 이렇게 이어진다. 행운을 가져다주소서, 당신의 소중하고 수줍은 친구와 함께. 그녀의 고운 집에서 친구로 함께 사소서. 당신들 두 분 다 지상 인간의 행동을 아시니, 와서 우리에게 생각과 힘을 보태주소서. 기뻐하소서, 크로노스의 딸이여. 그리고 황금 지팡이의 헤르메스여.

황금 지팡이 어쩌고에서 완곡어법 경보가 또 울린다면 이번에는 끄는 게 좋겠다. 헤스티아는 성적 관계에는 관심이 없기 때문이다. 적어도 「아프로디테 찬가」를 만든 사람에 따르면 그렇다. 헤스티아는 결혼도 섹스도 원하지 않는다. 그런데 「헤스티아 찬가」에서는 헤스티아가 헤르메스를 벗이자 동거인으로 두고 있다고 묘사한다. 『호메로스 찬가』를 탁월하게 번역한 세라 루든은 헤르메스가 헤스티아를 완벽하게 보완하는 짝이라고 설명한다.[17] 헤르메스는 항상 이동한다. 삶과 죽음의 경계를 넘나들고(앞에서 보았듯이 쉽게 지하세계로 갔다가 돌아올 수 있다.) 신과 필멸자의 경계도 가로지른다. 언제나 움직이는 신은 언제나 집의 중심에 붙박여 있는 헤스티아와 정반대이다. 헤스티아의 짧지만 아름다운 이야기에서는 늘 그러듯, 여기에서도 극과 극의 만남이 갈등을 일으키지는 않는다. 이를테면 아프로디테가 불쌍한 히폴리토스의 운명을 두고 아르테미스와 충돌할 때와는 다르다. 그보다는 유쾌한 셰어하우스 시트콤의 이미지가 떠오른다. 극과 극이 서로 끌리지만 성적인 끌림은 아니다. 금방이라도 함께 범죄 사건을 해결하거나 머리를 맞대고 십자말풀이를 풀 것 같다. 그리스 신화에서 이와 비슷한 남신과 여신 사이의 우정이 있는지 머릿속을 뒤져보았는데 단 한 사례도 떠오르지 않는다.

플레이모빌사에서 헤스티아 피겨를 만들 때 떠올린 이미지도 그런 것이 아니었을까 싶다.(헤스티아 피겨에는 화로, 성화聖火, 황금 물병, 물병을 올려놓는 받침대가 같이 들어 있다.)[18] 헤스티아는 흰 튜닉을 입었는데 목둘레에 금색으로 그리스 문양(뇌문)이 있고 그 아래 소용돌이무늬(파도 무늬라고 불림)가 아름답게 장식되었다. 밝은 파란색 망토를 옷 위에 걸치고 머리에도 덮어썼다. 망토 아래로 짙은 색 앞머리가 아주 살짝만 보인다. 그리스 조각상에서 머리를 이렇게 가리면 보통 제의를 진행하고 있음을 나타낸다. 플레이모빌 헤스티아는 다정한 웃음을 띠고 있어 이상적인 하우스메이트로 보인다. 특히 바비큐를 좋아하는 사람한테는 최고겠다.

킬릭스(넓고 얕은 술잔)에 그려진 헤스티아의 이미지와도 이어진다. 이 잔은 타르퀴니아 국립고고학박물관에 소장되어 있는데,[19] 신들의 모임에 앉아 있는 헤스티아의 모습이 그려졌다. 헤스티아는 오라비 제우스를 마주 보고 있고, 가니메데스가 제우스에게 술항아리에서 술을 따라준다. 헤스티아는 느긋하고 기분 좋은 모습이다. 왼손에는 꽃 한 송이를, 오른손에는 작은 가지를 들었다. 이 가지의 꽃인지 잎인지가 사방으로 축 늘어졌다. 이 잔치에 참석한 다른 신들(아레스와 헤르메스도 포함) 가운데 누가 헤스티아에게 수작을 걸려는 마음을 품었는지는 알 수 없지만 헤스티아는 그러지 말라는 뜻을 식물적인 방식으로 암시하는 듯하다.

헤스티아는 남자들의 감정을 상하지 않게 거절하며 아프로디테도 거스르지 않고 피하는 비범한 능력을 지녔을 뿐 아니라, 다른 신들이라면 성을 낼 만한 일에도 성내지 않는다. 한 예로 칼리마코스가 「데메테르 찬가」에서 들려주는 에리시크톤 이야기를 살펴보자.[20] 에리시크톤은 완전무장을 하고 도끼를 든 하인 스무 명을 거느리고 데메테르의 신성한 숲으로 들어가 데메테르의 심기를 거슬렀다. 에리시크톤의 수하가 데메테르가 가장 좋아하는 나무를 베어버려 데메테르는 슬퍼한다. 데메테르는 에리시크톤에게 성스러운 나무를 베지 말라고 직접 메시지를 보낸다. 자신의 노여움을 사면 전혀 좋지 않을 것이라고. 에리시크톤은 데메테르에게 맘대로 하라며, 자기를 막아서면 다음에는 여신을 공격하겠다고 으름장을 놓는다. 데메테르의 나무를 베어 그것으로 집을 짓고 친구들을 불러 잔치를 하고 말겠다고 큰소리를 친다.

화가 머리끝까지 난 데메테르는 에리시크톤에게 실컷 잔치를 벌이고 즐겨보라고 한다. 그런 다음 에리시크톤에게 갉아 들어가며, 결코 채워지지 않는 끔찍한 굶주림을 준다. 에리시크톤은 아무리 먹어도 더 먹고 싶은 절박한 욕구를 달랠 수가 없다. 디오니소스가 데메테르의 편에서 한술 더 거들어서, 술을 아무리 마셔도 갈증도 영영 해소할 수 없다. 스무 명의 하인이 차린 엄청난 양의 음식을 먹어치우고도 여전히 배가 고프다. 부모는 에리시크톤의 지독한 식탐이 부끄러워 방에 가두어버린다. 사람들 앞에서 먹지 못하게 하고 에리시크톤이 어디에 있는지 거짓말로 감춘다. 멀리 떠났다, 머리를 다쳤다, 전차에서 떨어졌다, 멧돼지에게 받혔다 등. 여신의 저주를 받아 눈에 보이는 모든 것을 먹어치운다는 진실만은 끝까지 인정하지 않는다. 칼리마코스가 섬뜩한 이미지로 말하길, 에리시크톤은 아무리 먹어도 햇볕 아래에서 녹아내리는 밀랍 인형처럼 점점 비쩍 말라간다.

젊은이의 아버지 트리오파스는 포세이돈에게 기도를 올려 데메테르의 저주를 거두어주거나 아니면 굶주린 아들을 직접 먹여달라고 간청한다. 이제 트리오파스에게는 남은 음식이 없기 때문이다. 가축은 이미 모두 잡아먹었다. 포세이돈은 이 호소를 무시하고, 에리시크톤은 계속 먹는다. 무거운 짐을 나르던 노새, 그리고 어머니가 헤스티아에게 바치려고 살찌우던 암소까지.[21] 다음에는 경주마, 군마, 그리고 쥐를 잡으려고 기르는 아일루로스ailouros까지 먹는다. 이 단어는 내가 학생일 때는 보통 고양이로 번역되었지만 요즘 동물 고고학에서는 그리스에서 고양이를 키우기 시작한 것이 무척 나중 일이라고 하니, 아일루로스는 족제비나 담비였을 수도 있다. 뭐든 간에, 에리시크톤이 먹어치운다.

이 젊은이에게 행복한 결말은 있을 수 없다. 가족의 식료품 저장고를 거덜 낸 다음 삼거리에 나앉아 음식물 찌꺼기를 구걸하고 쓰레기 더미를 뒤진다. 그 지점에서 에리시크톤의 이야기는 끝이 난다. 칼리마코스는 데메테르에게 기도를 드리며 자신은 데메테르의 심기를 거스른 이를 결코 가까이하지 않겠다고 맹세한다. 그 사람이 자신을 먹잇감으로 볼까 봐 두려워서일지도 모르겠다. 추악한 이야기이지만, 데메테르의 분노에 또 다른 면이 있음을 볼 수 있다. 앞에서 페르세포네를 돌려받으려고 기근을 일으켜 제우스를 압박했을 때와 비교해 볼 만하다. 데메테르는 온 세상에 굶주림을 내릴 수도 있고 혹은 막돼먹은 인간 단 한 명한테 그렇게 할 수도 있다.

그런데 에리시크톤은 허기를 채우려고 헤스티아의 몫인, 아니면 적어도 헤스티아에게 바치려고 기르던 암소를 먹어버렸다. 그런데도 헤스티아는 복수하지 않는다. 음식을 익힐 불을 빼앗아 가지도, 에리시크톤에게 불을 붙이지도 않는다. 에리시크톤도 어쩔 수 없이 한 일이니 벌할 일은 아니지 않냐고 생각할 수도 있다. 그렇지만 오이디푸스의 경우에는 그런 주장이 잘 통하지 않았다. 오이디푸스는 부친 살해와 근친상간을 전혀 모르는 상태에서 저질렀음에도 결국 눈이 멀고 파멸한다. 혹은 데메테르가 신의 분노를 이미 충분히 발휘하고 있으니 그럴 필요가 없다고 생각할 수도 있겠지만, 알다시피 디오니소스는 굳이 끼어들어서 에리시크톤이 미친 듯이 먹어치워야 하는 품목에 술을 추가했다. 헤스티아는 장차 제물로 맛있게 먹으려던 소고기를 에리시크톤의 굶주린 목구멍에 처넣은 데메테르에게 화가 났을 수도 있을 것이다.

그러나 헤스티아는 원망을 품지 않는다. 영국박물관에 있는 소필로스 디노스라는 아름다운 흑회식 술동이를 보면 알 수 있다.[22] 기원전 580년에서 570년경 아티카에서 제작되었고 지름 40센티미터, 높이 30센티미터 정도이다. 화가의 서명이 있는데 "소필로스가 나를 그렸다."라고 적혀 있다. 이 그릇은 층층으로 나뉘어 장식되었는데, 아래쪽 띠에는 사자부터 스핑크스까지 실제와 상상의 동물들이 그려졌다. 위쪽 장식 띠에는 바다 님프 테티스와 펠레우스의 결혼식을 보러 펠레우스의 집으로 가는 신들의 행렬이 있다. 각 인물 옆에 이름이 적혀 있어, 날개 달린 신을 신고 행렬을 이끄는 여신은 전령의 신이리스임을 알 수 있다. 그 뒤에서 결혼식에 걸맞은 매우 화려한 튜닉을 입은 여신 두 쌍이 걷고 있다. 그보다 몇 걸음 뒤에 있는 헤베의 드레스는 도자기가 손상되지 않은 부분이라 특히 더 잘 보이는데 망토를 걸쳐 드레스를 가리지도 않았다. 나라도 안 걸칠 것 같다. 도자기 아랫부분처럼 동물무늬가 줄줄이 그려진 아름다운 흰색 페플로스(고대 그리스 여성들이 입던 주름과 옆트임이 있는 옷)를 입었으니. 사슴, 사자, 스핑크스가 헤베의 몸 둘레로 행진한다.

이제 이리스 바로 뒤에 있는 여신들로 시선을 돌려 보자. 여기에 그려진 모든 신이 그렇듯 뾰족한 코와 기이하게 긴 손가락을 지닌 모습으로 양식화되어 있다. 두 번째 쌍은 레토와 카리클로라고 적혀 있다. 그 앞에 있는 두 여신에게도 이름이 붙어 있는데, 행렬의 선두를 장식한 여신은 다름 아닌 헤스티아와 데메테르이다. 아마 예상한 사람들도 있을 텐데, 역시나 도기가 손상되어 헤스티아와 데메테르의 하반신—다리와 발이 사라졌다. 헤스티아의 목과 왼팔이 있어야 할 자리도 작게 떨어져 나갔다. 하지만 오른팔은 멀쩡하다. 튼튼한 어깨와 구부러진 팔이 보이고 편안한 속도로 걷는 듯 보인다. 헤스티아의 양손도 남아 있다. 왼손은 무슨 이야기를 하는 도중인 양 들어 올렸다. 데메테르의 손상이 가장 심한데, 옆얼굴과 망토 일부만 보인다. 그러나 헤스티아가 바로 옆에 있고 둘에서 상당히 즐거운 시간을 보내고 있는 듯 입꼬리가 올라갔다. 머리 옆에 이름이 적혀 있는데, 데메테르의 이름은 일부 손상되었으나 읽을 수는 있다. 그러니까 헤스티아가 소를 잃은 일 때문에 누이에게 앙심을 품지 않은 것이 분명하다. 둘이서 나란히 집안 결혼식에서 즐거운 하루를 보내고 있으니.

헤스티아에 얽힌 이야기 가운데, 아무리 인내심 강한 여신이라도 다른 신들과 어울리는 나들이를 항상 즐겁고 유쾌하게 보낼 수는 없음을 보여주는 이야기가 있다. 오비디우스의 『로마의 축제들』에 실려 있는데, 이 시는 로마 달력의 성스러운 날들을 다룬 열두 권짜리 시이다.(그 가운데 여섯 권만 남아 있다.) 각 권에서 한 달씩 다루며 날짜를 중심으로 그리스와 로마 신화 이야기를 풀어놓는다. 오비디우스답게 이 시에서도 미묘하고 포괄적인 아이러니를 구사해서 오비디우스가 과연 진지한 건지 농담을 하는 건지 알기가 어려운 순간들이 있다. 로마 황제 아우구스투스가 매우 중요하게 여기던 여신 헤스티아에 얽힌 짓궂은 이야기를 굳이 수록한 것은 매우 오비디우스답다고 생각된다. 오늘날 전하지 않는 7~12권도 썼는데 소실되었는지, 아니면 절반까지밖에 못 썼을 때 흑해 연안 토미스로 유배되었는지는 알 수 없다. 오비디우스는 자신이 유배된 까닭을 『트리스티아』(슬픔을 뜻하는 단어로 우울한 정조의 서정적 서한을 가리키는 말이다.)에서 밝혔는데, 카르멘 에트 에로르 carmen et error, '시 한 편과 실수 하나' 때문이라고 한다.[23] 고전학자들은 이 두 가지가 무엇일지 매우 오랫동안 논의를 이어왔다. 시는 아마도 외설적인 도시 간통 안내서 『사랑의 기술』일 것이다. 이 책에서 오비디우스는 젊은 도시 여성을 꼬드기는 법, 그리고 그 이상으로 나아가는 법을 알려준다. 이 장난스러운 안내서는 아우구스투스가 황제가 된 후에 내세운 도덕적 개혁 기조와 상충했다. 다른 사람의 도덕에 간섭하려 하는 개혁주의자들이 흔히 그러듯 아우구스투스의 사생활도 어느 시대의 기준으로 보더라도 뻔뻔스럽게 부도덕했다. 자기 아내 스크리보니아와 이혼하고 리비아와 결혼했는데, 리비아는 티베리우스 크라우디우스 네로라는 남자와 이미 결혼한 상태였다. 두 여자 다 당시에 임신한 상태였으나 아우구스투스는 스크리보니아를 버리고 네로를 강제로 리비아와 이혼시켰다. 경마장에서 누군가에게 몸을 일부러 밀착시켜 관심을 끌어 손쉬운 짜릿함을 느껴보라는 조언과는 비교도 할 수 없을 만큼 중대한 문제 같다.

오비디우스의 실수가 무엇이었을지는 영영 알 수 없을지도 모른다. 만약 아우구스투스에게 위협이 되는 정치적 실수를 저질렀다면 유배가 아니라 처형을 당했을 것이다. 그런데 아우구스투스는 자신의 딸 율리아도(또 나중에는 율리아의 딸 율리아까지) 간통죄로 추방했으니, 오비디우스가 도시 간통에 관한 관심을 최고위층, 황실에까지 뻗친 건 아닐까 추측해 보고 싶어진다. 그런데 혼란스럽게도 일부 학자들은 오비디우스가 실제로 유배를 당한 것이 아니라 이 모든 것이 문학적 장치에 불과하다고 주장한다. 아이러니와 말장난으로 가득한 글을 분석하다 보면 이게 농담인지 아닌지 도무지 확신할 수가 없다는 문제가 생긴다.

오비디우스가 베스타(헤스티아의 로마 이름)에 관한 이야기를 해서 아우구스투스를 특별히 기쁘게 하거나 혹은 성미를 돋우었을 수도 있었으리라고 추측하는 까닭은 조금 뒤에 살펴보겠다. 먼저 베스타가 당나귀를 왜 그렇게 좋아하게 되었나 하는 이야기부터 하자. 신들 전부가 키벨레 여신의 연회에 초대된 일이 있었다. 키벨레는 아나톨리아(오늘날 튀르키예)에서 비롯한 여신이다. 그리스인들은 대체로 키벨레를 레이아와 동일시했고, 이어 로마에서는 키벨레를 마그나

마테르Magna Mater, '위대한 어머니'라고 불렀다. 키벨레는 님프와 사티로스를 포함해 신들을 전부 초대했다. 그 가운데에는 프리아포스도 있었는데, 다산의 신이며 거대하게 발기한 성기를 지닌 하급신이다. 오비디우스는 신들의 연회에 관해 자세히 이야기하지 않는다. 허락되지 않았다고 한다. 그냥 밤새 술을 마셨다고만 한다.[24] 이게 내가 오비디우스를 좋아하는 이유 가운데 하나이다. 시인이 신들의 연회에 관해 시시콜콜 떠드는 게 지겹다고? 그러면 자세히 말할 수는 없지만 다들 술을 많이 마셨다고 하고 넘어가면 된다. 다음 날 아침, 다들 푸르른 들판에서 빈들거리고 있다. 전날 마신 술 때문에 여전히 자고 있는 신 가운데, 풀밭에 누워 세상 근심 없이 태평하게 쉬는 베스타가 있었다. 이때 프리아포스의 눈에 베스타가 들어온다. 오비디우스는 프리아포스가 베스타인 줄 알았는지 아니면 님프라고 생각했는지는 불분명하다고 말한다. 프리아포스 본인은 베스타 여신인 줄 몰랐다고 말한다. 프리아포스를 그린 고대 그림을 보면 왜 프리아포스가 자신의 신체 외에 다른 것에 집중하기가 어려웠을지 짐작이 간다. 폼페이의 프레스코화에는 자신의 거대한 남근을 저울에 다는 일에 몰두하는 프리아포스가 있다.[25]

오비디우스가 이어 말하길, 프리아포스는 더러운 기대를 품고 두근거리는 가슴과 살금살금 조심스런 발끝으로 베스타에게 다가간다.(나는 이 대목에서 프리아포스가 발끝으로 걸으면 신체 구조상 균형을 잃고 앞으로 고꾸라지지 않을까 하는 생각이 드는데, 이런 생각을 한다는 게 내가 학계에 몸담지 않은 까닭을 보여주는 듯하다.) 우연하게도 늙은 실레누스(사티로스)가 근처 강가에 당나귀 한 마리를 데려다 놓았다.

프리아포스가 베스타를 덮치려는 순간, 당나귀가 느닷없이 울음소리를 낸다. 여신이 그 소리에 놀라 벌떡 깬다. 신들이 베스타 주위로 몰려들고 프리아포스는 성난 이들의 손을 피해 달아난다. 베스타는 지킴이 당나귀 덕에 성폭행을 면했다.

오비디우스는 이 이야기를 어찌나 좋아하는지 두 번이나 했다. 한 번은 베스타가 깜짝 놀란 당나귀 덕에 폭행을 피한 이야기로, 또 한 번은 님프 로티스가 프리아포스에게 당할 뻔한 버전으로 했다.[26] 그러나 문헌이나 미술품 등 다른 자료에서는 당나귀 이요르가 구해준 여신이 베스타로 대체로 일관되게 나타난다. 오비디우스와 동시대 사람인 연애시인 프로페르티우스는 베스타가 화환을 쓴 당나귀를 보며 기뻐하는 모습을 스치듯 언급한다.[27] 초기 그리스도교 작가 락탄티우스가 4세기 초에 쓴 『신성한 계율』이라는 책이 있는데, 토속 종교의 신을 숭배하는 끔찍한 관행과 기괴한 숭배 방식을 한탄하는 장이 있다.(타키투스 같은 로마 작가는 그리스도교도들을 타락한 범죄자라고 묘사했으니 이 공방에서 어느 쪽도 크게 잘했다고 말하기는 어렵다.)[28] 락탄티우스는 로마인들이 당나귀가 때맞춰 운 덕에 베스타의 처녀성을 지켜주었다는 이유로 베스탈리아(베스타를 기리는 축제)에서 당나귀에게 화환이나 왕관을 씌우는 행위를 특히 경멸한다. 베스타가 정말 고작 당나귀 때문에 처녀성을 유지했다면 이 얼마나 처참한 이야기인가, 라고 락탄티우스는 묻는다. 락탄티우스는 시인이 더 나쁜 이야기를 숨기려고 이 끔찍한 이야기를 꾸며냈다고 생각한다.[29] 오비디우스가 성적 일탈을 실제보다 축소해서 묘사했다는 이유로 비난받은 일은 이때가 유일할 듯싶다.

락탄티우스는 조롱했을지 몰라도 베스타와 당나귀의 관계는 여러 프레스코화에 묘사된 모습에서 볼 수 있듯이 굳건한 애정이 깃든 관계로 보인다. 헤스티아는 조용히 집에 앉아 있는 게 당연시되다 보니 그리스 신화의 장대한 서사에서 누락될 때가 많은데, 로마화된 베스타는 그보다는 더 눈에 뜨이는 편이다. 특히 폼페이에서는 빵집에서 베스타 제단이 무수히 발견되었다. 안 그래도 호감 가는 구석이 많은 다재다능한 여신인 데다 심지어 탄수화물의 수호신이기까지 하다니, 이 여신의 매력의 끝은 어디인가.

폼페이에 베스타와 베스타가 가장 좋아하는 동물이 같이 있는 멋있는 프레스코화가 몇 점 있다. 벽을 파서 만든 라라리움(가정의 신인 라레스를 모신 작은 사당) 가운데 베스타 옆에 만화처럼 귀가 긴 당나귀가 그려진 그림이 있다.(앞에서 이야기한 프리아포스를 그린 폼페이 화가가 이 당나귀도 그린 건 아닐까 하는 생각이 든다. 거대한 신체 부위를 좋아하는 사람인지도.)[30] 또 다른 프레스코화에는 베스타가 화려한 왕좌에 앉아 왼손에는 코르누코피아(풍요의 뿔)를 들고 오른손에는 파테라(제의용 술을 담는 그릇)를 들고 있다. 후경에는 베스타가 사랑하는 당나귀가 먹을 것을 찾는 듯 고개를 숙이고 태평하게 지나가는 모습이 그려졌다.[31]

헤스티아 본인을 중심으로 한 장대한 신화는 없을지라도 로마인들은 이 여신을 마음속에, 불가에 고이 모셨다. 베스타 숭배는 기원전 4세기, 심지어 6세기까지도 거슬러 올라간다. 베스타의 제단은 로마에서 32킬로미터 정도 떨어진 라비니움에서 발굴되었는데, 라비니움은 신화와 역사 양쪽에서 이중적 지위를 차지하는 장소이다. 로마 신화에서는 트로이아를 탈출한 몇 안 되는 인물 중 하나인 아이네이아스가 라비니움을 세웠다고 한다. 베르길리우스의 서사시 『아이네이스』는 아이네이아스(아프로디테 장에서 언급했지만 앙키세스와 베누스 사이의 자식이다.)가 동포 난민들과 함께 격랑에 맞서며 새로운 삶을 꾸려나갈 터전을 찾는 여정을 따라간다. 마침내 그리고 유피테르의 계획에 따라, 이들은 이탈리아에 도착한다. 아이네이아스가 라비니움이라는 도시를 건설했고 이 도시가 로마의 기원이라는 것이 로마 건국 신화이다. 로마인들은 자기네 신을 그리스 신과 맞추었을 뿐 아니라 기원 신화도 『일리아스』 시대와 연결 지었다. 아이네이아스가 라비니움을 세우고 500년 정도 후, 그곳에서 멀지 않은 곳에서 늑대 젖을 먹고 자란 형제 로물루스와 레무스가 로마의 역사를 시작했다는 것이 로마의 또 하나의 중요한 기원 신화이다.

그러니 라비니움은 로마 근처에 실제로 존재했던 초기 역사 시대의 정착지이자 아이네이아스가 살고 죽어간 신화적 공간이기도 하다. 고대에는 어떤 무덤 위에 세워진 헤로온^{heroön}, '영웅 사당'에 아이네이아스의 유해가 안치되었다고 믿었지만, 기원전 1세기 역사학자 할리카르나소스의 디오니시우스는 이 영웅과 관계 있다고 하는 무덤이 이토록 많은데 전부 진짜일 수는 없다고 지적했다.[32] 디오니시우스는 아이네이아스가 라티움(오늘날의 라치오)에 도달하는 과정을 상세히 기록했는데, 아이네이아스의 꿈에 조상신들이 나타나 싸움 대신 설득을 통해 목표를 이루라고 조언하는 장면도 있다.[33]

신이 인간의 꿈에 나타나는 일이 아주 특별한 현상은 아니다. 서사시 속 인물은 다양한 종류의 환영으로부터 조언을 얻곤 한다. 아이네이아스는 불타는 트로이아에서 탈출할 때 아들, 아버지, 집안 신의 신당을 챙기는 것은 잊지 않았으나 어째서인지 아내 크레우사를 깜박한 것으로 유명한데, 『아이네이스』 12권 가운데 두 번째 권에서 어머니인 여신 베누스의 조언과 헥토르 유령의 격려를 받고 또 크레우사 유령에게서는 자기를 찾으러 돌아오지 말고 떠나도 된다는 허락을 받는다.

로마인은 라레스와 페나테스 등 개별 가정의 수호신을 무척 중요시했다. 또 공공장소를 수호하는 공공 라레스도 있었다. 베스타는 모든 가정의 화덕에 깃든 신으로 페나테스 가운데 하나로 여겨졌다. 또 베스타는 헤스티아처럼 공적 여신이기도 해서 로마라는 도시도 개별 가정처럼 베스타에게 바치는 화덕을 따로 두었다. 공공 화덕은 훨씬 웅장한 규모였고 여사제들이 관리했다.

이 여사제들은 '베스타 처녀(베스타 신녀)'라고 불렸다. 기원전 1세기 로마 역사가 리비우스에 따르면 첫 번째 여사제는 레아 실비아라는 젊은 여성이었는데, 아버지인 왕이 동생 아물리우스에게 살해당하고 왕위를 찬탈당했다. 기원전 753년 로마가 건국되기 이전인 신화-역사 시대의 이야기이다. 아물리우스는 조카 레아 실비아가 자신의 권력에 위협이 될 자식을 낳지 못하게 만들고 싶었다.[34] 레아 실비아는 영원한 처녀로 살아야 하는 운명을 받아들였지만, 기적적으로 쌍둥이를 잉태하게 되었다. 레아 실비아는 현명하게도 마르스 신(그리스 신화의 아레스)에게 강간을 당했다고 주장했다. 인간 남자와 성관계를 했음을 인정하면 숙부가 아버지를 처리했듯 자기도 죽일 것이기 때문이었다. 어쩌면 레아 실비아는 그게 사실이라고 믿었을 수도 있다고 리비우스는 미심쩍은 어조로 말한다. 예상했겠지만 이 쌍둥이가 로물루스와 레무스이다.

그러니 베스타는 로마와 탄생 시기부터 밀접하게 연결이 되어 있었던 셈이다. 아이네이아스 신화(트로이아 멸망 직후 기원전 12세기 무렵을 배경으로 한다)에 따르면 아이네이아스의 페나테스(집안의 수호신)가 아이네이아스를 따라 이탈리아로 와서 새로운 도시를 세웠고, 로마가 건국되었을 때 베스타는 페나테스 가운데 하나가 된다. 시간을 뒤로 돌려서 왕이 난립하고 배신이 난무하는 리비우스의 역사 버전으로 가보면, 두 번째 로마 건국 신화에 베스타 여사제의 아들 로물루스가 중심인물로 등장한다. 전쟁의 신 마르스가 로마의 할아버지일 수도 있다—로마가 그토록 당당한 군사 대국이었으니 누가 그 기원을 의심하겠는가? 그러나 로마의 대모는 불가의 조용한 여신 베스타이다.

베스타 처녀들(베스타 신녀들. 간단히 베스탈이라고 부르기도 하고, 그리스에서는 헤스티아데스라고 부른다.)은 로마 역사 내내 엄청난 상징적 무게를 지녔다. 베스탈을 공격하는 일은 로마 자체에 대한 공격과 동일시되었다. 베스탈은 아직 어릴 때, 여섯 살에서 열 살 사이에 간택되어 최소 30년 동안 여신을 섬겼다. 이들의 주된 임무는 베스타의 신성한 불꽃을 유지하는 것이어서 밤낮으로 불을 지폈다. 불을 꺼뜨렸을 때의 벌은 신체적 고통, 곧 체벌이었다. 그리고 처녀성을 잃었을 때의 처벌은(걸렸을 경우에) 생매장이었다. 율리우스 카이사르에 얽힌 여러 추문 가운데, 푸블리우스 클로디우스 풀케르라는 남자가 여성 전용 축제에 여장하고 잠입한 일이 있었다. 풀케르는 카이사르의 아내 폼포니아 혹은 베스탈 가운데 한 명과 성관계를 맺으려 했다고 한다. 소문이 돌자 카이사르는 폼포니아와 이혼했다. 로마 전기 작가 수에토니우스에 따르면, 카이사르는 자기 식구라면 죄의 의혹조차도 없어야 한다고 선언했기 때문이다.35 그래도 다행히 폼포니아는 이혼으로 끝이 났고 산 채로 매장되지는 않았다.

베스탈의 삶이 우리에게는 제약 많고 비참해 보일 수 있으나, 당시에 이들은 엄청난 존경을 받았고 어떤 면에서 다른 로마 상류층 소녀들보다 더 나은 삶을 살았다. 상류층 소녀들은 열다섯 살쯤 되면 보통 자기보다 훨씬 나이 많은 남자에게 시집보내졌다. 여자들이 (엄청난 야심가인 데다가 황제의 가족인 경우가 아니라면) 공적 영역에서 배제되던 시대에 베스탈은 공적인 역할을 담당했다. 아우구스투스는 아이를 셋 이상 낳은 어머니에게만 부여하던 권리를 베스탈에게도 주었다. 로마 시민에 대한 헌신을 인정받아 특별한 영예를 부여받은 것이다. 키케로는 여사제들한테는 경기장에서 좋은 자리가 배정되었다고 암시한다.36 대*플리니우스에 따르면 베스탈에게는 신비한 힘이 있었다고 한다. 기원전 3세기의 투치아라는 신녀는 체에 물을 담아 나를 수 있었다.37 달아난 노예를 멈춰 세울 수 있는 베스탈도 있었다고 한다. 로마인이 화면에서 온갖 기이하고 시대착오적인 모습으로 그려지는 마당에 염력을 쓰는 베스탈 현상금 사냥꾼이 주인공인 텔레비전 시리즈가 아직 안 나온 게 의아할 정도이다.

이런 이야기가 현대 독자들에게는 허무맹랑하게 들릴 것이다. 기적과 동정 출산에 관한 이야기는 심지어 고대 문헌에서도 회의적으로 다루었다. 그러나 베스탈의 초능력이 아니라 실질적 영향력에 관한 증거를 찾고 싶다면 언제나 권력을 빠르게 간파하는 자, 아우구스투스 황제를 살펴보면 된다. 오늘날 로마에도 남아 있는 아라 파키스 Ara Pacis '평화의 제단'에는 종교 행렬에 참여하는 여섯 명의 베스탈이 조각되어 있다.[38] 이 조각 기념물은 아우구스투스가 자신의 권력과 관대함을 로마 시민에게 대대적으로 과시한 여러 방법 가운데 하나이다. 마침내 아우구스투스가 로마에 평화를 가져왔다는 메시지가 담겨 있다. 이 장대한 제단을 한참 바라보고 있으면 아우구스투스가 정적을 제거하고 황제가 되기까지 로마에 상당히 많은 전쟁을 일으켰다는 사실을 거의 잊을 지경이다.

아우구스투스는 정치적 직책과 더불어 여러 종교적 직책을 맡았고 두 권력이 합해지며 당대에 가장 강력한 인물이 되었다. 로마의 종교는 본질적으로 개인적이기보다는 공적인 성격을 띠었으므로, 폰티펙스 막시무스 Pontifex Maximus, '최고 사제'는 종교적 역할 뿐 아니라 정치적인 역할도 했다. 로마 공화정이 제정으로 바뀌면서 황제가 자동으로 최고 사제 역할도 겸임했다. 폰티펙스의 문자 그대로의 의미는 '다리를 만드는 사람'으로, 인간 세계와 신의 세계 사이를 연결하는 역할을 뜻한다. 최고 통치자의 지위를 유지하려면 신이 자신의 편임을 백성들에게 보여주어야 했다. 로마의 최고 사제가 된다는 것이 바로 그런 의미였다. 다만 아우구스투스는 여사제까지 겸할 수는 없었다.(더군다나 동정이라고 주장할 수는 더더욱 없었을 것이다.) 그렇지만 차선책으로 시민들이 베스타를 숭배하던 제단을 팔라티노 언덕에 있는 자기 집으로 가져왔다. 베스타가 자신의 편이며 따라서 자신이 로마를 수호하는 통치자임을 보이려 할 때 자기 개인 집의 화덕을 국가의 화덕으로 삼는 것보다 더 좋은 방법이 있을까? 로마인에게 (그리고 이전의 그리스인에게도) 신전은 비유적 의미에서뿐 아니라 실제로도 신의 집이었다. 로마의 건국 여신 가운데 한 명과 같이 사는 황제를 암살하거나 전복하려면 상당한 용기가 필요할 것이다. 아우구스투스가 마침내 사망한 뒤에도 이 관습은 깨어지지 않았다. 후계자들이 아우구스투스를 신격화함으로써 생전에 여신과 함께 살았던 자가 죽은 뒤에는 여신과 어깨를 나란히 하는 존재가 되었다.

베스타 숭배는 394년까지 계속되다가 마침내 신성한 불꽃이 꺼졌다. 그리스도교가 로마 제국의 공식 종교가 되고 나자 지금까지 보이지는 않지만 어디에든 존재하던 여신, 추종자에게 신의 아들을 내려주는 등의 기적을 선보였던 여신은 너무 이교적이고 구시대적이라 새로운 유일신교에는 걸맞지 않게 여겨졌다. 베스타 신전의 잔해가 오늘날 로마 포룸에 남아 있긴 하나 여러 차례 파괴되었다가 재건된 것이다. 수차례 불에 탄 것은, 어쩌면 당연한 일일 테고.

'베스타'라는 말은 오늘날까지도 여전히 불과 빛의 의미를 띤다.(19세기에는 성냥의 동의어로 쓰이기도 했다. 예를 들어 「실버 블레이즈의 모험」에서 셜록 홈스는 진흙 속에서 밀랍 성냥 wax vesta 한 개를 찾아낸다.) 하지만 이야기를 시작했던 지점으로 돌아가, 그리스의 조용한 헤스티아로 마무리해 보자. 플라톤은 『법률』에서 이상적 도시를 건설하는 과정을 묘사한다. 입법자는 먼저 나라의 중심부 가까이에 도시에 필요한 입지(수원, 비옥한 땅 등)가 갖추어진 장소를 찾는다. 그러고 나면 땅을 시민들에게 나누어 줄 수 있다. 그런데 그전에 먼저 헤스티아, 제우스, 아테나를 위한 성소를 미리 떼어놓아야 한다.[39] 아테네

가부장 사회의 시민인 플라톤이 헤스티아를 제우스나 자기 도시의 수호 여신보다도 먼저 언급한 것이다. 아마 플라톤 시대의 관용구인 아프 헤스티아스 아르케스타이$^{aph'\,Hestias\,arkhesthai}$, '헤스티아로부터 시작하다'를 따른 것일 터인데, 이 말은 무언가를 처음부터 시작한다는 뜻이다.⁴⁰ 제의를 올릴 때 언제나 헤스티아가 가장 먼저 경의를 받기 때문에 모든 것은 헤스티아로부터 시작된다.

플라톤은 헤스티아에서 시작했을 뿐 아니라 여러 차례 다시 헤스티아에게로 돌아온다. 『크라틸로스』라는 대화록에서 플라톤은 소크라테스로 하여금 크라틸로스와 헤르모게네스 같은 동료들에게 신의 이름의 의미를 설명하는 철학적 어원론을 펼치게 한다. 아리스토파네스에서 크세노폰의 저작까지 오늘날 남아 있는 모든 문헌에서 소크라테스는 한결같이 정의^{定義}와 숨은 의미에 집착하는 모습을 보인다. 여기에서도 소크라테스는 그런 성향을 유감없이 발휘하는데, 일단 적절하게도 헤스티아부터 시작한다. 왜 사람들이 헤스티아를 그런 이름으로 불렀을까, 소크라테스는 묻는다. 무언가의 본질을 우시아^{ousia}, 에시아^{essia}, 오시아^{osia} 등으로 지칭한다.(지방에 따라 조금씩 다르지만 전부 그리스어로 존재 혹은 본질이라는 뜻) 그러니까 사물의 본질을 헤스티아라고 부르는 것은 매우 합당한 일이라고 소크라테스는 말한다.⁴¹

이 장의 시작 부분에서는 헤스티아는 부재로 정의할 수밖에 없는 듯 느껴졌다. 헤스티아에 관련된 이야기도 없고, 조각상도 없고, 헤스티아는 분노도 드러내지 않고, 전투에도 참여하지 않는다. 그런데 소크라테스의 정의는 약간 농담조이긴 하지만 헤스티아에 대한 전혀 다른 접근을 제시한다. 적어도 나에게는 이것이 진실로 느껴진다. 이 여신은 무언가를 '하는' 여신이 아니라, 늘 '있는' 여신이다. 당신의 집과 나의 집의 심장이며, 우리 도시와 신전의 중심이다. 헤스티아는 따뜻한 귀가, 갓 구운 빵, 그리고 어둠 속의 빛이다.

아테나

" 아테네인들을 비롯한 그리스인들이 왜 아테나에게 기도하고 도시를 굽어보는 아테나 조각상을 세우고 싶어 했을지 그 까닭을 알고 싶다면, 『일리아스』에서 필요한 근거를 전부 찾을 수 있다. 그리스군을 격려하고 가장 좋아하는 영웅에게 초인적 능력을 부여하고 전세의 유불리에 낱낱이 적극적으로 개입한다. 아테나는 제대로 된 싸움이라면 무엇보다도 좋아하며 뛰어든다. 게다가 아테나는 누구도 두려워하지 않고 그럴 이유도 없다. 누가 아테나에게 덤벼 상처를 입힐 수 있겠는가? 전쟁의 신조차도 아테나와 붙었다가 패퇴했다. "

고전
플라톤, 「파이돈」
플루타르코스, 「니키아스」
퀸투스 스미르나이오스, 「트로이아의 몰락/호메로스 이후 이야기」
소포클레스, 「아이아스」, 「필록테테스」
아이스킬로스, 「에우메니데스」

유물, 회화, 조형 예술
파르테논 신전 아테나 조각상 복제품, 아테네 국립고고학박물관 소장
페이디아스의 아테나 금박 조각상 복제품
루브르박물관에 소장된 킬릭스 아테나와 엔켈라도스의 전투 묘사
페르가몬 제단의 기간토마키아 묘사
파르테논 신전 서쪽 페디먼트 아테나의 탄생 묘사

시, 소설, 에세이, 논픽션
아서 코난 도일, 「네 사람의 서명」

기타
아테나 바비 피겨

✻✻✻✻✻✻✻

    수집가가 아테나의 두 면모를 묘사한 피겨 두 개를 모두 소장하려면 주머니 사정이 상당히 넉넉해야 할 듯싶다. 첫 번째 것은 지혜의 여신의 모습이다. 황금색 튜닉에 속이 비치는 흰색 망토를 걸쳤다. 망토 가장자리는 금색 종려나무 패턴으로 장식되어 있다. 여기에다가 흰색 거즈 천으로 몸을 감싸고 정교한 브로치로 가슴 위쪽에서 고정했다. 머리에는 승리의 월계관을 썼다. 귀걸이도 종려나무 무늬로 망토 무늬와 맞추었다. 왼쪽 손목에는 단순한 팔찌를, 오른손에는 번쩍이는 건틀릿을 착용했는데 건틀릿 위에 통방울눈의 황금 부엉이 한 마리가 앙증맞게 앉아 있다. 머리카락은 길게 땋아 내렸다. 어쩌면 지혜롭게도 라푼젤 이야기를 읽고 영감을 받은 헤어스타일일지도.

    두 번째 피겨는 전사 여신의 모습을 보여준다. 산화된 금속 투구를 썼고 말총 깃 장식이 굵은 포니테일 위로 흘러내린다. 왼팔과 두 다리에는 갑옷을 착용했다. 오른손에는 거대한 창을 들었고 왼손에는 둥근 방패를 들었다. 방패에는 아테나의 그리스 이름 AΘHNA가 적혀 있고 강렬한 눈빛과 사자 갈기 같은 머리카락의 메두사 머리 장식이 있다. 아이기스^{aegis}●는 크기가 좀 줄어들긴 했으나 쇄골을 덮는 큰 판에 연결되어 있다. 갑옷 부츠는 전장에서 착용하기에는 상당히 대담한 선택인 하이힐이다. 이걸 보고 있으니 셰어가 아테나 역을 하게 되면 바로 이런 의상을 택할 것 같다. 이 두 종류의 한정판 바비 인형을 다 사려면 1000달러를 내도 거스름돈을 거의 받지 못할 수도 있다. 솔직히 나라면 그 돈을 아껴서 메두사 바비를 사겠다. 메두사 바비는 고스족과 인어, 뱀 조련사가 합해진 것 같은 모습인데 이 세 가지 특성이 겹치는 경우는 정말 드물다.

아테나 조각상은 과거에서부터 언제나 시선을 사로잡았다. 아테나의 신전인 파르테논은 2500년 동안 그리스 수도 아테네의 스카이라인을 특징 짓는 위풍당당한 존재였다. 한때 여기에 거대한 아테나 조각상이 있었다. 지금은 사라진 지 오래이지만, 2세기에 아테네를 방문한 파우사니아스는 직접 보았다. 파르테논이라 불리는 신전 안으로 들어가면 모든 것이 아테나에 관한 것이다, 라고 파우사니아스는 전한다.[1] 입구 위쪽 페디먼트에는 아테나의 탄생 이야기가, 뒤쪽 페디먼트에는 이 땅(아테네가 속한 아티카 지역)을 두고 포세이돈과 겨루는 장면이 그려져 있다. 아테나 조각상은 상아와 황금으로 장식되었다. 투구 한가운데에는 스핑크스가 있고 양옆으로 그리핀이 있다. 파우사니아스는 그리핀을 보고 잠깐 옆길로 빠져서 그리핀의 괴물 같은 형상과 금을 탐하는 성질에 관해 이야기하다가, 곧 스스로 말을 끊는다. 그리핀에 관한 이야기는 이쯤 하면 되었다면서.

파우사니아스는 다시 여신상으로 관심을 돌린다. 아테나는 반듯이 서 있고 키톤(튜닉)이 발까지 덮었다. 가슴팍에는 상아로 된 메두

● 제우스가 아테나에게 주었다고 하는 흉갑으로 보호와 권위를 뜻한다. 고르곤의 머리로 장식하기도 한다.

사 머리가 있다. 한 손 위에는 승리의 여신 니케가 있는데 키가 팔뚝 네 개 길이 정도 된다.(이 단위를 큐빗이라고 하는데, 나는 떠올리기 쉽게 그냥 팔뚝이라고 부른다.) 다른 손에는 창을 들었다. 발치에는 방패가 있고 그 옆에 뱀이 있다. 조각상 기단부에는 판도라의 탄생 장면이 부조로 새겨 있다. 헤시오도스를 비롯한 문헌에 판도라는 인류 최초의 여자로 나온다고 파우사니아스는 독자들에게 상기시킨다.

이 묘사에 언급된 니케의 키를 바탕으로 추정해 보면 아테나 조각상은 11미터가 넘었으리라고 짐작할 수 있다. 파우사니아스가 본 조각상은 사라졌지만 1미터 정도 높이의 석조 복제품을 아테네 국립고고학박물관에서 볼 수 있다.[2] 로마 시대에 대리석으로 만들어진 것으로 파우사니아스의 묘사와 상당히 일치한다. 반듯이 선 자세이고 위풍당당한 투구 위에 스핑크스와 날개 달린 말 두 마리가 그리핀 대신 얹혀 있다.(하지만 그리핀 이야기는 이쯤 해두자.) 메두사의 머리가 아이기스 한가운데를 차지하고 그 주위는 똬리를 튼 작은 뱀들이 장식했다. 아테나의 페플로스 자락은 바닥으로 늘어지고 허리는 두 마리의 뱀 머리 모양 허리띠로 조였다. 왼손은 방패에 얹었고 그 옆에 커다란 뱀이 몸을 구불구불 말고 있다. 아테나의 오른손 위에는 조그만 니케 조각상이 있는데 파우사니아스가 본 버전과 달리 기둥이 오른손을 떠받친다. 원본 조각상은 주로 목재로 만들어졌을 테지만 대리석은 유연성이 부족한 재료라 구조를 지탱하는 부분이 필요하다. 그래서 방패와 왼쪽 허벅지를 연결하는 두 번째 지지대도 있다. 대리석 위에 채색의 흔적이 오늘날에도 남아 있어서, 높이가 열한 배나 되고 금박으로 뒤덮였던 조각상만큼 인상적이지는 않을지라도 이 작은 조각상도 충분히 시선을 사로잡을 만큼 화려했으리라 짐작할 수 있다.

거대한 금박 조각상은 기원전 5세기의 위대한 조각가 페이디아스가 아크로폴리스에 세운 세 개의 아테나상 가운데 하나였다. 파우사니아스는 다른 두 조각상에 관해서도 말해주는데, (렘노스에 사는 아테네인들이 봉헌한) 렘노스 아테나가 페이디아스의 작품 가운데 가장 뛰어나다고 파우사니아스는 평가한다.[3] 안타깝게도 고대에 크게 칭송받은 이 청동상의 확실한 복제물은 남아 있지 않다.[4] 어쨌든 거대한 아테나 프로마코스$^{Athēnā\ Prómachos}$, '최전선에서 싸우는 아테나'와 비교하면 아주 조그마해 보였을 듯하다. 아테나 프로마코스는 기원전 5세기에 아테네가 페르시아에 승리한 것을 기념해 봉헌된 청동상이다. 파우사니아스는 이 조각상이 어찌나 큰지 남쪽으로 64킬로미터 거리에 있는 수니온 바다에서도 창끝과 투구 꼭대기가 보였다고 전한다. 아테네는 언제나 아테나의 것이었다.

아니면 거의 언제나. 파우사니아스가 파르테논을 둘러보며 언급한 페디먼트 조각상으로 돌아가 보자. 첫 번째 페디먼트는 아테나의 탄생을 보여주는데, 이 출생은 그리스 신화 기준으로도 이례적이다. 주변적 전승 가운데 일부 다른 이야기도 있긴 하나(파우사니아스에 따르면 리비아인들은 아테나가 포세이돈의 딸이라고 믿는다.),[5] 거의 언제나 아테나는 제우스의 딸로 여겨진다. 아테나 본인은 제우스가 단독으로 낳은 딸로 자신을 지칭한다. 나는 어머니가 없다, 라고 아테나는 아이스킬로스의 『에우메니데스』(이 작품에 대해서는 다음 장에서 더 자세히 논할 것이다.)에서 말한다.[6] 아테나가 이렇게 잘라 말하는 까닭은 제우스의 머리에서 태어났기 때문이다. 지혜의 여신이니 전능한 신의 머리에서 태어났다는 게 극히 적절하다. 그렇지만 여성의 영역인 재생산을 빼앗았다는 점에서 여성 혐오적인 암시를 느낄 만도 하다. 아테나는 어머니가 없는 것에 아무 불만이 없는 듯 보이지만, 아테나의 어머니 메티스는 자기 역할이 이렇게 무시당한 것에 대해 과연 어떻게 느낄지 아무도 묻지 않는다. 묻고 싶어도 물을 수 없지만. 헤시오도스가 『신들의 계보』에서 들려주기를, 제우스가 임신시킨 메티스의 이름은 지성, 지혜, 혹은 기술을 뜻한다. 그러니 아테나의 어머니도 아테나가 지혜의 여신이 되는 데에 무언가 기여한 셈이다. 헤시오도스에 따르면 메티스는 그렇게 영리함에도 불구하고 제우스에게 완전히 속아 넘어가고 만다. 제우스는 임신한 메티스를 손으로 잡아서 삼켜버리는데, 메티스가 자신의 번개보다 강력한 존재를 낳을까 두려웠기 때문이다.

이런, 이런, 이런. 혹시라도 자신보다 강력해질 가능성이 있는 자식은 삼켜버리는 게 이 집안 내력인가 보다. 기억하겠지만 제우스의 아버지도 똑같은 불안 때문에 자식을 전부 삼켜버렸다. 고전학자보다는 심리 치료사가 관심을 가질 법한 주제인 것 같긴 하나, 그리스인들이 세대 간의 경쟁을(신들 사이에서 일어나는 일이긴 하지만) 생각하는 방식에는 분명 신기한 데가 있다. 오늘날 우리는 자식이 우리를 능가해도 전혀 위협으로 여기지 않고 오히려 이전 세대보다 똑똑하고 행복하고 건강한 후대를 기르는 것이야말로 성공적인 양육이라고 생각할 것이다. 부모가 자식을 이기려고 하는 드문 예(내가 경험한 바로는, 공원에서 비공식 스포츠 경기를 할 때 등)를 보면 우리는 대체로 딱하다는 생각을 한다. 자신보다 작고 신체도 덜 발달한 아이를 이겨서라도 자존감을 채우려는 부모도 딱하고, 자아도취적 괴물 부모 아래에서 자라는 아이도 딱하다. 그렇지만 그리스인에게는 다 큰 남자가 아주 어린아이에게 공을 잘 못 찬다고 소리를 친다면 전혀 다른 이유로 이상하게 비쳤을 것이다. 아이가 자신보다 열등하기를 바라면 자식에게 뛰어난 능력을 요구하지 않는 것이 자연스러울 테니.

 확실히 제우스는 독특한 가족 패턴에 속해 있다. 아들이 아버지를 압도하고는 똑같은 일이 반복될까 두려워하면서 사는 패턴이다. 이런 관점에서는 제우스가 아테나를, 아직 메티스의 뱃속에 있는 상태로 삼키는 것은 끔찍하긴 하나 말이 된다. 그렇다면 아테나를 다른 관점에서 바라볼 수도 있겠다. 만약 어머니에게서 태어나 길러졌다면 아테나는 무엇이 되었을까? 올림포스 신들 가운데 가장 강력한 신보다 더 강해졌을까? 제우스는 그렇게 될까 봐 두려워서 메티스를 통째로 삼켰고 그 운명을 피하는 데 성공한다. 어머니 없이 태어난 아테나는 제우스보다 힘이 약했다. 그러니까 흔히 듣는 아테나의 출생 이야기, 완벽히 자란 모습으로 제우스 머리에서 튀어나왔다는 이야기에는 기이함 이면에 뿌리 깊은 가부장적 불안감이 내재되어 있다. 다음 세대의 자식이 강력한 아버지를 전복할지 모른다는 불안감.

 헤시오도스는 출산에 관한 용어를 사용해서, 메티스를 삼킨 뒤에 제우스가 아테나를 자기 몸으로 낳았다고 표현한다.[7] 전통적인 출산 과정에 대입해 말하자면 아버지의 머리에 도끼로 강력한 일격을 가해서 아테나가 밖으로 나오게 만든 헤파이스토스는 산파인 셈이다. 아테나는 실제로 다른 신보다 똑똑하고 강력했지만 아버지가 두려워할 만큼은 아니었다. 사실 『오딧세이아』 등에서 보듯 둘의 관계는 매우 친밀한데, 나중에 좀 더 자세히 살펴보겠다. 제우스는 보통 아테나가 자기 지시를 따르리라고 신뢰할 수 있고, 아테나는 원하는 게 있으면 제우스를 찾아가 다른 신들에게 피해를 주고라도 얻어낸다.

파우사니아스는 파르테논에 페디먼트 조각이 둘 있다고 했다. 첫 번째 것은 아테나의 탄생을, 두 번째 것은 아티카 땅을 놓고 아테나와 포세이돈이 벌인 싸움을 묘사한다. 파우사니아스는 아크로폴리스를 둘러보며 두 번째 이야기를 여러 차례 언급했고 둘의 싸움은 다른 문헌에서도 찾아볼 수 있다.[8] 포세이돈과 아테나는 저마다 아티카 땅이 자기 것이라고 주장한다. 둘 다 상대에게 양보할 생각이 없었기 때문에 다른 올림포스 신들(제우스가 심판관으로 지명한)의 투표로 혹은 제우스의 판결로 결정하기로 하고 서로 표를 얻으려고 겨룬다. 포세이돈이 내놓은 것은 파우사니아스가 말한 조각상에 파도 형태로 표현되었다. 위(僞)아폴로도로스가 전하는 긴 버전에 따르면 포세이돈이 삼지창을 땅에 박아 새로 바다를 만들었다고 한다. 아테나는 올리브나무를 제공했다. 바다만큼 대단하지는 않다고 생각할지 모른다. 하지만 아테나는 이 세상에 처음으로 올리브나무를 심었고, 그걸 입증할 목격자도 있다. 오늘날에도 올리브나무는 그리스와 밀접한 연관이 있지만 고대 세계에서도 그랬다. 바다도 지금과 마찬가지로 풍부해서, 그리스인들은 (플라톤의 표현을 빌리면) 연못 주위의 개구리처럼 살았다.[9]

제우스의 지시대로 올림포스 신들이 투표로 정했든, 아니면 제우스가 그냥 승리를 선언했든, 최종적으로 아티카는 아테나에게 주어졌다. 이 도시의 이름이 여신의 이름이 되었는지, 여신의 이름이 도시의 이름이 되었는지에 관해서는 학계 의견이 여전히 분분하지만 후자일 가능성이 크다. 포세이돈은 어찌나 빡쳤던지 아티카 일부를 물에 잠기게 만들어버렸다. 그러니 아크로폴리스 곳곳에 아테나 여신과 도시 수호신으로서 역할을 묘사한 형상이 이렇게 많을 만도 하다. 아테나는 자기보다 나이 많은 신을 누르고 얻어낸 이 도시를 분명 특별히 소중히 여길 것이다. 이 이야기는 여신과 도시 사이에 또 다른 특별한 유사성이 있음을 내비친다. 아테나는 자신을 열렬히 숭배하는 이 도시를 사랑하며, 아테네인들은 다른 사람들보다 신들을 훨씬 열렬하게 대한다는 점을 파우사니아스는 얼른 일깨운다.[10] 또 아테네 도시도 아테나 여신도 기본적으로 경쟁심이 강하다. 이기고 싶어 하고 지기 싫어한다. 아테네는 이웃 도시국가 스파르타와 수십 년에 걸쳐 전쟁을 치르는 중이며 자신들을 당대의 독보적인 군사적, 문화적 강국으로 여기고 싶어 했다.(그리고 다른 그리스인들도 그렇게 보길 바랐다.) 도시에 파르테논 같은 웅장한 건물을 짓는 까닭은 수호 여신을 숭배하기 위해서이기도 하지만 이 건물을 보는 모든 이에게 자신들의 우월함을 선포하기 위해서이기도 하다. 그래서 수니온 바다를 지나가는 사람들도 볼 수 있을 정도로 웅장한 건물을 짓는 것이다.

아크로폴리스에는 아테나 신전이 하나 더 있었는데, 아테나 폴리아스(도시의 아테나)의 신전이라고 불렸다. 이 신전에는 올리브나무가 한 그루 있는데 파우사니아스가 듣기로 아테나가 포세이돈과 경쟁할 때 심은 그 나무라고 한다.[11] 신의 선물이 보통 그러듯 이 나무도 기적을 보여준 역사가 있다. 기원전 5세기 초 페르시아가 아테네를 침략했을 때 도시에 불을 질렀다. 올리브나무도 타버렸다. 하지만 이

나무는 바로 다시 살아났고 불에 탄 다음 날 바로 커다랗게 새순을 틔웠다. 어떤 침략군도 아테네와 올리브나무를 갈라놓을 수 없고 여신의 관대함을 앗아갈 수도 없다.

파르테논 신전의 이름은 아테나가 파르테노스parthenos, 처녀이기 때문에 붙여진 이름이다. 아르테미스와 헤스티아와 마찬가지로 아테나는 결혼하지 않는 처녀 신이다. 올림포스의 주요 여신 여섯 가운데 절반이 섹스와 결혼에 선을 그었다니, 더군다나 이 여신들이 숭배받던 시대에 일반적으로 여성은 결혼에 있어 선택지가 없고 그런 삶의 방식을 거부할 도리가 없었음을 생각해 보면 신기한 일이다. 신은 인간과 다른 차원에 존재하며 인간이 상상할 수 없는 삶을 살기 때문에 이런 불일치가 일어난다고 할 수도 있을 것이다. 결혼하지 않는 것은 여신에게 올림포스산 위에 살거나 바다의 거품에서 태어나는 것만큼 자연스러운(그리고 인간에게는 부자연스러운) 일일지도 모른다. 그렇지만 인간 여성은 지닐 수 없었던 권력과 독립성을 지닌 여신이라면 남성 파트너를 원하지 않을 수도 있음을 암묵적으로 인정한 것은 아닐까 하는 생각도 든다.

세 명의 파르테노이parthenoi, 처녀 신은 서로 상당히 다른 방식으로 남자와 거리를 둔다. 아르테미스는 도시와 사회 규범에서 벗어나 독립적인, 거의 야생의 삶을 산다. 자유로운 삶을 선택했으니 당연히 결혼을 혐오한다. 반면 헤스티아는 도시와 사회의 중심에 있으면서도, 욕망이나 장기적인 가족 관계보다는 동반자 관계를 좋아하는 듯하다. 아테나는 또 다르다. 『호메로스 찬가』의 「아프로디테 찬가」를 다시 보면, 아테나는 제우스의 딸로 아이기스를 지닌 자이자 글라우코피스^{glaukōpis} 아테나, '아프로디테의 일에서 아무 기쁨을 느끼지 못하는 사람'이라고 묘사된다. 아테나가 즐기는 것은 전쟁, 아레스의 일이다. 전투, 싸움, 그리고 번쩍이는 물건을 직접 만드는 일이다.[12]

'글라우코피스'라는 말은 『오딧세이아』에서 아테나를 지칭할 때 반복해서 쓰이는 수식어이다. 문자 그대로의 의미는 올빼미의 눈을 가졌다는 것이다. 글라욱스^{glaux}는 아테나와 밀접하게 연관된 작은 올빼미를 가리키는 말로, 고대 그리스인들은 '아테네에 올빼미를 가져가다'라는 말을 영국 사람들이 '뉴캐슬로 석탄을 가져가다'라고 할 때와 같은 뜻으로 썼다. 무언가가 아주 풍부한 곳에 그걸 더 가져가 보아야 헛일이라는 의미이다. 혹은 '글라우코스^{glaukos}'라는 단어에서 나온 말일 수도 있는데, 이 단어는 주로 바다를 묘사할 때 쓰는 말로 회청색을 뜻하고 사람에게 쓰면 회색 혹은 청색 눈을 가리킨다. 어쩌면 '반짝이는 눈'이 더 좋은 번역일 수도 있다. 그리스인은 시각 세계를 색채에 따라서 나누기보다 밝거나 반짝이는 정도에 따라서 나누는 성향이 있었다. 그래서 호메로스가 바다를 포도주에 비유한 부분이 우리 관점에서는 번역하기가 특히 까다롭다. '포도주처럼 짙은 바다'라고 흔히 옮기지만 그러면 우리가 색을 바라보는 방식을 고대 그리스인들에게 부여해 붉은색을 떠올리게 된다. 호메로스는 바다의 색이 포도주의 색과 같다고 느꼈다기보다 바닷물이 찰랑이며 빛이 반짝이는 모습이 포도주를 따를 때 빛을 반사하는 모양과 비슷하다고 본 것이었다. 신들의 외양도 번역하기 쉽지 않다. 『일리아스』에서 제우스는 요청을 받으면 끄덕여 승인한다.[13] 우리는 이럴 때 보통 고개를 끄덕인다고 하지만, 호메로스는 제우스가 눈썹을 끄덕였다고 한다. 그뿐 아니라 제우스의 눈썹은 쿠아네오스kuaneos, '짙은 청색'이다. 파란 눈썹이라고 하면 좀 펑크스타일 같아서 대신 흑청색이라고 번역하는데, 사실 쿠아네오스는 훨씬 더 밝고 연한 파란색인 시안cyan의 어원이기도 하다.

다시 「아프로디테 찬가」로 돌아가 보면, 아테나는 청회색 바다 같은 눈 혹은 올빼미 같은 눈을 가졌는데, 눈동자 색보다는 주로 밝고 예리하다는 특징을 묘사하는 표현이다. 아테나는 황금 아프로디테의 에르가erga, 일에서 아무 즐거움을 느끼지 않는다. 대신 아레스의 에르곤ergon, 일인 전쟁을 즐긴다. 아테나의 전투력을 잠깐 살펴본 다음에 「아프로디테 찬가」에서 이야기하는 마지막 특성인 아글라 에르가aglaa erga, '번쩍이는 작품'들을 만드는 일을 좋아한다는 점으로 넘어가 보자.

여신을 숭배하기 위해 만든 조각품과 건축물을 보면 알 수 있듯이 아테나는 아테네에서 매우 사랑받는 여신이었다. 그런데 전쟁의 신 아레스는 그만큼 사랑받지 못한다. 그리스인은 전쟁 때문에 치러야 하는 대가를 절절하게 인식하고 있었다. 기원전 5세기 아테네 민회에서 투표에 참가한 남자들은 앞선 전쟁에 참전했던 생존자들이었는데 앞으로도 전쟁에 나가 싸우겠다고 투표하곤 했다. 전쟁과 그로 인한 여파가 고대사회 곳곳에 강한 영향을 미쳤다. 아이스킬로스는 기원전 480년 살라미스해전에서 싸웠다.(그 경험을 바탕으로 『페르시아인들』이라는 희곡을 썼다.) 소포클레스의 가족은 방패와 갑옷 제작으로 돈을 벌었다. 에우리피데스는 아테네의 적국 시라쿠사에서 크게 존경을 받아서, 전쟁에서 패한 후 시라쿠사에서 노예가 된 일부 병사들이 에우리피데스 극의 대사를 통으로 외워서 읊은 덕에 자유의 몸이 되기도 했다. 플루타르코스가 전하길 이 사람들이 아테네로 돌아와 에우리피데스에게 달려가 목숨을 구해주어 감사하다고 인사했다고 한다.[14]

그러니까 전쟁 경험이 없는 아테네인은 없었다. 전쟁에 직접 나갔거나 아니면 가까운 친지를 전장에서 잃었다. 그러니 이들이 아테나 여신에게 충성하는 까닭은 아테나가 아레스처럼 전쟁의 광기와 파괴와 관련된 것이 아니라 전술적 지략과 전략과 관련이 있기 때문이다. 아테네인은 성급하게 파괴적인 전쟁에 뛰어들곤 했으나, 그런 순간에 자신들을 전쟁에 끌어들인 신은 아테나가 아니란 것을 알았다.

전쟁에서 아테나가 어떻게 행동하고 어떤 역할을 하는지 『일리아스』에서 볼 수 있다. 아테나는 트로이아 전쟁 동안 꾸준히 그리스인들을 지원했고 헤라 여신과 동맹을 맺었다. 4권에서 두 여신이 같이 있는 모습을 볼 수 있다. 3권에서 일시적으로 전투 중단이 선언되었는데, 파리스(헬레네의 트로이아 애인)와 메넬라오스(헬레네의 그리스 남편)의 1대 1 결투를 위해서였다. 어느 쪽이든 이기는 쪽이 헬레네를 최종적으로 차지하고 전쟁을 끝내기로 했다. 그런데 결투가 결판이 나지 않았다. 아프로디테가 자신이 총애하는 파리스가 목숨을 잃을 상황이 되자 끼어든 것이다. 아프로디테는 파리스를 전장에서 낚아채 안전한 곳으로 데려갔고 결국 결투도 전쟁도 마무리되지 않았다.

4권 시작 부분에서 제우스는 신들에게 메넬라오스가 이긴 셈이니 전쟁을 끝내는 게 어떻겠냐고 말한다. 정말 전쟁이 다시 시작되길 바라는가? 이쯤에서 접고 트로이아도 멸망하지 않게 내버려두는 게 좋을지도. 그러나 헤라와 아테나는 나란히 앉아서 꿍얼꿍얼 트로이아를 몰락시킬 끔찍한 계획을 짜고 있다.[15] 아테나는 제우스에게 너무 화가 나서 대꾸도 하지 않는다. 굳이 그럴 필요도 없긴 했다. 헤라가 둘을 대표해서 할 말을 다 하기 때문이다. 헤라는 매몰 비용의 오류를 범한다. 전쟁에 이렇게 많은 노력을 쏟아부었는데 이제 와서 그냥 끝내자고? 그러든가! 헤라가 말하지만 다른 신들 누구도 동의하지 않는다. 제우스가 묻는다. 대체 트로이아 왕 프리아모스가 뭘 어떻게 했길래 다들 그의 도시를 파괴하려고 하는가? 헤라는 제우스에게 나중에 언젠가 자기가 가장 아끼는 도시 가운데 하나를 파괴해도 좋으니까 지금은 자기 말을 들으라고 한다. 마침내 제우스와 헤라가 합의한다. 아테나를 보내 속임수를 써서 트로이아인들이 휴전을 깨고 적대 행위를 재개하게 만들기로 한다. 아테나로서는 간절히 원하던 바라 얼른 올림포스산에서 달려 내려간다.[16] 전쟁이 중단된 평원에 도착했을 때 아테나는 라오도코스라는 이름의 트로이아 남자로 위장하고 있었다. 아테나는 판다로스라는 전사에게 다가가 말을 건다. 지금 메넬라오스를 쏘면 어때. 아테나가 말한다. 그를 죽이면 트로이아인 모두가 널 존경할 거야. 지금이 기회야.

판다로스는 아테나의 꾀에 안 넘어갈 도리가 없어, 바로 들은 대로 한다. 활을 준비하고 조준한 다음 쏜다. 그러나 아테나는 당연히 메넬라오스가 죽지 않길 바라기 때문에 스파르타 왕 메넬라오스 앞에 서서 잠자는 아기 얼굴에서 파리를 쫓는 엄마처럼 가볍게 화살을 쳐낸다.[17] 화살이 메넬라오스를 스치고 지나가 피가 흘러, 마치 여인이 상아에 붉은 물을 들이듯 붉은색이 번진다. 아가멤논은 동생이 다친 것을 보고 경악한다. 메넬라오스는 스친 것뿐이라며 안심시키고, 그리스군은 곧 다시 들고일어나 싸우려 한다. 트로이아는 아레스에게서 신적인 부추김을 받고, 글라우코피스 아테나는 그리스인들을 고무한다.[18] 다른 여신들—공포, 두려움, 불화의 여신이 전장 한가운데에 나타나 혼란을 가중한다. 남자들은 곧 헤라의 성이 찰 만큼 맹렬하게 서로를 죽이기 시작한다.

아테나는 평화가 찾아올 위험이 있으면 얼른 내려가서 싸움을 불러일으키기도 하지만, 영웅에게 힘과 용기를 불어넣어 주기도 한다. 5권 시작 부분에서 아테나가 디오메데스를 북돋워 주자 디오메데스는 포악한 살육을 벌인다.[19] 그리스군 쪽으로 판세가 기울자 아테나는 아레스에게 가서 손을 잡고 이제 같이 전장을 떠나자고 한다. 너무 많이 개입하면 제우스가 화를 낼 것이라면서. 아테나보다 훨씬 덜 똑똑한 듯한 아레스는 아테나를 따라 전장에서 물러나고 그리스군은 승기를 이어나갈 수 있게 된다.

딱한 판다로스는 이번에는 활로 디오메데스에게 상처를 입히고, 디오메데스는 아테나에게 복수를 도와달라고 기도한다. 아테나는 기도를 들어주어 디오메데스에게 초인적인 힘을 부여하고 마음껏 폭주하라고 한다. 디오메데스가 하지 못할 유일한 일은 신을 공격하는 것인데, 아프로디테는 예외이다. 아테나는 디오메데스에게 아프로디테는 날카로운 청동 날로 다치게 할 수 있다고 명랑하게 조언하고 재빨리 다시 전장을 떠난다. 호메로스는 아테나가 아프로디테에게 느끼는 적대감의 원인을 설명하지 않지만 황금사과를 사랑의 여신에게 빼앗긴 일이 뼈아팠으리라고 짐작할 수 있다. 그리스 신을 기준으로 보더라도 놀라울 정도로 야비한 순간이다.(그렇긴 해도 이 장면에서는 늘 웃을 수밖에 없다.) 디오메데스는 판다로스를 죽이고, 아프로디테의 아들인 트로이아인 아이네이아스에게 상처를 입히고, 이어 아프로디테에게 상처를 입히고, 아폴론까지 공격한다. 아테나가 아예 디오메데스의 전차에 올라타자, 디오메데스는 아레스에게 덤벼 상처를 입힌다. 그러자 전쟁의 신이 격분하여 바로 올림포스로 가서 제우스에게 불평한다. 제우스는 공감해 주지 않지만 어쨌든 아레스는 곧 치료를 받고 목욕도 한다. 5권은 인간을 죽이는 아레스를 멈춰 세우고 올림포스로 돌아가는 헤라와 아테나에게 초점을 맞추며 끝난다.[20]

아테나는 이제 한동안 전장에서 물러나 있다. 제우스가 모든 신들에게 개입하지 말라고 명령했기 때문이다. 아테나는 특히 총애하는 이들(디오메데스와 오딧세우스)에게 약간의 격려를 보내기는 하지만 제우스의 명령이 있으니 이전처럼 적극적으로 개입하지는 않는다. 헤라와의 동맹은 일시적이었다. 이제 신들의 여왕은 아프로디테의 도움을 받고 포세이돈과 협력할 것이다.

그렇지만 그리스군이 아테나를 절실히 필요로 할 때 아테나는 그곳에 있다. 17권은 헥토르가 파트로클로스를 죽인 이후로 우리를 데려간다. 메넬라오스는 죽은 전우의 시신이 트로이아군에게 넘어가지 않도록 지키고 있다. 헥토르는 파트로클로스의 시신에서 이미 갑옷을 벗겨냈지만, 아예 파트로클로스의 시신까지 차지해서 자기네 전사자 사르페돈의 시신과 교환하려 한다. 이 장면에서는 메넬라오스가 진정으로 용맹하게 싸우는데 메넬라오스의 이런 면모는 이 시에서 보기 드문 모습이다. 그러나 잠시 뒤에 아폴론이 자기 주위 트로이아인들에게 에너지를 불어넣자 메넬라오스는 지치기 시작한다. 제우스는 다시 딸을 보내 그리스인들의 사기를 북돋아 전투를 부추기려 한다.

아테나는 이번에는 늙고 현명한 그리스인 포이닉스로 위장하고 나타난다. 그러고는 메넬라오스에게 가서 트로이아군이 파트로클로스의 시신을 탈취하면 불명예를 안게 되리라고 말한다. 메넬라오스가 포이닉스에게 말하길, 아테나가 자기에게 힘을 더 주기만 하면 버틸 수 있을 것이라고 한다. 그가 그렇게 말하자 아테나가 기뻐했다고 호메로스는 전한다. 모든 신 가운데서 가장 먼저 자신에게 빌었기 때문이다. 아테나는 5권에서 디오메데스에게 그랬듯이 메넬라오스에게 힘과 용기를 불어넣는다. 아테나의 도움과 제우스의 허락을 받은 그리스군은 파트로클로스의 시신을 뺏기지 않고 전장 밖으로 빼낸다.

21권은 『일리아스』치고도 놀라울 정도로 폭력적이다. 아킬레우스는 자기 앞길을 가로막는 자를 모두 학살하며 사랑하는 파트로클로스를 죽인 헥토르를 향해 간다. 그러다 시신으로 강을 메우는 바람에 분노한 강의 신의 벌을 받아 익사할 지경이 된다. 아킬레우스가 도와달라고 기도하자 곧 신들이 앞다투어 끼어든다. 헤라는 아들 헤파이스토스를 보내 평원에 불을 지른다. 그러자 강의 신이 어쩔 수 없이 강둑으로 물러난다. 아폴론은 포세이돈과 싸우길 거부하고, 아르테미스는 아폴론의 무능을 조롱하다가 헤라에게 벌을 받는다. 이 모든 일이 벌어지는 한편, 아레스는 아테나에게 맞서며 아테나를 쿠

나무이아kunamuia, 개-파리라고 부르고 신들 사이의 불화는 아테나의 탓이라고 비난한다.[21] 아레스는 5권에서 아테나가 디오메데스를 부추겨 자길 공격하게 한 것에 여전히 분개하며 그에 대한 보복으로 아테나의 무시무시한 아이기스(제우스의 번개로도 부술 수 없는 흉갑)를 창으로 찌른다. 아테나는 격노하며 거대한 바위를 들어 아레스의 목에 던진다. 아레스는 바닥에 쓰러지고 아테나는 웃는다.[22] 풋내기 같으니, 내가 너보다 더 강하다는 걸 또 잊었구나, 이렇게 말한다. 상처에 재 뿌리듯. 아테나가 여기에서 '더 강하다'라는 뜻으로 사용한 단어는 아레이온areiōn인데, 아레스의 이름에서 유래한 말이다. 그러니까 이 문장을 샅샅이 풀면, '아레스가 하는 일에서 당신 아레스보다 내가 더 뛰어나다.'가 되는 것이다. 아프로디테는 다친 애인을 데리고 전장을 떠나려 하지만 그러다가 헤라를 자극하고 헤라는 아테나더러 쫓아가라고 한다. 아테나는 아프로디테의 가슴을 세게 밀쳐 아프로디테마저 넘어뜨린다.

아테네인들을 비롯한 그리스인들이 왜 아테나에게 기도하고 도시를 굽어보는 아테나 조각상을 세우고 싶어 했을지 그 까닭을 알고 싶다면, 『일리아스』에서 필요한 근거를 전부 찾을 수 있다. 아테나는 정말로 프로마코스, 최전선에 서 있었던 것이다. 그리스군을 격려하고 가장 좋아하는 영웅에게 초인적 능력을 부여하고 전세의 유불리에 낱낱이 적극적으로 개입한다. 아폴론은 이 모든 인간 사이의 다툼을 하찮게 여기며 한 걸음 물러서 있지만, 아테나는 제대로 된 싸움이라면 무엇보다도 좋아하며 뛰어든다. 게다가 아테나는 누구도 두려워하지 않고 그럴 이유도 없다. 누가 아테나에게 덤벼 상처를 입힐 수 있겠는가? 전쟁의 신조차도 아테나와 붙었다가 패퇴했다. 아레스는 아테나를 다치게 할 수도 막을 수도 흉갑을 파손할 수도 없다. 아테나는 아무 거리낌 없이 아레스와 그의 애인 아프로디테에게 연달아 굴욕을 준다.

트로이아 전쟁이 발발할 즈음, 아테나는 이미 전투력을 갈고닦은 상태다. 올림포스 신들은 그리스 신화 초창기에 두 차례 중대한 전쟁을 치렀다. 첫 번째는 티탄족과의 전쟁(티타노마키아)으로, 티탄족은 제우스의 지배에 반발해 크로노스를 왕좌에 복권하려고 전쟁을 일으켰다. 그러나 제우스는 아테나, 아폴론, 아르테미스의 지원을 받아 티탄들을 곧장 타르타로스로 보내버린다. 반란 주동자 아틀라스는 영원히 하늘을 어깨로 떠받치는 벌을 받는다. "세상의 무게를 짊어지다."라는 관용구가 여기에서 나온 것이다. 사실 아틀라스는 세상의 무게를 짊어진 게 아니라 하늘의 무게를 짊어졌지만(아틀라스를 그린 그림을 보면 이것 역시 엄청 무겁다는 걸 알 수 있다.), 정확성보다는 두운이● 우선시되는 사례라고 할 수 있을 것 같다.

두 번째 큰 전쟁은 기간토마키아, 올림포스 신과 가이아의 자녀들 사이의 전투이다. 이 전쟁이 일어난 장소로 여러 후보가 거론되는데 위(僞)아폴로도로스, 스트라본 등은 플레그라에서 일어났다고 한다.²³ 플레그라는 오늘날 그리스 마케도니아 지역에 있는 실제 장소이자 신화적 장소이다. 그러나 전장이 이탈리아 남부 쿠마이 근처라고 하는 작가들도 있다. 어쩌면 실제 전투가 어디에서 벌어졌는지는

● 세상world과 무게weight의 두운.

그다지 중요하지 않을 수도 있다. 기원전 1세기 역사가 디오도로스 시켈로스는 전쟁이 여러 곳에서 동시에 벌어졌다고 한다.(마케도니아의 팔레네, 쿠마이 근처 플레그라 평원, 크레타섬 등)²⁴

가이아의 자녀들이 보통 '거인'이라고 불리긴 해도 이들의 주요 특징이 크기는 아니다. 초기 문헌을 보면 거인들의 생김은 사람 같은데 몸집은 신과 같다고 한다. 기원전 5세기 후반의 적회식 킬릭스가 현재 베를린 페르가몬박물관의 고대 유물 전시관에 소장되어 있는데, 여기에 아이기스를 착용한 아테나 그림이 있다. 이 그림에서는 아이기스가 아테나의 몸통뿐 아니라 왼팔까지 덮었다. 흔히 그러듯 아이기스 중앙에는 메두사의 얼굴이 있고 가장자리에는 똬리 튼 뱀 장식이 있다. 아테나의 머리카락은 깃털 투구로 가렸으며 페플로스는 허리에서 조여 발까지 늘어진다. 창을 든 오른팔은 뒤로 당긴 채 거인 엔켈라도스의 몸을 겨누고 있다. 엔켈라도스는 이미 중심을 잃고 쓰러진 상태이다. 오른 다리는 너무 멀리 뻗었고 왼 무릎은 바닥에 부딪히기 직전이다. 검을 뽑으려 하지만 너무 늦었다. 방패는 뒤쪽에 있어 아무 쓸모가 없다. 엔켈라도스가 누구로부터 자기를 지키려고 방패를 들고 있었는지 몰라도 실제로 자기 목숨을 앗아갈 위협적 존재가 아테나라는 사실은 놓친 것이다. 아테나가 창으로 그를 찔러 죽인다면 비교적 덜 극적인 죽음이 될 참이다. 위(僞)아폴로도로스는 아테나가 시칠리아섬을 던져서 엔켈라도스를 짓눌러 버렸다고 전한다. 그리스인들은 보통 에트나 같은 활화산 아래에 성난 거인을 배치해 두고 화산 폭발 때의 성난 분출을 설명하곤 했다.

매우 아름다운 킬릭스이다. 신과 거인의 전쟁을 묘사한 도기 그림

가운데는 멋있는 것이 많다. 그렇지만 기간토마키아 묘사 가운데 압도적으로 탁월한 것은 페르가몬(오늘날 튀르키에 지역에 있는 지명)에 있었던 웅장한 제우스 제단이다. 여기에 기간토마키아 전투 장면을 묘사한 거대한 프리즈가 여럿 있다. 거인들이 처절한 패배를 겪는 장면들이다. 당연히 이 제단도 일부 손상되었으나 기원전 5세기 킬릭스와 기원전 2세기 조각상 사이에서 거인들의 모습이 어떻게 변했는지는 충분히 볼 수 있다. 거인들의 다리는 이제 뱀이 되었다. 몸통은 인간의 형태이고 어린 거인은 여전히 인간 다리를 가졌으나 나이 들고 수염이 난 거인의 근육질 허벅지는 비늘 덮인 파충류의 몸으로 꿈틀거린다.

아테나는 니케와 나란히 있는데, 기억하겠지만 페이디아스의 거대한 조각상에서 아테나가 손에 들고 있던 여신이다. 그런데 여기에서는 두 여신의 크기가 거의 대등하고, 발치에 쓰러진 거인들에다가 두 여신 사이 땅에서 솟아나 자식들을 구하려는 무력한 시도를 하는 가이아 여신까지 합해보아야 상대도 안 될 듯 보인다. 이 프리즈의 아테나는 얼굴이 사라지고 없으나 자신 있게 방패를 다루는 모습만 보아도 쉽게 식별할 수 있다. 이 여신은 싸우는 법을 안다. 가슴팍에는 아이기스를 찼다. 그 중앙에 메두사의 얼굴이 있는데, 좀 혼란스럽게도 이 프리즈를 따라 동쪽에서 북쪽으로 돌아가면 고르곤 셋이 모두 멀쩡히 살아 있는 상태로 거인들과 싸우는 모습이 보인다. 이들은 사자의 도움을 받아서 적의 팔에서 두툼한 살덩이를 뜯어내는 중이다.[25] 사실 어떤 예술 작품이나 텍스트가 다른 것과 상충하는 것이 그리스 신화의 특이한 점 가운데 하나이다. 그렇긴 하나 제단의 한쪽

벽에는 누군가의 잘린 머리가 있는데 같은 제단 다른 면에는 그 인물이 살아 있는 모습으로 나타나는 일은 비교적 드물다. 기간토마키아가 언제 일인지 특정하기는 쉽지 않은데, 참여자가 대부분 불멸인 탓이다. 그러니 시간대든 공간이든 우리로서는 알 수 없음을 어쩔 수 없이 받아들여야 할지 모르겠다.

이 장면 오른쪽에 있는 날개 달린 니케는 땅 위에서 살짝 떠 있다. 그 아래에 있는 거인은 쓰러져서 접힌 팔 한쪽만 보인다. 그 앞에서는 가이아가 아들의 목숨을 살려달라고 애원하고 있다. 가이아의 팔꿈치가 앞으로 나아가는 전사 여신 아테나의 무릎에 거의 맞닿았다. 아테나는 왼팔에 방패를 들었는데 언제라도 그것으로 무방비 상태인 가이아의 머리를 내리칠 수 있을 듯하다. 오른손은 뒤로 뻗어 다른 거인의 머리카락을 움켜잡았다. 거인은 왼팔을 뻗어 무게중심이 실려 있는 아테나의 왼 다리를 잡으려 하고 오른팔로는 여신의 오른 팔뚝을 잡았다. 누가 보기에도 여신이 머리카락을 놓게 만들려 하는 듯 보이지만, 이 장면에서 유일하게 얼굴이 남아 있는 거인의 표정에는 고통과 절망이 가득하다. 저항하려고 애쓰며 이맛살이 일그러졌다. 그런데도 몸은 이미 바닥으로 쓰러지고 있다. 싸움은 시작도 하기 전에 이미 끝났다. 니케가 아테나에게 월계관을 씌우려고 그 자리에 있는 것도 당연하다. 어떤 전승에서는 아테나가 거인의 가죽을 벗겨 방패로 사용한다고도 한다.[26]

전사 여신 이야기는 이쯤 하면 된 것 같다. 아테나는 올림포스 신 가운데 전장에서든 다른 곳에서든 곤란한 상황에 처한 영웅을 도울 가능성이 가장 큰 신이기도 하다. 특히 오딧세우스와의 관계가 그러한데, 하도 듬직하게 지원을 해줘서 그만큼 총애를 받지 못하는 오딧세우스 주변 인물들은 박해를 받는다고 느낄 지경이다. 트로이아 전쟁 동안 아테나는 오딧세우스를 비롯해 그리스군 전체를 지원한다. 그렇지만 트로이아의 위협이 수그러들자 오딧세우스가 그리스인 동료들과 사소한 갈등을 벌일 때 줄곧 오딧세우스 편을 든다. 소포클레스의 『아이아스』에서 극단적 사례를 볼 수 있다.

이야기를 더 진행하기 전에 그리스 전사 가운데 아이아스가 두 명 있으며 둘이 트로이아 전쟁에서 나란히 싸웠음을 말해두어야겠다. 영어로는 'Ajax'라고 표기해서 더욱 혼란스러운 면도 있다. 오딧세우스는 다른 보상을 두고 두 아이아스 각각과 경쟁하는데 두 번 다 아테나가 도와준다. 두 아이아스 모두 결국에는 성난 신에 맞서 살아남지 못한다. 그러면 소小아이아스라고도 불리는 로크리스의 아이아스의 최후를 잠깐 살펴보자.(내 말이, 사람들은 꼭 그렇게 줄을 세우려고 한다니까.) 아무튼 그는 두 아이아스 가운데 작은 쪽이었고 로크리스 출신이다. 『일리아스』의 23권에서 아킬레우스는 사랑하는 파트로클로스를 기리며 장례식 경기를 연다. 장례식 경기라니 이상하게 들리지만 그리스 전사들은 위대한 영웅을 잃으면 금, 은, 말 등의 상품을 걸고 운동 시합을 벌여 그 삶을 기렸다.

오딧세우스는 이미 레슬링 시합에서 공동우승을 차지했다.(헷갈리게 해서 정말 유감이지만 다른 아이아스와 함께) 이제 달리기 순서가 되었다. 이번에는 오딧세우스가 로크리스 아이아스와 나란히 출발선에 서는데, 아이아스가 스타트가 아주 좋았다.[27] 오딧세우스는 다다다다 내달려서 숨결이 아이아스 뒤통수에 닿을 정도로 바짝 쫓아간다. 마지막 직선 구간에 들어섰을 때 오딧세우스는 얼른 아테나에게 발을 빠르게 만들어달라고 기도를 드린다.[28] 달리기 선수 누구나 경주 도중에 이런 간절한 순간이 있을 것이다. 그렇지만 누구나 바로 신의 도움을 받는 것은 아니다. 아테나는 오딧세우스의 청이라면 아무리 사소한 것이라도 무시하지 않는다. 즉시 행동에 나서서 오딧세우스의 발과 손을 가볍게 만들어준다. 이것이 어쩌면 기운이 다 떨어진 주자가 결승선이 눈에 들어오는 순간 마지막 힘을 끌어 올려 스퍼트하는 것을 묘사한 것일까? 그럴지도 모른다. 그런데 그때 아이아스가 넘어진다. 아테나가 발을 걸었기 때문이다. 그게 다가 아니라 아테나는 아이아스가 넘어지면서 소똥에 정확히 얼굴부터 처박힐 지점에서 발을 건다. 아테나는 나이를 초월한 존재이지만 아주 성숙하다고 말하기는 힘들다.

오딧세우스가 우승했으나 아이아스는 엎어진 채 잠자코 패배를 인정할 사람이 아니다. 아이아스는 반칙이라고 외치며 누구 탓인지 정확하게 지목한다. 여신이 내 발을 걸어 넘어뜨렸어, 라고 소리친다. 여신이 오딧세우스 옆에 어머니처럼 서서 언제나 그랬듯이 오딧세우스의 편을 든다고![29] 정확한 상황 묘사이긴 하나 아이아스의 이런 태도는 분명 매우 위험하다. 하지만 로크리스의 아이아스는 이렇게 아테나를 모욕했다고 해서 죽지는 않고, 전쟁이 끝난 다음 트로이아를 약탈하면서 추가로 더 큰 신성모독을 저지르지만 그것 때문에 죽지도 않는다. 그리스인이 트로이아를 덮쳤을 때, 아폴론의 여사제 카산드라는 아테나 신전으로 몸을 피해 탄원하는 자세로 아테나의 조각상을 붙들었으나 아이아스가 카산드라를 끌어낸다. 어떤 전승에서는 강간했다고 하기도 한다.³⁰ 아테나는 아이아스를 너무나 혐오해서 아이아스가 트로이아에서 로크리스로 돌아갈 때 그의 배에 번개를 집어던지는 드문 행동을 한다.(보통 아테나 아버지의 특권으로 여겨지는 일) 배가 산산조각이 나서 침몰하지만 아이아스는 바위를 붙들고 살아남는다. 이 시점에서라도 애원하고 기도하는 게 현명하겠지만, 아이아스는 자기가 아테나 여신에게 공격을 당하고도 살아남았다고 떠벌리는 게 좋겠다고 판단한다.³¹ 포세이돈이 이 건방진 인간에게 어찌나 짜증이 났던지 아이아스가 매달린 바위를 삼지창으로 내려쳤다고, 호메로스는 전한다. 그다음에 바위가 쪼개지는 영화적인 장면이 펼쳐진다. 바위 일부는 남았지만 아이아스가 앉아 있던 부분은 바다로 무너져 내린다. 아이아스가 짠물을 마시고 죽는 것으로 이 구절은 마무리된다. 아테나와 포세이돈이 다툴 때도 있지만 로크리스 아이아스를 싫어한다는 점에서는 한마음 한뜻이다.

이제 텔라몬의 아이아스, 혹은 대*아이아스라고 불리는 쪽은 아테나에게 어떤 취급을 받았는지 살펴보자. 소포클레스의 『아이아스』는 트로이아에서 아킬레우스가 죽은 직후의 나날을 배경으로 한다. 매우 귀한 것으로 여겨지는 아킬레우스의 무기와 갑옷을 지위가 똑같이 높은 장수 두 사람, 오딧세우스와 아이아스 둘 다 원한다. 아가멤논은 아킬레우스의 무구를 오딧세우스에게 수여한다.

이 극은 살인 미스터리처럼 시작한다.(나는 다른 곳에서 소포클레스가 후던잇whodunnit 미스터리●의 창시자라고 주장한 바 있다.) 오딧세우스가 범죄 현장을 조사하고 있다. 발자국을 따라가며 누가 범인인지 알아내려 한다. 아테나는 오딧세우스를 스파르타 사냥개에 비유한다.(오딧세우스는 셜록 홈스가 『네 사람의 서명』에서 외다리 살인자와 공범의 냄새를 추적하게 시킨 개 토비의 연극적 조상인 셈이다.)[32] 지금 뭘 찾는 거냐, 아테나가 묻는다. 나는 알고 있으니, 나한테 들으면 된다.

아, 이것은 아테나 여신의 목소리다! 오딧세우스는 아테나와 대화를 나눈 적이 꽤 많아 바로 알아차린다. 신들 가운데 가장 소중한 분이여, 오딧세우스는 덧붙인다.[33] 오딧세우스는 확신한다. 보이지는 않지만 당신의 목소리가 들리고 저는 완전히 매료되어 버렸습니다. 아테나와 오딧세우스의 관계는 언제나 흥미롭다. 때로 아테나는 『일리아스』의 달리기 장면에서 그러듯 어린아이를 대하는 어머니인 양 오딧세우스를 보호한다. 다른 때는 이 한 쌍이 마치 사랑에 빠진 젊은 연인들처럼 보인다. 알다시피 아테나는 결혼과 가정을 거부하고, 오딧세우스는 간절히 아내 페넬로페에게로 돌아가고 싶어 한다. 그러나 여신과 인간 사이의 유대는 다른 모든 관계보다 우선하는 듯하다. 아테나는 늘 오딧세우스의 기도에 귀를 기울이고 오딧세우스는 목소리만 듣고도 단박에 아테나를 알아본다.

아테나의 추측이 맞았다. 저를 미워하는 자의 흔적을 쫓고 있습니다, 오딧세우스가 설명한다. 방패를 든 아이아스요. 이유인즉슨, 아침에 일어나 보니 밤새 누군가가 그리스 진영의 소중한 가축을 도살해 버렸습니다. 가축뿐 아니라 양치기들까지도 살해당했습니다. 모두가 아이아스의 소행이라고 생각합니다.[34] 확실히는 모르지만요. 발자국 일부는 분명 아이아스의 것인데, 일부는 확실하지 않습니다.

● 미스터리의 한 갈래로 범인이 누구인지를 밝혀내는 데 초점을 맞춘다.

다들 아이아스의 소행이라고 생각한다고 말씀드렸던가요? 우리 야간 경비병 가운데 한 명이 피가 흐르는 칼을 들고 있는 아이아스를 보았다고 저에게 말했다는 것도요? 마침 여신께서 저를 찾아주셔서 참으로 다행입니다.

아테나는 말한다. 그래, 한동안 여기에서 널 지켜보고 있었다. 그리고 맞다, 아이아스의 소행이다. 아킬레우스의 무기 때문에 격분해서 일을 저질렀다.

그런데 왜 가축을 공격한 겁니까, 오딧세우스가 묻는다.

그는 자기 손에 묻은 게 네 피라고 생각했다, 라고 아테나는 오싹한 대답을 한다.

그리스인을 죽이려고 했다고요? 오딧세우스는 믿을 수가 없다는 듯 반문한다.

내가 지켜보고 있지 않았다면 성공했겠지, 아테나가 말한다.

죽이기 직전이었나요?

그래, 아테나가 대답한다. 아가멤논과 메넬라오스의 막사 바로 앞에 있었어.

그렇게 죽일 생각이 간절했는데, 어떻게 멈춘 겁니까, 오딧세우스가 묻는다.

내가 멈췄어.

이 신화나 다른 신화에서 아테나는 상당히 끔찍한 행동을 많이 저지르지만 그래도 내가 가장 좋아하는 여신일 수밖에 없다. 특히 여기에서 모든 말을 에고^{ego}, '나'라는 말로 시작할 때 더욱 그렇다.[35] 절박한 인간의 기도를 받는 신으로서 모든 공로는 자기 것이라고 당당하게 주장한다. 나는 그자의 눈을 가렸어. 그래서 아이아스는 가축을 보면서 자기가 아트레우스의 아들들(아가멤논과 메넬라오스)과 다른 그리스인들을 죽인다고 생각했지. 나는 아이아스를 더 부추겼어. 지금은 소를 사람인 줄 알고 묶고 있어. 내가 그자를 보여줄게. 하지만 그자는 너를 보지 못할 거야.

여기에서 아테나의 말을 그대로 옮기면, 아이아스 눈의 광선이 오딧세우스의 얼굴에 닿지 않게 하겠다고 한다. 기원전 5세기 그리스의 과학적 관점이 무대 위에서 펼쳐지는 청동기 시대 신화 세계에 스며든 사례다. 소포클레스, 에우리피데스, 아리스토파네스 모두 이런 새로운 사고방식에 관심을 갖고 진지하게 다루거나 혹은 비꼬는 모습을 볼 수 있다. 이 무렵 지각 철학에서 시각을 설명할 때 해에서 광선이 나오듯 눈에서 광선이 나온다고 주장하는 이론이 인기를 끌었다. 그렇기 때문에 사물을 볼 수 있다는 것이다.

그러나 광기에 사로잡힌 아이아스에게는 아무것도 보이지 않는다. 아테나는 밖으로 나와 자기에게 오라고 아이아스를 부른다.

뭐 하시는 겁니까, 여신이여? 오딧세우스는 놀라서 무례하게 말한다. 밖으로 부르지 마세요!

여신과의 관계에서 엄청난 자신감이 있지 않고야 이런 식으로 말하기는 힘들 것이다. 그리스 신화에서 후견인 격의 신에게 이렇게 말하고 살아남아 이야기를 전한 사람은 많지 않다. 총애를 잃지 않는 경우는 더 드물고. 아까 이야기했듯이 아테나는 오딧세우스에게는 말도 안 되게 너그럽지만, 대꾸하는 말투는 까칠한 소녀 그 자체이다.

조용히 해! 네가 겁쟁이처럼 굴려는 건 아니었으면 좋겠다.

하지만 오딧세우스는 진심으로 겁에 질렸다. 도륙당한 가축들을 본 직후이니 그럴 만도 하다.

뭐가 문제냐, 아테나가 묻는다. 그자는 네가 아는 사람이다.

그자는 그때도 나의 적이었고 지금도 그렇습니다, 오딧세우스가 대답한다.

여기에서 아테나의 성격을 조금 더 엿볼 수 있다. 적을 비웃는 것보다 더 달콤한 웃음이 있을까? 아테나가 묻는다.[36]

아테나는 샤덴프로이데*라는 단어는 몰랐겠지만 그렇다고 그 감정을 즐기지 못하는 건 아니다. 여신만이 누릴 수 있는 기쁨이고 오딧세우스 같은 전사도 그런 기쁨은 알 수가 없다. 오딧세우스는 아이아스를 경멸하지만 아이아스의 힘과 살인 충동을 두려워한다. 아테나에게는 아이아스든 어떤 인간이든 두려워할 이유가 없다. 그저 심술궂은 기쁨을 찾아 즐기기만 하면 된다. 환각에 시달리는 남자는 우스운 존재이다. 그러나 가축과 양치기들을 살해하고 인질이라고 생각하고 소를 꽁꽁 묶는 등의 일이 오딧세우스에게 그렇듯 우리에게도 섬뜩하게 여겨진다.

나오지 말고 그냥 안에 있었으면 좋겠습니다, 오딧세우스가 대답한다.

날뛰는 광인을 보기를 꺼리느냐? 이 대사를 어떻게 하느냐는 배우에 따라 다르겠지만, 나는 이 시점에서는 아테나가 아주 진지할 것이라고 상상한다. 아테나는 진심으로 궁금해서 묻는다. 왜 네 적이

- schadenfreude, 남의 불행에서 느끼는 기쁨이라는 독일어.

이런 상태에 있는 것을 보고 싶어 하지 않지? 오딧세우스는 다소 방어적으로 대꾸한다.

그자의 정신이 온전하다면 피하지 않을 겁니다.

아테나는 오딧세우스가 두려워서 그런다고 짐작한다. 그자는 너를 보지 못할 것이다.

눈이 있는데 어떻게 못 본다는 겁니까, 오딧세우스가 묻는다.

눈을 어둠으로 덮을 것이다, 아테나가 말한다.

오딧세우스도 수긍한다. 신은 무엇이든 할 수 있으니까요.

소리 내지 말고 가만히 있으라, 아테나가 말한다.

가만히 있겠습니다, 오딧세우스는 동의하지만 이렇게 덧붙인다. 다른 곳에 있을 수 있다면 좋으련만.

아테나가 상황을 정확히 파악했으며 실제로 오딧세우스가 살의와 광기에 사로잡힌 아이아스가 두려워서 그러는 것일 수도 있다. 하지만 나는 오딧세우스가 두려워하는 건 자기 목숨을 잃을 위험이라기보다는 광기를 목격하는 일이 아닐까 하는 생각이 든다. 정말로 이 사람, 미친 상태에 있는 자신의 적을 보고 싶지 않은 것이다. 다치거나 죽임을 당할까 봐 두려울 수도 있지만 그 이상의 이유가 있을 듯하다. 오딧세우스는 아이아스와 10년 동안 같은 편에서 싸웠다. 친구는 아니었을지라도 동지였다. 공통의 적과 싸웠다. 그런데 지금, 죽은 벗의 물건 때문에 공개적인 굴욕을 당하고 아이아스는 이성을 잃어버렸다. 급작스럽고 처참한 몰락이다. 아테나는 그 모습을 보며 즐거워하지만, 오딧세우스는 자기 자신의, 인간의 나약함을 본다. 그래서 이 극은 오늘날에도 많은 공감을 불러일으킨다. 전쟁을 겪은 이들이 시

달리는 무시무시한 후유증을 생생하게 묘사하기 때문이다.[37]

아테나는 우습다고 말하는 아이아스의 모습에서 우리는 외상 후 스트레스 장애를 본다. 자신이 목격한 참상의 공포를 더 이상 견딜 수 없는 사람을 본다. 아이아스가 경험한 현실은 바뀔 수 없기에, 계속 살면서 기능하기 위해 정신이 현실을 거부하고 대체하는 것이다. 고대 그리스에는 심리학 관련 용어가 거의 없었기 때문에 신들이 심리적 상태를 대신하곤 한다. 아프로디테가 압도적인 욕망을 누군가에게 불어넣는다거나 하는 식으로. 여기에서 아테나는 하나의 인물이기도 하지만 악하고 추상적인 힘으로 읽을 수도 있다. 너무 많은 죽음과 너무 많은 피를 목격하고 죽음을 가까스로 피한 경험이 너무 많은 전사를 사로잡아 버리는 압도적인 영향이다. 우리는 전쟁을 이기고 지는 것으로 생각하는 데 익숙하지만, 백병전에는 승자가 없다. 생존자만 있을 뿐이다.

아테나는 아이아스를 다시 부르며, 왜 숨마코스^{summakhos}, 너와 '함께 싸우는 동지'를 무시하냐고 묻는다. 아이아스가 무대에 등장한다.

안녕하십니까, 아테나여, 제우스의 딸, 언제나 곁에 있어주시는 분, 아이아스가 말한다. 이번 사냥의 성과에 감사드리며 순금을 바치겠습니다.

아테나는 고맙다고 하며 계속 연극을 한다. 네 칼을 아르고스인의 피로 적셨느냐, 아테나가 묻는다.

아이아스는 부인하지 않는다.

아테나는 이 일을 가볍게 넘기지 않을 것이다. 아트레우스의 아들들을 죽였느냐?

그들은 다시는 내 이름을 더럽히지 못할 것입니다, 아이아스가 대답한다.

죽였구나, 아테나가 묻는다.

죽였습니다, 아이아스가 확인한다. 이제 내 갑옷을 빼앗을 테면 빼앗아 보라고 하십시오.

알겠다, 아테나가 말한다. 라에르테스의 아들은 어찌 되었나? 그는 달아났는가?

그 빌어먹을 여우 자식, 아이아스가 말한다.

그래, 오딧세우스 말이다.

저 안에 다른 포로들과 같이 있습니다. 기둥에 묶어놓고 때려죽일 겁니다.

그 불쌍한 인간을 왜 그렇게 해치려 하느냐.

평소라면 여신의 인도를 따르겠습니다만, 오딧세우스는 반드시 정의의 심판을 받아야 합니다.

흠, 그렇다면 온몸을 바쳐야겠군, 아테나가 말한다.(그리스어에서는 노력을 뜻할 때 몸이 아니라 '손'을 댄다는 표현을 쓴다.)[38]

그렇게 하겠습니다, 아이아스가 대답한다. 앞으로도 계속 제 편이 되어주십시오, 아이아스는 이렇게 덧붙이고 무대에서 나간다.

이 장면을 보면 마음이 아프다. 고도로 훈련된 중무장한 살인자라 할지라도 현실감각이 무너지기 시작하면 참으로 딱한 존재가 되고 만다. 아이아스를 데리고 노는 아테나는 마치 고양이가 발톱을 드러내기 전까지 들쥐를 앞발로 툭툭 치며 장난치는 모습을 닮았다. 아이아스가 사라지자 아테나는 바로 오딧세우스를 돌아보며 한층 더 고소해하며 말한다. 봤나, 오딧세우스? 신이 얼마나 막강한지 봤나? 아이아스처럼 신중하고 현실적인 사람 본 적 있어?

인간의 정신과 지위가 완전히 무너지는 모습을 보고 이 이상으로 즐거워할 수는 없을 것이다. 이때에도 오딧세우스는 아테나와 기쁨을 나누지 못한다.

아뇨, 그 사람보다 유능한 사람은 본 적이 없습니다. 저 불쌍한 자에게 연민을 느낍니다—비록 나를 미워하는 사람이지만, 이제 참담한 상황에 빠져버렸으니까요. 저자의 운명도 운명이지만 내 운명을 생각하게 됩니다. 우리는 허깨비나 희미한 그림자에 지나지 않는다는 걸 알겠습니다.

오딧세우스가 새사람이 된 것은 아니다. 아이아스에게 동정을 느끼는 까닭은 그에게 자신을 대입해서 생각하기 때문이다. 아이아스가 망상에 사로잡혀 있듯이 오딧세우스는 자기도취에 빠져 있다. 그렇지만 이 순간에는 그것 때문에 공감을 못 하는 게 아니라 오히려 더 공감하게 된다. 오딧세우스는 늘 자신의 이익을 앞세우는 사람임을 우리는 익히 안다. 오딧세우스가 트로이아 전쟁에서 잔꾀와 속임수를 부리는 사례는 수없이 많고 『일리아스』에도 많이 나온다. 오딧세우스가 갑자기 다른 사람을 동정하며 속 깊은 모습을 보인다면 우리는 안 믿을 것이다. 또 다른 속임수, 위장이라고 생각할 것이다. 그런데 적의 정신이 무너지는 것을 보고 오딧세우스가 보인 반응에서는 진심이 느껴진다. 오딧세우스는 여신이 은혜를 베풀어주지 않았다면 자기도 똑같은 처지가 되었을지 모른다는 생각을 한다. 그리고

304

아이아스가 아테나에게 마지막으로 한 말, 도와주셔서 감사하며 계속 자기편이 되어달라고 하는 말을 들었을 때, 그 말은 오딧세우스에게 정말 비수처럼 와서 박힌다. 아이아스는 오딧세우스와 똑같이 자신이 은혜롭게도 아테나의 가호를 받고 있다고 믿는 것이다. 누구 말이 옳은지 어떻게 알 수 있겠는가? 아테나가 광기를 내린 인간도 여전히 자기가 제정신이라고 생각한다면? 오딧세우스는 자신의 삶이 지하세계를 떠도는 그림자 못지않게 덧없다는 사실을 불현듯 깨닫는다.

아테나는 오딧세우스가 자기와 함께 기뻐하든 말든 아랑곳하지 않는다. 너는 아이아스가 어떻게 되었는지 보았으니, 신들에게 오만한 말을 하거나 교만을 부리지 말도록 해, 아테나가 말한다. 하루아침에 부상할 수도 추락할 수도 있어. 신들은 분별 있는 인간을 사랑하고 그러지 않은 인간은 미워하지.

이런 말로 일단 안심시킨 후에 아테나는 무대를 떠난다. 오딧세우스도 무대를 떠난다. 이 상황에서 무슨 말을 더 할 수 있겠는가?

오딧세우스는 내내 무대에 나타나지 않다가 극이 끝날 무렵에야 돌아온다. 아이아스가 자기 칼로 스스로 목숨을 끊은 후에, 위대한 전사가 결국 칼끝을 자신에게 돌린 후에야. 미군 장병 가운데 2001년 이후 군사작전 도중 사망한 사람 수보다 자살자 수가 네 배 가까이 많다는 사실을 떠올려 볼 만하다.[39] 원인은 복합적이지만 브라운 대학교 전쟁 비용 프로젝트 보고서에 따르면 전쟁 트라우마와 양심의 위기가 두 가지 주요 요소로 꼽힌다.[40] 전쟁 연극 단체가 소포클레스의 『아이아스』와 『필록테테스』를 민간인과 군인 청중 앞에서 낭독 공연해서 호평을 받았는데 이 두 작품에서 바로 이런 연관성을 발견했다고 할 수 있다.⁴¹ 나는 그리스 비극이 왜 오늘날 우리에게도 이토록 호소력이 있느냐는 질문을 종종 받는데, 그럴 때마다 똑같은 답을 한다. 비극의 통화 단위는 인간이기 때문이라고. 수천 년 세월 동안 다른 모든 것이 달라졌다고 하더라도 그것만큼은 여전히 그대로라고 생각한다.

아테나와 오딧세우스의 관계를 더 자세히, 순간이 아니라 수년에 걸쳐 살펴보기 위해 이번에는 호메로스의 『오딧세이아』로 가보자. 이 서사시의 시작 부분에서 아테나는 아버지와 함께 있는데, 제우스는 아이기스토스의 운명의 부침을 두고 고뇌하고 있다. 아이기스토스는 사촌 아가멤논을 (클리타임네스트라의 도움을 받아) 살해하고 이제 이 부부의 아들 오레스테스에게 살해당했다. 그래요, 그래요, 아테나가 말한다. 그자는 죽어 마땅했고 그런 짓을 저지른 사람 누구나 마찬가지이죠. 하지만 불쌍한 오딧세우스는요? 제 가슴이 둘로 찢어지는 것 같아요. 섬에 갇혀, 바다로 둘러싸여, 아틀라스의 딸(님프 칼립소)에게 붙들려 있어요. 칼립소는 오딧세우스가 이타케를 잊게 만들려 하지만 오딧세우스는 그저 자기 땅에서 피어오르는 굴뚝 연기를 보고 싶대요. 그는 죽고 싶은 심정이에요. 그런데도 올림포스 신이시여, 이 일에 가슴이 움직이지 않나요? 그자가 트로이아에서 언제나 당신께 제물을 바치지 않았나요? 그런데 왜 그렇게 노여이 여기시나요?⁴²

앞에서 여신과 인간 사이의 관계가 때에 따라 다르게 비친다고 이야기했었는데, 여기에서는 영락없이 모든 대화의 주제를 자기가 좋아하는 상대 이야기로 몰고 가는 십대 소녀처럼 보인다.(나 자신은 이런 습성을 이제 버렸다고 분명히 말해둔다.) 아테나는 누군가가 자기가 좋아하는 대상에 무관심한 태도를 보이면 그게 적대감의 증거라고 생각하고 용인하지 않는다. 아, 아버지 지금 아이기스토스 생각하고 있어요? 그 말 들으니까 누가 생각나는지 알아요? 오딧세우스요. 왜 오딧세우스를 미워해요, 네? 아테나는 감정적인 어휘를 동원해 오딧세우스의 신세를 묘사한다. 아테나가 보기에 오딧세우스는 물로 이루어진 감옥에 갇혀 비탄 속에서 죽어간다. 그뿐 아니라, 아무도 그 처지를 가엾게 여기지 않는다. 오딧세우스의 진정한 친구 아테나 자신 빼고는.

호메로스가 이 대화 바로 직전에 포세이돈이 에티오피아인들이 바치는 푸짐한 잔치에 초대되어 바쁘다고 언급한 것은 우연이 아니다. 다시 말해 아테나의 관점에 이견을 낼 가능성이 가장 큰 신(포세이돈은 오딧세우스를 미워한다.)이 부재중인 것이다. 아테나가 섬과 바다를 계속 거론하기 때문에 우리도 암시적 의미를 읽을 수밖에 없다. 오딧세우스를 집에 데리고 있는 장본인은 아틀라스의 딸일지 몰라도 오딧세우스가 탈출하지 못하게 하는 것은 그 주위의 물이라는 거다. 제우스도 그 암시적 의미를 놓치지 않는다.

딸아, 내가 어떻게 오딧세우스를 잊겠느냐? 오딧세우스는 다른 어떤 인간보다 분별 있고 누구보다 제물을 많이 바치지. 문제는 포세이돈이야. 오딧세우스가 자기 아들 폴리페모스를 불구로 만들고 눈을 멀게 했다고 증오하잖아. 그러니까 오딧세우스의 노스토스^{nostos}, '귀향 여정'을 생각해 보자, 어떻게 돌아갈 수 있을지. 포세이돈은 분노

를 내려놓아야 할 거야. 신들 전부와 맞설 수는 없을 테니.⁴³

아테나는 이 대답에 기뻐하며, 단 한 가지 서둘러달라는 요구만 한다. 헤르메스를 오기기아(칼립소의 섬)로 보내요, 아테나가 말한다. 에우플로카모이^{euplokamōi}, '고운 머리카락'의 님프에게 오딧세우스를 보내주라고 전하라고 해요. 그동안 저는 이타케로 가서 오딧세우스의 아들 텔레마코스를 격려해 주겠어요. 탐욕스러운 구혼자들에 맞서 한마디 하게 한 다음, 스파르타와 필로스를 돌아보고 아버지에 관한 소식도 듣고 명성도 좀 쌓으라고요.⁴⁴

아테나는 땅이든 바다든 건너갈 수 있는 황금 샌들을 신고 청동 창을 집어 든다. 그러고는 올림포스에서 곧장 이타케로 간다. 이타케에 도착했을 무렵에는 멘테스의 모습이 되어 있다. 멘테스는 오딧세우스 집안의 손님-친구인 사람이다. 이 점에서 오딧세우스의 집을 차지하고 가축과 술을 먹어치우고 있는 구혼자들하고는 미묘하게 다르다. 『오딧세이아』는 이렇게 첫머리에서 귀향, 자기 집이나 다른 사람의 집에서 어떻게 행동해야 하는가 등 이 시의 주제를 제시한다. 텔레마코스는 변장한 여신을 보고는 얼른 손님을 맞으러 달려온다. 이들은 구혼자들에게서 멀찍이 떨어져 앉아 시끄러운 소음을 피한다. 음유시인이 노래를 시작하자 텔레마코스는 구혼자들이 자기 말을 듣지 못하게 하려고 아테나 쪽으로 몸을 가까이 기울인다. 텔레마코스는 크세이노스^{xeinos},● '낯선 이, 손님, 친구'는 누구시냐고 묻는다. 앞으로 아테나와 오딧세우스는 자신의 정체와 출신에 관해 온갖 거

● 앞에서 설명한 크세노스의 호메로스식 방언.

짓말을 할 텐데, 그 첫 번째 거짓말을 아테나가 이제 시작한다. 나는 타피아의 군주 멘테스요. 우리들 아버지는 오래전부터 친구였지요, 할아버지께 여쭤보세요. 당신 아버지가 돌아오셨다고 들었는데, 분명 아이콘타aekonta, '본인의 뜻과 다르게' 궁으로 오지 못하고 계시군요. 제 말을 들으세요. 지금은 비록 쇠사슬에 묶여 있다고 할지라도 곧 돌아오실 겁니다. 뭔가 방법을 찾아낼 겁니다. 그건 그렇고 당신 아버지를 정말 많이 닮았군요.[45]

글쎄요, 어머니는 늘 제 아버지가 오딧세우스라고 말씀하시지만, 확실히 알 수는 없었습니다. 텔레마코스가 답한다. 제 아버지가 누군지는 아무도 모르는 거지요. 저는 차라리 자기 집에서 늙어가는 운 좋은 누군가의 아들이었으면 좋겠습니다. 그러나 당신께서 말씀하신 대로 저는 가장 불운한 분을 아버지로 두었습니다.[46]

이 부분에 재미있는 아이러니가 있다. 텔레마코스는 모르지만, 지금 말을 거는 상대는 세상에서 유일하게 자기 아버지가 누구인지 확신할 수 있는 존재이다. 아버지의 머리에서 태어났으니. 하지만 아테나는 그런 말은 하지 않고 말을 돌려 저렇게 소란을 피우면서 마치 제 집처럼 구는 사람들이 누구냐고 묻는다. 물론 눈이 날카롭고 정신이 예리한 여신은 분명 텔레마코스를 사로잡은 의심을 알아차렸을 것이다. 텔레마코스는 오딧세우스가 떠났을 때 아기였으므로 아버지를 전혀 모른다. 조금 전에 아테나와 제우스가 아가멤논 이야기를 하기도 했으니, 환영받을지 어떨지 불분명한 상태로 집으로 돌아온 남자가 어떤 끔찍한 일을 당했는지 아테나도 생각하고 있다. 오딧세우스에게는 자신을 아비로 인정해 줄 아들이 필요하다. 아니면 트로이아 전쟁 지휘관 가운데 또 한 명의 귀향이 음산한 결말로 치닫게 될 것이다.

하지만 텔레마코스가 제 아버지에 관해 미심쩍은 듯 말한 것이 진심이라고는 할 수 없다. 구혼자들 이야기가 나오자마자 텔레마코스는 얼른 자기는 아버지를 대신할 후보자 같은 것은 생각하지 않는다고 말한다. 다만 자기가 처한 특별한 운명을 한탄한다. 아버지가 실종되느니 차라리 죽었다면 대처하기가 나았을 것이라고. 아버지가 트로이아에서 죽었으면 영웅다운 죽음이었을 테니 텔레마코스에게 명예가 주어졌을 것이고 텔레마코스는 마땅히 아버지를 애도했을 것이다. 그러나 현재는 가족이 이러지도 저러지도 못하는 상황에 갇혀 있다. 오딧세우스가 어디에 있는지 아무도 모르는 것이다. 바람이 아버지를 채어갔어요, 텔레마코스가 말한다. 아무도 보지도 듣지도 못하게요. 저한테 남긴 것이라고는 슬픔뿐입니다.

그리스어 단어 클레오스^{kleos}는 다른 언어로 정확하게 옮기기가 어렵다. 보통 명성으로 번역되는데, 아버지가 죽어야 자기가 명성을 얻는다고 번역하면 텔레마코스가 지나치게 못되고 얄팍하게 비친다. (텔레마코스를 별로 좋아하지 않는) 내가 보기에도 지나치다. 텔레마코스가 아버지가 차라리 죽었기를 바라는 것은 아버지가 생전에 얻은 명성과 영광에 자식으로서 덕을 보고자 해서 그런 것은 아니다. 클레오스는 명성 이상의 뜻을 지닌다. 사람은 아킬레우스가 그랬듯이 클레오스를 추구하며 싸우다가 죽을 수 있다. 아킬레우스에게는 빤한 선택이었다. 클레오스를 얻는 짧은 삶이냐, 아니면 무명의 긴 삶이냐? 영웅에게는 일고의 여지도 없이 쉬운 선택이다.(『오딧세이아』에서 고인이 된 아킬레우스는 자기가 살았을 때 한 선택을 후회한다고 말하기는 했다.)

클레오스는 단순히 명성, 명망, 좋은 평판만이 아니다. 알파벳 문자가 생기기 전, 누군가의 행적을 기록해 다음 세대에 전할 방법이 없는 시대에 클레오스는 불멸성을 뜻하는 것이었다. 역사가 이름을 보존하기 이전에는 클레오스가 있었다. 이름을 기록으로 남기지는 못하더라도 전쟁에서 엄청난 무용을 발휘하고 대단한 모험을 하는 삶을 살면 자기 자신과 후손들을 위해 클레오스를 얻을 수 있다. 아테나와 텔레마코스가 이 대화를 나누는 동안에 그 자리에서 노래를 하고 있는 음유시인처럼, 음유시인이 영웅의 위업에 관한 노래를 지어 부르면 이 노래가 불리는 한은 온 세상 사람들이 그 이야기를 듣게 된다. 또 보통 남자의 이름은 부계 호칭으로 소개되므로(예를 들면 '라에르테스의 아들') 남자의 이름은 긴 그림자를 드리우는 셈이다.

그러나 곧 텔레마코스는 구혼자들을 집에 들인 어머니를 비난하기 시작하며 내가 텔레마코스에게 느낀 연민을 연기처럼 흩어버린다. 어머니는 혐오스러운 결혼을 거절하지 않고, 구혼자들을 내쫓지도 못합니다, 텔레마코스가 불평한다.[47] 어머니의 곤란한 처지는 전혀 고려하지 않는다. 어머니는 오딧세우스가 살아 있다고 믿는다면 당연히 결혼하지 않을 것이다. 그러나 오딧세우스가 돌아오리란 확증이 전혀 없는 상태에서는 텔레마코스와 똑같이 불확실한 상태에 갇혀 있다고 느낄 것이다. 게다가 떠날 생각이 없는 백 명의 남자를 페넬로페가 대체 무슨 수로 내보내겠는가?

아테나는 바로 문제의 핵심으로 들어간다. 오딧세우스는 반드시 돌아와야 한다고 말한다. 왕이 돌아와서 얼른 게으른 구혼자들을 처리해야 한다.(아테나는 이 서사시에서 내내 이 점을 적극적으로 독려한다.) 아테나가 계획을 설명한다. 첫째, 텔레마코스는 내일 회의를 소집하여 구혼자들에게 떠나라고 말해야 한다. 둘째, 만약 페넬로페가 재혼하고 싶다면, 그러라고 하라.(여기에서 아테나는 오딧세우스와 관련이 있는 여자에게 벌써 두 번째로 짜증을 내는데, 스물네 권짜리 책에서 아직 300행도 채 진행되지 않은 상태이다.) 셋째, 텔레마코스는 배를 준비해서 필로스로, 이어 스파르타로 가야 한다. 이제 어린아이처럼 굴면 안 된다. 그럴 나이는 지났다.[48] 오레스테스가 스스로 클레오스를 얻었다는 이야기는 들었겠지? 오레스테스는 자기 아버지를 죽인 아이기스토스를 죽임으로써 클레오스를 얻었다. 너도 그렇게 스스로 칭송을 얻어야 한다.

　이것은 오레스테스의 행동에 대한 꽤 독특한 반응이다. 다른 반응도 있는데, 다음 장에서는 특히 극단적으로 다른 관점을 살펴보겠다. 여하튼 텔레마코스는 그 말을 명심하고 아테나는 이제 가야 한다고 말한다. 지금까지는 아테나가 내내 인간 남자의 모습을 하고 있었지만, 홀에서 떠날 때는 새처럼 공중으로 날아올라 사라진다. 아테나는 (『일리아스』에서 디오메데스에게 그러했듯이) 텔레마코스의 마음에 용기와 담대함을 심어주었다. 대체 무슨 일이 일어났던 건가 곰곰이 생각하던 텔레마코스는 자기가 신과 함께 있었음을 깨닫는다. 텔레마코스의 자신감이 커지는 것도 당연하다. 여신이 자기편이니. 아테나는 다음 권에 다시 나타나서(또 인간 남자로 변장해서) 다시 한번 한바탕 격려해 준다. 텔레마코스가 머뭇거리는 듯 보이자 아테나는 판돈을 더 올린다. 직접 텔레마코스로 위장해 배와 선원들을 마련하고, 모습을 다시 바꾼 다음에 텔레마코스를 데리러 간다. 아테나는 손바닥 뒤집듯 마음을 바꿀 수 있는 여신이지만, 오딧세우스나 그의 아들에 대해서만은 한결같다.

아테나는 텔레마코스의 항해와 모험을 계속 인도하고 지원하는 한편, 5권에서는 다시 아버지 제우스를 마주한다. 가능한 한 빨리 칼립소가 오딧세우스를 풀어주게 하라고 제우스에게 이미 말했지만 그 주장을 다시 반복한다. 오딧세우스는 섬에 있고, 배가 없고, 도움 없이는 떠날 수 없고, 구혼자들이 오딧세우스의 아들을 죽이려는 계획을 세우고 있다고. 제우스는 딸의 속마음을 훤히 안다. 무슨 말이냐! 제우스가 말한다. 그건 네가 속으로 꾸미고 있던 계획이 아니냐? 오딧세우스가 돌아와서 그자들에게 복수할 수 있도록? 텔레마코스라면 네가 잘 인도해 집으로 돌아오게 하고 안전하게 지킬 수 있으니 구혼자들은 성공하지 못할 것이다.⁴⁹ 아테나의 꾀는 어머니에게 물려받은 것일지 모르나, 제우스도 전혀 둔하지 않다. 그리고 딸의 속마음을 정확히 꿰뚫어 본다. 아테나는 구혼자들을 쓸어버릴 일을 잔뜩 벼르고 있다.

그리고 늘 그랬듯이 아테나는 자기 뜻대로 할 것이다. 아테나는 서사시의 첫머리에 등장해 앞으로 다양한 변장을 하고 나타나 텔레마코스와 오딧세우스의 일에 줄곧 개입할 분위기를 잡는다. 수없이 굽이진 경로와 계속 돌아가는 서사, 진실과 거짓말, 모험과 귀향의 이야기가 펼쳐지는 동안 아테나는 이 두 사람에게 한없는 도움과 위안을 주는 존재로 남을 것이다. 그리고 포세이돈은 오딧세우스에 대한 분노를 접어야 하리라. 아테나와 제우스가 일을 그렇게 정해놓았으니. 시의 끝부분에서 오딧세우스와 텔레마코스에게 학살당한 구혼자들의 유족조차도, 아테나가 이제는 평화의 때가 왔다고 말하니 운명을 받아들일 수밖에 없다. 이 시의 마지막 네 행은 아테나에게 초점이 맞추어져 있다. 아테나는 구혼자의 가족과 오딧세우스의 가족에게 평화의 맹세를 하도록 명령한다. 혹여 앞으로는 아테나도 오딧세우스도 정직한 삶을 살겠구나, 하는 생각이 들었다면, 아테나가 시가 끝날 때까지도 여전히 변장한 상태(이번에는 멘토르라는 자의 모습)라는 걸 염두에 두자. 그리스 신화에 자기가 신을 만났는지 아닌지 확신하지 못하는 사람들이 그토록 많은 것도 그럴 만하다.

아테나는 정교한 이야기를 짜내기를 좋아하는데, 그냥 서사로만 이야기를 짜는 게 아니라 물리적으로도 짠다. 아테나는 가명과 변장으로 다른 정체를 만들어내는 능력이 뛰어난 만큼 정교한 직물도 능숙하게 만든다. 이제 아라크네^{Arachne}의 이야기를 할 때가 되었는데, 이름을 보면 어떤 운명일지 짐작이 갈 것이다.● 오비디우스가 『변신 이야기』 6권에서 들려주는 이야기이다. 아테나는 무사이 여신들이 피에로스의 딸들에게 복수한 이야기를 지금 막 노래로 들었다. 이 책 1장에서 살펴본 이야기이다. 그러자 아테나는 이제 내가 칭송을 받을 차례네, 그 누구도 나의 신성한 힘을 조롱하고 벌을 피할 수는 없어, 라고 말한다.[50]

신의 이런 주장에는 사실 별 논란의 여지가 없다. 앞에서 보았듯

● 영어에는 거미류^{arachnid}, 거미공포증^{arachnophobia} 등의 단어가 있다.

이 신을 경멸하거나 혹은 충분히 경의를 표하지 않기만 해도 위험한 일이다. 그런데 아테나의 경우에는, 그럴 의도 없이도 아테나를 업신여기는 일을 저지른 꼴이 되기도 한다. 오늘날 튀르키예에 속하는 리디아 마에오니아의 젊은 여인 아라크네가 바로 그런 일을 저질렀다. 아테나가 아라크네에게 관심을 둔 까닭은 아라크네가 직조 기술을 칭찬받았을 때 겸허하게 칭찬을 양보하지 않는다는 말을 들었기 때문이다. 이상한 이야기이지만 누군가가 직조 솜씨가 좋다고 칭찬하면 아라크네는 "고맙습니다"라고만 대답하고 (아테나가 보기에) 더 적절하게 "아, 무슨 말씀을요, 이건 그냥 누더기에요. 베 짜는 솜씨로 진짜 칭찬받아야 할 분은 아테나 여신이시죠."라고 답하지 않는다는 말이다.

아라크네는 작은 동네 별 볼 일 없는 집안에서 양모 염색공의 딸로 태어났으나 뛰어난 기예로 명성을 얻었다. 딴 얘기이지만 여기 예기치 않은 재미가 하나 있는데, 오비디우스는 아라크네의 아버지가 비불라스 라나스 bibulas lanas, 곧 '목마른 양털'을 염색한다고 표현한다.[51] 액체를 엄청나게 잘 흡수하는 물질을 이보다 더 절묘하게 묘사할 방법이 있을까. 아라크네는 작은 마을 작은 집에 살지만 직조 실력이 어찌나 뛰어난지 님프들도 자기네 포도밭과 강을 떠나 아라크네의 작업을 구경하러 올 정도이다. 완성된 직물뿐 아니라 아라크네가 천을 짜는 과정도 감탄하며 구경할 만큼 솜씨가 대단하다. 과정 자체가 환상적이다. 원료 양털을 다듬고, 털 뭉치에서 부드러운 실을 뽑아내고, 바늘로 수를 놓는다. 오비디우스는 당연히 아라크네가 이 모든 기술을 아테나에게 배웠다고 말한다.[52]

그렇지만—여기에서 모든 문제가 발생하는데—아라크네는 그 점을 부인한다. 그뿐만 아니라 우리 모두 위험하다는 걸 익히 아는 영역으로 성큼 들어선다. 겨루자고 해요, 아라크네가 말한다. 내가 지면 무엇이든 내주겠어요. 아테나는 얼른 노파로 변장해서 흰머리에 비틀거리는 다리로 지팡이를 짚고 나타난다. 아라크네에게 가서 늙어서 유리한 점도 있다고, 경험을 얻게 된다고 말한다. 그러니 내 조언을 거부하지 마라. 너는 최고의 인간 직조가로서 명성을 추구하되, 여신에게 굴복하고 이전에 내뱉은 경솔한 말에 대해 사죄하라. 용서를 빌면 여신은 너그러이 받아주실 것이다.

신화, 민담, 동화에서 다른 건 몰라도 이것 한 가지는 반드시 배워야 한다. 나이 든 할머니가 다가와서 뭔가 달라고 하거나 뭐라고 조언을 하면 반드시, 반드시 네 알겠습니다, 감사합니다, 라고 말해야 한다는 것이다. 이 할머니가 여신이나 마녀나 마법사가 아니고 진짜 할머니일 확률은 0에 가깝다. 무례한 태도를 바로 바꾸지 않으면 (최상의 경우) 노래하는 가구로 가득한 성에 갇혀 예측 불가능한 화분 하나를 유일한 구원의 희망으로 삼아야 한다.●

아라크네는 이 교훈을 배우지 못해서 성난 눈으로 노파를 노려보며 때리고 싶은 걸 겨우 참는다. 어리석은 노인 같으니라고, 아라크네가 말한다. 너무 오래 살아서 노망이 났어. 잔소리는 딸이나 며느리한테나 해, 내 일은 내가 알아서 할 테니. 나한테 경고씩이나 한다고 내가 마음을 고쳐먹을까 봐? 왜 여신이 직접 오지 않고? 왜 대결을 피

● 디즈니의 「미녀와 야수」에서는 거지 노파의 청을 거절한 왕자가 야수가 된다. 마법을 풀려면 노파가 두고 간 장미 꽃잎이 다 지기 전에 진정한 사랑을 만나야 한다.

하지?

그래, 여기 왔다, 아테나가 말하고 할머니 변장을 벗어던진다. 님프와 주위 여인들이 여신을 경외하기 시작한다. 아라크네 혼자만 겁이 없다.[53] 아주 잠시 얼굴을 붉히지만 꿋꿋이 물러나지 않고 버틴다. 아테나도 마찬가지이다. 베 짜기 배틀이 시작된다. 이제 두 여인이 베틀 두 대를 설치하고 수천 가지 색실에 금실을 섞어가며 천을 짜는 긴장감 넘치는 액션 시퀀스가 이어진다.

아테나는 예상대로 자기에 관한 이야기를 엮어낸다. 무엇보다도 포세이돈을 물리치고 아테네를 차지한 이야기를 짜 넣는데, 자신은 투구를 쓰고 창을 든 모습으로 묘사하고 올리브나무에 싹을 틔우는 순간을 보여준다. 그리고 본인답게 위협을 가미해서 네 귀퉁이에 신과 경쟁하려다 망한 인간의 사례 넷을 집어넣는다. 한 부부는 한 쌍의 산으로 변했고, 두 여자는 새가 되었고, 특히 불운한 한 인간은 계단으로 변했다. 마지막으로 아테나는 평화의 상징인 올리브 가지 무늬를 테두리에 추가한다.[54] 직조 솜씨는 몰라도 수동 공격성으로는 이걸 능가하기 어려울 것 같다.

그런데도 아라크네는 쫄지 않는다. 왜 자기가 올림포스 신들을 숭배하고 싶지 않은지, 특히 유피테르(제우스)의 딸에게 고개 숙이려 하지 않는지를 보여주는 장면들을 짠다. 첫째로 황소로 변한 유피테르에게 바다로 끌려간 에우로페, 다음에는 독수리로 변신한 유피테르에게서 달아나려고 하는 아스테리아를 짜 넣었다. 레다는 백조로 변한 유피테르의 날개 아래에 깔려 있다. 다음은 유피테르가 사티로스로 변신해 안티오페에게 쌍둥이를 임신시키는 장면이다. 다음에는 알크메네(헤라클레스의 어머니)에게 남편 암피트리온의 모습으로 위장하고 다가간다. 황금 비로 변해서는 다나에(페르세우스의 어머니)를 임신시키고, 불에 몸을 감춘 채 아이기나를 속인다. 양치기의 모습으로 므네모시네(무사이의 어머니) 앞에 나타나고, 자기 딸 프로세르피나에게는 뱀으로 나타난다.

여기서 멈출 이유가 있나? 제멋대로 인간과 여신을 강간하고 임신시키는 신이 제우스만은 아니니까. 아라크네는 멈추지 않는다. 넵투누스(포세이돈)는 황소로 변신해 아이올로스의 딸 카나케를 강간한다. 또 에니페우스강으로 변신해 거인 알로이다이●를 잉태시킨다. 비살티스에게는 숫양으로, 케레스에게는 말로 변장하고, 메두사에게는 새로 나타나 페가수스를 잉태시키고, 멜란토에게는 돌고래로 나타난다.[55]

아직 끝나지 않았다. 매, 사자, 양치기로 변신해 이세를 덮치는 아폴론이 있다. 바쿠스는 에리고네를 속이려고 포도 한 송이인 척한다.(제발 자세한 내용은 묻지 말길, 솔직히 나도 도저히 상상이 안 된다. 다만 17세기 플랑드르 판화가 코르넬리스 베르뮐렌의 동판화에서 이 불길한 포도송이가 담긴 그릇을 볼 수 있다. 스코틀랜드 국립미술관에 소장되어 있다.)[56] 사투르누스(그리스 신화의 크로노스)는 말인 척하며 켄타우로스 케이론을 잉태시킨다. 아라크네도 천 가장자리를 섬세하게 장식했는데, 꽃과 담쟁이덩굴 무늬를 넣었다.[57]

이 시퀀스 전체가 정말 너무나 놀랍다. 『변신 이야기』에는 신이 님

● 그리스식으로는 알로아다이. 알로에우스의 아들들이라는 뜻이다.

프나 인간들을 성폭행하는 사례가 하도 많아 읽다 보면 둔감해지기도 한다. 고대 작가들은 성적 동의나 자기 결정권 등 현대적인 개념에 대해서는 아무 생각이 없었다고 생각하게 된다. 더더군다나 오비디우스는 여자를 유혹하는 법, 자기가 어떻게 여자를 유혹했나 등에 관한 시를 유쾌하게 썼고 이 시들에는 동의의 개념이 아예 부재하니 말할 것도 없을 것이다. 그런데 여기에서 오비디우스는 여자들을 속이고 기만하고 꾀고 강제로 덮친 신들의 이름을 하나하나 열거한다. 한때 학계에는 강간이나 성폭력이라도 먼 곳에서 혹은 오랜 옛날에 일어났다면 사소한 일로 여기려는 경향이 있었다.(지금도 이런 경향이 일부 남아 있다.) 이들 사회는 우리와 가치관이 다르니 이런 행동을 문제라고 보지 않았을 것이라고 기본적으로 가정하는 태도이다. 동의에 기반하지 않은 이런 관계를 일종의 메타-강간으로 해석하려는 시도도 있다. 한쪽이 신이고 폭행을 당한 여자는 대체로 반신半神을 출산하게 된다는 점을 생각하면, 청동기 시대에 사는 여자는 안 그래도 강간을 당할 가능성이 크니 차라리 신에게 강간을 당하는 편이 나중에 높은 지위를 얻을 수도 있고 기타 등등의 이유로 더 낫다는 것이다. 이런 황당한 궤변이 내가 지어낸 것이라면 좋겠으나 수없이 읽고 들었던 주장이다.

    폭력을 당하고 상처를 입는 사람의 입장에서 사회의 가치가 어떠한지는 전혀 중요하지 않다는 사실은 말할 필요도 없다. 사회는 전쟁에 대해 엄청나게 높은 관용도를 보이지만, 내 집이 침해당하고 가족이 죽는 일을 온당하다고 느낄 사람은 없다. 전쟁의 위협이 상존할 때는 으레 이런 일이 일어난다고 예상하게 되나? 어쩌면 그럴 수도 있다. 예상했다고 해서 고통이 줄어드나? 그렇지는 않을 것이다.

고대사회에서는 당연하게 여겼더라도 우리는 경악할 수밖에 없는 것들이 있는데, 이를테면 노예제를 아무렇지 않게 받아들이는 것 등이 그렇다. 고대 작가나 사상가 가운데 노예제에 의문을 제기한 사람은 극히 드물고 대부분은 자연스러운 세계의 질서라고 생각했다. 그렇지만 노예제라는 개념을 아무리 자연스럽게 받아들였다고 한들, 노예가 되고 싶은 사람은 없었다. 노예들도 원래 노예가 아니었던 이전의 지위를 놓지 않으려 하며 그걸로 자신을 구분 지으려 하기도 한다. 『오딧세이아』에서는 노예로 태어난 사람과 그저 운이 나빴던 사람―원래 자유민이었다가 전쟁에서 패하거나 해서 노예가 된 이를 구분한다. 돼지치기 에우마이오스는 자기가 원래 왕자였는데 유모가(유모도 원래는 높은 신분이었는데 해적에게 납치당해서 유모가 되었다고 한다.) 선원과 눈이 맞아 도망가면서 자기를 납치하는 바람에 노예가 되었다는 사실을 오딧세우스가 알아주길 바란다.[58] 다시 말해 자기는 노예의 천성을 타고나지 않았고, 단지 운이 나빠서 노예가 되었다는 말이다. 그렇다면 노예로 살기 위해 태어난 노예들은 어디에 있나? 고대 작가나 사상가 들은 자연 질서에 따라 노예의 삶을 타고난 사람이 존재한다고 생각했을지언정, 역사에서건 문학에서건 자기가 그렇다고 기꺼이 인정하는 노예는 많지 않을 듯하다.

성폭력도 마찬가지이다. 그런 일이 늘 일어난다고 해서 자기가 당해도 개의치 않을 것이라고 할 수는 없다. 오히려 그 반대이다. 아라크네의 대결 장면 묘사가, 오비디우스가 성폭력이 도덕적으로 비난받을 만한 일임을 안다는 의미라고 말하려는 것은 전혀 아니다. 오비디우스는 나에게서 너무 거리가 먼 문학적 페르소나라서 시인으로서건 인간으로서건 그가 어떤 신념을 지녔는지 확고하게 주장하기는 어렵다. 어쩌면 오비디우스는 아라크네에게 이런 태피스트리를 짜게 만들어서 아라크네의 오만함이 얼마나 끔찍한지 드러내려고 한 것일 수도 있다. 대체 어떤 인간 여자가 위대한 제우스의 신성한 방문을 불만스레 여긴다는 건가?

하지만 이 순간 오비디우스가 아라크네에게 공감하지는 않는다고 할지라도, 오비디우스는 아라크네의 관점에서 신들을 강간범에 불과한 존재로 상상할 수 있었다. 아라크네는 자기 솜씨를 지나치게 자만한다고 묘사되는데, 사실 자신감을 가질 만한 근거는 충분하다. 그리고 참견하는 노파한테 쉽게 화를 내는 모습을 보이기도 했지만, 이런 면이 허황한 몽상가나 바보의 모습은 아니다. 아라크네는 불쌍한 아이아스처럼 정신이 나가지도 않았다. 아라크네의 견해를 그저 혼란한 정신의 산물이라고 치부해 버릴 수는 없다. 오비디우스가 아라크네에게 동의하는지 아닌지는 중요하지 않다. 중요한 것은 잔인한 남신들이 가한 고통에 대한 아라크네의 감정을 오비디우스가 완벽하게 인지하며, 아라크네 이야기를 하면서 그 감정을 표현할 공간을 마련했다는 것이다. 신들이 너희에게 내린 위대한 선물을 보라, 아테나의 태피스트리는 이렇게 선포한다. 아라크네의 응답은, 표현은 정교하나 메시지는 매우 간결한 것이었다—그 대가가 너무 크다.

그런데 경쟁자의 태피스트리에 대한 아테나의 반응이 흥미롭다. 팔라스(오비디우스는 아테나를 주로 이 이름으로 부른다.)도 질투의 신조차도 그 작품에서 흠을 찾아낼 수가 없었다고 한다. 그렇더라도 만약 아테나가 주제가 잘못되었다고 생각했다면 분명 그것을 문제 삼았을 것이다. 예술 작품을 평할 때는 당연히 솜씨뿐 아니라 주제도 고려한다.(각본이나 연기에 관해 좋은 말을 할 수 없을 때 의상을 칭찬할 수밖에 없었던 사람이라면 알 테지만.) 그런데 아테나는 그런 비판도 하지 않는다. 올림포스에서 가장 영리한 신이 할 말을 잃었다. 오비디우스가 말하길, 그때 전사 여신은 아라크네의 성취에 분개하며 그림을 짜 넣은 직물, 즉 카일레스티아 크리미나caelestia crimina, '신의 범죄'를 갈기갈기 찢어버린다.59 여기에서 분명히 (오비디우스도 그렇게 생각한다고 말하기는 조심스럽지만) 최소한 아테나는 아라크네의 관점에 동의한다고 결론 내릴 수 있다. 받아들이고 싶지 않은 무언가의 증거를 찢어버리는 것은 반박할 수 없을 때 하는 행동이지, 강력한 반대 논거를 지닌 여신이 할 만한 행동은 아니다.

다음 행동도 성숙하다고는 할 수 없다. 아테나는 천을 짜는 데 썼던 나무 북을 들고 아라크네의 머리를 서너 차례 때린다. 불쌍한 소녀는 견디지 못하고 자신의 목을 끈으로 조인다. 아테나는 가엾게 여겨 목을 맨 아라크네를 들어 올리며 말한다. "그렇다면 살아라, 매달린 채라도, 불경한 여자여!" 아테나는 아라크네의 후손도 같은 벌을 이어받도록 선고하고, 떠나면서 헤카테가 만든 물약을 몇 방울 뿌린다. 이 마법 물약이 아라크네를 줄어들고 변신하게 하고, 아라크네는 거미가 되어 올가미 대신 거미줄에 매달려 산다.60

이 이야기는 여기에서 끝나고 오비디우스는 간단한 연결 장치를 통해 다음 이야기로 넘어간다. 아라크네가 아직 인간일 때 만났던 사람 가운데 니오베가 있는데, 니오베는 아라크네의 처참한 운명에서 배움을 얻지 못하고 자신을 오만하게 여신과 비교하는 일을 거리끼지 않았다. 하지만 아라크네의 휴브리스(오만)는 니오베와는 달랐다. 니오베는 실제로 자기가 레토보다 자식이 많다는 이유로 레토보다 낫다고 주장했다. 아라크네의 경우는 다른 사람들이 아라크네를 아테나와 비교했고, 아라크네는 그저 자기는 아테나에게 배운 게 아니라고 했을 뿐이다. 내가 지나치게 따지는 것일 수도 있지만 내가 보기에는 니오베의 자랑과 동급으로 보이지는 않는다. 아라크네는 자기가 천을 잘 짠다는 것을 입증하기 위해 대결을 하고 싶었고, 그것이 오만의 범주에 들 수도 있을 것이다. 그렇지만 최고와 붙어서 자신을 증명할 기회를 잡으려는 태도를 남자들이 보일 때는 칭찬을 받는다. 예를 들어 디오메데스가 트로이아 전장에서 남녀 신들을 공격할 때는 아무도 벌을 주지 않았다. 디오메데스가 그 순간에 살상욕에 사로잡혀 그랬다고 봐주는 걸까? 아니면 인간 전사가 전쟁에서 신보다 강함을 증명하고자 하는 것은 고귀한 야망이지만 인간 여자가 직조에서 여신보다 뛰어남을 증명하고자 하는 것은 충격적이고 파렴치한 일이기 때문일까?

    나는 가장 좋아하는 여신이 누구냐는 질문을 종종 받는데 보통 (언제나 그런 것은 아니다. 그런 문제에 있어서 나는 갈대 같다.) 아테나라고 답한다. 그러나 아테나의 옹졸함과 성차별적 편애를 옹호할 수는 없다. 아테나는 남자와 성관계는 꺼리지만 남자를 편애하는 경향이 있고 여자는 잘 돕지 않는다. 아테나는 아레스의 특기 분야에서 아레스를 능가하며 희열을 느끼기도 했듯이 뼛속까지 승부욕이 가득하다. 그러니 아라크네의 진짜 죄는 직조 대결에서 아테나에게 도전

했다는 게 아니라, 이때 만들어낸 작품이 실제로 더 뛰어났다는 점이 아닐까 하는 생각이 드는 것이다. 아테나는 경쟁을 싫어하지 않고 오히려 좋아한다. 아테나가 무엇보다도 싫어하는 것은—지는 것이다.

복수의 여신들

" 복수의 여신들은 아무도 자기들을 좋아하지 않으며
신들조차 자기들을 피한다는 걸 알지만 전혀 개의치 않는다.
만약 사랑하는 사람이 살해당했다면 우리는 살인자가
신이 시켰다는 핑계를 대고 빠져나가는 일이 없기를 바랄 것이다.
복수의 여신은 비호감이지만 어쩌면 정의로운 사회를 유지하려면
꼭 필요한 존재인지도 모른다. 살인자는 처벌받아야 하고,
선량한 사람은 자유롭게 다닐 수 있어야 한다. "

고전
아폴로니오스, 「아르고나우티카」
아이스킬로스, 「아가멤논」, 「코이포로이」, 「에우메니데스」(오레스테이아 3부작)

유물, 회화, 조형 예술
파에스툼에서 만들어진 적회식 크라테르의 오레스테스 묘사, 영국박물관 소장
수에술라 화가의 바위에 묶인 프로메테우스 묘사, 베를린 국립박물관 소장
에우메니데스 화가가 크라테르에 그린 복수의 여신, 루브르박물관 소장
바덴 주립박물관 소장 항아리에 그려진 복수의 여신들 두 명

영화, TV 시리즈, 공연, 뮤직비디오
2014년 영화 「팔로우」

디도는 고대 시가에서 실연의 아픔을 가장 크게 입은 인물 가운데 한 명이다. 베르길리우스가 『아이네이스』 4권에서 들려주는 바에 따르면, 디도는 연인 아이네이아스가 트로이아 전쟁 생존자들의 나라를 세우러 카르타고를 떠나 이탈리아로 가면서 버려진다. 디도는 아이네이아스가 자기한테 말도 안 하고 몰래 출항할 계획을 세우고 있었음을 알았다. 디도는 누구라도 보일 법한 반응을 보인다. 정녕 나를 속이고 싶은 건가, 배신자여?, 라는 말로 시작하는 장대한 연설이 이어진다.[1] 아이네이아스는 변명하려 해보지만 디도의 배신감은 전혀 달래지지 않는다. 디도는 아이네이아스가 바다에서 난파당해 자기 이름을 부르며 죽기를 바란다. 디도는 자신의 죽음을 예상하며 섬뜩한 맹세를 한다. 나는 당신을 따라갈 거야―비록 내 몸은 거기 없을지라도―검은 불이 되어서. 차가운 죽음이 내 숨을 내 육신에서 떼어놓더라도 나는 당신이 어디로 가든 곁에 있을 거야. 당신은 마땅한 벌을 받아야 해, 나쁜 사람. 난 그 소식을 들을 거야, 명계 깊은 곳에 있는 내 그림자에게까지 소식이 전해지겠지.[2]

아이네이아스는 바다에서 죽지 않지만, 어쨌든 디도는 아이네이아스가 떠나자 스스로 목숨을 끊는다. 30년 전 처음 디도의 연설을 읽은 이래로 내가 이 글을 영영 잊지 못하는 까닭은 디도가 사용하는 추격의 이미지 때문이다. 디도는 사냥개처럼, 맹금처럼, 신이 보낸 폭풍처럼 쫓아가겠다고 위협하지 않는다. 베르길리우스는 자연 세계를 좋아해서 시에서 이런 종류의 이미지를 풍부하게 사용했다. 그런데 디도는 죽더라도 아이네이아스를 쫓아갈 것이며 검은 불꽃을 품고 갈 것이라고 한다. 자기를 어떤 생명체에 비유하는 게 아니라 주로 가족을 상대로 끔찍한 범죄를 저지른 자를 세상 끝까지 쫓아가는 복수의 세 여신에 비유한 것이다. 아이네이아스가 저지른 큰 잘못을 되갚아 주려고 아이네이아스를 괴롭히는 것은 디도의 유령 혹은 그림자일 테지만, 그 끈질김에 있어서는 복수를 의인화한 여신과 같을 것이라고 한다.

결과적으로 디도는 소망을 이루지 못한다. 6권에서 두 사람이 다시 명계에서 만나게 되었을 때 아이네이아스는 디도에게 자기를 용서해 달라고 빈다. 그런데 디도는 아이네이아스를 전혀 알아보지 못하고 그림자 속으로 사라져 첫사랑인 시카이오스와 재회한다. 디도의 유령도 복수의 여신도, 맹세를 저버린 아이네이아스를 벌할 필요가 없었다. 시카이오스를 향한 사랑이 아이네이아스에 대한 분노보다 더 강했던 탓이다.

그러나 에리니에스(복수의 여신의 그리스어 이름 가운데 하나)는 디도처럼 쉽게 분노를 내려놓지 않는다. 이 여신들의 특성은 정확히 고정되어 있지 않은데 초기에는 본래 복수의 의인화 혹은 부당한 일을 당한 이가 내뱉은 저주의 구현으로 여겨졌다. 그러다가 각자의 정체성과 이름을 갖추고 알렉토, 메가이라, 테이시포네라고 불리게 됐다.

혈통도 오락가락하는 편이다. 헤시오도스는 이들이 가이아와 우라노스의 딸이며 크로노스가 우라노스를 거세했을 때 땅에 떨어진 핏방울에서 생겨났다고 한다.³ 아프로디테는 바다에 뿌려진 우라노스의 정액에서 생겼다는 이야기를 기억할 것이다. 이렇듯 전혀 다른 여신들 사이에 존재하는 혈연관계가 아직까지 충분히 다루어지지 않았다는 생각이 든다. 복수의 여신과 아프로디테는 극히 대조적이지만 한없이 뻗어가는 무자비함에서는 매한가지이다. 한편 아이스킬로스 등 후대 작가들은 복수의 여신을 밤의 여신 닉스의 딸들이라고 한다.⁴

외양에 관한 묘사는 여러 출처에서 대체로 비슷하게 나타나지만, 외모를 표현할 적절한 단어를 찾는 데 시간이 좀 걸릴 때가 많다. 복수의 여신이 주연 역할을 하는 아이스킬로스의 『오레스테이아』 3부작에는 어떤 모습으로 나타나는지 살펴보자. 3부작의 첫 번째 극인 『아가멤논』에서는 아트레우스 가문의 궁에서 복수의 여신이 춤추는 모습을 트로이아 여사제이자 예언자 카산드라가 목격한다.⁵ 카산드라는 이들이 코모스 kōmos, '격렬한 춤' 혹은 '잔치'를 벌이는 모습을 본다. 카산드라가 궁 밖에 있을 때 이들을 보았으니 카산드라 같은 능력을 지닌 사람에게는 외부에서도 복수의 여신이 보인다는 것을 알 수 있다. 이들이 어디에서 굿판을 벌이든, 이들을 쫓아버리기는 쉽지 않다. 아트레우스 가문은 식구들끼리 끔찍한 일을 너무 많이 저질러서 복수의 여신이 정확히 누구를 벌하러 왔는지 모를 정도다. 카산드라는 이들의 분노를 유발한 원인이 최근의 일이 아니라 오래된 일 때문이라고 생각한다. 아트레우스 사건을 두고 하는 말이다. 아트레우스는 아내가 동생 티에스테스에게 유혹을 당하자, 티에스테스의 자식들을 도살하고 그 살로 진수성찬을 차려 티에스테스에게 대접한 일로 악명이 드높다. 복수의 여신이 이 일에 보복하고 갈증을 달래고 난 다음에는, 10년 전에 아버지 아가멤논(아트레우스의 아들)에게 죽임을 당한 이피게네이아의 복수에 나설 수도 있을 것이다. 다만 시간이 부족할 수 있는데, 클리타임네스트라가 남편이 집에 돌아오자마자 딸의 복수를 할 것이기 때문이다.

하지만 복수가 이루어졌음에도 복수의 여신은 이곳을 떠나지 않고, 3부작의 두 번째 극인 『코이포로이』[●]가 그 이야기를 이어간다. 이제 오레스테스가 죽은 아버지 아가멤논의 복수를 하려 한다. 오레스테스와 누나 엘렉트라는 어머니 클리타임네스트라를 벌할 계획을 짜는데, 신들이 자기편이라고 확신하기 때문이다. 어머니가 남편을 배신하고 다른 남자와 관계했을 뿐 아니라 남편을 살해하기까지 했으니 정당한 복수라고 생각한다. 그러나 복수의 여신은 그렇게 생각하지 않는지 오레스테스는 어머니를 죽이자마자 고르곤을 닮고 시커먼 옷에다 몸에 뱀을 칭칭 두른 여자들을 맞닥뜨리게 된다. 난 여기 머물 수 없어, 오레스테스는 겁에 질려 말한다.[6] 코러스는 묻는다. 어떤 환상에 휩싸여 있나요, 아버지를 누구보다 사랑했으면서? 아무것도 두려워할 필요 없어요.

복수의 여신들은 누군가가 아버지를 사랑하는지 아닌지는 알 바 아니고 어머니를 죽였는지에만 관심이 있는 듯하다. 코러스의 눈에

● '제주를 바치는 여인들'이라는 뜻.

는 복수심에 불타는 존재가 보이지 않을지라도 오레스테스는 자기가 보는 것은 결코 상상이 아니라고 분명하게 말한다. 이들은 환영이 아니오. 나의 (죽은) 어머니에게 속하는 원한에 찬 개들이오.[7] 오레스테스는 이들이 누구이며 왜 왔는지 안다. 이 끔찍한 존재는 무리를 지어서 몰려오고 눈에서 피를 뚝뚝 흘립니다. 코러스는 아폴론이 오레스테스의 잘못을 정화해 주어 끔찍한 운명에서 구해줄 것이라고 해맑게 말한다. 그러나 오레스테스의 귀에는 아무 말도 들리지 않는다. 당신들한테는 안 보이잖아요, 오레스테스가 절박하게 말한다. 나는 볼 수 있어요. 나는 내몰리고, 쫓기고 있어요. 머물 수가 없어요.

이제 복수의 여신들이 어떻게 생겼는지 조금 더 자세히 알 수 있게 되었다. 고르곤하고 좀 비슷한데, 적어도 뱀과 관련이 있다는 점에서는 그렇다. 고르곤은 대개 두피에서 머리카락 대신 뱀이 자란다고 묘사되는 한편, 복수의 여신은 뱀이 머리카락 속으로 구불구불 파고들거나 팔을 둘둘 감고 있다고 묘사된다. 그러나 피를 흘리는 눈, 무시무시한 춤, 이들을 본 사람으로 하여금 달아나야 한다고 확신하게 만드는 능력은 오직 복수의 여신에게서만 발견되는 특징이다. 아이스킬로스의 극에서 복수의 여신이 노래하고 춤을 추는 모습으로 그려진 것은 특히 섬찟하다. 악행을 저지른 자를 벌하는 데에서 기쁨을 느끼는 이들은 마치 무사이의 어두운 자매들 같다.

끔찍하고 무시무시한 추적자가 이들이 벌주려 하는 대상의 눈에만 보인다는 개념이 매우 강한 인상을 남긴다. 악몽에서 일어나는 일이기도 하다. 아무리 도망쳐도 계속 쫓아오는 존재. 뒤돌아보면 늘 따라오고 있고, 숨으려고 해보지만 언제나 찾아온다. 가장 끔찍한 것은 고립감이다. 왜냐하면 죽는 순간까지 영영 나를 놓아주지 않을 존재를 다른 사람은 아무도 보지 못하기 때문이다. 내가 영화 평론가로 일할 때 본 온갖 공포 영화 가운데(BBC 라디오3 프로그램 때문에 고문 포르노를 보며 암담한 한 주를 보낸 적도 있었다.) 2014년작 「팔로우」는 특히 뇌리에 남아 끈질기게 잊히지 않는다. 청소년이 주인공인 호러물은 대체로 청교도 장로 같은 도덕관을 보여주는데, 말하자면 보통 성적으로 활발한 청소년이 가장 먼저 뱀파이어에게 납치되거나 가면 쓴 살인마에게 고문당하거나 좀비에게 먹힌다. 마지막 장면까지 살아남고 싶다면 학교 친구와 키스 이상은 하지 않는 편이 좋다. 덧붙이자면, 주인공이 십대 소녀의 아버지인 스릴러 영화에도 청교도 장로 같은 태도가 나타난다.(그렇더라도 리엄 니슨을 사랑하는 내 마음에는 변함이 없다.)

그런데 「팔로우」는 기존 공식을 비튼다. 이 영화에서 나를 쫓아오는 존재는 성관계를 통해 전달된다. 그 존재에 붙들리면 반드시 죽는데, 그게 언제나 뒤따라오고 있다. 그걸 제거하고 싶으면 다른 사람과 섹스를 하고 옮겨서 그 존재가 대신 그 사람을 따라가도록 만드는 수밖에 없다. 하지만—이게 중요한데—자기가 무슨 짓을 했는지 상대에게 알려주어야만 한다. 계속 따라오는 존재를 떼어내려면 누군가에게 넘겨주는 수밖에 없는데, 넘겨주더라도 그 존재가 다음 사람을 따라잡아 죽이면 다시 이전 타깃으로 돌아와 쫓아오기 때문이다. 그러니까 그걸 떼어내고 싶으면 자기가 무얼 상대하는지 분명히 의식하고 추적자를 따돌리거나 속일 수 있는 사람에게 넘겨야 한다. 아니면 결국 다시 돌아올 테니까.

추적자는 사람의 형상인데 당신이 아는 사람일 수도 있고 늙었거나 지저분하거나 벌거벗었거나 흰옷을 입었을 수도 있다. 탁 트인 공간, 공원, 바닷가 등을 둘러보면 멀지도 가깝지도 않은 거리에서 걸어서 다가오는 모습이 보인다. 빠르지는 않기 때문에 뛰어서 얼른 차에 올라타고 최대한 빨리 달리면 벗어날 수 있다. 하지만 결국에는 기름이 떨어질 테고 그러고 나면 그것이 곧 다시 지붕, 주차장, 집 안에 나타난다. 빠르고 영리한 포식자는 아니다. 속일 수 있고 속도로 이길 수 있다. 그러나 어디로 가든 언제나 결국에는 거기 나타날 것이다. 다른 사람의 목숨을 위험하게 하면 나을 수도 있다는 아슬아슬한 가능성을 제시하는, 극단적으로 끔찍한 성병인 셈이다.

복수의 여신이 그렇듯, 추적자는 사실 쫓기는 대상의 심리가 외부로 발현된 존재라는 의미도 담고 있다. 우리가 피해 달아나는 것이 괴물이 아니라 우리 심리의 한 요소일 수도 있다. 복수의 여신에게 추적당한 목표물로 가장 유명한 오레스테스를 보면 복수의 여신이 그 자체로 어떤 존재이기도 하지만 오레스테스가 어머니를 죽이고 경험하는 죄책감의 외적 발현이기도 하다. 아이스킬로스의 3부작 마지막 극인 『에우메니데스』*로 가면, 복수의 여신이 마침내 직접 목소리를 낸다.

우리가 처음 보는 이들의 모습은 델포이 아폴론 신전 여사제인 피티아가 보고 전하는 모습이다. 극의 시작 부분에서 피티아는 신탁을 받아 사람들에게 전하는 일과를 시작하려고 신전 가장 깊은 곳으로

● '자비로운 여신들'이라는 뜻.

들어간다. 그런데 안으로 들어가려다가 끔찍한 것을 보고는 화들짝 다시 발길을 돌린다.[8] 피티아의 눈에 가장 먼저 들어온 것은 테오무세theomusē, '신이 보기에 부정한' 한 남자였다. 손에서 피가 뚝뚝 떨어지고 막 상처에서 뽑아낸 듯 피가 흐르는 칼과 올리브 가지를 들고 있다. 이것만 해도 하루의 시작으로 끔찍하게 들리는 광경이지만 피티아는 무기를 든 살인자 때문에 놀란 게 아니었다.

놀랍게도 그 남자 앞에 매복한 존재가 있었는데, 의자에 앉아 잠든 여자들이었다고 피티아는 말한다. 아니, 여자는 아니다. 고르곤인 것 같은데 정확히 고르곤처럼 생기지는 않았다. 그림에서 본, 피네우스에게서 음식을 낚아채 간 괴물(하르피이아이)하고도 비슷한데 날개는 보이지 않는다.

피티아는 신탁과 예언을 구하는 사람들에게 아폴론의 대변인 역할을 하는 여사제로, 신과 인간 사이 경계에 존재하기 때문에 첫 번째 극에서 카산드라가 그랬듯 복수의 여신들을 볼 수 있다. 여신들이 피티아를 추적하는 것도 아니고 오레스테스가 살인을 저지르고 신들의 적개심을 불러일으켰다는 사실을 자기 눈으로 보아 아는데도 피티아는 공포로 제정신이 아니다. 피티아는 그들을 묘사할 단어조차 찾기 힘들어한다. 성별이 여성이라는 건 알겠는데 인간 여자는 아니다. 처음에는 (아마도 뱀 때문에) 고르곤에 비유했다가 말을 바꾸어 전에 본 고르곤의 이미지와는 다르다고 한다. 또 다른 비교 대상을 고민하다가 하르피이아이 같다고 한다. 하르피이아이는 제우스가 피네우스를 괴롭히려고 보낸 새-여자 혼성체로 피네우스가 먹지 못하게 음식을 훔친다. 여사제는 신전 안에 있는 복수의 여신을 보며 전에 그림으로 본 괴물처럼 추악하다고 느낀다. 공정성을 기하기 위해 말해두자면, 헤시오도스에 따르면 하르피이아이는 머리카락이 아름답다고 한다.[9]

피티아가 더 자세한 정보를 들려주는데, 이들은 밤의 색을 띠고 있으며, 너무나 역겹게 생겼고, 구역질 나는 숨을 내쉬며 코를 곤다. 끔찍한 눈물이 눈에서 흘러내린다. 입성은 신상 앞에서는 말할 것도 없고 여염집에서 입기에도 부적절하다. 대체 어떤 부족이 이 무리를 낳았는지, 어떤 땅이 이들을 길러내고도 후회하지 않았을지 모르겠다고 말한다.[10]

마음 한구석에는 복수의 여신이 지나치게 부당한 대우를 받는 게 아닌가 하는 생각이 들기도 한다. 우리 중에도 꽃가루 알레르기를 심하게 앓는 사람도 있고 옷을 너저분하게 입은 사람도 많지 않나. 그러나 여사제는 용납하지 않는다. 이 일은 아폴론의 문제라고 결론을 내리고 자리를 뜬다. 그러자 신전 안쪽이 관객들에게 드러나고, 아폴론이 여사제 말에 동의했는지 그 자리에 등장해 있다. 아폴론은 오레스테스에게 말을 건다. 나는 너를 저버리지 않을 것이다. 네 곁에서건 멀리에서건 수호자가 되어주마. [……] 이 광기에 사로잡힌 여자들을 보라. 혐오스러운 것들이 잠들어 있다. 흰머리의 노인들, 늙은 어린애. 신도, 인간도, 짐승도 이들과는 어울리지 않는다. 악을 위해 창조된 존재이고 땅 아래 타르타로스의 어둠 속에 살며 인간과 올림포스 신들에게 미움받는다. 어쨌든 너는 달아나야 한다. 약해지지 마라. 네가 너른 땅을 가로지르든 바다를 건너가든 물로 둘러싸인 도시로 가든 언제까지고 이들이 너를 몰아칠 테니까. 포기하지 말고 팔라

복수의 여신들

스의 도시(아테네)로 가서 오래된 아테나의 목조 신상을 끌어안아라. 거기에 네 판관들이 있을 것이며, 그들을 설득하면 고통에서 해방될 수 있다. 너에게 어머니를 죽이라고 한 것은 바로 나이니까.[11]

이 연설을 통해서 우리는 강력한 올림포스 신인 아폴론이 자기 신전 안에서는 일시적으로 복수의 여신을 제압할 수 있음을 알게 되었다. 그러나 장기적으로는 오레스테스에게 지지와 조언을 약속하는 게 전부이다. 계속 움직여 아테네로 가서 대규모 공개 대결의 기회를 얻어라. 지하세계에서 온 오래된 신, 늙었으나 어린아이 같은 존재, 모두가 피하는 이 신들을 아폴론조차 이래라저래라할 수 없다. 아폴론이 아무리 장대한 연설을 늘어놓아 보았자 진실은 달라지지 않는다. 이들의 기세는 잠시 멈추었을 뿐이며 오레스테스가 신의 명령을 따랐든 아니든 복수의 여신은 조금도 신경 쓰지 않는다. 누가 죄인인지는 복수의 여신이 정하는 것이고 아폴론이든 누구든 그걸 뒤집을 수는 없다.

아폴론은 오레스테스를 떠나보내며 헤르메스에게 호위를 맡긴다. 제우스의 두 아들이 편을 들어주지 않는다면 복수의 여신을 상대로 인간에게 과연 희망이 있을까 하는 생각이 든다. 그런데 그런 생각에 잠겨 있을 틈조차 없이, 복수의 여신들이 잠에서 깨어나려 한다. 클리타임네스트라의 유령이 나타나 임무 중에 잠을 잔다고 질책하는 탓이다.

아주 푹 자고 계시는군요, 클리타임네스트라가 말한다. 잠꾸러기가 무슨 쓸모가 있지요? 당신들 때문에 나는 망자들 사이에서 불명예를 안았습니다. 내가 죽인 이들이 끝없이 나를 비난합니다. 나는 치욕 속에 떠돌고 있어요. 다시 말하지만, 다들 나를 나무라요. 나는 내 사랑하는 식구들한테 상처를 입었는데도 어떤 신도 나를 위해 분노하지 않는군요. 심지어 내 자식 손에 죽임을 당했는데.

클리타임네스트라는 복수의 여신이 자는 동안에도 계속 불평하며 자기 몸에 난 상처를 보여준다. 자기가 과거에 복수의 여신에게 그토록 많은 제물을 바쳤는데도 오레스테스가 손아귀에서 빠져나가도록 내버려두었다며 분개한다. 확실히 그 애 친구들이 내 친구들보다 낫네요, 클리타임네스트라가 말한다. 복수의 여신들은 잠꼬대를 웅얼거리고 클리타임네스트라의 유령은 계속 타박을 늘어놓는다. 잠이 이 끔찍한 뱀-여인들을 압도해 버렸구나, 클리타임네스트라가 울부짖는다. 마침내 지쳐 나가떨어졌던 복수의 여신들이 잠에서 깨어난다. 이들은 젊은 신에게 농락당했다는 사실에 당혹스러워하고 화를 낸다. 분노를 아폴론에게 돌리고 아폴론을 파나이티오스panaitios, 오레스테스의 모친 살해죄에 대해 '전적인 책임이 있는 자'라고 부르며 이제 복수할 것이라고 한다.[12] 아폴론이 맞받아친다. 아내가 남편을 죽이는 것은 어떻고?

아폴론은 클리타임네스트라가 아가멤논을 죽인 순간 아들에게 공경받을(혹은 적어도 살해당하지 않을) 권리를 버렸다고 본다. 집안 내 살인은 또 다른 살인으로 이어질 수밖에 없다. 그러나 복수의 여신은 이 두 가지 살인 사이에는 결정적 차이가 있다고 본다. 클리타임네스트라는 호마이모스homaimos, '피를 나눈' 이에 의해 살해당했기 때문이다.[13] 아 그래, 아폴론이 대답한다. 그렇다면 헤라와 제우스 사이의 결속을 존중하지 않는다는 말인가? 복수의 여신은 대답하지 않는데, 대답할 가치도 없기 때문인 듯하다. 아폴론의 시도는 좋았으나, 헤라와 제우스는 부부이기도 하지만 남매이기도 하므로 만약 어느 쪽이 다른 쪽을 죽인다면 어쨌든 피를 나눈 이들 사이의 살인이 되는 셈이다. 복수의 여신은 아폴론에게 자기들은 어머니의 피에 이끌려 오레스테스를 추격하는 것이라고만 말하고 할 일을 계속하기 위해 무대를 떠난다. 아폴론은 오레스테스를 돕겠다는 자신의 약속을 되풀이하지만, 관객은 이 두 힘의 대결에서 어느 쪽을 지지해야 할지 확신하지 못한다.

그리스 비극에서는 보통 모든 액션이 하루 안에 일어나는 것으로 압축되므로, 오레스테스는 이제 아테네 아테나 신전에 등장해 아폴론의 지시대로 아테나 조각상을 끌어안는다. 복수의 여신들은 숨을 헐떡이면서도 목표물을 놓치지 않고 바짝 쫓아온다. 오레스테스를 따라잡았다고 기뻐하며 인간의 피 냄새에 웃음이 지어진다고 말한다.[14] 복수의 여신은 오레스테스를 조롱하고 그가 저지른 죄를 거론하며 위협을 퍼붓는다. 오레스테스는 아테나에게 기도를 올리며 와서 도와달라고 한다. 복수의 여신은 아테나도 아폴론도 이제 오레스테스를 도와줄 수 없을 거라며, 끔찍한 춤을 추면서 무산 스투게란 mousan stugeran, '혐오스러운 노래'를 시작한다.[15] 이들은 정녕 무사이를 닮았다. 다만 아름다운 노래가 아니라 불쾌한 노래를 부를 뿐이다. 여신들은 자기들이 범죄를 저지른 이만 박해한다는 점을 다시 주지시킨다. 만약 손이 깨끗하다면(물론 실제로도 깨끗하다면 더 좋겠지만 비유적으로 한 말이다.), 복수의 여신을 두려워할 필요가 없다. 이들은 자기들의 노래는 아포르믹토스 aphormiktos, '리라 반주 없이' 부르는 노래라고 말한다.[16] 이 말에는 두 가지 의미가 있는데, 첫째로 가락이 없는 노래, 장송곡을 떠올리게 한다. 그런 한편 복수의 여신이 오레스테스의 모친 살해를 부추긴 아폴론과 거리를 둔다는 의미도 있다. 아폴론은 리라를 연주하는 신이고 첫 장에서 살펴보았듯이 무사이와 연결되어 있다. 그러니 반주 없이 노래하고 춤을 춘다는 것은 아폴론의 가치 전체를 부인하는 것이자 어쩌면 도발일 수도 있다. 어쩐지 이들이 아폴론을 빡치게 하고 정교한 음악적 감성을 공격하려고 일부러 음 이탈을 하고 있을 것 같은 생각이 든다.

복수의 여신들은 아무도 자기들을 좋아하지 않으며 신들조차 자기들을 피한다는 걸 알지만 전혀 개의치 않는다. 이들은 신들 기준으로 봐도 엄청나게 집요해서 가족 내 범죄를 처벌한다는 목표를 설정한 이상 결코 거기에서 벗어나지 않을 것이다. 그런데 자기들이 인기가 없다는 사실을 인식한다는 점은 흥미롭다. 만약 사랑하는 사람이 살해당했다면 우리는 살인자가 신이 시켰다는 핑계를 대고 빠져나가는 일이 없기를 바랄 것이다. 복수의 여신은 비호감이지만 어쩌면 정의로운 사회를 유지하려면 꼭 필요한 존재인지도 모른다. 살인자는 처벌받아야 하고, 선량한 사람은 자유롭게 다닐 수 있어야 한다.

복수의 여신들이 오레스테스에게 다가가기 시작하는데, 그때 아테나가 나타나 길을 막아선다. 복수의 여신이 노래를 시작하기 전에 오레스테스가 올린 기도가 여신을 불러온 것이다.

아테나는 자기 땅에 새로 등장한 이 무리가 두렵지 않다고 선언하면서도, 아폴론처럼 무례하게 대하지는 않겠다고 한다. 오히려 자신의 눈이 경이로 가득 찼다고 말한다.[17] 당신들은 누구인가? 아테나가 말한다. 여기 모두에게 묻는다.

복수의 여신들은 한목소리로 대답한다. 우리는 밤의 자식들이고, 땅 밑 우리 집에서는 저주라고 불린다. [……] 우리는 살인자를 집에서 몰아낸다.

그렇다면 살인자의 도주가 끝나는 종착점은 무엇인가? 아테나가 묻는다.

이 중대한 질문이 이 극의 핵심이다. 오레스테스가 클리타임네스트라를 죽였다는 사실은 누구도 부인하지 않는다. 오레스테스는 아폴론에게 책임을 넘기고 싶어 하겠지만, 그 끔찍한 행위를 저지른 사람은 자신이기 때문에 복수의 여신의 표적이 되었다는 것을 안다. 복수의 여신은 이미 아폴론에게 클리타임네스트라의 죽음이 전적으로 신의 책임이라고 본다고 밝혔으나 그런다고 해서 오레스테스에 대한 태도가 달라지지는 않는다. 여기에서 쟁점은 누가 무슨 짓을 했느냐가 아니라, 유죄인 자에게 합당한 처벌이 무엇이냐는 것이다. 바로 핵심으로 치고 들어가는 게 아테나의 특징이다. 좋아, 그를 집에서 쫓아냈지, 그러면 그다음엔 뭐? 더 이상 도망칠 수 없는 막다른 곳에 다다랐을 때는 어떻게 되나?

종착점은 기쁨이 없는 곳이다, 복수의 여신이 대답한다. 이 말은 지리적이라기보다는 심리적인 의미이다. 스스로 목숨을 끊을 수밖에 없는 상태로 몰고 가리란 것이다. 그 지경에 이를 때까지 몰아가겠다고? 아테나는 지금까지 복수의 여신들을 목격한 다른 인물들, 피티아, 아폴론, 오레스테스 등과는 놀랄 만큼 대조적인 모습을 보인다. 역겨움을 표현하거나 두려워하지 않고 그저 흥미롭다는 듯이 차분하게, 변호사다운 태도로 정보를 구한다.

그가 받아 마땅한 벌이야. 제 어머니를 죽였으니. 복수의 여신이 말한다.

그가 그러도록 강요당했나? 누군가의 분노를 두려워했거나 다른 이유가 있었나?

대체 무엇이 자기 어머니를 죽이도록 부추길 수 있다는 말인가?

여기 양편이 다 있지만 한쪽 주장만 들리는군, 아테나가 말한다.

그러면 그를 심문한 뒤에 공정한 판단을 내려라, 복수의 여신들이 제안한다.

나한테 판단을 맡긴다고?

안 될 게 있나? 우리는 당신을 존중한다.[18]

아테나는 오레스테스를 돌아보며 너도 네 운명에 대한 결정을 나에게 맡기겠느냐고 묻는다. 오레스테스는 자신의 입장을 간략하게 설명한다. 어머니가 아버지를 살해했고 따라서 자신은 그 죽음에 대한 보복으로 어머니를 살해했다고.[19] 아폴론의 책임도 있는데, 아폴론이 범죄자들에 맞서지 않으면 고통을 가하겠다고(정확히 말하면 심장을 막대로 찌르겠다고) 위협했기 때문이다. 그러니 좋습니다, 제 판관이 되어주십시오.

그런데 아테나는 뜻밖의 결정을 내린다. 복수의 여신을 무시하여 이들이 아테네 전체에 분노를 쏟게 할 것인가, 아니면 탄원자의 간청을 외면할 것인가 하는 심원한 윤리적 딜레마에 직면하여, 아테네 남성으로 구성된 배심원단에 판결을 넘긴 것이다. 복수의 여신들은 상황이 바뀐 것에 언짢아하지만 자신들의 주장이 타당하다고 확신하기 때문에 받아들인다. 이들의 주장은 사실상 부모를 살해하지 않으면 오레스테스 같은 상황에 처하지 않는다는 것이니 말이다. 자발적으로, 강요 없이 정의롭게 행동하라, 그러면 불행할 일이 없다. 이게 복수의 여신의 입장이다.[20]

재판이 막 시작되려 한다. 우리가 생각하는 재판 형식과는 조금 다른데, 일단 아폴론이 증인으로 참석하고 복수의 여신이 오레스테스에게 직접 질문을 던진다.

너는 어머니를 죽였나?

네.

어떻게?

칼로 목을 찔렀습니다.

누가 그러라고 설득했나?

이 신(아폴론)이 제 증인입니다.

신이 너에게 어머니를 죽이라고 말했나?

네. 그리고 아버지가 무덤에서 절 지켜줄 것입니다.

네 죽은 어머니는?

어머니는 두 배로 더럽혀졌습니다―본인의 남편이자 내 아버지를 죽였습니다. 왜 제 어머니는 쫓지 않으셨습니까?

피를 나눈 자를 죽이지 않았으니까.

복수의 여신들은 절대론자이다. 아무튼 오레스테스는 복수의 여신을 설득할 필요는 없고 동료 시민들로 이루어진 배심원단을 설득해야 한다. 오레스테스는 아폴론에게 자신에게 유리한 증언을 해달라고 부탁한다. 그래서 아폴론이 일어서서 주장을 펼친다. 나는 결코 거짓말을 하지 않는다, 나는 신탁의 신이며, 제우스의 뜻을 거스르는 말은 결코 하지 않는다. 그리고 나는 말한다, 위대한 전사가 아내에게 기만당해 살해되었으므로, 그 아내를 죽이는 일은 아가멤논을 죽인 죄보다 훨씬 작은 죄이다.

아, 제우스는 아버지를 더 소중히 여기나? 복수의 여신이 경악한다. 제우스는 자신의 아버지 늙은 크로노스를 묶어버리지 않았나? 그 일은 정반대의 뜻을 내포하지 않나? 배심원들이여, 잘 듣고 있길 바란다.[21]

아폴론은 권력 있는 남자들이 매력이 없다고 생각하는 여자한테 반박당했을 때 전통적으로 보여온 반응을 그대로 한다. 이 역겨운 괴물들아, 신들도 너희를 증오해! 제우스는 아버지를 묶은 결박을 풀 수 있지만 인간은 한번 죽으면 되살릴 수 없어.

그렇지만 현실적인 문제를 내세우자면 이쪽도 할 말이 있다. 좋아, 복수의 여신들이 말한다. 그렇다면 어머니의 피를 흘린 이 자가 어디에서 살아야 한다고 생각하나? 아버지의 집에서? 이 자가 공공 제단을 사용하도록 할 것인가?

아폴론과 아테나는 달리 생각할지 몰라도 복수의 여신은 오레스테스가 죄로 인해 더럽혀졌다고 주장한다. 오레스테스가 자기 어머니의 피를 뿌린 그 땅으로 돌아간다면 아르고스 사람들이 어떻게 나올까? 오레스테스가 제물을 올리면서 제단을 더럽히지 않을 수 있나? 아폴론은 이 질문에 적당한 답을 하지 못하고 논쟁의 주제를 바꾼다.

아무튼 어머니는 진짜 부모가 아니고, 중요한 것은 아버지이다. 아테나를 보라―어머니가 없고 아버지만 있지 않은가. 그러니 아버지가 어머니보다 더 중요하다, 땅땅땅.

아테나는 배심원단에게 이제 투표를 하라고 한다. 아테나는 복수의 여신들이 담당하는 역할의 중요성을 다시 강조하는 등 이들이 제기한 주장에 공감하는 듯한 모습을 보인다. 맑은 물이 오물로 더럽혀지면 마실 물을 찾을 수 없을 것이다, 아테나는 배심원들에게 이렇게 말한다.[22] 나중에 누군가가, 이를테면 정치에서 어느 정도 부패는 당연한 것이라고 말할 때 이 말을 기억하면 좋을 것이다. 아폴론과 달리 아테나는 사회가 기능하는 데 복수의 여신의 존재가 필수적임을 안다. 도시에서 공포를 완전히 몰아내려 하지 마라, 아테나는 말한다. 두려워할 것이 없다면 어떤 인간이 정의롭고자 하겠는가?

평결이 내려지는 동안 아폴론과 복수의 여신들은 계속 서로를 물고 뜯는다. 아폴론은 복수의 여신을 위협하고 복수의 여신은 도시를 위협한다. 배심원들이 투표를 마친 후에야 아테나는 자신의 견해를 밝힌다. 자신의 한 표는 오레스테스에게 간다고. 그 까닭은 바로 아폴론이 조금 전에 말한 이유 때문이었다. 자신은 어머니 없이 태어났으니 결혼을 제외한 모든 일에서 남자의 편이며, 전적으로 아버지를 우선시한다고 말한다.[23] 남편을 죽인 아내를 집안의 수호자인 남편보다 높이 치지는 않을 거라고. 그러니 만약 투표 결과가 반반으로 나온다면 오레스테스가 이기는 셈이다.

잠시 뒤에 표를 헤아렸는데 정말로 동수로 갈렸다. 아테나가 이미 오레스테스에 대한 지지를 밝혔으므로 이제 오레스테스는 자유로이 떠날 수 있다. 오레스테스가 떠나고 아폴론도 나간다. 복수의 여신은 비통해한다.

아! 젊은 신들아! 너희는 오래된 법을 짓밟고 내 손에서 빼앗아 가는구나. 나는 굴욕스럽고, 비참하고, 가슴 깊이 분노한다. [……] 이 비통함에 대한 대가로 독을 풀어놓을 것이다. 복수의 여신은 땅에 독을 풀어 불모지로 만들고 거기 사는 인간들을 파멸시키겠다고 다짐한다. 너희 시민들에게 비웃음을 당했다, 한 여신이 이렇게 선언한다. 그리스 비극에서 우리가 배운 것이 하나 있다면 비웃음을 당했다고 느끼는 인물의 고통을 결코 가벼이 여겨서는 안 된다는 것이다. 이들이 굴욕감을 밖으로(메데이아) 혹은 안으로(아이아스) 향하게 하면 필연적으로 엄청난 파국이 찾아온다. 밤의 딸들은 자기들이 느끼는 감정을 굴욕에 대한 슬픔이라고 부른다.[24]

이들이 자신을 모욕한 신들, 아폴론과 아테나를 젊은 신이라고 부르며 비난하는 데는 그럴 만한 까닭이 있다. 복수의 여신들이 이전 세대의 신이기도 하지만 단순히 나이만 가지고 하는 말은 아니다. 단순히 젊은 신들에게 제압당한 것이 아니라 이들의 가치, 지금까지 사회를 지탱해 온 가치가 이제 유효하지 않다고 선언된 것이다. 이 극에서 이 순간, 아테나가 오레스테스 편으로 기울고 오레스테스에게 유리한 평결이 선포되는 순간은 사회의 발전 과정에서 중대한 순간이며 법에 따라 산다는 것의 의미가 심대히 달라지는 순간이다.

복수의 여신들이 대표하는 과거에, 사람들은 법이란 불변하고 논쟁의 여지가 없는 것이기 때문에 법을 따라야 한다고 여겼다. 대부분 사회에서 부모를 죽이는 것은 잘못이고 자연의 섭리를 어기는 일이라고 생각한다. 또 어떤 믿음은 특정 문화에 국한되지 않고 더 큰 보편성을 지닌다. 복수의 여신들은 다른 고대사회에서도 발견되는 가치를 내세우는데, 이를테면 히브리 성경에도 부모를 공경하라, 살인하지 말라는 말이 있다. 이런 가치는 현대사회에서도 당연히 여기는 가치이다. 자연법이라고 하여 관습이나 풍습 등으로 지칭하는 덜 보편적인 가치와 구분된다. 이를테면 결혼에 관한 법은 한 나라의 법률 체계에 따라 다르고 사회마다 누구와, 어디에서, 몇 살부터 결혼할 수 있는지 등이 달리 정해진다. 이런 규정은 사회가 바뀌면서 바뀔 수 있고, 동성 결혼 법제화 등이 그런 사례이다.

다수의 사람이 같은 가치를 공유하지 않으면 사회는 번영하기 힘들다. 물론 관습은 바뀔 수 있고 바뀌어야 하지만, 복수의 여신들이 옹호하는 가치 같은 것은 쉽게 바뀌지 않는다. 수천 년 동안 그래 왔듯이 대다수 사람은 부모를 죽이지 않는 것이 옳은 행동 방침이며 우리가(특히 우리 부모님이) 원하는 사회는 그런 사회라는 데 동의할 것이다.

그렇다면 이런 불변의 가치를 따르지 않거나, 평소에는 따르지만 오레스테스처럼 갑자기 엄청난 폭력 행위를 저지른 사람을 어떻게 단속하나? 복수의 여신이 대표하는 법에서는 그런 사람을 부정하다고 여기고 추방 혹은 죽음으로 사회에서 축출한다. 자결은 적절한 처벌이자 삶의 일부인 신을 거스른 데 대한 마땅한 대가로 여겨진다. 이러한 위반의 대가는 추방 혹은 죽음이다.

한동안은 이런 방식이 사회 통합을 유지하는 효과적인 방법이었다. 그러나 아트레우스 가문에서처럼, 몇 안 되는 사람들이 이 자연법에 따라 서로를 계속 응징할 수밖에 없는 상황이 되거나 하면 문제가 된다. 아가멤논이 딸 이피게네이아를 죽이자 아내 클리타임네스트라는 신과 법이 이 문제에서 자기편이라고, 아가멤논은 살인자이고 죽어 마땅하다고 느낀다. 그래서 그에 따라 아가멤논을 죽인다. 그러자 클리타임네스트라의 다른 자식들, 엘렉트라와 오레스테스는 불가능한 딜레마에 빠진다. 어머니를 그냥 내버려두면 죽은 아버지를 배신하는 일이다. 이들 사회에서는 살해당한 자의 유족, 특히 성인인 아들이 반드시 살인자에게 복수해야 한다고 한다. 그런데 그러려면 또 다른 강력한 법을 어기게 되는 것이다. 어머니를 죽이는 것은 어떤 상황에서든 도덕적으로 잘못이라는 법.

복수의 여신들은 아무 모순도 느끼지 않는다. 혈육 살해는 결코 정당화될 수 없으며 그런 일을 저지른 자는 반드시 죽어야 한다. 그 논리에 따르면 아가멤논은 유죄이고 오레스테스도 유죄이다. 반면 클리타임네스트라는 복수의 여신이 옹호하는 가치를 구현하는 인간이라고 볼 수 있다. 그로 인해 아들에게 목숨을 잃는 한이 있더라도 어쩔 수 없는 일이다. 앞에서 클리타임네스트라의 망령은 격앙된 모습으로 나타나 오레스테스도 죽어야 하고 그러면 마침내 이 문제가 피비린내 나는 종결에 도달하리라고 생각한다는 걸 보여주었다.

그러나 아폴론과 아테나가 내세운 가부장적 가치, 아가멤논은 영웅적 살인자이고 클리타임네스트라는 사악한 살인자이므로 아가멤논의 목숨이 더 귀하다는 주장은 복수의 여신의 가치와 충돌한다. 아폴론과 아테나는 모든 살인자가 다 똑같이 나쁜 것은 아니며 인간이 동등하지 않으므로 살인도 동등하지 않다는 생각을 내세운다. 남자의 목숨이 여자의 목숨보다 더 가치가 있다는 견해를 내세우려고 부모를 해하는 것이 잘못이라는, 법보다 더 근원적인 자연의 법칙마저 거부한다. 이들이 오레스테스를 옹호하려 내세우는 근거는 클리타임네스트라는 진짜 어버이가 아니라는 주장이다. 복수의 여신의 절대론으로부터 오레스테스를 구하기 위해 이 일에 특별히 관용을 베풀어달라고 주장하는 게 아니라 아예 어머니는 부모가 아니라고 주장하는 것이다. 도덕적으로 의심스러운 주장임은 말할 것도 없고 합리적이지도 않다. 이런 주장을 들으면 생물학자는 분명 눈살을 찌푸릴 것이다.[25] 그럼에도 그들이 이긴다.

이 특정 판례나 아폴론이 변호하고 아테나가 결정하는 재판 방식에 발끈할 사람도 있겠지만(그게 바로 나다.), 그럼에도 이 순간은 세상이 더 나은 방향으로 나아가는 순간이다. 이들의 주장이 마음에 안 들기는 하나 나는 복수의 여신의 가치에 아무 의문이 제기되지 않는 세상에는 살고 싶지 않다. 나는 오레스테스가 정당하다고 생각하지 않고 클리타임네스트라가 진짜 부모가 아니라는 것에도 당연히 동의하지 않는다. 그렇지만 부모를 죽이는 일이 도덕적으로 정당화되는 경우도 충분히 상상할 수 있다. 학대받는 아이가 어린 동생까지 학대당하는 것을 막으려고 부모를 죽인다거나. 이런 사례라면 모살(계획적 살인)이 아니라 고살(우발적 살인 혹은 과실치사)로 보아야 할 듯싶다.

살인자가 재판을 통해 판결을 받는 세상이, 불결하다고 간주되어 자살로 내몰리는 세상보다는 살기 좋은 곳이다. 입에 올릴 수 없는 범죄의 희생자가 불러낸 저주를 구체화한 신이 일종의 정의를 제공하긴 하나 그 정의는 무디고 맹목적이다. 살해당한 자의 유족이 언제까지나 자기가 잃은 것에 대해 분노하고 고통스러워하며 정의를(복수가 아니라) 실현해야 한다고 기대하는 건 합당하지 않다. 유족에게서 그 무거운 짐을 덜어주어야 하고 공정한 법의 틀 안에서 그렇게 해야 한다. 우리는 배심원단이 우리가 틀렸다고 생각하는 결정을 내리면 분개하기도 하지만, 그 제도 이전에 무엇이 있었는지를 생각해 보아야 한다. 내가 비록 아가멤논을 혐오하고 클리타임네스트라에게 깊이 공감하긴 하나 그래도 법원의 결정을 존중하는 것도 그 때문이다. 오레스테스는 자유의 몸이 되어야 한다.

그러니 복수의 여신들은 젊은 신들에게 패했기 때문만이 아니라 자기들이 옹호하는 법체계가 과거의 유물로 밀려났기 때문에 분개하는 것이다. 이제부터는 사회가 정의를 집행하는 역할을 할 것이다. 그러나 아테나는 얼른 이들의 상처받은 감정을 달래려 한다. 당신들이 패한 게 아니다, 아테나가 말한다. 표는 동률이었고 당신들은 굴욕을 당하지 않았다. 다만 오레스테스가 자기 행동으로 인해 해를 입어서는 안 된다는 제우스의 뜻이 아폴론을 통해 분명히 전달된 것뿐이다. 그러니 제발 분노하지 말고 내 땅을 벌하지 말라. 당신들을 위해 성소를 짓고 숱한 영예를 안겨주리라.[26]

복수의 여신들은 여전히 화가 나 있고, 여전히 자기들이 속았고 굴욕을 당했다고 생각한다. 내 갈비뼈 안쪽이 쑤신다, 그들이 말한다. 우리라면 가슴이 아프다고 말할 증상이다.[27]

아테나는 이렇게 대답한다. 당신들의 분노와 함께 살아가겠다. 당신들이 나보다 나이가 많으니 그 점에서는 나보다 현명하리라. 그러나 제우스는 나에게도 적지 않은 지혜를 주셨다.[28] 아테나는 다시금 이곳에 머물러달라고, 분노를 풀어달라고 요청한다.

나를 설득한 것 같군. 복수의 여신들은 마침내 파괴적인 분노를 내려놓겠다고 한다.[29] 아테네에 집을 지어준다면 받아들이겠다, 그리고 보금자리로 삼은 땅에 독을 뿌리지는 않겠다고 말한다. 심지어 아테네가 복을 누리기를 진심으로 빌겠다고도 한다. 이어서 요즘 같은 극심한 기상이변의 시기에 특히 아테네에 도움이 될 만한 기도를 한다. 강풍에 어떤 나무도 해를 입지 않기를, 타는 열기에 어떤 싹도 시들지 않기를, 가뭄에 어떤 식물도 말라버리지 않기를, 가축이 번성하여 새끼를 여럿 낳기를, 그리고 부유한 땅(아테네 근처 은광을 두고 하는 말)을 기원한다.

아테나는 아테네 시민들을 대신해 이 축복을 모두 받아들이고, 복수의 여신들은 계속해서 행운을 비는 기도를 올리고 불운을 막는 주문을 읊는다. 아테나는 이들의 선의를 얻어낼 수 있게 도와준 설득의 여신에게 공을 돌린다. 아테나는 이제 복수의 여신들을 에우프로나스^{euphronas}, '온화한 이들'이라고 부른다.[30] 이렇게 해서 에리니에스라고 불리던 무시무시한 존재가 친절함으로 이름을 알리게 되었고, 그래서 이 극에 에우메니데스, '친절한 이들'이라는 제목이 붙게 된 것이다.

어쩌면 복수의 여신은 원래 친절할 수 있는데 드러낼 기회가 별로 없었는지도 모른다. 오비디우스가 『변신 이야기』에서 들려주는 바에 따르면, 오르페우스가 명계로 내려가서 잃어버린 에우리디케를 그리며 애가를 부르자 그 노래가 어찌나 아름다운지 영원한 형벌에 시달리던 이들의 고통마저 순간 멈추었다고 한다. 익시온의 바퀴는 멈추고, 시시포스는 바위를 산꼭대기로 밀기를 멈추고 그 위에 앉아 쉬었다. 그리고 처음으로, 그 노래에 압도되어 에우메니데스의 뺨이 눈물로 젖는다.[31] 나는 오비디우스가 그리는 이 장면을 읽으면 늘 좋다. 아름다운 음악이 끝없는 고통마저도 잠시 달래줄 수 있다는 게 좋다. 그리고 산산조각이 난 마음을 담은 이 남자의 노래에 복수의 여신이 눈물을 쏟는 모습은 특히 아름답다. 우리는 이들을 괴물처럼 여긴다. 특히 이 이야기의 배경인 때는 오레스테스 시대 이전이라 공식적으로 친절한 여신으로 바뀌기 이전이다. 그런데 명계에 있는 이들, 무시무시하고 가혹한 밤의 딸들이 슬픈 노래 한 곡에 눈물을 흘리고 마는 것이다.

언변 좋은 아테나 여신이 설득력을 발휘해 상대를 사로잡아 무서운 처벌을 경감한 일이 오레스테스에게, 그리고 아테네시에는 좋은 일이다. 그렇지만 잘못을 저지른 이들에게 복수해 달라고 복수의 여신을 부르는 이들에게는 그렇게 좋은 일이 아닐 수 있다. 누구나 이렇게 시민 법정에서 사법적 판단을 받기를 기대할 수는 없기 때문이다. 복수의 여신은 가족 내 살인 말고 다른 일에도 간여한다. 다른 신화에서 이들이 하는 역할을 살펴보고 난 다음에 친절한 여신이 무시무시한 여신보다 꼭 좋은지 판단해 보는 것도 좋겠다.

이들은 복수자 역할도 하지만 맹세와 탄원자의 수호자이기도 하다. 파우사니아스의 글에 실린 펠로폰네소스 북쪽 헬리케라는 도시국가에서 있었던 일을 예로 들 수 있다.[32] 그 지역에 있는 포세이돈 신전에 탄원을 드리러 가는 사람들이 헬리케 사람들을 마주쳤다. 탄원 의식을 올리는 사람들은 보호받아 마땅한데도 헬리케 사람들은 이들을 신전에서 끌어내 살해했다. 신의 분노는 빠르고 치명적이었다. 먼저 지진이 차례로 헬리케를 강타하고 이어 쓰나미가 밀려와 덮쳤다. 파우사니아스는 탄원의 신성함과 순수함을 일깨우기 위해 제우스가 아테나에게 보냈다고 하는 네 줄의 시를 인용한다. 제우스는 특히 에우메니데스의 제단에서 타오르는 향을 언급하면서, 아테네인은 탄원자를 마땅히 존중하며 대해야 한다고 말한다. 호메로스에서 로도스의 아폴로니오스에 이르는 여러 고대 작가들은 사람들이 맹세를 할 때 종종 복수의 여신을 들어 맹세한다는 점을 언급한다.[33] 맹세를 어기면 에리니에스가 벌을 내릴 방법을 찾아낼 것이다. 약속을 했으면 지키는 편이 낫다는 점은 굳이 말할 필요가 없다.

『에우메니데스』의 클리타임네스트라 유령 등장 장면에서 보았듯이 복수의 여신은 죽었거나 살아 있는 인간이 내뱉는 저주에 반응할 때가 많다. 그러나 모든 인간의 저주가 클리타임네스트라의 저주만큼 중대한 도덕적 무게를 갖지는 않는다. 호메로스는 『일리아스』 9권에서 아민토르와 포이닉스 이야기를 들려준다. 포이닉스는 아킬레우스를 설득해서 다시 트로이아 전장으로 돌아가 싸우게 하려고 찾아왔다.(아킬레우스는 한참 전인 1권에서 아가멤논에게 무시당하고 싸움에서 물러난 상태이다.) 포이닉스는 젊어서 처음 헬라스(그리스)를 떠났을 때를 회상한다. 그때 자신의 아버지 아민토르는 팔라키스 pallakis와 성적인 관계를 맺고 있었다. 팔라키스라는 단어가 전에는 첩으로 번역되고 지금은 정부로 번역되기도 하지만 두 단어 모두 상호 합의를 내포한 반면, 정작 원래 팔라키스에게는 그런 게 없었을 수도 있다. 노예이거나 전쟁 포로라 그리스 왕을 거부할 권리가 없어서

첩이 되기도 한다.

고대사회에서는 이런 일이 흔했기 때문에 왕이나 부유한 사람의 아내라면 신경 쓰지 않았으리라고 생각하기 쉽다. 그러나 아민토르의 아내는 남편의 행동에 격분했다. 포이닉스에 따르면 아민토르가 아내에게 굴욕을 주었다.[34] 그러니까 성적 파트너를 여럿 갖고 싶어 하는 남자에게 이의를 제기하는 사람도 있었던 셈이다. 포이닉스는 어머니가 자기 앞에 무릎을 꿇고 빌길, 네가 팔라키스와 관계를 해라, 젊은 남자를 겪어보면 곧 늙은이를 혐오하게 될 테니까, 라고 말했다고 한다.

이 문장에 어찌나 많은 이야기가 압축되어 있는지, 이 이야기를 담은 소포클레스의 잃어버린 비극 한 편이 이집트 파피루스 상자 안에서 발견되기라도 하면 얼마나 좋을까 싶다. 포이닉스와 어머니가 아버지의 부정에 관해 이야기하는 장면. 어머니가 아들 앞에 무릎을 꿇고 문제의 여자와 같이 자라고 간청하는 장면. 이 여자가 아들과 섹스를 하면 늙은 남자를 거부할 것이라는 어머니의 확신. 다음 문장—"나는 어머니의 말을 따랐고, 아버지가 바로 알았다."—을 보면 우리가 놓친 드라마가 얼마나 많은지 그저 아쉽다. 포이닉스는 이어 이렇게 말한다. 아버지는 나를 여러 차례 저주하고 혐오스러운 에리니에스를 부르며, 내가 낳은 사랑스러운 아들을 자기 무릎에 앉히는 일은 영영 일어나지 않게 해달라고 빌었다. 내가 비극 한편이라고 했던가? 아니, 3부작은 되어야 할 것 같다.

어쩌면 복수의 여신한테 포이닉스보다는 쫓아다니기에 더 합당한 목표물이 많지 않나 하는 생각이 들 것 같은데, 솔직히 나도 그렇게 생각한다. 자기 아내에게 굴욕을 안긴(여기에 쓰인 그리스어 단어는 복수의 여신이 『에우메니데스』에서 아폴론과 아테나에게 당한 취급을 묘사할 때 썼던 단어와 같다.) 남자의 못된 요구를 들어주면 안 되지 않나 싶기도 하고. 그렇지만 신들이 아민토르의 저주를 이루어주었다고 포이닉스는 말한다. 명계의 제우스(하데스를 시적으로 부르는 이름)와 페르세포네 둘 다.

그러니 아민토르는 클리타임네스트라처럼 죽임을 당하지도, 삶을 뒤바꾸어 놓는 충격을 당하지도 않았는데도 신들이 보복 요청을 들어주었다는 말이다. 포이닉스가 아버지에게 살의를 느낀다고 시인했으나 복수의 여신에게 쫓기는 상태는 아니다. 어쨌든 포이닉스는 고향을 떠날 수밖에 없는데, 만약 남아 있다 보면 아버지를 죽일 것이고 가족 살해자가 되어 복수의 여신들의 추격을 받으리란 걸 알기 때문이다. 그리고 신들—복수의 여신, 하데스, 페르세포네가 아민토르의 소원을 들어주어, 포이닉스는 평생 자식을 갖지 못한다.

포이닉스는 아킬레우스를 설득하려고 일장 연설을 하면서 자기 자식을 저주하는 부모의 사례를 하나 더 드는데, 자신과 아킬레우스 사이의 유사 부자 관계를 일깨워 어떤 설득에도 꿈쩍 않는 영웅을 움직여 보려는 것이다. 포이닉스가 이어서 한 이야기는 멜레아그로스 이야기이다. 멜레아그로스는 아르테미스 장에도 등장했던 영웅으로 칼리돈을 황폐하게 만드는 거대한 멧돼지를 다른 사냥꾼들과 함께 처단했다. 이 밖에도 여러 영웅적 행위를 했는데, 그러다 어머니 알타이아의 오라비를 죽였다. 알타이아는 이 일에 너무나 상심한 나머지 하데스와 두려운 페르세포네에게 기도를 드리며 땅을 쾅쾅 치고 울면서 자기 자식을 죽여달라고 빈다. 어둠 속에서 걷는 복수의 여신이 에레보스 깊은 곳에서 기도를 들었고 알타이아의 완강한 마음이 전해졌다.[35] 멜레아그로스는 어머니의 저주에 크게 분노하여 (마치 아킬레우스처럼) 자기 도시가 포위당한 상태인데도 전투에서 물러난다. 백성들은 도시가 함락당하기 전에 다시 전투에 참가해 달라고 애원하며 막대한 보상을 내건다. 마지막 순간에야 멜레아그로스는 전장으로 돌아와 도시를 구한다. 그러나 멜레아그로스는 약속된 선물을 받지 못하는데, 그러니까 이 사례는 아킬레우스가 마음을 돌려 전장에 돌아오게 하려고 그리스인들이 선물로 회유하고 있는 이 상황에서 썩 좋은 예시는 아닌 셈이다.

파우사니아스나 히기누스 등 후대 작가도 호메로스의 전승을 따랐다.[36] 파우사니아스는 복수의 여신이 알타이아의 저주를 들었기 때문에 멜레아그로스가 죽었다고 하고, 히기누스는 아들을 죽인 어머니의 목록에 알타이아를 포함시킨다. 복수의 여신이 내포하는 메시지는 분명하다. 가족 구성원 한 사람이 (다양한 가족 내 잘못으로 인해) 다른 사람을 저주하면 복수의 여신이 이 저주를 어떤 방식으로든 실행한다.

문헌 자료는 이 무시무시한 여신들의 집요한 복수에 초점을 맞추는 한편 도기 그림에서는 더 다양한 모습을 볼 수 있다. 영국박물관에 기원전 4세기 남이탈리아 파에스툼에서 만들어진 적회식 종 모양 크라테르가 있다. 오레스테스가 델포이에서 아폴론에게 정화를 받는 모습을 복수의 여신이 지켜보는 장면이 그려져 있다. 『에우메니데스』의 모든 장면을 한 자리에 압축한 그림 같기도 하다. 아폴론은 오른쪽에, 아테나는 왼쪽에 서 있다. 오레스테스는 그 사이에 탄원하듯 무릎을 꿇고 앉아 아테나를 올려다본다. 그 뒤쪽에는 정교한 금장식이 있고 다리가 셋인 단이 있는데, 델포이 아폴론 신전에 있는 유명한 물건으로 보통 피티아 여사제가 그 위에 앉아 신탁을 전한다. 그런데 여기에는 피티아가 없다. 복수의 여신 한 명이 뒤쪽에서 달려 들어오는 바람에 겁이 나서 달아났는지도 모르겠다. 복수의 여신은 삼발이 단 뒤에서 위로 떠 있는 듯 보이고, 몸 아랫부분은 삼발이 단에 가려 보이지 않는다. 표정은 차분한데 머리카락이 뒤로 흩날리는 것으로 보아 빠른 속도로 움직이는 듯하다. 뱀이 오른팔과 머리둘레를 감고 어깨에서 위로 솟아오른다. 그림 왼쪽에는 클리타임네스트라의 유령이 도사리고 있는데 아마도 (아이스킬로스 희곡에서처럼) 여신을 뒤에서 부추기는 듯하다. 오레스테스가 이토록 애처롭게 아테나를 쳐다볼 만도 하다. 이 장소가 아테네가 아니라 델포이인데도 여전히 아테나가 판관인 걸까? 그런 듯 보인다. 아테나는 왼발을 들어 작은 기둥 위에 올려놓았다. 방어 자세를 취한 사람처럼 보인다. 뒤쪽에 포진한 복수의 여신으로부터 오레스테스를 지키려는 듯이.

  오른쪽에 있는 아폴론은 월계관을 썼고 더 굵은 월계수 가지가 머리 뒤쪽에서 솟구치듯 뻗어 있다. 오른 다리에 무게를 싣고 왼 다리는 앞으로 내밀었다. 아폴론 역시 방어 자세인 듯 보인다. 오레스테스는 거의 두 신 사이에 갇힌 셈이다. 이 신들은 오레스테스를 복수의 여신과 어머니 유령으로부터 보호하는 것이지만, 아폴론은 누이와 오레스테스가 있는 쪽 반대로 고개를 돌려 왼쪽에 있는 또 다른 복수의 여신을 내려다본다. 아폴론은 왼손으로 가늘고 긴 월계수 가지를 만지작거리는데 어째 수상쩍게도 몽둥이처럼 보인다. 그렇지만 아폴론 왼쪽에 있는 복수의 여신은 전혀 초조한 기색이 없이 아폴론의 눈길을 침착하게 받는다. 다른 자매처럼 급하게 움직이지도 않는다. 왼발에 무게를 싣고 차분히 선 채로 오른발은 살짝 들어 올려 희한한 각도로 기울였다. 극 중에서 아폴론은 이들을 온갖 험한 말로 지칭했는데, 그 가운데 하나로 매우 오래되었으면서도 어린애 같은, 매우 불쾌한 조합인 듯 말한 적이 있다. 그런데 이 복수의 여신, 끈으로 묶는 미드카프 부츠*를 신고 삐딱하게 멍한 눈으로 서 있는 이 여신은 누가 보기에도 닥터마틴을 신고 따분해하는 청소년처럼 보인다. 아폴론보다 키는 작지만 곧추세운 날개 깃털이 아폴론을 압도하듯 위로 뻗었다. 작은 뱀 한 마리가 머리카락을 따라 구불구불 기어가고 커다란 뱀 한 마리는 여신의 왼쪽 어깨 위로 머리를 치켜들고 아폴론의 눈을 똑바로 보고 있다. 올림포스 신의 앞에서, 그것도 그 신의 신전에 있으면서도 이처럼 태평하고 위압되지 않는 존재라니 상상도 하기 어렵다.[37]

  복수의 여신을 괴물 같지도 않고 서두르는 기색도 없이 묘사한 도기는 이뿐이 아니다. 수에술라(고대 이탈리아 남부 지역에 있던 도시) 화가의 작품이라고 하는 적회식 도기가 베를린 국립박물관에 소장되어 있다. 기원전 4세기 중반 작품으로 바위에 묶인 프로메테우스를 그렸다.(어째서인지 바위가 카바레 무대를 장식하는 번쩍번쩍한 아치문처럼 생겨서 전체적으로 뭔가 디스코장 같은 느낌이다. 헤라클레스가 프로메

● 종아리 가운데까지 오는 길이의 부츠.

복수의 여신들

테우스를 고통에서 해방하려 막 도착했으니 적절한 것 같기도 하다. 두 사람이 함께 뮤지컬 삽입곡을 부르기에 딱 맞을 상황이다.) 간을 파먹는 독수리는 그 아래로 고꾸라지고 있고 프로메테우스의 오른편 아래쪽에는 복수의 여신이 앉아 있다. 날개를 넓게 펼쳤고 뱀 한 마리가 머리 꼭대기에서 이리저리 돌아다닌다. 얼굴은 평온하고 호기심 어린 표정이다. 어쩌면 명계에 있을 때는 늘 이런 모습일지 모른다. 명계에서는 잘못을 저지른 이들이 모두 합당한 벌을 받고 있으니 편안하고 태평할 법하다. 창 두 자루를 무릎에 올려놓았는데 창끝은 땅에 닿아 있다. 창을 손으로 가볍게 쥔 것으로 보아 휘두르려는 것이 아니라 바닥에 떨어지지 않게 잡고 있는 듯하다. 커다란 흰 꽃이 마치 여신의 시선을 끌려는 듯 의자 옆에서 피어났다. 디즈니에서 복수의 여신 애니메이션을 만들 것 같지는 않지만, 이 모습은 영락없는 디즈니 공주이다.[38]

 독일 카를스루에의 바덴 주립박물관에 소장된 기원전 4세기 항아리에도 비슷하게 태평해 보이는 복수의 여신 한 쌍이 묘사되어 있다.[39] 이 그림도 배경이 명계이므로 여신들은 누군가를 추격하는 중이 아니다. 한 여신은 양털이 덮인 의자 같은 것에 살짝 뒤로 기대앉아 다리를 앞으로 뻗고 무릎 아래에서 교차한 자세이다. 이 여신도 끈으로 묶는 미드카프 부츠를 신었고 무릎 길이 드레스에 벨트와 반짝이는 목걸이를 착용했다. 작은 뱀 두 마리가 머리 주위에서 구불거리고 한 마리는 왼팔과 손 주위를 휘감았다. 복수의 여신치고는 드물게 날개가 없다. 옆에 서 있는 자매는 날개가 있고 똑같이 부츠를 신고 다리를 꼬아서 왼발 발가락을 오른발 옆쪽에 대고 있다. 치맛단에 단순한 잎사귀 무늬가 있는 무릎 길이 드레스를 입었다. 드레스 상체 부분은 더 화려한데 리본을 가슴 위에서 교차하여 두르고 금속 단추 장식 벨트를 했다. 이 여신 역시 목걸이를 했다. 뱀 한두 마리가 느긋하게 곱슬머리 사이로 기어다니고 또 다른 뱀은 왼팔을 감고 있다. 오른손은 자매의 무릎에 얹고 있어 지극히 편안해 보인다. 세상을 바로잡는 자매들. 어쩌면 그 일은 조금 뒤에 할지도 모르겠다. 일단 하던 얘기부터 끝내고.

그래도 기원전 4세기 초 에우메니데스 화가가 그린 루브르 소장 도기에 그려진 복수의 세 여신에 비하면 훨씬 활동적인 편이다.[40] 이 놀라운 이미지는 아폴론에 의해 정화의식을 받는 오레스테스를 묘사한다. 아폴론은 오레스테스의 머리 위에 새끼 돼지를 대롱대롱 들고 희생제물로 바치려 하고 있다.(오레스테스도 새끼 돼지도 이 상황을 즐기지 않는 듯 보인다.) 오레스테스와 아폴론은 전경에 있고 그 바로 뒤 왼쪽으로 오레스테스를 이곳까지 쫓아온 복수의 여신이 있다. 한 여신은 지친 듯 손으로 머리를 괴고 앉아 있다. 그 앞에 앉은 여신은 자매의 가슴에 머리를 대고 왼팔은 자매의 왼 다리 위로 축 늘어뜨린 채 기대어 있다. 살인자를 추적하는 일이 무척 힘든 일인 듯하다.

세대 간의 갈등은 그리스 신화에서 반복적으로 나타나는 주제이지만 늘 오레스테스와 클리타임네스트라의 사례처럼 극단적이지는 않다. 『오딧세이아』 2권에서 텔레마코스는 어머니의 무수한 구혼자들에게 어머니와 결혼을 포기하고 떠나라고 설득하려 한다. 구혼자들 중에서도 가장 뻔뻔하고 역겨운 인간인 안티노오스는 떠나기를 거부하며 페넬로페가 자기들이 원하는 대로 한 명을 재혼 상대로 선택하지 않으면 자기들의 행동이 점점 더 나빠질 것이라고 위협한다. 그러더니 텔레마코스에게 구혼자들이 떠나기를, 계속 먹고 마셔 가산을 탕진하지 않기를 바란다면 어머니를 집에서 쫓아내면 된다고 한다. 그러면 페넬로페의 아버지가 페넬로페를 다시 결혼시킬 수 있으니까.

이 말에 텔레마코스는 흥미로운 반응을 보인다. 안티노오스, 나는 어머니가 원하지 않는데 어머니를 집에서 내보낼 수는 없습니다. 어머니는 나를 낳았고, 길러주셨죠. 아버지는 다른 나라에 계시는데, 돌아가셨는지 살아계신지 모릅니다. 누가 알겠습니까?

텔레마코스는 아폴론과 아테나가 옹호한 가족 가치관과는 정반대의 가치를 제시하며 말을 시작한다. 텔레마코스는 어머니에게 실망한 상태이지만 어머니가 자기 어머니가 아닌 척할 수 없다. 사실상 자신의 유일한 부모인 셈이니. 아버지는 부재중이고, 내내 그랬으며, 살아 있는지 아닌지조차 알 수 없다. 진짜 부모가 누구인가 하는 궤변이 끼어들 여지가 없다.

텔레마코스는 이어서 이렇게 말한다. 어머니를 쫓아낸다면 외할아버지 이카리오스가 외손자인 제게 벌을 내릴 겁니다. 그런데 텔레마코스가 맞닥뜨릴 문제는 이게 다가 아니다. 신들도 벌을 내릴 거예요. 어머니가 집에서 쫓겨나면서 가증스러운 에리니에스에게 기도를 드릴 테니까요. 그리고 다들 내가 받아 마땅한 벌을 받는다고 말할 겁니다.⁴¹

우리는 아테나의 꿍꿍이 덕에 텔레마코스가 곧 배를 타고 필로스로 떠날 것이며 끈질기게 들러붙는 구혼자들을 상대하는 일은 미뤄

지리란 것을 안다. 어쨌거나 이 장면은 청동기 시대 그리스 신화 사회에서 복수의 여신이 얼마나 폭넓은 역할을 했는지를 보여주는 놀라운 순간이다. 이 시점에서 이타케 궁에서는 (아직) 아무도 살해되지 않았고, 텔레마코스는 구혼자들에게 혐오를 느끼고 어머니한테는 짜증이 난다. 그러나 텔레마코스가 나쁜 행동을 하지 못하게 막는 것은 두려움—어머니에 대한 두려움이 아니라 어머니가 불러올 수 있는 복수의 여신에 대한 두려움이다. 텔레마코스가 어머니를 존중하는 까닭은 사랑이나 다정함 때문이 아니다. 적어도 이 순간에는 아니다. 어머니에게 함부로 했다가는 원시적인 복수의 여신이 자신의 뒤를 쫓으리라는 두려움 때문에 위축된다. 만약 페넬로페가 아들에게 강제로 축출당하고 아테네 법정에 소를 제기한다면 페넬로페가 승소할 수도 있다. 그러나 복수의 여신은 그러기 이전에 그저 존재만으로 범죄를, 아니면 최소 반사회적 행동을 막을 수 있다.

그러니 복수의 여신이 신이건 인간이건 누구에게나 두려움, 역겨움, 증오 등을 불러일으킨다고 해서 부정적인 힘으로 치부해 버린다면 지나치게 손쉬운 생각이다. 아폴론이나 오레스테스는 그렇게 느낄지라도 말이다. 복수의 여신은 법적 절차가 제도화되기 이전 사회에서 사람들이 문명화된 도덕률을 유지하도록 하는 데 결정적인 역할을 했다. 살인을 저지르지 않는다는 등의 기초적인 규범을 지키게 하기도 하지만, 문자 사용이 보편화하기 이전 시대에 맹세와 약속을 지키게 하는 힘이기도 했다. 만약 누군가를 해치지 않겠다고 맹세한 다음 나중에 약속을 저버리는 사람이 있다면, 어딘가 그 책임을 물을 곳이 있어야 하지 않을까? 증거가 되는 서류가 없다고 해서 전에

한 말이 깡그리 없었던 것처럼 입을 씻어도 되는 것은 아니다. 우리가 사는 시대에는 정치가가 자기 입장을 손바닥 뒤집듯 뒤집거나 과거에 지금 입장과 모순되는 말을 한 적이 없다고 부인하는 일을 심심치 않게 본다. 이런 종류의 거짓말은 특히 악랄한데, 듣는 사람이 뭐가 진실인지 확신하지 못할 뿐 아니라 과거에 자기가 제대로 들었는지까지 의심하게 되기 때문이다. 거짓말을 하는 것도 나쁘지만 상대가 자기 기억이나 이해력에 문제가 있다고 생각하게 만드는 것은 더 나쁘다. 지금은 이런 정치인들의 과거 주장과 급작스러운 입장 변화가 기록으로 남아 있지만, 증거가 있다고 해서 예전 같은 효과를 갖지는 못하는 듯하다. 너무나 많은 사람이 뻔뻔스럽게도 거짓말을 하고 또 하고 진실을 부정하고 과거를 부인하고 자기들이 섬겨야 할 사람들의 집단 기억을 부정하기 때문이다. 그래서 이 책에서 소개한 여신들 가운데에서도 나는 특히 에리니에스가 복수자의 역할이 아니라 집단적 사회적 수치—식언이나 잔인하고 부정직한 행동에 대한 수치를 의인화한 여신으로서 오늘날의 판테온에 복원되기를 바란다.

감사의 글

　이 책이 세상에 나오게 된 것은 조지 몰리가 전에 나와 같이 일해 놓고도 깨달은 바가 없었던 데다가 피터 스트로스가 나를 돌보는 데 지치지 않은 덕입니다. 환상의 편집자, 환상의 에이전트, 제발 나를 버리지 마세요. 팬맥밀런에는 악마처럼 일하는 사람이 가득합니다.(그건 참 다행인데, 나도 그렇게 일하거든요.) 한없이 마케팅 감각을 발휘해 준 엘, 멋진 표지를 만들어준 아미, 홍보를 맡아준 에마, 최상의 오디오 제작자 리디아 등, 이 책이 짧은 시간 안에 출간될 수 있게 도와준 모든 이들에게 크게 감사드려요. 사실 나도 이 책을 가능한 한 빨리 썼습니다.

　예술 관련한 부분을 확인해 준 로즐린 벨(그것뿐이 아니었고 쉼표 하나하나까지 신경 써줬다.), 지식을 나눠주고 뭐가 어디에 있고 얼마나 큰지 알려준 폴 카틀리지, 모두가 놓친 실수까지 찾아내며 백 퍼센트 성공률을 기록 중인 패트릭 오설리번에게 무한히 감사드립니다. 또 바쁜 와중에도 거절하지 않고 청을 들어준 팀 휘트마시 교수에게도 감사드려요. 영원히 변치 마시길.

　작업하는 동안에 저마다 가장 좋아하는 여신에 관한 이야기를 들려준 고전학자와 덕후들 모두에게 감사드립니다―이들 모두 정말 사랑하고 이들한테서 정말 많이 배웠습니다. 내 생각과 논지를 정리하는 데 도움을 준 여러 훌륭한 덕후들 가운데 특히 애덤 러더퍼드와 앤드루 콥슨에게 감사드립니다. 나는 키프로스 여인들과 대화를 나누며 늘 힘을 얻는데, 마그달레나 지라는 나를 파포스로 데려가 아프로디테의 탄생지를 보여주었고, 네디 안토니아데스는 체계를 잡아주고 책 속 인물에게 목소리를 부여해 주었으며, 아티나 카시오는 아테나 여신처럼 전사입니다.

이 이야기는 꼭 해야 하는데, 폴린 로드가 없었다면 오래전에 기계에서 바퀴가 빠져버렸을 거예요. 고마워, 폴린, 내가 언제 어디에 있어야 할지 늘 알고 내가 기억할 가능성이 희박하게나마 있을 때만 말해줘서. 크리스천 힐이 여전히 웹사이트를 운영해 주고 있습니다. 내가 전혀 이해할 수 없는 주제로 책을 쓰는 와중에도 수십 년째 나를 위해 시간을 내주어 고마워.(몇십 년인지는 굳이 얘기하지 말자.) 마틸다 맥모로는 나의 치어리더이자 공범이자 사회적 회오리바람이에요. 당신 없으면 아무것도 못 해.

메리 워드-로어리를 비롯해 「나탈리 헤인스의 고전 스탠드업」 제작을 도와주는 BBC 라디오4의 모든 분들께 감사드립니다. 내가 즉흥적으로 만드는 것처럼 들릴지도 모르겠으나 실제로는 엄청난 작업이고, 이들의 인내와 격려 없이(짐을 덜어준 것은 말할 것도 없고) 내가 54주 만에 책을 쓰고 시리즈를 만들 수는 없었을 겁니다.

댄 머시는 원고를 가장 먼저 읽어주는 최고의 독자입니다. 이렇게 오래 내 곁에 있어 주다니 말할 수 없이 고마워.

작지만 거대한 존재감의 친구 헬렌 배그널, 늘 나를 돌봐주는 필리파 페리, 내가 답답해 미칠 지경일 때 데리고 나가 케이크와 아이스크림을 사준 헬렌과 로티에게 감사합니다. 지금쯤 울고 있을 헤더, 늘 들어주어서 고마워. 그리고 도장 식구들, 조, 케리, 샘, 애덤과 금요일 밤 여신들에게, 당신들의 인내는 모범적이고 당신들 덕에 제 삶은 수천 배 나아졌어요. 당신들 모두 나를 때려눕힐 수 있으면서도 대체로 그러지 않아서 더 좋아요.

내 가족들—이 책을 헌정한 부모님께, 크리스, 젬, 신성하고 강력한 케즈에게 사랑과 감사를 보냅니다.

옮긴이의 말

나탈리 헤인스는 여자들이 상상하여 만들어낸 신은 어떤 모습일까, 라는 도발적인 질문으로 책을 시작했다. 이 책을 손에 든 우리는 여성-신화 연구자-작가-방송인-스탠드업 코미디언이 들려주는 신화와 고전 이야기는 어떨까, 라는 질문을 던져본다. 분명 끝내주게 재미있겠지.

고대 그리스 로마의 고전이 여전히 중요하고 읽을 가치가 있다면 과거에 파고들기 위해서라기보다는 고전이 현재에도 의미가 있기 때문이다. 나탈리 헤인스는 고전을 현대적 맥락으로 가져와 오늘날의 관점에서 보기를 누구보다 잘하는 작가이다. 헤인스는 사람들이 어떤 소망과 두려움으로 신과 신의 이야기를 만들어내고 어떤 상상과 관념과 조건과 편견으로 문명과 문화를 이루어왔는지, 가장 원형적인 존재로부터 시작해 오늘날의 대중문화에 이르기까지 끝나지 않는 이야기를 펼쳐나간다. 그리하여 질투하는 여신, 미의 여신, 어머니 여신 등 단순화된 스테레오타입으로 소비되던 여신들이—마치 뼈와 살을 지닌 존재처럼—생생하게 입체적인 인물로 살아난다.

신화 이야기는 언제 읽어도 재미있지만, 특히 남성 중심 사회에서 형성되고 남자 예술가들 손에서 형상을 덧입어 온 오래된 이야기가 가부장제의 모순을 어떻게 의도치 않게 드러내는지를 인식하면서 읽으면 더욱 재미있다.

그리고 이 책을 번역하다가 어딘가 나와 비슷한 유형의 여신을 발견한 것도 기쁜 일이었다. 하는 일이 눈에 잘 뜨이지 않고, 주로 집에서 일하며, 빵집의 수호신인 헤스티아(베스타). 여신에게 친연성을 느낀다는 말이 휴브리스(오만)의 불경에 해당하지 않아야 할 텐데 하는 걱정도 들지만 헤스티아는 또 성품이 온유하기로 이름난 여신이니까. 게다가 헤스티아의 절친이자 하우스메이트이기도 한 장난꾸러기 남신 헤르메스는 번역가의 수호신이다. 번역가는 헤스티아와 헤르메스처럼 한편으로는 늘 집을 지키면서 한편으로는 늘 머나먼 곳으로 떠난다. 저자도 이 책에서 가장 좋아하는 여신을 꼽았다. 독자 여러분은 어떤 여신에게 끌림을 느꼈을지 궁금하다.

2025년 11월
홍한별

주

서론

1 https://www.comics.org/issue/293/.
2 https://www.comics.org/issue/442/.
3 https://www.dcuniverseinfinite.com/comics/book/all-star-comics-8/41e93b73-6471-4828-926b-c07728ab2976.
4 https://theamericanscholar.org/wonder-woman/.

무사이 여신들

1 Hesiod, *Theogony* 1ff.
2 Ibid 8.
3 Ibid 21.
4 Ibid 27-8.
5 Pseudo-Apollodorus, *Bibliotheca* 3.5.8.
6 Ibid 54.
7 Plato, *Phaedrus* 274e ff.
8 Hesiod, *Theogony* 60.
9 Homer, *Iliad* 2.485.
10 Homer, *Odyssey* 24.36ff.
11 Hesiod, *Theogony* 77ff.
12 Ibid 82, 93.
13 Homer, *Iliad* 2.594ff.
14 Pseudo-Apollodorus, *Bibliotheca* 1.3.3.
15 Homer, *Odyssey* 21.72ff.
16 Athenaeus 1.20e-f; Wright, *Lost Plays of Greek Tragedy* Vol. 2, pp. 94-5.
17 Eustathius *ad Hom* p. 85.
18 Ovid, *Metamorphoses* 5.272.
19 Ibid 5.288.

20 Ibid 5.300ff.
21 Pindar, *Pythian Ode* 1.1.
22 Ovid, *Metamorphoses* 5.315.
23 Ibid 5.526.
24 Ibid 5.664.
25 https://www.theparisreview.org/blog/2017/11/09/how-picasso-bled-the-women-in-his-life-for-art/.
26 Grace Nichols, *Picasso, I Want My Face Back*, 14.
27 Antipater of Sidon, *AP* 9.66.

헤라

1 Aelian, *De Natura Animalium* 5.21.
2 Aristotle, *Historia Animalium* 6.9.
3 Aristophanes, *The Birds* 269.
4 Ovid, *Metamorphoses* 1.584.
5 Ibid 1.588.
6 Ibid 1.599.
7 Ibid 1.605.
8 Ibid 1.611.
9 Ibid 1.624.
10 Ibid 1.638.
11 Ibid 1.719-20.
12 *Suda* A 2735.
13 Antiphanes, quoted in Athenaeus, *Deipnosophistae* 655b.
14 Homer, *Iliad* 14.201; Ovid, *Metamorphoses* 2.527; Pseudo-Hyginus, *Fabulae* 177.
15 Pausanias, *Description of Greece* 2.13.
16 Ibid 2.17.4.
17 Hesiod, *Theogony* 886.

18 Ibid 921.
19 Pausanias, *Description of Greece* 2.17.5.
20 Scholion of Theocritus, *Idylls* 15.64.
21 Homer, *Iliad* 14.296.
22 Callimachus, *Aetia Fragment* 48.
23 Homer, *Iliad* 14.197, 14.300.
24 Ibid 24.28–30.
25 Ibid 24.55ff.
26 Ibid 24.101–2.
27 Ibid 14.315ff.
28 Pseudo-Apollodorus, *Bibliotheca* 3.6.
29 Hesiod, *Theogony* 925ff.
30 Pausanias, *Description of Greece* 1.20.3.
31 Pseudo-Apollodorus, *Bibliotheca* 3.9.
32 Callimachus, *Hymn* 4.55.
33 Pseudo-Apollodorus, *Bibliotheca* 3.4.3.
34 Ibid 3.5.
35 Ovid, *Metamorphoses* 9.273ff.
36 Pseudo-Apollodorus, *Bibliotheca* 2.4.
37 Ibid 1.3.
38 Homer, *Iliad* 1.593.
39 Ibid 1.539.
40 Ibid 1.560.
41 Ibid 1.568–70.
42 Pseudo-Apollodorus, *Epitome* 1.20.
43 Pindar, *Pythian Ode* 2.28.
44 Ibid 40.
45 Rick Riordan, *Percy Jackson and the Battle of the Labyrinth*, UK pb edition p. 99.

46 Euripides, *Medea* 242.
47 https://web.archive.org/web/20200426125459/https://www.nasa. gov/mission_pages/juno/news/juno20110805.html.
48 https://www.nasa.gov/mission_pages/juno/news/lego20110803.html.

아프로디테

1 https://www.uffizi.it/en/artworks/birth-of-venus.
2 Pliny the Elder, *Natural History* 36.4.
3 *Greek Anthology* 16.160.
4 https://www.facebook.com/watch/?v=143250314225629.
5 *Homeric Hymn to Aphrodite* 5.70-1.
6 Ibid 5.66.
7 Homer, *Iliad* 5.370ff.
8 Hesiod, *Theogony* 190ff.
9 Ibid 196.
10 Sappho, 1.
11 *Homeric Hymn*, 5.45.
12 Ibid 5.65.
13 Ibid 5.77.
14 Ibid 5.82-3.
15 Ibid 5.109.
16 Ibid 5.154.
17 Ibid 5.167.
18 Ibid 5.183.
19 Ibid 5.248.
20 Sophocles, *Laocoon* F373 (다음을 보라. Wright, Vol. 2, p. 100).
21 Homer, *Iliad* 5.299.
22 Ibid 5.330-1.
23 Pseudo-Apollodorus, *Epitome* 6.

24　Homer, *Odyssey* 8.266ff.
25　Ibid 8.302.
26　Ibid 8.366.
27　Ovid, *Metamorphoses* 10.503-739.
28　Ibid 10.515.
29　Ibid 10.529.
30　Ibid 10.531.
31　Ibid 10.565.
32　Ibid 10.579.
33　Ibid 10.683.

아르테미스

1　Homer, *Iliad* 24.607.
2　Ibid 24.611.
3　https://journals.openedition.org/acost/2354.
4　https://www.britishmuseum.org/collection/term/BIOG57040.
5　*Anth. Pal.* 6, 280. 자세한 내용은 다음을 참고하라. 'Jointed Dolls in Antiquity', Kate McElderkin, *American Journal of Archaeology*, Vol. 34, No. 4.
6　Pausanias, *Description of Greece* 7.18.6/8 ff.
7　Ibid 7.13.
8　Aeschylus, *Agamemnon* 140-3.
9　Pausanias, *Description of Greece* 7.19.
10　Stasinus of Cyprus or Hegesias of Aegina, *Cypria* Fragment 1 (from Proclus, *Chrestomathy* 1).
11　Pseudo-Apollodorus, *Bib. Ep* 3.21.
12　Euripides, *Iphigenia in Aulis* 308.
13　Ibid 360-1.
14　Ibid 384.

15 Ibid 388-9.
16 Ibid 511.
17 Ibid 530-1.
18 Ibid 533-5.
19 Ibid 1465.
20 Ibid 1473.
21 Euripides, *Iphigenia Among the Taurians* 220.
22 Ibid 258-9.
23 Ibid 1399ff.
24 Pausanias, *Description of Greece* 1.23.7.
25 Aristophanes, *Lysistrata* 641-6.
26 https://commons.wikimedia.org/wiki/Category:Archaeological_Museum_of_Brauron#/media/File:18.jpg.
27 Nikita Gill, *Great Goddesses*.
28 Callimachus, *Hymn to Artemis* 22-5.
29 Pseudo-Apollodorus, *Bibliotheca* 1.4.
30 *Homeric Hymn* 9.
31 Juvenal, *Satires* X.81.
32 Pseudo-Apollodorus, *Epitome* 1.7.
33 Pausanias, *Description of Greece* 1.27.
34 Suzanne Collins, *The Hunger Games* Chapter 1.
35 https://www.theoi.com/Gallery/K6.3.html.
36 http://www.perseus.tufts.edu/hopper/artifact?name=Florence+4209&object=Vase.
37 https://arthistorians.info/francoisa.
38 Homer, *Iliad* 9.537ff.
39 Ibid 9.545.
40 Ovid, *Metamorphoses* 3.136-7.
41 Ibid 3.142.

42 Euripides, *Bacchae* 339-40.
43 Ovid, *Metamorphoses* 3.155ff.
44 Ibid 3.173ff.
45 Diodorus Siculus, 4.81.4.
46 Pseudo-Apollodorus, *Bibliotheca* 3.4.4.
47 Ovid, *Metamorphoses* 3.185.
48 Ibid 3.190.
49 Ibid 3.198.
50 Ibid 3.206.
51 Ibid 3.237ff.
52 Ibid 3.250.
53 https://collections.mfa.org/objects/153654/mixing-bowl-bell-krater-with-the-death-of-aktaion-and-a-pu?ctx=96e19a68-490a-4df3-ae74-eb1ebddf7e15&idx=8.
54 *The Death of Actaeon*, National Gallery, London.

데메테르

1 *Homeric Hymn* 2.1ff.
2 https://www.jstor.org/stable/3294709; *Cypria* fragment, quoted at *Iliad* 1.5.
3 *Homeric Hymn* 2.18.
4 https://www.aigai.gr/en.
5 http://www.macedonian-heritage.gr/HellenicMacedonia/en/img_C1163a.html.
6 https://mymodernmet.com/bernini-the-rape-of-proserpina/.
7 *Homeric Hymn* 2.23. 내 책 『스톤 블라인드』의 올리브 숲 장이 이 행에서 영감을 얻은 게 아닌가 싶다면 맞게 짚었다.
8 Ibid 30.
9 Ibid 49-50.

10　Ibid 77ff.
11　Ibid 159.
12　Ibid 189.
13　Ibid 203-4.
14　Ibid 211.
15　Ibid 330.
16　Ibid 337-9.
17　A. E. Stallings, *This Afterlife*, Carcanet edition p. 4.
18　*Homeric Hymn* 2.350.
19　Ibid 371.
20　Homer, *Odyssey* 11.465ff.
21　*Homeric Hymn* 2.375.
22　https://www.poetryinternational.com/en/poets-poems/poems/poem/103-23656_Demeter.
23　Oliver Thomas, 'Manuscript Readings in *Homeric Hymn to Demeter* 389-479'; Ichiro Taida, 'A Chronological Study of the Editions of the *Homeric Hymns*', Zmogus Kalbos Erdveje 8, p. 194.
24　*Homeric Hymn* 2.406-33.
25　Ibid 410.
26　Ibid 4.
27　Ibid 434-8.
28　Ibid 458-9.
29　https://poets.org/poem/pomegranate.
30　Hesiod, *Theogony* 969.
31　Homer, *Odyssey* 5.119ff.
32　https://www.britishmuseum.org/collection/object/G_1816-0610-94.
33　*Homeric Hymn* 2.469.
34　https://www.britishmuseum.org/collection/object/G_1873-0820-375?fbclid=IwAR0z8tCKCrAgN6lZiKAOP8wBuc-

b1Gz0aAXQWoCxHUYn713Ifs3zxZawkVE.
35 https://www.britishmuseum.org/collection/object/G_1859-1226-26.
36 Pseudo-Apollodorus, *Bibliotheca* 1.5.3.

헤스티아

1 Joan Holub and Suzanne Williams, *Hestia the Invisible*.
2 Hesiod, *Theogony* 453ff.
3 Ibid 478.
4 *The Cambridge Greek Lexicon*, p. 606.
5 Homer, *Odyssey* 14.156-9.
6 Ibid 18.307.
7 Ibid 18.354-5.
8 Ibid 19.16-20.
9 Ibid 22.481.
10 *Homeric Hymn* 29.
11 Pergamon Altar, North Frieze, Pergamon Museum, Berlin.
12 https://www.britishmuseum.org/collection/object/G_1816-0610-405.
13 *Homeric Hymn* 5.7.
14 Ibid 21ff.
15 Diodorus Siculus, *Library of History* 5.68.
16 *Homeric Hymn* 29.7ff.
17 Sarah Ruden, *Homeric Hymns*.
18 https://www.playmobil.co.uk/hestia/70215.html.
19 https://www.theoi.com/Gallery/K13.2.html.
20 Callimachus, *Hymn 6*, to Demeter.
21 Ibid 6.108.
22 https://www.britishmuseum.org/collection/object/G_1971-1101-1.
23 Ovid, *Tristia* 2.207.
24 Ovid, *Fasti* 4.325ff.

25　https://www.theoi.com/Gallery/F39.1.html.
26　Ovid, *Fasti* 1.391.
27　Propertius, *Elegies* 4.1.21.
28　Tacitus, *Annals* 15.44.
29　Lactantius, *Divine Institutes* 1.21.
30　https://www.pompeiiinpictures.com/pompeiiinpictures/R7/7%20 01%2046%20p2.htm.
31　https://pompeiiinpictures.com/pompeiiinpictures/R7/7%2012%2011.htm.
32　Dionysus of Halicarnassus, *Roman Antiquities* i.54.
33　Ibid 57.
34　Livy, *Ab Urbe Condita* 1.4.
35　Suetonius, *Julius Caesar* 74.
36　Cicero, *Pro Murena* 35.
37　Pliny the Elder, *Natural History* 28.12.
38　https://exhibits.stanford.edu/nash/catalog/pj587fj7368.
39　Plato, *Laws* 745b.
40　*The Cambridge Greek Lexicon* p. 606.
41　Plato, *Cratylus* 400d-401b.

아테나

1　Pausanias, *Description of Greece* 1.24.4ff.
2　https://web.archive.org/web/20160916022900/; http://nam.culture.gr/portal/page/portal/deam/virtual_exhibitions/EAMS/EAMG129.
3　Pausanias, *Description of Greece* 1.28.
4　E.g. Lucian, *Eikones* 4.
5　Pausanias, *Description of Greece* 1.14.5.
6　Aeschylus, *Eumenides* 736.
7　Hesiod, *Theogony* 929.

8 Pausanias, *Description of Greece* 1.24.2, 1.24.5, 1.27.1; Pseudo-Apollodorus, *Bibliotheca* 3.14.1.
9 Plato, *Phaedo* 109b.
10 Pausanias, *Description of Greece* 1.24.3.
11 Ibid 1.27.1.
12 *Homeric Hymn 5 to Aphrodite*, 8-11.
13 Homer, *Iliad* 1.528.
14 Plutarch, *Life of Nicias* 29.
15 Homer, *Iliad* 4.21ff.
16 Ibid 4.73.
17 Ibid 4.130ff.
18 Ibid 4.439ff.
19 Ibid 5.1-2.
20 Ibid 5.908-9.
21 Ibid 21.394.
22 Ibid 21.408.
23 Pseudo-Apollodorus, *Bibliotheca* 2.138.
24 Diodorus Siculus, *Library of History* 4.15, 4.27, 5.71.
25 Volker Kastner and Huberta Heres, *Der Pergamonaltar* (Philipp von Zabern).
26 Pseudo-Apollodorus, *Bibliotheca* 1.35.
27 Homer, *Iliad* 23.754ff.
28 Ibid 23.770.
29 Ibid 23.782-3.
30 E.g. Quintus Smyrnaeus, *Fall of Troy* 13.420-9; Pseudo-Apollodorus, *Epitome* 5.
31 Pseudo-Apollodorus, *Epitome* 6; Homer, *Odyssey* 4.499-511.
32 Arthur Conan Doyle, *The Sign of Four*.
33 Sophocles, *Ajax* 14.

34 Ibid 28.
35 Ibid 51ff.
36 Ibid 79.
37 https://www.newyorker.com/culture/culture-desk/theatre-of-war-sophocles-message-for-american-veterans.
38 Sophocles, *Ajax* 115.
39 https://www.uso.org/stories/2664-military-suicide-rates-are-at-an-all-time-high-heres-how-were-trying-to-help.
40 https://www.npr.org/2021/06/24/1009846329/military-suicides-deaths-mental-health-crisis.
41 https://theaterofwar.com/projects/theater-of-war.
42 Homer, *Odyssey* 1.44-62.
43 Ibid 1.63-79.
44 Ibid 1.81-95.
45 Ibid 1.179-212.
46 Ibid 1.214-20.
47 Ibid 1.231-51.
48 Ibid 1.296-7.
49 Ibid 5.21-7.
50 Ovid, *Metamorphoses* 6.3-4.
51 Ibid 6.9.
52 Ibid 6.23.
53 Ibid 6.45.
54 Ibid 6.101.
55 Ibid 6.103-20.
56 https://www.nationalgalleries.org/art-and-artists/36168/erigone-deceived-bacchus.
57 Ovid, *Metamorphoses* 6.122-8.
58 Homer, *Odyssey* 15.

59 Ovid, *Metamorphoses* 6.129-31.
60 Ibid 6.132-45.

복수의 여신들

1 Virgil, *Aeneid* 4.305.
2 Ibid 4.384-7.
3 Hesiod, *Theogony* 185.
4 Aeschylus, *Eumenides* 321.
5 Aeschylus, *Agamemnon* 1189-90.
6 Aeschylus, *Choephoroi* 1048-50.
7 Ibid 1053-4.
8 Aeschylus, *Eumenides* 34.
9 Hesiod, *Theogony* 267.
10 Aeschylus, *Eumenides* 46-59.
11 Ibid 64-84.
12 Ibid 200.
13 Ibid 212.
14 Ibid 253.
15 Ibid 308.
16 Ibid 333.
17 Ibid 407.
18 Ibid 415-35.
19 Ibid 464.
20 Ibid 550-1.
21 Ibid 640-3.
22 Ibid 694-5.
23 Ibid 734-43.
24 Ibid 778-92.
25 "지난 20억 년 동안 동물계에서 암컷 없는 생식의 사례는 알려져 있지 않다. 생물

학에는 예외 없는 규칙이 거의 없는데, 이것은 거의 확실히 그중 하나이다." —애덤 러더퍼드 박사

26　Aeschylus, *Eumenides* 794-807.

27　Ibid 842.

28　Ibid 848-50.

29　Ibid 900.

30　Ibid 992.

31　Ovid, *Metamorphoses* 10.45-6.

32　Pausanias, *Description of Greece* 7.24-5.

33　Homer, *Iliad* 19.257; Apollonius, *Argonautica* 4.383.

34　Homer, *Iliad* 9.450.

35　Ibid 9.565-72.

36　Pausanias, *Description of Greece* 10.31; Hyginus 239.

37　https://www.britishmuseum.org/collection/object/G_1917-1210-1.

38　https://www.theoi.com/Gallery/T21.4.html.

39　https://www.theoi.com/Gallery/T40.1.html.

40　https://collections.louvre.fr/en/ark:/53355/cl010267176.

41　Homer, *Odyssey* 2.130-7.

도판 출처

무사이 여신들
「헤시오도스와 무사」
Gustave Moreau, Wikimedia Commons.

빌라 모레지네 트리클리니움의 프레스코화.
Chappsnet, Wikimedia Commons, CC BY-SA 4.0

헤라
「익시온의 형벌」
WolfgangRieger, Wikimedia Commons.

아프로디테
「크니도스의 아프로디테」 복제품.
National Roman Museum of the Altemps Palace, Wikimedia Commons.

「베누스의 탄생」
Sandro Botticelli, Wikimedia Commons.

「렐리의 비너스」
British Museum, Wikimedia Commons.

아르테미스
니오비드 화가의 크라테르.
Seudo, Wikimedia Commons, CC BY-SA 4.0

프랑수아 항아리.
ArchaiOptix, Wikimedia Commons, CC BY-SA 4.0

프랑수아 항아리의 칼리돈 멧돼지.
ArchaiOptix, Wikimedia Commons, CC BY-SA 4.0

데메테르
크니도스의 데메테르
Statens Museum for Kunst, Wikimedia Commons.

그리스 베르기나 매장 유적지에서 발견된 프레스코화.
from Le Musée absolu, Phaidon, 10-2012, Wikimedia Commons.

「프로세르피나의 강간」
Gian Lorenzo Bernini, Wikimedia Commons, CC BY-SA 4.0

데메테르와 페르세포네로 추정되는 파르테논 신전 조각상.
Carole Raddato from FRANKFURT, Germany, Wikimedia Commons, CC BY-

382

SA 2.0

헤스티아

파르테논 신전의 동쪽 페디먼트.
 ⓒ Marie-Lan Nguyen, Wikimedia Commons.

페르가몬 제단.
 Lestat (Jan Mehlich), Wikimedia Commons, CC BY-SA 3.0

폼페이에서 발견된 베스타와 당나귀가 그려진 프레스코화.
 Mario Enzo Migliori, Wikimedia Commons.

아테나

파르테논 신전의 아테나 조각상 복제품.
 Niko Kitsakis, Wikimedia Commons, CC BY 4.0

파르테논 서쪽 페디먼트 복원도.
 Photograph by Tilemahos Efthimiadis, Wikimedia Commons, CC BY-SA 2.0

아테나 금박 조각상.
 Photograph by Dean Dixon, Sculpture by Alan LeQuire, FAL, via Wikimedia Commons.

적회식 킬릭스.
 Louvre Museum, Wikimedia Commons.

페르가몬 제단의 프리즈.
 Carole Raddato from FRANKFURT, Germany, Wikimedia Commons, CC BY-SA 2.0

복수의 여신들

적회식 종 모양 크라테르.
 ArchaiOptix, Wikimedia Commons, CC BY-SA 4.0

수에슐라 화가의 적회식 도기.
 ArchaiOptix, Wikimedia Commons, CC BY-SA 4.0

적회식 크라테르.
 ArchaiOptix, Wikimedia Commons, CC BY-SA 4.0

에우메니데스 화가의 적회식 크라테르.
 Louvre Museum, Wikimedia Commons.

**아름답고 살벌하고 웃기는
우리 곁의 그리스 여신들**

초판 1쇄 발행 2025년 11월 27일

지은이	나탈리 헤인스
옮긴이	홍한별
발행인	김희진
편집	황혜주, 조연주
마케팅	이혜인
디자인	민혜원
제작	제이오
인쇄	민언프린텍
발행처	돌고래
출판등록	2021년 5월 20일
등록번호	제2021-000173호
주소	서울시 강남구 선릉로 704 12층 282호
이메일	info@dolgoraebooks.com
ISBN	979-111-993127-4-6 03210

— 이 책은 저작권법에 따라 보호받는 저작물이므로 무단전재와 복제를 금합니다.

— 이 책 내용의 전부 또는 일부를 이용하려면 반드시 저작권자와 돌고래에 서면 동의를 받아야 합니다.